吕思勉
Lv simian

——

著

顷刻兴亡

吕思勉讲两晋南北朝

（两晋·政治卷）

九 州 出 版 社 | 全国百佳图书出版单位
JIUZHOUPRESS

图书在版编目（CIP）数据

顷刻兴亡：吕思勉讲两晋南北朝. 两晋. 政治卷 /
吕思勉著. -- 北京 : 九州出版社, 2019.12
ISBN 978-7-5108-8646-1

Ⅰ．①顷… Ⅱ．①吕… Ⅲ．①中国历史－魏晋南北朝
时代－通俗读物 Ⅳ．①K235.09

中国版本图书馆CIP数据核字(2019)第279352号

顷刻兴亡：吕思勉讲两晋南北朝. 两晋. 政治卷

作　　者	吕思勉　著
责任编辑	沧桑　李品
出版发行	九州出版社
地　　址	北京市西城区阜外大街甲 35 号 (100037)
发行电话	(010)68992190/3/5/6
网　　址	www.jiuzhoupress.com
印　　刷	北京旺都印务有限公司
开　　本	880 毫米 ×1230 毫米　32 开
印　　张	15.125
字　　数	297 千字
版　　次	2025 年 1 月第 1 版
印　　次	2025 年 1 月第 1 次印刷
书　　号	ISBN 978-7-5108-8646-1
定　　价	68.00 元

编者说明

吕思勉先生是近代历史学家、国学大师，一生著述宏富，编者选取先生众多著作中的《两晋南北朝史》进行了重新编辑，为更加方便读者阅读，此次编辑时做了一些调整：

首先，原著虽为浅白文言，但段落过长，阅读起来相对较为辛苦，故而将其过长段落分作小段，以期使阅读更加轻松。

其次，吕思勉先生学养深厚，全书注释极多，均为文中夹注，且出处详尽，但有些注释过长，甚至长达数百字，本书将这种过长的注释换了字体、另起了段落，亦为使阅读更流畅。

第三，删掉了文中夹注有关"某地，见某章"等字样。

第四，书中有"大康""大子""大后""大傅""大守""大元""大祖""大宗""大原""大尉""大武皇帝"等词，其实说的是"太康""太子""太后""太傅""太守""太元""太宗""太原""太尉""太武皇帝"，为方便阅读，避免引起歧义，故而将

"大"改为"太"。

第五，先生原著乃厚重大部头，现分作四册，单独命名，以期能为读者带来更愉悦的阅读体验。

以上调整提请读者阅读时注意！

九州出版社

二〇一九年十一月

目　录

第一章　总论　/　001

第二章　晋初情势　/　015

第一节　政俗之敝　/　017

第二节　戎狄之患　/　028

第三节　封建之制　/　042

第三章　西晋乱亡　/　049

第一节　齐献王争立　/　051

第二节　八王之乱上　/　062

第三节　八王之乱下　/　074

第四节　洛阳沦陷　/　087

第五节　长安倾覆　/　099

第六节　巴氏据蜀　/　108

第七节　张氏据河西　/　121

第八节　鲜卑之兴　/　125

第九节　荆扬丧乱　/　137

第四章　东晋初年形势　/　153

第一节　元帝东渡　/　155

第二节　北方陷没　/　158

第三节　东晋初年内乱　/　184

第四节　成康穆间朝局　/　204

第五章　东晋中叶形势上　/　213

第一节　刘石兴亡　/　215

第二节　后赵盛衰　/　227

第三节　冉闵诛胡　/　239

第四节　庾氏经营北方　/　253

第五节　桓温灭蜀　/　260

第六节　殷浩桓温北伐　/　266

第七节　桓温废立　/　288

第六章　东晋中叶形势下　/　295

第一节　秦灭前燕　/　297

第二节　秦平凉州仇池　/　304

第三节　秦平铁弗氏拓跋氏　/　310

第四节　肥水之战　/　320

第五节　后燕后秦之兴　/　330

第六节　秦凉分裂　/　344

第七节　拓跋氏再兴　/　359

第八节　后燕分裂灭亡　/　367

第九节　秦夏相攻　/　383

第七章　东晋末叶形势　/　391

第一节　道子乱政　/　393

第二节　孙恩之乱　/　405

第三节　桓玄篡逆　/　410

第四节　宋武平南燕　/　423

第五节　宋武平卢循谯纵　/　430

第六节　宋武翦除异己　/　437

第七节　宋武暂平关中　/　443

第八节　魏并北方　/　456

第一章

总　论

魏、晋之际，中国盛衰强弱之大界也。

自三国以前，异族恒为我所服，至五胡乱起，而我转为异族所服矣。五胡之乱，起于晋惠帝永兴元年刘渊之自立。越十三年，愍帝被虏，而中国在北方之政府遂亡。自是南北分立。自元帝建武元年，至陈后主祯明三年，凡二百七十三年，而南卒并于北。

隋文帝虽云汉人，然民族之异同，固非以其种姓而以其文化，此则不独隋室，即唐室之先，亦未尝非武川族类也。

（《廿二史札记》云："两间王气，流转不常，有时厚集其力于一处，则帝王出焉。如南北朝分裂，其气亦各有所聚。晋之亡，则刘裕生于京口；萧道成、萧衍，生于武进之南兰陵；陈霸先生于吴兴；其地皆在数百里内。魏之亡，则周、隋、唐三代之祖，皆出于武川，宇文泰四世祖陵，由鲜卑迁武川。陵生系，系生韬，韬生肱，肱生泰，是为周文帝。杨坚五世祖元素，家于武川。元素生惠嘏，惠嘏生烈，烈生祯，祯生忠，忠生坚，是为隋文帝。李渊，三世祖熙，家于武川。熙生天赐，天赐生虎，虎生昞，昞生渊，是为唐高祖。区区一弹丸之地，出三代帝王；周幅员尚小，隋、唐则大一统者共三百余年；岂非王气所聚，硕大繁滋也哉？"

王气所聚；说大落空。宋、齐、梁、陈四代之祖，生于数百里内，亦不足论。中华人事繁复，此固无甚关系也。至于周、隋、唐三代之祖，皆生武川，则自以当时此一区中为强兵所在，故力征经营者易起于此，其附从之功臣，亦易出于此。不惟周、隋、唐，北齐兴于怀朔，固与武川同为六镇之一也。武川，今绥远武川县。怀朔，今绥远五原县。）

唐室武功，超轶汉代，然实用蕃兵、蕃将为多，与汉之征匈奴，纯恃本族之师武臣力者异矣。自唐衰而沙陀入据中原，虽不久覆灭，然契丹、党项、女真、蒙古、满洲，又纷纷窃据，甚且举中国之政权而盗之。盖自五胡之乱至清之亡，凡历千六百有八年焉。

若是乎，中国民族，实不堪以兵力与异族竞邪？曰：否。《秦汉史》既言之矣。曰："文明之范围，恒渐扩而大，而社会之病状，亦渐渍益深。孟子曰：仁之胜不仁也，犹水胜火。以社会组织论，浅演之群，本较文明之国为安和，所以不相敌者，则因其役物之力太薄之故。然役物之方，传播最易，野蛮之群与文明之群遇，恒慕效如恐不及焉。及其文明程度，劣足与文明之族相抗衡，则所用之器，利钝之别已微，而群体之中，安和与乖离迥判，而小可以胜大，寡可以敌众，弱可以为强矣。"

以文明之群，而转为野蛮之群所胜，宁独中国？马其顿之于希腊，日耳曼之于罗马，顾不然邪？夫党类既分，则与异族为敌者，实非举国之民，特其操治理之权者耳。

此等人，当志得意满之余，溺骄淫矜夸之习，往往脆弱不堪一击。卒遇强敌，遂至覆亡。其覆亡也，固亦与寻常一姓之覆亡无异，特覆之者非本族而为异族人耳。

此时多数人民，固未尝与异族比权量力，若为人所服，而实不可谓其为人所服也。多数人民与异族之相角，于何见之？其胜负于何决之？曰：视其文化之兴替。两族相遇，文化必有不同，观其孰替孰兴，而文化之优劣分，而民族之存亡，亦由之而判矣。信如是也，中国民族之与异族遇，不以一时争战之不竞见其劣，正以终能同化异族见其优，固非聊作解嘲之语矣。（此非谓中国必不能以兵力争胜，亦非谓此后永不必以兵力争胜，不可误会。）

中国之见侮于异族，乃由执治理之权者之劣弱，其说可得闻与？曰：可。两族相竞，若战阵然，居前行者，实惟政治。

后汉自安帝永初以降，政权迄在外戚、宦官手中，自此至灵帝中平六年董卓入洛，凡历八十六年，其紊乱可以想见。此时为举国所想望者，莫如当时所谓名士，然其人实多好名嗜利之徒，读《秦汉史》第十章第四节、第十四章第五节、第十八章第四节可见。此时相需最殷者，曰综核名实，曰改弦更张。督责之治，魏武帝、诸葛武侯皆尝行之，一时亦颇收其效，然大势所趋，终非一二人之力所克挽，故人亡而政亦息焉。近世胡林翼、曾国藩，承积衰极敝之余，以忠诚为唱，以峻切为治，一时亦未尝不收其效，而亦不能持久，先后最相类也。

改制更化，魏曹爽一辈人，颇有志焉。然其所图太大，不为时俗所顺悦；又兵争未久，人心积相猜忌，进思徼利，退计自全，乃不得不用阴谋以相争夺。此等相争，正人君子，往往非奸邪小人之敌，曹爽遂为司马宣王所覆。宣王本惟计私图；景王虽为正始风流人物，然既承宣王之业，自不得不专为自全之计；文王更无论矣。与司马氏相结合者，率多骄淫狙诈之徒；司马氏之子弟，亦日习于是，而其材又日下；而时势之艰危，人心之险诐如故；于是以晋初之百端待理；灭吴之后，又直可以有为之时；乃以趣过目前之晋武帝承之，急切之事如徙戎者，且不能举，皇论其他？而杨、贾、八王之祸，且代异己之诛锄而起矣。晋室之倾颓，固非一朝一夕之故，盖自初平以来，积渐所致，势固不易中止也。

夫国之所恃为桢干者，固非一二臣卫，而为士大夫之群，今所谓中等阶级也。士大夫而多有猷、有为、有守，旧政府虽覆，树立一新政府，固亦非难。当时之士大夫，果何如哉？中国在是时，民族与国家之见地，盖尚未晶莹。东汉名士，看似前仆后继，尽忠王室，实多动于好名之私，挟一忠君之念耳。此等忠君之念，沿自列国并立之时，不能为一统之益，而时或转为其累。

又既沿封建之习，则诸侯之国，与卿大夫之家，其重轻本来相去无几，由是王室与私门，其重轻之相去，亦不甚远；益以自私自利之恒情，而保国卫民之念，遂不如其保家全身之切焉。刘、石肆虐，北方之名门巨族，相率迁地以图自全，鲜能出身犯难者，由此也。（携家避地，固始汉末，然是时为内乱，而晋初为外患，衡以内乱不与，外患不辟之义，则晋之士大夫，有愧焉尔矣。）

夫既徒为保家全身之计，则苟得沃土，自必如大月氏之西徙，志安乐而无复报胡之心。东晋之名流，率图苟安而怠恢复；（如蔡谟之沮庾亮，王羲之之毒殷浩。）其挟有奸雄之才，而又为事势所激者，遂不恤为裂冠毁冕之行；（如王敦、桓温之称兵。）以此。夫当时北方之士大夫，虽云不足与有为，然南方剽悍之气，固未尝减。使晋室东渡之后，得如周瑜、鲁肃、吕蒙、陆逊者而用之，北方之恢复，曾何足计？

其时南方之人，盖亦有图自立者，（如陈敏等是。）而事不易成；北方之名门巨族，挟一王室之名以来，自非其所能抗；而南方之政权，遂尽入北来诸族之手，其何能淑，载胥及溺焉。直至北府兵起，江、淮剽悍之气始有所藉以自见，然积弱之势既成，狙诈之习未改，日莫途远，虽绝世英雄如宋武帝，亦不能竟恢复之绪矣。

宋、齐、梁、陈四代，皆起自寒微，所信任者，非复名门巨族。然所用寒人，资望大浅，虽能纲纪庶务，而不能树立远猷。又以防如晋世之内外相猜，大州重任，必以宗室处之而世族之骄淫，既成恒轨，人心之倾险，又难骤更，而骨肉之相屠，遂继君臣之相忌而起矣。佞幸当朝，权奸梗命，其局势较东晋更劣，其渊源，则仍来自东晋者也。

一时代之风气，恒随一二人之心力为转移。当神州陆沉之余，宁无痛愤而思奋起者？然豪杰之士，虽无文王犹兴，实亦缘其所处之境。先汉之世，学士大夫，人人有志于致用。自经新莽之丧败，遂旁皇而失其所守。既失之琐碎又偏于泥古，实不能有当于人心。其思力较沉挚者，乃思舍迹而求道。其于五经，遂束阁《诗》、《书》、《礼》、《春秋》而专重《易》；其于诸子，则弁髦名、法、儒、墨、纵横而专言道。其识解自较汉人为高，然其所规画，或失之迂阔而不能行；甚或视世事大渺小；谓有为之法，终如梦幻泡景而不足为。其力薄才弱者，则徒为自娱或自全之计，遂至新亭燕集，徒为楚囚之对泣焉。此以外攘言之也。以言乎内治：则自东汉以来，不复知更化者必先淑其群，而稍以淑己为淑群之道。承之以释、老，而此等见解，愈益牢固而不可拔。而其所谓淑己之道，又过高而非凡民之所知。听其言则美矣，责其实，殆如彼教所谓兔角、龟毛，悉成戏论。此晋、南北朝之士大夫，所以终莫能振起也。至于平民，其胼手胝足，以自效于国家、民族，以视平世，其艰苦固不翅倍蓰；即能陈力于战事者，亦自不乏。然民兵之制既废；三五取丁等法，实为以不教民战；而广占良田，规锢山泽，荫匿户口者，又务虐用其人。北方遗黎，或扜结立坞壁，以抗淫威，亦因所扜结者太小，终难自立。其异族之窃据者，则专用其本族若他异族之人为兵，汉民既手无斧柯，则虽屡直变乱而终无以自奋。此平民所以不获有所藉手，以自效于国家、民族也。凡此，皆晋、南北朝三百年中，我国民不克以兵力攘斥异族之由也。

然则此时代中，我国民之所建树者何如？岂遂束手一无所为乎？曰：其大成就有四焉，而皆与民族之动荡移徙有关，故民族之移徙，实此时代中最大之事也。四者惟何？一曰士庶等级之平夷。二曰地方畛域之破除。三曰山间异族之同化。四曰长江流域之开辟。古之为治者，本今所谓属人而非属地，故曰"有分土无分民"。封建之世，等级之严峻，盖非后世所能想象。秦人虽云父兄有天下，子弟为匹夫；汉世用人，虽云不分士庶；然特政事之措置，名门巨族，在民间之权势自若也。古黄河流域，盖汉族居平地而异族居山。长江流域，初盖江湖缘岸，亦为异族所据，后稍与汉同化，其不同风者，乃亦相率而入山。故秦、汉之世，江、河之域，皆颇似后世之西南诸省。而江域拓殖较晚，荆楚犹称火耕水耨，而扬州无论矣。自汉末以来，中原之民，乃因避乱而相率移徙。彼其移徙也，率皆宗党亲戚，相将而行；或则有地方豪望，为之率将；故其户数多至千百；恒能互相周恤，建立纲纪。（当时移徙之民，与所移徙之地之民，畛域难遽破除者以此，其移徙后易以自立，易以自安者亦以此。以本皆族党、乡里，则能互相扶助而力强；而移徙之余，所处之地虽变，所相人偶之人，仍未大变也。）观此，可以知其为力之强。

夫在一地方积有权势者，易一境焉，则其权势必归消失。北方诸族之南迁者，观史所载广占良田，规锢山泽，荫匿人户等事，一若皆为豪富之徒，实则此不过其当路秉政者，其余则皆日入于困窘矣。隋、唐以降士庶等级之渐夷，盖非徒九品中正之废，而实缘士族之生计日趋困窘。故与庶族通谱、通昏者，不一而足也。北人之初南徙也，其与当地之民，盖犹格不相入，故必侨置州郡以治之。其时移徙者之意，必曰：寇难削平，复我邦族，则依然故我矣。乃井里之丘墟如故，乡闾之旋反无期，政府乃不得不力行土断；人民亦以岁月之久，侨居者与土著者日亲；而积古以来，各地方之畛域，渐次破除矣。当时河域之民，播迁所届，匪惟江域，盖实东渐辽海，西叩玉门，北极阴山，南逾五岭焉。其声教之所暨被，为何如哉？若此者，皆其民之较强者也。

其单弱贫困者，不能远行，则相率入山，与异族杂处。当时所谓山胡、山越者，其名虽曰胡、越，而语言风俗，实无大殊，故一旦出山，即可以充兵、补户，可见其本多汉人。然胡、越之名，不能虚立，则又可见其本多异族，因汉人之入山而稍为所化也。湘、黔、粤、桂、川、滇、西康之境，自隋至今，历千三百年，异族之山居者，犹未尽化，而江淮、宛洛、河汾之际，自汉末至南北朝末，仅三百余年而遽成其功，虽曰地势之夷险不同，处境之安危亦异，然其所成就，亦云伟矣。

自有史以来，至于秦、汉，文明中心，迄在河域。自河域北出，则为漠南，自河域南徂，则为江域。论者或病中国民族，不能北乡开拓，致屡招游牧民族之蹂躏。然民族之开拓，必乡夫饶富之区。江域之饶富，较之漠南北，奚翅十倍。执干戈以圉侵略，固为民族之要图，开拓饶富之区，以增益文化，其为重大，殆又过之。江域之开拓，实我民族靖献于世界之大劳，其始之自汉末，其成之则晋、南北朝之世也。此皆我民族在此时代中成就之极大者也。其为功，视以兵力攘斥异族于行阵之间者，其大小难易，宁可以道里计？恶得以治理者之劣弱，北方政权，暂入异族之手而少之哉？

民族之所建树，恒视乎其所处之境。自然之境易相类，人造之境则万殊，故各民族之史事，往往初相似而后绝异，以其初自然之力强，入后则人事之殊甚也。东洋之有秦、汉，西洋之有罗马，其事盖颇相类；中国见扰乱于五胡，罗马受破毁于蛮族，其事亦未尝不相类也。然蛮族侵陵以后，欧洲遂非复罗马人之欧洲，而五胡扰乱之余，中国为中国人之中国如故也。此其故何哉？中国有广大之江域以资退守，而罗马无之，殆为其一大端。此固可云地势为之，我民族不容以之自侈，然其殊异之由于人事者，亦不乏焉。

罗马与蛮族，中国与五胡，人口之数，皆难确知，然以大较言之，则罗马与蛮族众寡之殊，必不如中国与五胡之甚。两民族相遇，孰能同化人，孰则为人所同化，虽其道多端，而人口之众寡，殆为其第一义，此中国同化五胡之所以易，罗马同化蛮族之所以难也。

此非偶然之事，盖中国前此同化异族之力较大实为之。又蛮族受罗马文化之薰陶浅，五胡受中国文化之涵育深。不特慕容廆、苻坚、元宏，即刘聪、石虎，号称淫暴，亦特其一身之不饬，其立法行政，亦未尝不效法中国。当是时，我之民族性，固尚未形成，彼辈之茫昧，殆更甚于我。试观五胡造作史实，绝无自夸其民族，只有自夸其种姓可知。

以视后来金世宗、清高宗之所为，迥不侔矣。异族之与我族遇，民族性之显晦，辽、金之间，殆为一大界。自辽以前，异族无不视汉族为高贵而思攀附之、效法之者。自金以后，则无是事矣。此其故，盖由辽以前诸族，始多附塞，或且入居塞内，女真、蒙古、满洲，则皆距塞较远也。此可见我民族同化异族之力，不待五胡扰乱，而潜移默运，业已有年矣。

又不独此也。罗马受蛮族之侵陵，欧洲遂倒演而入于封建之世，而中国自五胡乱后，其为大一统依然也。此又何故哉？此实由罗马之为国，本不如中国之统一，故一旦覆亡，一文官、武将，若地方豪右，教中尊宿，蛮族酋豪，皆能成为一区域之大长，其权力历久而不敝，既无能一统之者，则其彼此之间，遂互相隶属，层累相及，而封建之局成矣。中国当晋、南北朝时，亦是处有豪族、游侠；兵乱之区，又有堡坞之主；亦未尝不专制一方，然地势平衍，风俗大同，中枢之力较强，民情亦习于统一，故虽有可成封建政体之端倪，卒无竟成封建政体之事实。

此就政治言之也。以宗教言：则罗马之于基督，关系殊疏，而两汉之于孔子，关系极密。政教分张，事起近世，实由世事日新，而宗教笃旧，不能与时俱进之故。以理言，政治之设施，固应与教化相合。罗马之为治，实未能符合此义。人生虽不免屈于力，其意固恒欲附于德，故罗马解体以后，欧人乃欲奉教主为君王；其教主亦欲以此自居。然实不胜其任也，而政教之分争，遂为欧洲扰攘之太原焉。

我国自汉武以后，儒教殆已成国教，然儒之所以为教者，实在人伦日用之间兼示为政者以轨则，而非恃迷信以锢人心，故与异教之相争不烈。国家既已一统，前此各地方之宗教，仅足维系一地方之人心者，既无以厌人之求，而急须一通行全国之太宗教，杂沓之神、祇、鬼、魅，遂稍合并、变化，而成所谓道教者；而佛教亦于此时传入。丁斯时也，所以慰悦人之魂神者，孔教则让诸道、佛；而施于有政，以及人伦日用之际道、佛亦不与儒争。道佛二家之间，道家本无教义，时时窃取佛说以自附益；甚至并其仪式而窃之；一似无以自立。然旧来所信奉之神、祇、鬼、魅，必非一日所能铲除，佛教入中国后，虽亦竭力与之调和，或且网罗之以为己助，然佛为异国之教，于中国旧所信奉，固不能一网打尽，亦必不能囊括无遗，而道教于此，遂获有立足之地焉。我国本无专奉一神之习，用克三教并立，彼此相安，即有他小宗教，与三教异同者，苟非显与政府为敌；或其所唱道者，实与当时社会所共仞之道德、法律，借以维持秩序者不相容，亦未有痛加迫蹙者。获慰悦魂神，指道行为之益，而不酿争夺相杀之祸，要不能不谓我国之文化，高于欧洲也。

　　以上所说，虽已深切著明，读者终将疑我民族之所长，偏于文事，而于武德不能无阙，请更有说以明之。

　　韩陵之战，齐高祖谓高昂曰："高都督纯将汉儿，恐不济事，今当割鲜卑兵千余人，共相参杂，于意云何？"似乎鲜卑之战斗，非汉人所能逮矣。然卫操、姬澹说魏桓、穆二帝招纳晋人，晋人附者稍众。及六修难作，新旧猜嫌，迭相诛戮，卫雄、姬澹，谋欲南归，乃言于众曰："闻诸旧人忌新人悍战，欲尽杀之，吾等不早为计，恐无种矣。"晋人及乌丸惊惧，皆曰："死生随二将军。"于是雄、澹与刘琨任子遵，率乌丸、晋人数万众而叛。是晋人之悍战，又过于鲜卑也。

齐高祖之雄武，读史者应无异辞，然其先固亦汉人，特久居北边，遂习鲜卑之俗耳。云、代间鲜卑，号称悍战者，其中之汉人，必不少也。大抵当时五胡与汉族之杂处，其情形，当略如后世之汉与回。傅奕言："羌、胡异类，寓居中夏，祸福相恤；中原之人，心力不齐；故夷狄少而强，华人众而弱。"正与后世回强汉弱之情形，后先一辙也。然则五胡之乱华，亦不过如清代咸、同间西南、西北之回乱耳，恶得谓华夷之强弱迥异，且由于天之降材尔殊哉？

晋、南北朝史事，端绪最繁，而其间荦荦大端，为后人所亟欲知者，或仍不免于缺略。又文学取其诙诡可喜，史学则贵求真，二者之宗旨，绝不相同，而当史学未昌之时，恒不免以文为累。晋、南北朝之史，带此性质犹多。试观有言于先者，必有验于后；而敌国材智，所见多同，又恒能彼此相料可知。其时史家，好法《左氏》，实则与后世平话，同一臼科耳。其不足信据，固无俟深求也。至于行文，喜求藻饰，遂使言事，皆失其真，则知几《史通》，固已深讥之矣。兹编之作，钩稽芟落，虽竭吾才，去伪显真，犹恐十不逮一，纠缪绳愆，是所望于大雅。

第二章

晋初情势

第一节　政俗之敝

晋武帝以荒淫怠惰，遗患后嗣名。然帝在历代君主中，实尚未为大恶。所不幸者，则以仅足守成之才，而当开创之世耳。盖晋之王业，虽若成于宣、景、文三朝，然其所就者，实仅篡窃之事，至于后汉以来，政治、风俗之积弊，百端待理者，实皆萃于武帝之初。此其艰巨，较诸阴谋篡窃，殆百倍过之。虽以明睿之姿，躬雄毅之略，犹未必其克济，况如武帝，以中材而涉乱世之末流乎？承前世之积敝，而因受恶名，亦可哀矣。

武帝尝诏郡国守相，三载一巡行属县；（泰始四年。）申戒郡国计吏、守相、令长：务尽地利，禁游食商贩；（泰始五年。）临听讼观录囚徒；（泰始四年、五年。）守令有政绩及清称者，赐之以谷；（王宏，夏谡，刘霄，梁柳。见《纪》泰始五年、咸宁元年。）诏刺史、二千石纠秽浊，举公清；令内外群臣举清能，拔寒素；（太康九年。）又屡诏举人才；可见其非无意于为治。又尝增吏俸；（泰始三年。）班律令；（泰始四年。）平吴后即定户调式；罢军役；去州郡兵；则亦有意于更制垂后。

然是时之所急者，非立法，乃行政；非文诰之频繁，乃督责之峻切；而帝于此，实最阙焉。伐吴之议，羊祜、杜预屡陈之，张华赞之，贾充始终沮遏，而帝仍以充总统诸军。孙晧降，充未之知，方以吴未可平，抗表请班师，谓"方夏江、淮下湿，疾疫必起，虽要斩张华，不足以谢天下"。其表与告捷同至。（见《晋书·秦秀传》。）王浑与王濬争功，诏责濬不受浑节度。濬言："前被诏书，令浑、濬等皆受充节度，无令臣别受浑节度之文。当受浑节度之诏，以十二日起洛阳，濬十五日日中至秣陵，暮乃被符。"诏文及发至日时，无可诬罔之理，而帝皆漫无别白，为之下者，不亦难乎？

帝当篡位之初，即开直言之路，置谏官以掌之。（见《纪》泰始元年。）以皇甫陶、傅玄共掌谏职。玄复历御史中丞、司隶校尉。刘毅亦尝为司隶。然毅终以峭直不至公辅。其所纠弹者，亦不能尽法惩治。刘颂言："泰始之初，陛下践阼，其所服乘，皆先代功臣之胤，法宽有由，积之在素，异于汉、魏之先，未可一旦直绳御下。"此或亦出于不得已。然颂又言："为政矫世，自宜渐出公涂。张正威断，日迁就肃；譬由行舟，虽不横截迅流，渐靡而往，终得其济"，此诚当日之急务也。

朋党之弊，蠹政伤民，所恃在上者有以烛其隐，折其机，乃能破私交而彰公法。杜预论伐吴之计曰："自顷朝廷，事无大小，异意锋起，虽人心不同，亦由恃恩不虑后难，故轻相同异也。"

此武帝之宽所不当宽者也，而严所不当严，其弊尤大。

愍怀太子之废也，阎缵舆棺上书，以理其冤，不省。及皇大孙立，缵复上疏曰："昔汉武既信奸谗，危害太子，复用望气之言，欲尽诛诏狱中囚。邴吉以皇孙在焉，闭门拒命。后遂拥护皇孙，督罚乳母，卒至成人，立为孝宣皇帝。历观古人，虽不避死，亦由世教，宽以成节。吉虽距诏书，事在于忠，故宥而不责。自晋兴以来，用法太严。迟速之间，辄至诛斩。一身伏法，犹可强为，今世之诛，动辄灭门。昔吕后临朝，肆意无道。周昌相赵，三召其王，而昌不遣，先征昌入，乃后召王。此由汉制本宽，得使为快。假令如今，吕后必谓昌已反，夷其三族，则谁复敢杀身成义者哉？此法宜改，可使经远。

又汉初废赵王张敖，其臣贯高，谋弑高祖，高祖不诛，以昭臣道。田叔、孟舒十人为奴，髡钳随王，隐亲侍养，故令平安。乡使晋法，得容为义：东宫之臣，得如周昌，固护太子；得如邴吉，距诏不坐，伏死谏争，则圣意必变，太子以安；如田叔、孟舒，侍从不罪者，则隐亲左右，奸凶毒药，无缘得设，太子不夭也。

臣每责东宫臣故无侍从者，后闻颇有于道路望车拜辞，而有司收付洛阳狱，奏科其罪，然臣故莫从，良有以也。又本置三率，盛其兵马，所以宿卫防虞。而使者卒至，莫有谨严覆请审者，此由恐畏灭族"云云。此过严之弊也。过宽之弊，由于武帝之纵弛，过严之弊，则其所由来者远矣。《晋书·阮籍传》言："籍本有济世志，属魏、晋之际，天下多故，名士少有全者，由是不与世事，酣饮为常。"当时如籍者，盖不少矣。《易》曰："栋挠之凶，不可以有辅也。"宣王之诛戮名士，不几于自戕其辅佐乎？

《晋书·何曾传》云：曾侍武帝宴，退而告其子遵等曰："国家应天受禅，创业垂统，吾每宴见，未尝闻经国远图，惟说平生常事，非诒厥身谋之兆也。及身而已，后嗣其殆乎？"《山涛传》：帝尝讲武于宣武场。涛时有疾，诏乘步辇从。因与卢钦论用兵之本，以为不宜去州郡武备。帝称之曰："天下名言也"，而不能用。刘颂言："陛下每精事始，而略于考终。故群吏虑事，怀成败之惧，轻饰文彩，以避目下之谴。人主恒能居易执要，以御其下，然后人臣功罪，形于成败之征，无逃其诛赏。"李重亦言："建树官司，功在简久，阶级少则人心定，久其事则政化成而能否著。"

当时相需最殷者，实为督责之术，固夫人知之矣。刘颂又言："善为政者，纲举而网疏。近世以来，为监司者，类大纲不振，而微过必举。微过不足以害政，举之则微而益乱。大纲不振，则豪强横肆，豪强横肆，则百姓失职矣。大奸犯政而乱兆庶者，类出富强，而豪富者，其力足惮，其货足欲，是以官长顿笔，下吏纵奸。惧所司之不举，则谨密网，以罗微罪，使奏劾相接，状似尽公。而挠法不亮，固已在其中矣。非徒无益于政体，清议乃由此而益伤。""错所急而倒所务"如此，欲以求治得乎？

武帝天资，本近夸毗，平吴以后，尤日即怠荒。史言其"耽于游宴；宠爱后党；亲贵当权，旧臣不得专任；彝章紊废，请谒行矣"。帝性好色。泰始九年，诏聘公卿以下子女，以备六宫。采择未毕，权禁断婚姻。使宦者乘使车，给驺骑，驰传州郡，召充选者。司徒李胤，镇军大将军胡奋，廷尉诸葛冲，大仆臧权，侍中冯荪，秘书郎左思，及世族子女，并充三夫人、九嫔。司、冀、兖、豫四州二千石、将吏家补良人以下。名家盛族子女，多败衣瘁貌以避之。太康二年，诏选孙皓妓妾五千人入宫。自此掖庭殆将万人，而并宠者甚众。帝莫知所适，常乘羊车，恣其所之，至便宴寝。宫人乃取竹叶插户，以盐汁洒地，而引帝车。及七年，出后宫才人妓女以下，仅三百七十人而已。怠荒如此，复何暇为久远之计哉？

凡功名之士，多非纯正之徒，故守成与创业异情，而栉风沐雨，共取天下之人，或不足以托孤寄命。然此亦随创业者之心量而殊，苟有安民定国之志，自亦有具公心，抱大志者，相与有成，如**魏**武帝之有荀文若，蜀汉先主之有诸葛孔明是也。晋之宣、景、文，则诚所谓欺人孤儿寡妇，狐媚以取天下者。党附之者，自多倾险之徒。

贾充父逵，为**魏**诚臣，而充党于司马氏，嗾成济以成高贵乡公之祸。文帝新执朝权，恐方镇有异议，使充诣诸葛诞，阴察其变。充既论说时事，因谓诞曰："天下皆愿禅代，君以为何如？"诞厉声曰："卿非贾豫州之子乎？世受魏恩，岂可欲以社稷输人？"

高贵乡公引王沈及裴秀，数于东堂讲燕属文。及将攻文帝，召沈及王业告之，沈、业驰白帝。荀勖者，钟会之从甥，少长会家。会谋反，审问未至，而外人先告之。文帝待会素厚，未之信也。勖曰："会虽受恩，然其性未可许以见得思义，不可不速为之备。"帝即出镇长安。卫瓘以知数杀钟会，又虑后患而戕邓艾，即杜预亦讥其将不免。然预父恕，与宣帝不相能，遂以幽死，而预尚文帝妹高陆公主，因此起家，以视王衰终身不应征聘，不西向坐，且绝管彦之婚者，能无愧乎？

此外晋初元老，如石苞、郑冲、王祥、荀颢、何曾、陈骞等，非乡原之徒，则苟合之士。此等人而可以托孤寄命哉？此晋之所以再传而即倾欤？刘颂论封建之利曰："国有任臣则安，有重臣则乱。树国本根不深，无干辅之固，则所谓任臣者，化而为重臣矣。何则？国有可倾之势，则执权者见疑，众疑难以自信，而甘受死亡者非人情故也。若乃建基既厚，藩屏强御，虽置幼君赤子，而天下不惧，曩之所谓重臣者，今悉反而为任臣矣。何则？理无危势，怀不自猜，忠诚得著，不惕于邪故也。"其于魏、晋之兴替，可谓洞烛其情。晋初之众建亲戚，盖亦所谓"殷鉴不远"者。然逮八王之乱，而亲戚化为重臣矣。不惟圣人有金城之义，而恃私智以求安，庸可得乎？

晋初所任，非功臣之后，则外戚之伦。如山涛为宣穆皇后中表亲，钟会作乱，文帝将西征，而魏诸王公并在邺，乃使行军司马，给亲兵五百人镇邺是也。然无督责之术，虽亲戚亦胡可信？景献皇后从父弟羊琇，居中护军、散骑常侍之职十三年，恒典禁兵，预机密。选用多以得意居先，不尽铨次之理。将士有冒官位者，为其致节，不惜躯命，然放恣犯法。每为有司所贷。其后司隶校尉刘毅劾之，应置重刑。武帝以旧恩，直免官而已。寻以侯白衣领护军。顷之复职。用人如此，虽有忠荩，亦何途以自靖？然偏任亲戚者，势固不得不尔也。王衍以妻为贾后亲见任，而卒覆公，诒谋之不臧，其祸固有自来矣。

自后汉以来，选政久已不肃，而武人当道，又相扇以奢淫。贪欲迫之，则营求弥甚，而官方遂不可问。《武帝纪》言：帝承魏氏奢侈，乃厉以恭俭，敦以寡欲。有司尝奏御牛青丝靷断，诏以青麻代之。案帝即位之岁，即下诏大弘俭约。禁乐府靡丽百戏之技，及雕文游畋之具。泰始八年，又禁雕文绮组非法之物。咸宁四年，太医司马程据献雉头裘帝以奇技异服，典礼所禁，焚之于殿前。敕内外：敢有犯者罪之。似有意于挽回末俗矣。

然以言教不如以身教。帝之营大庙也，致荆山之木；采华山之石；铸铜柱十二，涂以黄金，镂以百物，缀以明珠；（见《纪》泰始二年。）可谓示之轨物者乎？况乎其后宫之侈，又为古今所罕有也。帝尝幸王济宅。（济，浑子，尚帝女常山公主。）供馔甚丰，悉贮琉璃器中。蒸独甚美。帝问其故。答曰："以人乳蒸之。"帝色甚不平，食未毕而去。然不能有所惩也。故当时贵戚如王恺、（文明皇后弟。）羊琇、贾谧，（充孙。）勋臣如何曾、曾子劭、石崇、（苞子。）任恺、庾敳、和峤、王濬，莫不僭侈而无极。虽负高名如王戎；能立功业如刘琨、陶侃者；亦不免焉。

陆云拜吴王晏侍中，会晏于西园大营第室，云上书曰："臣窃见世祖武皇帝，临朝拱默，训世以俭。即位二十有六载，宫室台榭，无所新营。屡发明诏，厚戒丰奢。而世俗陵迟，家竞盈溢。

渐渍波荡，遂已成风。虽严诏屡宣，而侈俗弥广。"傅咸当咸宁初，上书曰："古者尧有茅茨，今之百姓，竞丰其屋。古者臣无玉食，今之贾竖，皆厌粱肉。古者后妃乃有殊饰，今之婢妾，被服绫罗。古者大夫乃不徒行，今之贱隶，乘轻驱肥。"可见时俗之渐靡，而武帝之空言训诫，悉归无效矣。要之当时之所急在齐斧，而帝无铅刀一割之用，此其所以万举而万不当也。

经百年丧乱之余，人民所祷祀以求者，宜莫如休养生息。当时政事之及于民者，果何如乎？

刘颂言："董卓作乱，近出百年。四海勤瘁，丁难极矣。六合浑并，始于今日。兆庶思宁，非虚望也。古今异宜，所遇不同，诚亦未可希遵在昔，放息马牛。然使受百役者不出其国，兵备待事其乡，实在可为。纵复不得悉为，苟尽其理，可静三分之二，吏役可不出千里之内。但如斯而已，天下所蒙，已不訾矣。政务多端，世事之未尽理者，难遍以疏举。振领总纲，要在三条：凡政欲静，静在息役，息役在无为。仓廪欲实，实在利农，利农在平籴。为政欲著信，著信在简贤，简贤在官久。三者既举，虽未足以厚化，然可以为安有余矣。"

时议省州郡县半吏，以赴农功。荀勖议以为"省吏不如省官，省官不如省事，省事不如清心"。傅咸言："泰始开元，以暨于今，十有五年矣。而军国未丰，百姓不赡；一岁不登，便有菜色者？诚由官众事殷，复除猥滥，蚕食者多，而亲农者少也。旧都督有四，今并监军，乃盈于十。夏禹敷土，分为九州，今之刺史，几向一倍。户口比汉，十分之一，而置郡县更多。空校衙门，无益宿卫，而虚立军府，动有百数。五等诸侯，复坐置官属。诸所宠给，皆生于百姓。一夫不农，有受其饥，今之不农，不可胜计，纵使五稼普收，仅足相接，暂有灾患，便不继赡。以为当今之急，先并官省事，静事息役，上下用心，惟农是务也。"

并官息役之事，盖终西晋之世，未之能行。平粜之法，据《晋书·食货志》：泰始二年，即下诏令主者具为条制，然事竟未行。刘颂言平粜已有成制，其未备者可就周足，盖亦徒有其法。至于综核名实，整饬官方，则晋世之所为，尤翩其反而矣。

《晋书·潘尼传》：尼著《安身论》曰："崇德莫大乎安身，安身莫尚乎存正，存正莫重乎无私，无私莫深乎寡欲。忧患之接，必生于自私，而兴于有欲。自私者不能成其私，有欲者不能济其欲，理之至也。欲苟不济，能无争乎？私苟不从，能无伐乎？人人自私，家家有欲；众欲并争，群私交伐。争则乱之萌也，伐则怨之府也。怨乱既构，危害及之，得不惧乎？

然弃本要末之徒，知进忘退之士，莫不饰才锐智，抽锋擢颖；倾侧乎势利之交，驰骋乎当涂之务；朝有弹冠之朋，野有结绶之友；党与炽于前，荣名扇其后；握权则赴者鳞集，失宠则散者瓦解；求利则托刎颈之欢，争路则构刻骨之隙。于是浮伪波腾，曲辩云沸；寒暑殊声，朝夕异价；驽蹇希奔放之迹，铅刀竞一割之用。至于爱恶相攻，与夺交战，诽谤噂沓，毁誉纵横；君子务能，小人伐技；风颓于上，俗弊于下，祸结而恨争也不强，患至而悔伐之未辩。大者倾国丧家，次则覆身灭祀。其故何邪？岂不始于私欲，而终于争伐哉？"

此论实抉晋初风俗颓败之由，盖沿后汉之流而益甚者也。傅玄言："魏武好法术，而天下贵刑名；魏文慕通达，而天下贱守节；其后纲维不摄，而虚无放诞之论，盈于朝野，使天下无复清议"；其波靡一世如此。杜预在镇，数饷遗洛中贵要。或问其故。预曰："吾但恐为害，不求益也。"苟晞为兖州，见朝政日乱，惧祸及己，多所交结。每得珍物，即遗都下亲贵。兖州去洛五百里，恐不鲜美，募得千里牛，每遣信，且发莫还。纲纪之颓敝如此，欲无沦丧得乎？武帝南郊礼毕，问刘毅曰："卿以朕方汉。何帝也？"对曰："桓、灵。"帝曰："其已甚乎？"对曰："桓、灵卖官，钱入官库，陛下卖官，钱入私门，以此言之，殆不如也。"

《晋书·良吏传》言："帝宽厚足以君人，明威未能厉俗。政刑以之私谒，贿赂于此公行。结绶者以放浊为通，弹冠者以苟得为贵。流遁忘反，寝以为常。刘毅抗卖官之言，当时以为矫枉，察其风俗，岂虚也哉？"《惠帝纪》言："帝居大位，政出群下。纲纪大坏，货赂公行。势位之家，以贵陵物。忠贤路绝，谗邪得志。更相荐举，天下谓之互市焉。"盖其所由来者渐矣。

民间风俗，历代迁变甚微，政事之隆窳，所以致一时之治乱者，实其士大夫之群及朝贵之执政权者为之。

干宝论西晋之事曰："朝寡纯德之人，乡乏不二之老。风格淫僻，耻尚失所。学者以老、庄为宗而黜六经。谈者以虚荡为辩而贱名检。行身者以放浊为通而狭节信。进仕者以苟得为贵而鄙居正。当官者以望空为高而笑勤恪。是以刘颂屡言治道，傅咸每纠邪正，皆谓之俗吏；其倚杖虚旷，依阿无心者，皆名重海内；若夫文王日昃不暇食，仲山甫夙夜匪懈者，盖共嗤点，以为灰尘矣。由是毁誉乱于善恶之实，情愿奔于货欲之途。选者为人择官，官者为身择利。而执钧当轴之士，身兼官以十数。大极其尊，小录其要。而世族贵戚之子弟，陵逼超越，不拘资次。悠悠风尘，皆奔竞之士；列官千百，无让贤之举。子真著《崇让》而莫之省，子雅制九班而不得用。其妇女：庄栉织纴，皆取成于婢仆，未尝知女工丝枲之业，中馈酒食之事也。先时而婚，任情而动，故皆不耻淫佚之过，不拘妒忌之恶。礼法刑政，于此大坏。如水斯积，而决其堤坊；如火斯畜，而离其薪燎。国之将亡，本必先颠，其此之谓乎？故观阮籍之行，而觉礼教崩弛之所由；察庾纯、贾充之事，而见师尹之多辟；考平吴之功，而知将帅之不让；思郭钦之谋，而悟戎狄之有衅；览傅玄、刘毅之言，而得百官之邪；核傅咸之奏，《钱神》之论，而睹宠赂之彰。民风国势如此，虽以中庸之才，守文之主治之，辛有必见之于祭祀，季札必得之于声乐，范燮必为之请死，贾谊必为之痛哭，又况我惠帝以放荡之德临之哉？"（此宝所著《晋纪》之论，《晋书·怀愍二帝纪》取之。）

盖西晋之亡，其势既如悬崖转石，不可中止矣。此实合一群之人，积若干岁月所造之共业，非一二人所克挽回，亦非一二人所能尸其责也。

第二节　戎狄之患

两汉之世，四裔种落，附塞或入居塞内者甚多。同化非旦夕可期；处置亦难尽得所；郡县、豪民，或且加以侵役；积怨思叛，自所不免；后汉羌乱，则其先声。初平以降，九州云扰，郡县荒废，户口寡少，兵力单薄，遂至坐生其心矣。履霜坚冰，其来有渐，泰始以后风尘之警，则永兴以后大乱之萌芽也。

晋初乱势，西北最烈。《晋书·李憙传》云：憙为仆射，时凉州虏寇边，憙唱议遣军讨之。朝士谓出兵不易，虏未足为患，不从。后虏果出纵逸，凉州覆没，朝廷深悔焉。此事当在泰始六年胡烈败亡以前。（《憙传》云：皇太子立，以憙为太子太傅。在位累年，迁尚书仆射。案惠帝立为太子，事在泰始三年正月。）

泰始五年，以雍州陇右五郡，（陇西，南安，天水，略阳，武都。陇西郡，晋治襄武，在今甘肃陇西县西南。南安，在陇西县东北。天水，晋治上邽，在今甘肃天水县西南。略阳，即魏广魏郡，在今甘肃秦安县东南。武都，今甘肃成县。）及凉州之金城，（晋初金城郡治榆中，在今县西北。）梁州之阴平（汉道，魏置郡，今甘肃文县。）置秦州。

傅玄上疏曰："胡夷兽心，不与华同，鲜卑最甚。本邓艾苟欲取一时之利，不虑后患，使鲜卑数万，散居民间，此必为害之势也。秦州刺史胡烈，素有恩信于西方。今使烈往，诸胡虽已无患，必且消弥，然兽心难保，不必其久安也。若后有动衅，烈计能制之。惟恐胡虏，东入安定，（晋郡，治安定，今甘肃泾川县北。）西赴武威，（晋郡，治姑臧，今甘肃武威县。）外名为降，可动复动。此二郡非烈所制，则恶胡东西有窟穴、浮游之地。宜更置一郡于高平川，（今清水河，自固原北流，至中卫县入黄河。）因安定西州都尉，募乐徙民，重其复除以充之，以通北道，渐以实边。详议此二郡及新置郡，皆使并属秦州，令烈得专御边之宜。"（《玄传》系此疏于泰始四年，盖误。）

而《陈骞传》言：骞言于武帝曰：胡烈、牵弘，皆勇而无谋，强于自用，非绥边之才。帝不听。二人后果失羌戎之和，皆被寇丧没。征讨连岁，仅而得定。帝乃悔之。其时乱势已成，固非徒勇所能戡，即得智勇兼备之将，恐亦非一手一足之烈，所能绥定之于旦夕间也。

泰始六年，六月，凉州叛。胡烈屯于万斛堆，（在今甘肃靖边县西。）为羌虏所害。时汝南王亮（宣帝第四子。）督关中，遣救不进，坐免官。遣尚书石鉴行安西将军，督秦州以讨之。

《杜预传》：预为安西军司。到长安，更除秦州刺史。鉴使预出兵。预以虏乘胜马肥，而官军悬乏，宜并力大运刍粮，须春进讨，陈五不可，四不须。鉴大怒，奏预。槛车征诣廷尉。其后陇右之事，卒如预策焉。

七月，以汝阴王骏（宣帝子。）督雍、凉。

七年，四月，北地胡寇金城。（北地治富平，今宁夏灵武县。）凉州刺史牵弘讨之。群虏内叛，围弘于青山。（《续汉志》：青山在北地郡参巒县界。汉参巒县，在今甘肃庆阳县西北。）弘军败，死之。

七月，以贾充督秦、凉。旋以婚于太子，不行。

十年，凉州虏寇金城。汝阴王骏讨之，斩其帅乞文泥等。明年，为咸宁元年，树机能等叛。遣众讨之，斩三千余级。诏骏遣七千人代凉州守兵。树机能、侯弹勃等欲先劫佃兵。骏命平虏将军文俶督秦、凉诸军各进屯以威之。机能乃遣所领二十部及弹勃面缚军门，各遣入质子。安定、北地、金城诸胡吉轲罗侯金多及北虏热凅等二十万口又来降。树机能，据《载记》即秃发氏之祖，为河西鲜卑，而《骏传》称为羌虏，盖与羌俱叛也。

是岁，六月，西域戊己校尉马循讨叛鲜卑，破之，斩其渠帅。二年，五月，汝阴王骏讨北胡，斩其渠帅吐敦。七月，鲜卑阿罗多等寇边。马循讨之，斩首四千余级，获生九千余人。于是来降。三年，三月，文俶讨树机能等，并破之。四年，六月，凉州刺史杨欣与虏若罗拔能等战于武威，败绩，死之。五年，正月，树机能攻陷凉州。（晋凉州刺史治武威。）使马隆击之。十二月，隆破斩树机能。凉州平。

《隆传》云：杨欣失羌戎之和，隆陈其必败，俄而欣为虏所没，河西断绝。帝临朝而叹曰："谁能为我讨此虏，通凉州者乎？"朝臣莫对。隆进曰："陛下若能任臣，臣能平之。"帝曰："必能灭贼，何为不任？顾卿方略何如耳？"隆曰："陛下若能任臣，当听臣自任。"帝曰："云何？"隆曰："臣请募勇士三千人，无问所从来，率之鼓行而西。"帝许之。

乃以隆为武威太守。公卿佥曰："六军既众，州郡兵多，但当用之，不宜横设赏募，以乱常典。"帝弗纳。隆募限要引弩三十六钧，弓四钧。立标简试。自旦至中，得三千五百人。隆曰："足矣。"因请自至武库选杖。武库令与隆忿争。御史中丞劾奏隆。隆曰："臣当亡命战场，以报所受，武库令乃以魏时朽杖见给，非陛下使臣之意也。"帝从之。又给其三年军资。隆于是转战而西，杀伤以千数。

自隆之西，音问断绝，朝廷忧之。或谓已没。后隆使夜到，帝抚掌欢笑，诘朝，召朝臣谓曰："若从诸卿言，是无秦、凉矣。"乃假隆节。隆到武威，前后诛杀及降附者以万计。率善戎没骨能等与树机能大战，斩之，凉州平。

史所传隆事，或恢侈非其实，然大致当不诬，此实以孤军徼幸，亦危矣。然亦可见叛虏原非甚强，特州郡兵力大弱，任督统者又非其人，乱势遂至日滋耳。

太康元年，七月，虏轲成泥寇西平浩亹。（西平郡，治西都，今青海西宁县。浩亹县，在青海乐都县东。）杀督将以下三百余人。《马隆传》云：太康初，朝廷以西平荒毁，宜时兴复，以隆为太守。隆击破南虏成奚。毕隆之政，不敢为寇。大熙初，加授护东羌校尉。积十余年，威信振于陇右。时洛阳太守冯翊严舒，与杨骏通亲，密图代隆，毁隆年老谬耄，不宜服戎，于是征隆，以舒代镇。朝廷恐关、陇复扰，乃免舒，遣隆复职，竟卒于官。此又见州郡得人，足致一时之小康矣。

三年，正月，罢秦州，并雍州。惠帝元康四年，五月，匈奴郝散反，攻上党，（郡，治潞县，今山西潞城县西北。）杀长吏。八月，郝散帅众降，冯翊都尉杀之。（汉左冯翊，后汉为郡，今陕西大荔县。）

六年，五月，郝散弟度元帅冯翊、北地马兰羌、卢水胡反。（马兰，山名，在今陕西白水县西北。卢水胡居安定界。）攻北地，太守张损死之。冯翊太守欧阳建与度元战，连败。时赵王伦（宣帝第九子。）镇关中，征还，以梁王肜（宣帝子。）代之。八月，雍州刺史解系又为度元所破。秦、雍氐、羌悉叛，推氐帅齐万年僭号，围泾阳。（汉县，后汉废，故城在今甘肃平凉县西。）十一月，遣夏侯骏、周处等讨之。处，吴将鲂子。为御史中丞，纠劾不避宠戚。梁王肜违法，处深文按之。朝臣恶其强直，使隶骏西征。中书令陈准知肜将逞宿憾，言"处吴人，有怨无援，宜诏孟观（时为积弩将军。）以精兵万人，为处前锋"。朝廷不从。时贼屯梁山，（在今陕西乾县西北。）有众七万，骏逼处以五千兵击之，又绝其后继。七年，正月，处遂败死于六陌。（在乾县东。）陈准与中书监张华以赵、梁诸王，雍容贵戚，进不贪功，退不惧罪；士卒虽众，不为之用，上下离心，难以胜敌；启遣孟观讨之。观所领宿卫兵，皆趫捷勇悍。并统关中士卒。身当矢石，大战十数，皆破之。

九年，正月，获万年。征梁王肜，以河间王颙（安平献王孚孙。孚，宣帝弟。）代镇关中。是岁，十二月，贾后废愍怀太子，大难旋作，边务更无人措意矣。

匈奴之众，分为五部，皆居并州塞内。晋武帝践阼后，塞外匈奴大水塞泥黑难等二万余落归化。帝复纳之，使居河西故宜阳城下。后复与晋人杂居。由是平阳、（魏郡，今山西临汾县。）西河、（魏郡，晋为国，今山西汾阳县。）太原、（今山西太原县。）新兴、（后汉郡，今山西忻县。）上党、乐平（后汉郡，今山西昔阳县西南。）诸郡，靡不有焉。

泰始七年，正月，匈奴中部帅刘猛（此据《胡奋传》。《本纪》但称匈奴帅。《匈奴传》作单于猛，盖猛时自称单于。）叛出塞，屯孔邪城。遣何桢讨之。桢以猛众凶悍，非少兵所制，乃潜诱猛左部督李恪杀猛。（此据《匈奴传》。《本纪》云：桢讨猛，屡破之。《胡奋传》云：使路蕃讨之。以奋为监军，假节，顿军陉北，为蕃后继。击猛破之。猛帐下将李恪斩猛而降。盖非无战事，而非特战以决胜。陉北，谓陉岭之北。陉岭即雁门山，在今山西代县西北。）

于是匈奴震服，积年不敢复反。其后稍因忿恨，杀害长吏，渐为边患。（《本纪》：咸宁二年，二月，并州虏犯塞，监并州诸军事胡奋击破之。）至太康五年，复有匈奴胡大阿厚，率其部落二万九千三百人归化。七年，又有匈奴胡都大博及萋莎胡等，各率种类，大小凡十万余口，诣雍州刺史扶风王骏降附。明年，匈奴都督大豆得一育鞠等，复率种落大小万一千五百口来降。帝并抚纳之。（此据《匈奴传》。其见于《本纪》者：尚有咸宁三年，西北杂虏及鲜卑、匈奴、五溪蛮夷、东夷三国前后千余辈，各帅种人部落内附。五年，三月，匈奴都督拔奕虚帅部落归化。十月，匈奴余渠都督独雍等帅部落归化。案魏陈留王申晋文帝九锡之命，统计四夷内附、纳贡者，八百七十余万口，虽属夸张，亦必有一依据，此等固不必皆入居塞内，然入居塞内者，亦必不少也。）

惠帝元康中，郝散反，已见前。

东北情势，不如西北之紧急，而幅员广远，种落滋蔓，隐忧之潜伏者亦深。据《晋书》列传，当时治理东北有声威者凡三人：一卫瓘，一唐彬，一张华也。瓘之督幽州，在泰始七年八月。《传》曰：至镇，表立平州，（治昌黎，在热河朝阳县境。）后兼督之。于时幽、并东有务桓，西有力微，并为边害。瓘离间二虏，遂致嫌隙。于是务桓降而力微以忧死。案平州之立，事在泰始十年二月。

咸宁元年六月，《纪》书鲜卑力微遣子来献。力微即后魏神元帝，其子即文帝沙漠汗也。瓘旋征拜尚书令。吴平之后，唐彬监幽州诸军。《彬传》云：因北虏侵据北平，（晋郡，今河北遵化县西。）故有此命。

彬既至镇，训卒利兵，广农重稼。震威耀武，宣谕国命，示以恩信，于是鲜卑二部大莫廆、摘何等并遣侍子、入贡。遂开拓旧境，却地千里。复秦长城塞。自温城（未详。）泊于碣石，（《太康地志》云：乐浪遂城县有碣石，长城所起，地在今朝鲜境。）緜亘山谷，且三千里，分军屯守，烽堠相望。由是边境获安。自汉、魏征镇，莫之比焉。

鲜卑诸种畏惧，遂杀大莫廆。彬欲讨之。恐列上俟报，虏必逃散，乃发幽、冀车牛。参军许祗密奏之。诏遣御史槛车征彬，付廷尉，以事直见释。咸宁三年，正月，复使卫瓘讨力微。

太康二年，十月，鲜卑慕容廆寇昌黎。（魏郡，今热河凌源县。）十一月，鲜卑寇辽西，平州刺史鲜于婴讨破之。三年，正月，以张华督幽州。三月，安北将军严询破慕容廆于昌黎，杀伤数万人。是岁，八月，罢平州。七年，五月，慕容廆又寇辽东。至十年五月，乃来降。《张华传》言：华抚纳新旧，戎、夏怀之。东夷马韩、新弥诸国，依山带海，去州四千余里，历世未附者二十余国，并遣使朝献。于是远夷宾服，四境无虞。频岁丰稔，士马强盛。案晋初东夷来朝献者甚多，此等徒侈观听，无与安危，语其实迹，实不如唐彬谨治边塞者之为有益，而惜乎彬之未能久于其任，更广其功也。

（《晋书·武帝纪》：咸宁二年，二月，东夷八国归化。七月，东夷十七国内附。四年，三月，东夷六国来献。是岁，东夷九国来附。五年，肃慎来献楛矢。太康元年，六月，东夷十国归化。七月，东夷二十国朝献。二年，六月，东夷五国内附。三年，九月，东夷二十九国归化，献其方物。七年，八月，东夷十一国来附。八年，八月，东夷二国内附。九年，九月，东夷七国诣校尉内附。十年，五月，东夷十一国内附。是岁，东夷绝远三十余国来献。大熙元年，二月，东夷七国朝贡。《惠帝纪》：元康元年，东夷十七国并诣校尉内附。）

四裔归化之多，非始于晋，而在晋初，此等情势，特为尤甚。杂居大多，措理非易，故论者多欲徙去之。邓艾当魏末，即言羌、胡与民同处者，宜以渐出之，使居民表。

晋武帝时，侍御史郭钦上疏言：“魏初人寡，西北诸郡，皆为戎居。今虽服从，若百年之后，有风尘之警，胡骑自平阳、上党，不三日而至孟津，（今河南孟县南。）北地、西河、太原、冯翊、安定、上郡，（治肤施，今陕西绥德县。）尽为狄庭矣。宜及平吴之威，谋臣猛将之略，出北地、西河、安定；复上郡；实冯翊；于平阳已北诸县，募取死罪，徙三河、（河内、河南、河东。晋河内郡，治野王，今河南沁阳县。河南今河南洛阳县。河东，晋治蒲阪，今山西永济县。）三魏《通鉴》（卷九十六晋成帝咸康七年《注》："魏郡、阳平、广平为三魏。"魏郡，今河南临漳县。阳平，今河北大名县。广平，今河北鸡泽县。）见士四万家以充之。渐徙平阳、弘农、魏郡、京兆、（今陕西长安县。）上党杂胡。

峻四夷出入之防，明先王荒服之制，万世之长策也。"帝不纳。（见《晋书·匈奴传》。）

及齐万年乱后，山阴令江统（山阴，今浙江绍兴县。）又作《徙戎论》，言"魏兴之初，与蜀分隔，疆场之戎，一彼一此。魏武皇帝令将军夏侯妙才（名渊。唐人作《晋书》，避高祖讳，书其字。）讨叛氐阿贵、千万等，后因拔弃汉中，遂徙武都之种于秦川，（凡魏、晋间人言某川者，犹今言某水流域。秦川，犹言秦地之川。）欲以弱寇强国，捍御蜀虏，此盖权宜之计，一时之势，非所以为万世之利也。

（参看《秦汉史》第十一章十一节。案《三国·魏志·张既传》：魏武拔弃汉中，令既之武都，徙氐五万余落出居扶风、天水界。《杨阜传》云：阜前后徙民氐，使居京兆、扶风、天水界者万余户。又《郭淮传》：正始元年，姜维出陇西，淮进军，维退，遂讨迷当等，按抚柔氐三千余落，拔徙以实关中。凉州休屠胡梁元碧等率种落二千余家附雍州，淮奏请使居安定之高平，为民保鄣。其后因置西川都尉。又《蜀志》：后主建兴十四年，徙武都氐王苻健及氐民四百余户于广都。《张嶷传》云：健请降，遣将军张尉往迎，过期不到，蒋琬深以为念。嶷曰：苻健求附款至，必无他变。素闻健弟狡黠，又夷狄不能同功，将有乖离，是以稽留耳。数日，问至。健弟果将四百户就魏，独健来从。则诸胡之入关中，实非魏武一迁而遂已，且先此固已多矣。扶风郡，后汉治槐里，在今陕西兴平县东南。晋移治池阳，在今陕西泾阳县西北。

高平，在今甘肃固原县。广都，汉县，在今四川华阳县南。）

"今者当之，已受其弊矣。戎狄志态，不与华同，而因其衰弊，迁之畿服，士庶玩习，侮其轻弱，使其怨恨之气，毒于骨髓，至于蕃育众盛，则坐生其心。以贪悍之性，挟愤怒之情，候隙乘便，辄为横逆；而居封域之内，无障塞之隔；掩不备之人，收散野之积；故能为祸滋蔓，暴害不测。此必然之势，已验之事也。

"当今之宜，宜及兵威方盛，众事未罢，徙冯翊、北地、新平、（后汉郡，今陕西邠县。）安定界内诸羌，著先零、罕开、析支之地；徙扶风、始平、（晋郡，今陕西兴平县。）京兆之氐，出还陇右，著阴平、武都之地；使属国抚夷，就安集之。戎、晋不杂，并得其所。纵有猾夏之心，风尘之警，则绝远中国，隔阂山河，虽为寇暴，所害不广。

"并州之胡，本实匈奴。建安中，使右贤王去卑诱质呼厨泉，听其部落，散居六郡。（晋并州统郡国六：太原，上党，西河，乐平，雁门，新兴。雁门治广武，在今山西代县西。）咸熙之际，以一部大强，分为三率。泰始之初，又增为四。今五部之众，户至数万。人口之盛，过于西戎。天性骁勇，弓马便利，倍于氐、羌。若有不虞风尘之虑，则并州之域，可为寒心。

"荥阳句丽，（荥阳，晋郡，今河南荥泽县。）本居辽东塞外。正始中，幽州刺史毌丘俭伐其叛者，徙其余种。始徙之时，户落百数，子孙孳息，今以千计，数世之后，必至殷炽。此等皆可申谕发遣，还其本域"。

阮种对策亦云："自魏氏以来，夷虏内附，鲜有桀悍侵渔之患。由是边守遂怠，鄣塞不设，而令丑虏内居，与百姓杂处。边吏扰习；人又忘战；受方任者，又非其才；或以狙诈，侵侮边夷；或干赏陷利，妄加讨戮。夫以微羁而制悍马，又乃操以烦策，其不制者，固其宜也。"

案驾驭异族，远者宜结其欢心，致其乡慕；近者宜加之绥抚，使获安生；而晋于此，殊为怠慢。

敦煌（今甘肃敦煌县。）段灼，世为西土著姓。从邓艾破蜀有功。累迁议郎。武帝之世，屡陈时宜，辄见省览。而身微宦孤，不见进叙，乃取长假还乡里。临去，遣息上表，有云："臣前为西郡太守，（西郡，后汉末置。今甘肃山丹县南。）被州所下己未诏书：羌、胡道远，其但募取乐行，不乐勿强。臣被诏书，辄宣恩广募，示以赏信。所得人名，即条言征西。其晋人自可差简丁强，如法调取。至于羌、胡，非恩意告谕，则无欲度金城、河西者也。自往每兴军渡河，未尝有变。故刺史郭绥，劝帅有方，深加奖厉，要许重报。是以所募，感恩利赏，遂立绩效，功在第一。今州郡督将，并已受封，羌、胡健儿，或王或侯，不蒙论叙也。"

驾驭之失宜，可概见矣。不特此也，石勒父祖，本皆部落小帅。《载记》言其父周曷朱，性凶粗，不为群胡所附，每使勒代己督摄，部胡爱信之。邬人郭敬，（邬县，在今山西介休县东北。）阳曲宁驱，（阳曲县，今山西太原县北。）并加资赡。勒亦感其恩，为之力耕。大安中，并州饥乱，勒与诸小胡亡散，乃自雁门还依宁驱。北泽都尉刘监欲缚卖之，驱匿之获免。勒于是潜诣纳降都尉李川。路逢郭敬，泣拜言饥寒。敬对之流涕，以带货粥食之，并给以衣服。勒谓敬曰："今日大饿，不可守穷。诸胡饥甚，宜诱将冀州就谷，因执卖之，可以两济。"敬深然之。

会建威将军阎粹说并州刺史东嬴公腾，（高密文献王泰之子。泰，宣帝弟。）执诸胡于山东卖充军实。腾使将军郭阳、张隆虏群胡将诣冀州，两胡一枷。

勒时年二十余，亦在其中。数为隆所殴辱。敬先以勒属阳及兄子时。阳，敬族兄也，是以阳、时每为解请。道路饥病，赖阳、时而济。既而卖与茌平人师欢为奴。（茌平，今山东茌平县。）每耕作于野，常闻鼓角之声。勒以告诸奴，诸奴归以告欢，欢亦奇其状貌而免之。欢家邻于马牧，与牧帅魏郡汲桑往来。勒以能相马，自托于桑，后遂相结为群盗。

案勒之见卖，固为乱时事，然必平时先有卖胡为奴之习，乱时乃思借以赡军。《外戚传》言太原诸部，以匈奴、胡人为田客，多者数千，（石勒为郭敬、宁驱力耕，亦田客也。）其中盖亦未尝无酋率之流如勒者，安得不怨而思叛也？郭敬、宁驱，盖亦所谓豪桀，非独汲桑。当风尘澒洞之时，而听群胡散居内地，与之相结，安得不有横逆之事？

江统又言："关中之人，百余万口，率其少多，戎狄居半"，此言似失其实。殊不知历代户口，著籍之数，皆与实在生齿迥殊。统之言，盖据当时著籍者言之也。以关中之土沃物丰，而其著籍之数，不过如此，郡县之寡弱，可以概见，安能御方张之寇？况又益之以怠弛无备，如阮种所云者乎？

刘卫辰降于苻坚，请田内地，坚许之。乌丸独孤、鲜卑没奕干又降。坚初欲处之塞内。苻融以方当窥兵郡县，为北边之害，不如徙之塞外。其后勃勃卒为北边之害，未始非坚之处置不善，有以启之也。

移中国之民于塞外，以启穷荒；迁四夷降者于域中，以资驾驭；自为远大之规。然远图不易速成，迂远而阔于事情，或转以招目前之患。以一时之务论，徙戎自为良策，而惜乎因循玩愒者不能行也。

第三节　封建之制

言晋初之事者，多以其行封建为致乱之原，其实非也。晋初封建之制，行之未必能召乱；而其制亦未尝行。其所以召乱者，实由其任宗室诸王大重，承州郡积重之后，而使之出专方任耳。其任诸王大重，论者多谓其出于欲保国祚之私，此亦仅得其一端。当时论者，自有一派，谓郡县易招祸乱，封建可以维持于不敝也。先考其制度，继观其议论，而此事之得失了然矣。

《晋书·地理志》云：文帝为晋王，命裴秀等建立五等之制。惟安平郡公孚（即安平献王。）邑万户，制度如魏诸王。其余：县公邑千八百户，地方七十五里。大国侯邑千六百户，地方七十里。次国侯邑千四百户，地方六十五里。大国伯邑千二百户，地方六十里。次国伯邑千户，地方五十五里。大国子邑八百户，地方五十里。次国子邑六百户，地方四十五里。男邑四百户，地方四十里。武帝泰始元年，封诸王。以郡为国，邑二万户为大国。置上、中、下三军，兵五千人。邑万户为次国。置上军、下军，兵三千人。五千户为小国。置一军，兵千五百人。王不之国，官于京师。罢五等之制。公、侯邑万户以上为大国，五千户以上为次国，不满五千户为小国。

《职官志》云：咸宁三年，卫将军杨珧，与中书监荀勖，以齐王攸有时望，惧惠帝有后难，因追故司空裴秀立五等封建之旨，从容共陈时宜。以为"古者建侯，所以藩卫王室。今吴寇未殄，方岳任大，而诸王为帅都督，既各不臣其统内，于事重非宜。又异姓诸将居边，宜参以亲戚，而诸王公皆在京师，非捍城之义，万世之固"。

帝初未之察，于是下诏议其制。有司奏徙诸王公，更制户邑。皆中尉领兵。其平原、（今山东平原县。）汝南、（今河南汝南县。）琅邪、（今山东临沂县。）扶风、齐（今山东临淄县。）为大国，梁、（今河南商邱县。）赵、（今河北赵县。）乐安、（今山东桓台县。）燕、（今北平市西南。）安平、（今河北冀县。）义阳（今河南新野县。）为次国，其余为小国。皆制所近县，益满万户。又为郡公，制度如小国王。亦中尉领兵。郡侯如不满五千户王。置一军，亦中尉领之。南宫王承，（安平献王孙。）随王迈，（安平献王曾孙。）各于泰始中封为县王，邑千户，至是改正。县王增邑为三千户，制度如郡侯。亦置一军。自此非皇子不得为王。而诸王之支庶，亦各以土推恩受封。

其大国、次国：始封王之支子为公，承封王之支子为侯，继承封王之支子为伯。小国：五千户已上，始封王之支子为子，不满五千户，始封王之支子，及始封公侯之支子皆为男。非此皆不得封。其公之制度，如五千户国；侯之制度，如不满五千户国；亦置一军，千人，中尉领之。伯、子、男已下各有差，而不置军。大国始封之孙罢下军，曾孙又罢上军；次国始封子孙亦罢下军；其余皆以一军为常。大国中军二千人，上下军各千五百人。次国上军二千人，下军千人。其未之国者：大国置守土百人，次国八十人，小国六十人。郡侯、县公，亦如小国。制度既行，所增徙各如本，奏遣就国。而诸公皆恋京师，涕泣而去。

《荀勖传》云：时议遣王公之国，帝以问勖。勖对曰："诸王公已为都督，而使之国，则废方任。又分割郡县，人心恋本，必用嗷嗷。国皆置军，官兵还当给国，而阙边守。"帝重使勖思之。勖又陈曰："如诏，准古方伯选才，使军国各随方面为都督，诚如明旨。至于割正封疆，使亲疏不同，犹惧多所摇动，思维窃宜如前。若于事不得不时有所转封，而不至分割土域，有所损夺者，可随宜节度。其五等体国经远，但虚名，其于实事，略与旧郡、县、乡、亭无异。若造次改夺，恐不能不以为恨。今方了其大者，以为五等可须后裁度。"帝以勖言为允，多从其意。

然则有司所奏，实非勖意；而其时齐王亦未之国；故《通鉴考异》谓《职官志》非是而不之取；而据《勖传》，则其制亦初未尽行也。文王之制无论矣。泰始、咸宁之制，大国亦不过如一郡，安足为乱？然则八王之乱，由于方任之重而不由封建明矣。

晋初陈封建之利者，当以陆机、刘颂、段灼之言为最切。观其言，可知当时所行，实未副论者之意也。机作《五等论》，以为行封建，则"南面之君，各务其政；九服之内，知有定主；上之子爱，于是乎生；下之礼信，于是乎结；世平足以敦风，道衰足以御暴。故强毅之国，不能擅一时之势；雄俊之人，无所寄霸王之志"。非如后汉，"强臣专朝，则天下风靡；一夫从衡，而城池自夷"也。"在周之衰，难兴王室，祸止畿甸，害不覃及天下，晏然以安待危。"二汉志士，"虽复时有鸠合，然上非奥主，下皆市人，师旅无先定之班，君臣无相保之志，是以义兵云合，无救劫杀之祸"。"成汤、公旦，文质相济，损益有物，然五等之礼，不革于时，封畛之制，有隆尔者，知侵弱之辱，愈于殄祀，土崩之困，痛于陵夷"也。"且五等之主，为己思政，郡县之长，为吏图物。进取之情锐，而安人之誉迟。是故侵百姓以利己者，在位所不惮，损实事以养名者，官长所夙慕也。五等则不然"矣。

颂上疏言："善为天下者，任势而不任人。任势者诸侯是也，任人者郡县是也。国有任臣则安，有重臣则乱。树国本根不深，无干辅之固，则任臣化为重臣。若乃建基既厚，藩屏强御，曩之所谓重臣者，今悉反为任臣矣。建侯之理，使君乐其国，臣荣其朝，各流福祚，传之无穷；上下一心，爱国如家，视百姓如子；然后能保荷天禄，兼翼王室。

"今诸王裂土，皆兼于古之诸侯，而君贱其爵，臣耻其位，莫有安志。其故何也？法同郡县，无成国之制故也。今之建置，宜使率由旧章，一如古典。然人心系常，不累十年，好恶未改，情愿未移。臣之愚虑，以为宜早创大制。迟回众望，犹在十年之外。然后能令君臣各安其位，荣其所蒙，上下相持，用成藩辅。如今之为，适足以亏天府之藏，徒弃谷帛之资，无补镇国卫上之势也。

"古者封建既定，各有其国，后虽王之子孙，无复尺土，此今事之必不行者也。若推亲疏，转有所废，以有所树，则是郡县之职，非建国之制。今宜豫开此地，令十世之内，使亲者得转处近。（案如此，则必时有移徙，安有深根固柢之势？复与郡县之职何异？）十世之远，近郊地尽，然后亲疏相维，不得复如十世之内。然犹树亲有所，迟天下都满，已弥数百千年矣。今方始封，而亲疏倒施，甚非所宜。宜更大量天下土田方里之数，都更裂土分人，以王同姓，使亲疏远近，不错其宜，然后可以永安。

"古者封国，大者不过土方百里，然后人数殷众，境内必盈，其力足以备充制度。今虽一国，周环将近千里，然力实寡，不足以奉国典。所遇不同，故当因时制宜，以尽事适。今宜令诸王国容少而军容多。然于古典所应有者，悉立其制。然非急所须，渐而备之，不得顿设也。至于境内之政，官人用才，自非内史、国相，命于天子，其余众职，及死生之断，谷帛资实，庆赏刑威，非封爵者，悉得专之。今诸国本一郡之政耳，若备旧典，则以虚制损实力，至于庆赏刑断，所以卫下之权，不重则无以威众人而卫上。

"周之封建，使国重于君，故无道之君，不免诛放，国祚不泯。诸侯思惧，然后轨道。下无亡国，天子乘之，理势自安。汉之树置，君国轻重不殊。故诸王失度，陷于罪戮，国随以亡；不崇兴灭继绝之序；故下无固国。天子居上，势孤无辅，故奸臣擅朝，易倾大业。今宜反汉之弊，修周旧迹。国君虽或失道，陷于诛绝；又无子应除；苟有始封支胤，不问远近，必绍其祚。若无遗类，则虚建之，须皇子生，以继其统。又班固称诸侯失国，亦由网密，今又宜都宽其检。大制都定，班之群后，著誓丹青，书之玉版，藏之金匮，置诸宗庙，副在有司。寡弱小国，犹不可危，岂况万乘之主？乘难倾之邦而加其上，可谓根深华岳而四维之也。"

段灼初陈时宜，尝请"诸王十五以上，悉遣之国。为选中郎、傅、相，才兼文武，以辅佐之。听于其国，缮修兵马，广布恩信，连城开地，为晋鲁、卫"。后取长假还乡里，临去，又遣息上表，言"今异姓无裂土专封之邑，同姓并据有连城之地，纵令诸王后世子孙，还自相并，盖亦楚人失繁弱于云、梦，尚未为亡其弓也。诸王二十余人，而公、侯、伯、子、男五百余国。欲言其国皆小乎？则汉祖之起，俱无尺土之地，况有国者哉？天下有事，无不由兵，而无故多树兵本，广开乱源，臣故曰五等不便也。臣以为可如前表，诸王宜大其国，增益其兵，悉遣守藩，使形势足以相接，则陛下可高枕而卧耳。诸侯、伯、子、男名号，皆宜改易之，使封爵之制，禄奉礼秩，并同天下诸侯之例"。

虞溥补尚书都令史，尚书令卫瓘重之。溥谓瓘："宜复先王五等之制，以绥久长，不可承暴秦之法，遂汉、魏之失。"

盖其时之人，鉴于秦、汉以降，匹夫崛起，强臣擅国，祸辄被于天下，以为惟树国足以救之，而不悟其力不强则不足以相辅，力苟强，则秦始皇所谓自树兵。自汉世，既有叛国而无叛郡矣。（柳宗元《封建论》语。其时中央之力强，一郡之地，其势不足以叛也。）晋初建国，不过一郡，苟有倾危，岂足相辅？树危国而乘其上，虽多，何安之有？此陆机、刘颂之蔽也。段灼盖知之矣，故欲废公、侯以下，而大诸王之封。晋初封建之制，迟迟不定；定亦不行；而诸王之出镇者相踵，盖亦有见于此。故陆机、刘颂之论；晋未之行，若段灼之言，则晋虽未行其文，既行其实矣，而八王之乱，则正由此，此又灼之蔽也。

世事只有日新，而人之见解，恒限于旧，所以救方来之祸者，斟酌损益仍不越于前世之规，亦可哀矣。然此自就诸人之所言者而扬榷之，至于西晋之丧乱，则初不系于此也。

第三章

西晋乱亡

第一节　齐献王争立

晋初异族，形势虽云可忧，然观第二章第二节所述，其力尚未足与中国相敌，使内外安乂，未尝不可徐图。八王难作，授之以隙，而势乃不可支矣。八王之乱，原于杨、贾之争；杨、贾之争，又原于齐献王之觊觎大位。推波助澜，譬彼舟流，靡知所届，君子是以作事谋始也。

齐献王攸，为武帝同母弟。（皆文明王皇后所生。）景帝无后，以攸为嗣。《晋书·武帝纪》云：文帝自谓摄居相位，百年之后，大业宜归攸。每曰："此景王之天下也。"议立世子，属意于攸。何曾等固争，武帝之位乃定。《攸传》亦云：攸特为文帝所宠爱。每见攸，辄抚床呼其小字曰："此桃符坐也。"然《贾充传》云：文帝以景帝恢赞先业，方传位于攸。充称武帝宽仁，且又居长，有人君之德，宜奉社稷。及文帝寝疾，武帝请问后事。文帝曰："知汝者贾公闾也。"则文帝初无宋宣公之心。《羊琇传》云：武帝未立为太子，声论不及弟攸。文帝素意重攸，恒有代宗之议。

琇密为武帝画策，甚有匡救。又观文帝为政损益，揆度应所顾问之事，皆令武帝默而识之。其后文帝与武帝论当世之务，及人间可否，武帝答无不允，由是储位遂定。武帝即位，琇宠遇甚厚。观于琇，知贾充之见信于武帝，亦有由也。

武帝后曰武元杨皇后，生毗陵悼王轨、惠帝、秦献王柬。悼王二岁而夭。惠帝以泰始三年，立为皇太子。十年，后有疾。时帝宠胡贵嫔，后恐后立之，太子不安。临终，枕帝膝曰："叔父骏女男胤，（讳芷，字季兰，小字男胤。）有德色，愿陛下以备六宫。"因悲泣。帝流涕许之。后崩。咸宁二年，立男胤为皇后。是为武悼杨皇后。生渤海殇王恢。亦二岁而薨。（太康五年。）

《惠帝纪》云：帝尝在华林园，（在洛阳。本东汉芳林园。魏齐王芳时，避讳，改为华林。）闻虾蟆声，谓左右曰："此鸣者为官乎？私乎？"及天下荒乱，百姓饿死，帝曰："何不食肉糜？"其蒙蔽皆此类。然荡阴之役，（荡阴，汉县，今河南汤阴县。）嵇绍被害于帝侧，血溅御服，帝深哀叹之；及事定，左右欲浣衣，帝曰："此嵇侍中血，勿去。"则绝不类痴人騃语。《贾后传》云：帝尝疑太子不慧，且朝臣和峤等多以为言，尽召东宫大小官属，为设宴会，而密封疑事，使太子决之。停信待反。妃大惧，情外人作答。答者多引古义。给使张泓曰："太子不学，而答诏引义，必责作草主，更益谴责，不如直以意对。"妃大喜。语泓："便为我好答，富贵与汝共之。"泓素有小才。具草，令太子自写。

（《和峤传》：峤见太子不令，因侍坐曰："皇太子有淳古之风，而季世多伪，恐不瞭陛下家事。"帝默然不答。后与荀顗、荀勖同侍。帝曰："太子近入朝，差长进，卿可俱诣之，粗及世事。"既奉诏而还，顗、勖并称太子明识弘雅，诚如圣诏。峤曰："圣质如初耳。"帝不悦而起。峤退居，恒怀慨叹。知不见用，犹不能已。在御坐，言及社稷，未尝不以储君为忧。帝知其言忠，每不酬答。或以告贾妃，妃衔之。惠帝即位，拜太子太傅。太子朝西宫，峤从入。贾后使帝问峤曰："卿昔谓我不瞭家事，今日定云何？"峤曰："臣昔事先帝，曾有斯言。言之不效，国之福也。臣敢逃其罪乎？"《荀勖传》：帝素知太子暗弱，恐后乱国，遣勖及和峤往观之。勖还，盛称太子之德，而峤云太子如初。欲试之。）

帝省之，甚悦。先示太子少傅卫瓘，瓘大踧踖，众人乃知瓘先有毁言。

（《瓘传》：惠帝之为太子也，朝臣咸谓纯质不能亲政事。瓘每欲陈启废之，而未敢发。后会宴陵云台。瓘托醉，因跪帝床前曰："臣欲有所启。"帝曰："公所言何邪？"瓘欲言而止者三，因以手抚床曰："此坐可惜。"帝意乃悟。因缪曰："公真大醉邪？"瓘于此不复有言。贾后由是怨瓘。启废太子，此何等事？造膝而陈，犹虑不密，岂有于宴会时言之者？望而知其不足信也。）

殿上皆称万岁。充密遣语妃曰："卫瓘老奴，几破汝家。"夫使惠帝之昏愚而果如《帝纪》所言，岂当复问以疑事？虽以意对，亦岂足见信？且帝果欲试太子，岂不能召而面问之，而必封事使决？下比为奸欺者，多出于左右近习，而不出于官属，帝亦岂不知之？故知史之所传，绝不足信也。

贾充为尚书令，兼侍中。《充传》云：充无公方之操，不能正身率下，专以谄媚取容。侍中任恺，中书令庾纯等，刚直守正，咸共疾之。又以充女为齐王妃，惧后益盛。及氐、羌反叛，帝深以为虑，恺因进说，请充镇关中。乃下诏，以充为使持节都督秦、凉二州诸军事。充自以为失职，深衔任恺，计无所从。

将之镇，百僚饯于夕阳亭，（在洛阳西。）荀勖私焉。充以忧告。勖曰："公国之宰辅，而为一夫所制，不亦鄙乎？然是行也，辞之实难。独有结婚太子，不顿驾而自留矣。"充曰："然。孰可寄怀？"对曰："勖请行之。"俄而侍宴，论太子婚姻事，勖因言充女才质令淑，宜配储宫。而杨皇后及荀顗，亦并称之。帝纳其言。

（《武元杨皇后传》：初，贾充妻郭氏，使略后，求以女为太子妃。及议太子婚，帝欲娶卫瓘女，然后盛称贾后有淑德，又密使太子太傅荀顗进言，上乃听。《贾后传》：初武帝欲为太子娶卫瓘女。元后纳贾、郭亲党之说，欲婚贾氏。帝曰："卫公女有五可，贾公女有五不可。卫家种贤而多子，美而长、白。贾家种妒而少子，丑而短、黑。"元后固请，荀顗、荀勖，并称充女之贤，乃定婚。说与《充传》又异。）

会京师大雪，平地二尺，军不得发。既而皇储当婚，遂诏充居本职。（贾后册为太子妃，事在泰始八年二月。)《任恺传》云：

恺恶贾充之为人也，不欲令久执朝政，每裁抑焉。充病之，不知所为。后承闲言恺忠贞方正，宜在东宫。帝从之，以为太子少傅，而侍中如故。充计画不行。会秦、雍寇扰，天子以为忧。恺因曰："秦、凉覆败，关右骚动，此诚国家之所深虑。宜速镇抚，使人心有庇。自非威望重臣有计略者，无以康西土也。"帝曰："谁可任者？"恺曰："贾充其人也。"中书令庾纯亦言之。于是诏充西镇长安。

（《裴楷传》：转侍中。帝尝问曰："朕应天顺人，海内更始，天下风声，何所得失？"楷对曰："陛下受命，四海承风，所以未比德于尧、舜者，但以贾充之徒尚在朝耳。"时任恺、庾纯，亦以充为言。帝乃出充为关中都督。此则直陈充之奸邪，与《任恺传》谓以计间之者亦异。）

充用荀勖计得留。充既为帝所遇，欲专名势；而庾纯、张华、温颙、向秀、和峤之徒，皆与恺善；杨珧、（骏弟。）王恂、（文明皇后弟。）华廙等，充所亲敬；于是朋党纷然。帝知之。召充、恺宴于式乾殿，谓曰："朝廷宜一，大臣当和。"充、恺各拜谢而罢。既而充、恺以帝已知之而不责，结怨愈深。

（《庾纯传》：初，纯以贾充奸佞，与任恺共举充西镇关中，充由是不平。充尝宴朝士，而纯后至。充谓曰："君行常居人前，今何以在后？"纯曰："且有小市井事不了，是以来后。"世言纯之先尝有伍伯者，充之先有市魁者，充、纯以此相讥焉。及纯行酒，充不时饮。纯曰："长者为寿，何敢尔乎？"充曰："父老不归供养，将何言也？"纯因发怒，曰："贾充，天下凶凶，由尔一人。"充曰："充辅佐二世，荡平巴蜀，有何罪而天下为之凶凶？"纯曰："高贵乡公何在？"众坐因罢。充左右欲执纯，中护军羊琇、侍中王济右之，因得出。充惭怒，上表解职。纯惧，上河南尹、关内侯印绶，上表自劾。御史中丞孔恂劾纯。诏免纯官。又以纯父老不求供养，使据礼典正其臧否。议者言纯于礼律未有违。帝复下诏，言"疑贾公亦醉"，复以纯为国子祭酒。此事与汉魏其、武安之事绝相类，而纯终获保全，可见晋武之宽仁，非汉武所及。然朋党之祸，往往乘在上者之宽仁而起，此又不可不知也。）

或为充谋曰："恺总门下枢要，得与上亲接，宜启令典选，便得渐疏。此一都令史事耳。且九流难精，间隙易乘。"充因称恺才能，宜在官人之职。帝不之疑，即日以恺为吏部尚书，侍觐转希。充与荀勖、冯紞承间浸润，谓恺豪侈，用御食器。充遣尚书右仆高阳王珪（安平献王子。）奏恺遂免官。

《卫瓘传》云：瓘咸宁初拜尚书令，加侍中。太康初，迁司空，侍中、令如故。武帝敕瓘第四子宣尚繁昌公主。数有酒色之过。杨骏素与瓘不平，骏复欲专重权，遂与黄门等毁之，讽帝夺宣公主。瓘惭惧，告老逊位。

《和峤传》云：迁中书令。旧监、令共车入朝，时荀勖为监。峤鄙勖为人，以意气加之，每同乘，高抗专车而坐，监令异车，自峤始也。又云：峤转侍中，愈被亲礼。与任恺、张华相善。

张华，当晋初为黄门侍郎，数岁拜中书令，后加散骑常侍。帝潜与羊祜谋伐吴，群臣多以为不可，惟华赞成其计。及将大举，以华为度支尚书。乃量计运漕，决定庙算。众军既进，而未有克获，贾充等奏诛华以谢天下。帝曰："此是吾意，华但与吾同耳。"吴灭，进封广武县侯，增邑万户。华名重一世，众所推服。晋吏及仪礼、宪章，并属于华，多所损益。当时诏诰，皆所草定。声誉益盛，有台辅之望焉。而荀勖自以大族，恃帝恩深，憎疾之。每伺间隙，欲出华外镇。

会帝问华："谁可托寄后事？"对曰："明德至亲，莫如齐王。"闲言遂行，出为持节都督幽州诸军事。朝议欲征华入相，又欲进号仪同。初华毁征士冯恢于帝，统即恢之弟也。尝侍帝，从容论魏、晋事。因曰："钟会才具有限，而太祖夸奖大过，使搆凶逆。宜思坚冰之渐，无使如会之徒，复致覆丧。"帝默然。顷之，征华为太常，以大庙屋栋折免官，遂终帝之世，以列侯朝见。

观此诸文，知当时拥右太子及欲废太子者，各有其徒，仍是一朋党之见耳。武帝明知之而不能破，尚何以为久远之图哉！（当时为朋党者多权戚，非下士，此其所以难破。然欲破朋党，断不能以其为权戚而遂多顾忌也。）

《齐王攸传》云：文帝寝疾，虑攸不安，为武帝叙汉淮南王、魏陈思王故事而泣。临崩，执攸手以授帝。太后临崩，亦流涕谓帝曰："桃符性急，而汝为兄不慈，我若遂不起，恐必不能相容。以是属汝，勿忘我言。"及帝晚年，诸子并弱，而太子不令，朝臣内外，皆属意于攸。中书监荀勖，侍中冯紞，皆谄谀自进，攸素疾之。勖等以朝望在攸，恐其为嗣，祸必及己，乃从容言于帝曰："陛下万岁之后，太子不得立也。"帝曰："何哉？"勖曰："百僚皆归心于齐王，太子焉得立乎？陛下试诏齐王之国，必举朝以为不可，则臣言有征矣。"紞又言曰："陛下遣诸侯之国，成五等之制，宜从亲始，亲莫若齐王。"（案此时已不言五等之制矣，亦见此说之诬。）

帝既信勖言，又纳紞说。太康三年，乃下诏，以攸为大司马，都督青州诸军事。明年，策就国。攸愤怨发疾，乞守先后陵，不许。帝遣御医诊视，希旨皆言无疾。疾转笃，犹催上道。攸自强入辞。辞出信宿，欧血而薨。（时年三十六。）

当时争攸不可出者：尚书左仆射王浑，河南尹向雄。浑子济，尚常山公主。济既谏请，又累使公主与甄德妻长广公主俱入，稽颡泣请。帝怒，谓侍中王戎曰："兄弟至亲。今出齐王，自是朕家事，而甄德、王济，连遣妇来生哭人。"《杨珧传》曰：珧初以退让称，晚乃合朋党，构出齐王攸。中护军羊琇，与北军中候成粲谋，欲因见珧手刃之。珧知而辞疾不出，讽有司奏琇，转为大仆。自是举朝莫敢枝梧，而素论尽矣。《琇传》云：齐王出镇，琇以切谏忤旨，左迁大仆。既失宠，愤怨，遂发病，以疾笃求退，拜特进，加散骑常侍，还第卒。琇欲与成粲手刃杨珧，尚复成何事体？此而不黜，国家尚安有政刑？抑以琇受武帝恩眷之深，而亦与齐王为党，齐王又安得不出乎？琇一蹉跌，遽发病死，而《向雄传》亦云雄以忧卒，盖非徒愤怨，又益之以畏祸矣。当时情势如此，齐王不死，恐蹀血相争之祸，不待八王之难也。

齐王之将之国也，下太常议崇锡文物。庾纯子旉为博士，与博士大叔广、刘暾、（毅子。）缪蔚、郭颐、秦秀、傅珍等上表谏。太常郑默，祭酒曹志，（魏陈思王孙。）并过其事。志又奏议：当如博士等议。帝以博士不答所问，答所不问，大怒，策免默。尚书朱整、褚䂮等奏请收旉等八人付廷尉科罪。诏免志官，以公还第。其余皆付廷尉。纯诣廷尉自首：旉以议草见示，愚浅听之。诏免纯罪。廷尉刘颂奏旉等大不敬，弃市论，求平议。尚书奏请报听廷尉行刑。尚书夏侯骏谓朱整曰：“国家乃欲诛谏臣。官立八坐，正为此事。卿可共驳正之。”整不从。骏怒，起曰：“非所望也。”乃独为议。左仆射魏舒，右仆射王晃等从骏议。奏留中七日，乃诏秀等并除名。《秦秀传》云：秀素轻鄙贾充。伐吴之役，闻其为大都督，谓所亲曰：“充文案小才，乃居伐国大任，吾将哭以送师。”

初，贾充前妻李氏，丰之女。丰诛，李氏坐流徙。后娶城阳太守郭配女，（城阳，汉郡，晋改为东莞，今山东莒县。）名槐。生子黎民，幼殇。女午，通于充为司空时所辟掾韩寿，充因以妻之，生子谧。充薨，槐辄以谧为黎民子，奉充后。郎中令韩咸等上书求改立嗣，事寝不报。槐遂表陈：是充遗意。帝乃诏以谧为鲁公世孙，以嗣其国。自非功如太宰，始封无后如太宰，所取必己自出如太宰，皆不得以为比。

及下礼官议充谥，秀议：充以异姓为后，绝父祖之血食，开朝廷之祸门，请谥曰荒。夫异姓为后，固非古礼所许，然武帝既特为充下诏，即不可以常礼拘矣，秀挟私忿悻悻如此，士君子之风度，复何存乎？

《王济传》言：济素与从兄佑不平，佑则《武帝纪》云：帝末年用其谋，遣太子母弟秦王柬都督关中，楚王玮、（武帝第五子。）淮南王允（亦武帝子。）并镇守要害，以强帝室；（玮督荆州，允督扬州。）又恐杨氏之逼，以为北军中候，典禁兵者也。当时廷议之喧嚣，其故可以想见。观文帝及文明太后临终之言，知武帝与齐王不和已久。

《贾充传》言：充西行既罢，寻迁司空，侍中、尚书令、领兵如故。会帝寝疾，笃，河南尹夏侯和谓充曰："卿二女婿，亲疏等耳，立人当立德。"充不答。帝疾愈，闻之，徙和光禄勋，乃夺充兵权，而位遇无替。然则充婚太子，仅足免患，谓以贪恋权势而出此，尚非其情。抑观此，又知帝不授天下于齐王之决，与其谓齐王以荀勖等而见疏，不如谓勖等以拥右太子而见亲矣。

充既婚太子之后，犹以夏侯和一言而见猜防，则知未婚太子以前见出之由，未必任恺等之言获听也。《充传》云："恺等以充女为齐王妃，惧后益盛"，当时排充，或未必不借口于此。史家杂采众辞，刊落不尽处，往往露出异说也。

充前妻李氏，生二女：褒、裕。褒一名荃，裕一名濬。武帝践阼，李以大赦得还。帝特诏充置左右夫人。充母亦敕充迎李氏。郭槐怒，攘袂数充。充乃答诏，托以谦冲，不敢当两夫人盛礼，实畏槐也。荃为齐王攸妃，欲令充遣郭而还其母。时沛国刘含母，（沛国，今安徽宿县。）及帝舅羽林监王虔前妻，皆毌丘俭孙女。此例既多，质之礼官，皆不能决。虽不遣后妻，多异居私通。充自以宰相，为海内准则，乃为李筑室于永年里，而不往来。荃、濬每号泣请充，充竟不往。会充当镇关右，公卿供帐祖道。荃、濬惧充遂去，乃排帷出，于坐中叩头流血，向充及群僚陈母应还之意。众以荃王妃，皆惊起而散。充甚愧愕，遣黄门将宫人扶去。既而郭槐女为皇太子妃，帝乃下诏，断如李比，皆不得还。后荃恚愤而薨。观此，又知郭槐求婚太子之由。而充两女婿亲疏等，而充终亲惠帝而疏齐王者，亦或有其闺房嬖畏之私焉。世及为礼之世，往往以一人一家之私，诒累及于政事，凡在势者皆然，正不必南面之尊而后尔，君子是以穆然于大同之世也。

第二节　八王之乱上

八王者汝南文成王亮，楚隐王玮，赵王伦，齐武闵王冏，（献王子。）长沙厉王乂，（武帝第六子。）成都王颖，武帝第十六子。河间王颙，（太原烈王瓌子。瓌，安平献王子。）东海孝献王越也。（高密文献王泰子。泰，宣帝弟馗子。）晋诸王与于乱事者，不仅此八人，而《晋书》以此八人之传，合为一卷，故史家皆称为八王之乱焉。八王之乱，初因杨、贾之争而起，仅在中央，继因赵王篡立，齐、成都、河间三王起兵讨之，遂至覃及四国。晋初乱原，虽云深远，《晋书》谓扇其风，速其祸者，咎在八王，则不诬也。

《晋书·后妃传》云：贾后性酷虐，尝手杀数人；或以戟掷孕妾，子随刃堕。武帝闻之，大怒，将废之。武悼皇后、充华赵粲、杨珧皆为之言，荀勖亦深救之，故得不废。武悼皇后数诫厉之，贾后不知其助己，因以致恨；谓后构之于武帝；忿怨弥深。此等记载，信否亦未可知。要之杨、贾不和，则为事实，而争端潜伏矣。

大熙元年，四月，武帝崩。据《帝纪》：帝之崩在己酉，辛丑即以杨骏为大尉，都督中外诸军，录尚书事。而《骏传》云：帝自太康以后，不复留心万几，惟耽酒色。始宠后党，请谒公行。骏及珧、济，（皆骏弟。）势倾天下，时人有三杨之号。及帝疾笃，骏尽斥群公，亲侍左右。因辄改易公卿，树其心腹。会帝小间，见所用者正色曰："何得便尔？"乃诏中书：以汝南王亮与骏夹辅王室。骏从中书借诏观之，得便藏匿。信宿之间，上疾遂笃。后乃奏帝，以骏辅政。帝颔之。便召中书监华廙，令何劭，口宣帝旨，使作遗诏，以骏为大尉，太子太傅，假节，都督中外诸军事。侍中、录尚书、领前将军如故。自是二日而崩。与《帝纪》所书自辛丑至己酉凡历九日者迥异，可见史文之不实也。

（《帝纪》云：帝寝疾弥留，至于大渐，佐命元勋，皆已先没。群臣皇惑，计无所从。会帝小差，有诏以汝南王亮辅政，又欲令朝士有名望年少者数人佐之。杨骏秘而不宣。帝寻复迷乱。杨后辄为诏，以骏辅政。促亮进发。帝寻小间。问汝南王来未意欲见之，有所付托。左右答言未至。帝遂困笃。说与《骏传》略同，而无自是二日而崩语，盖因与上文所记之日不合，故删之也。）

汝南王亮时为大司马，出督豫州，镇许昌。（今河南许昌县。）或说亮率所领入废骏，亮不能用，夜驰赴许昌。时司空石鉴，与中护军张劭，监统山陵。有告亮欲举兵讨骏。骏大惧，白太后，令帝为手诏，诏鉴、劭率陵兵讨亮。鉴以为不然，保持之。遣人密觇视，亮已别道还许昌。于是骏止。惠帝即位，以骏为太傅，大都督，假黄钺，录朝政，百官总己。骏虑左右间己，乃以其甥段广、张邵为近侍。凡有诏命，帝省讫，入呈太后然后出。又多树亲党，皆领禁兵。

八月，立广陵王遹为皇太子，是为愍怀太子。母谢淑媛，父以屠羊为业，选入后庭为才人，惠帝在东宫，将纳妃，武帝虑其年幼，未知帷房之事，遣往东宫侍寝而生遹者也。

殿中中郎孟观、李肇，素不为骏所礼。黄门董猛，自帝为太子，即为寺人监，在东宫，给事于贾后。乃与肇、观潜相结托。贾后令肇报亮，使连兵讨骏。亮曰："骏之凶暴，死亡无日，不足忧也。"肇报楚王玮，玮然之。于是求入朝。骏素惮玮，先欲召入，防其为变，因遂听之。及玮至，观、肇乃启帝，夜作诏，中外戒严，遣使奉诏废骏，以侯就第。

东安公繇，（琅邪武王伷子。伷，宣帝子。）率殿中四百人随其后以讨骏。太傅主簿朱振说骏：烧云龙门，索造事者首。开万春门，引东宫兵及外营兵，（云龙，洛阳宫城正南门。万春，东门。）拥翼皇太子，入宫取奸人。骏素怯懦，不决。殿中兵出，骏逃于马厩，以戟杀之。观等受贾后密旨，诛骏亲党，夷三族。死者数千人。时元康元年三月也。

杨后题帛为书，射之城外，曰："救太傅者有赏。"贾后因宣言太后同逆。诏送后于永宁宫。（魏世太后所居。）特全后母高都君庞氏之命，听就后居止。贾后讽有司奏废太后为庶人，以庞付廷尉行刑。庞临刑，太后抱持号叫。截发稽颡，上表诣贾后，称妾，请全母命，不见省。初，太后尚有侍御十余人，贾后夺之。明年，三月，绝膳而崩。

杨骏既诛，征汝南王亮为太宰，与太保卫瓘同辅政。以秦王柬为大将军。东平王楙（后改封竟陵王。义阳成王望子。望，安平献王子。）为抚军大将军。楚王玮为卫将军，领北军中候。下邳王晃（安平献王子。）为尚书令。东安公繇为尚书左仆射，进封王。

繇欲擅朝政，与亮不平。初，繇有令名，为父母所爱。其兄武陵庄王澹，恶之如仇。屡构繇于亮，亮不纳。诛杨骏之际，繇屯云龙门，兼统诸军。是日，诛赏三百余人，皆自繇出。澹因隙谮之。亮惑其说，遂免繇官，以公就第。坐有悖言，废徙带方。（《贾后传》云：繇密欲废后，贾氏惮之。带方，汉县，公孙康置郡，故治在今朝鲜平壤西南。）楙曲事杨骏，骏诛，依法当死，繇与楙善，故得不坐。至是，亦免官，遣就国。

玮少年果锐，多立威刑，朝廷忌之。亮奏遣诸王还藩，与朝臣廷议，无敢应者，惟卫瓘赞其事，玮憾焉。玮长史公孙弘，舍人岐盛，并薄于行，为玮所昵。瓘等恶其为人，虑致祸乱，将收盛。盛知之，遂与弘谋，因李肇，矫称玮命，谮亮、瓘于贾后。后不之察，使惠帝为诏曰："太宰、太保，欲为伊、霍之事，王宜宣诏，令淮南、长沙、成都王屯宫诸门，废二公。"夜使黄门赍以授玮。玮欲复奏，黄门曰："事恐漏泄，非本意也。"玮乃止。遂勒本兵，复矫召三十六军，（胡三省《通鉴注》曰：晋洛城内外三十六军。）遣弘、肇收亮、瓘杀之。岐、盛说玮："可因兵势，诛贾模、郭彰，匡正王室，以安天下。"玮犹豫未决。会天明，帝用张华计，遣赍驺虞幡麾众曰："楚王矫诏。"众皆释杖而走，玮左右无复一人。帝遣谒者诏玮还营，遂执下廷尉。诏以玮矫制害二公，又欲诛灭朝臣，图谋不轨，遂斩之。公孙弘、祁盛，皆夷三族。长沙王乂，以玮同母，贬为常山王，之国。杨骏之诛也，司空陇西王泰领骏营。玮之被收，泰严兵将救之。祭酒丁绥谏曰："公为宰相，不可轻动。且夜中仓卒，宜遣人参审定问。"泰从之。玮既诛，乃以泰录尚书事。迁大尉，守尚书令。改封高密王。

楚王之乱，事在元康元年六月，自此至永康元年四月梁、赵之乱，安谧者实历九年，可知以西晋丧乱，归狱于贾后者之诬《贾充传》言：贾谧权过人主，奢侈逾度。室宇崇僭，器服珍丽。歌僮舞女，选极一时。开阁延宾，海内辐凑。贵游、豪戚及浮竞之徒，莫不尽礼事之。又言后从舅郭彰，充素相亲遇，亦豫参权势，宾客盈门。世人称为贾、郭。奢僭交通，为当时权戚之通病，未可专罪贾后一家。

《传》又言充从子模，沉深有智算。贾后既豫朝政，拜模散骑常侍，二日，擢为侍中。模尽心匡弼。推张华、裴頠，同心辅政。数年之中，朝野宁静，模之力也。此为当时之实录。视他权戚之秉政者，不犹愈乎？《贾后传》云：模知后凶暴，恐祸及己，乃与裴頠、王衍谋废之，衍悔而谋寝。

《华传》云：惠帝即位，以华为太子少傅。与王戎、裴楷、和峤，俱以德望为杨骏所忌，皆不与朝政。楚王玮诛，华以首谋有功。拜侍中、中书监。贾谧与后共谋，以华庶族，儒雅有筹略，进无逼上之嫌，退为众望所依，欲倚以朝纲，访以政事而未决。以问裴頠。頠素重华，深赞其事。华遂尽忠匡辅，弥缝补阙。虽当暗主、虐后之朝，而海内晏然，华之功也。

裴頠时为侍中，其《传》云：頠以贾后不悦太子，抗表请增崇太子所生谢淑妃位号。乃启增置后卫率吏，给二千兵。（《职官志》：惠帝建东宫，置卫率，初曰中卫率。泰始五年，分为左右，各领一军。愍怀太子在东宫，又加前后二率。此即下文刘卞所谓四率也。）于是东宫宿卫万人。頠深虑贾后乱政，与司空张华，侍中贾模议废之而立谢淑妃。华、模皆曰："帝自无废黜之意，若吾等专行之，上心不以为是。且诸王方刚，朋党异议，恐祸如发机，身死国危，无益社稷。"此谋遂寝。

案贾充为頠从母夫，王衍亦婚于贾谧，俱不应有废贾后之意，况贾模乎？当时方重门第，谢淑妃屠家女岂可以母仪天下哉？楚王既诛，愍怀未废九年之中，贾后初无大乱政事；而惠帝愚暗，朝局实后所主持；废之何为？华、頠终与贾后俱死，知其无背贾氏之心。

（即谓华、頠皆士君子，顾虑名义，不敢轻犯，亦安能隐忍至于九年之久？且纵不敢为非常之举，独不可引身而退乎？《张华传》言：华少子韪，以中台星坼，劝华逊位，华不从。将死，张林称诏诘之曰："卿为宰相，任天下事，太子之废，不能死节，何也？"华曰："式乾之议，臣谏事具存，非不谏也。"林曰："谏若不从，何不去位？"华不能答。《裴𫖮传》：或说𫖮曰："幸与中宫内外，可得尽言。言若不从，则辞病而退。二者不立，虽有十表，难乎免矣。"𫖮慨然久之，而竟不能行。论者因訾华、𫖮贪恋权位，其实华、𫖮皆非如是之人，此观其生平而可知，史文不足信也。）

𫖮之请崇谢淑妃位号，增东宫宿卫，盖正所以示大公，为贾氏久远计耳。《贾模传》云：模潜执权势，外形欲远之，每事启奏贾后，事入，辄取急或托疾以避之；至于素有嫌忿，多所中陷，朝廷甚惮之；皆近深文周内。又云：贾后性甚强暴，模每尽言，开陈祸福，后不能从，反谓模毁己，于是委任之情日衰，而逸间之徒遂进，模不得志，忧愤成疾卒，则更莫须有之辞矣。一云模与𫖮、衍谋废后，衍悔而事寝，一又云𫖮欲废后而华、模不从，其辞先已不仇，知其皆不足信也。

《愍怀太子传》云：幼而聪慧，武帝爱之，尝对群臣称太子似宣帝，于是令誉流于天下。然又云：及长，不好学，惟与左右嬉戏，不能尊敬保傅。或废朝侍，恒在后园游戏。有犯忤者，手自捶击之。令西园卖葵菜、篮子、鸡、面之属而收其利。东宫旧制，月请钱五十万，备于众用，太子恒探取二月，以供嬖宠。洗马江统陈五事以谏，太子不纳。中舍人杜锡，每尽忠规劝，太子怒，使人以针着锡常所坐毡中而刺之。

太子性刚，知贾谧恃后之贵，不能假借之。初贾后母郭槐，欲以韩寿女为太子妃，太子亦欲婚韩氏以自固，而寿妻贾午及后皆不听，而为太子聘王衍小女惠风，太子闻衍长女美，而贾后为谧聘之，心不能平。

谧醞太子于后曰："太子广买田业，多蓄私财，以结小人者，为后故也。密闻其言云：皇后万岁后，吾当鱼肉之。若宫车晏驾，彼居大位，依杨氏故事，诛臣等而废后于金墉，（城名，在洛阳东。）如反手耳。不如早为之所，更立慈顺者，以自防卫。"后纳其言。又宣扬太子之短，布诸远近。于是朝野咸知后有害太子意。

中护军赵俊请太子废后，太子不听。《张华传》云：左卫率刘卞，甚为太子所信，以贾后谋问华。华曰："不闻。假令有此，君欲如何？"卞曰："东宫俊乂如林，四率精兵万人，公居阿衡之任，若得公命，皇太子因朝入录尚书事，废贾后于金墉城，两黄门力耳。"华曰："今天子当阳，太子人子也，吾又不受阿衡之命，忽相与行此，是无其君父，而以不孝示天下也。虽能有成，犹不免罪，况权戚满朝，威柄不一，而可以安乎？"

元康九年，十二月，后诈称上不和，呼太子入朝。既至，后不见，置于别室。遣婢陈舞赐以酒枣，逼饮醉之。使黄门侍郎潘岳作书草，若祷神之文，有如太子素意，因醉而书之者。小婢承福，以纸笔及书草使太子书之。文曰："陛下宜自了，不自了，吾当入了之。中宫又宜速自了，不自了，吾当手了之。并与谢妃共要：克期两发，勿疑犹豫，以致后患。"云云。太子醉迷不觉，遂依而写之。其字半不成，既而补成之。后以呈帝。

帝幸式乾殿，召公卿入，使黄门令董猛，以太子书及青纸诏示之，曰："遹书如此，令赐死。"遍示诸公、王，莫有言者。（《遹传》。）惟张华谏。裴頠以为宜先检校传书者。又请比校太子手书。贾后乃内出太子素启事十余纸。众人比视，亦无敢言非者。议至日西不决。后知华等意坚，因表乞免为庶人。帝乃可其奏。（《张华传》。）使前将军东武公澹（即武陵庄王。）以兵杖送太子、妃王氏、三皇孙于金墉城。考竟谢淑妃及太子保林蒋俊。（此据《太子传》。《惠帝纪》于太子废后，即书杀太子母谢氏。《谢夫人传》则云：及愍怀遇酷，玖亦被害。玖，夫人名。）

明年，正月，贾后又使黄门自首欲与太子为逆。诏以黄门首辞、班示公卿。又遣澹以千兵防送太子，更幽于许昌宫之别坊，令治书侍御史刘振持节守之。（《遹传》。）赵王伦深交贾、郭，谄事中宫，大为贾后所亲信。太子废，使伦领右卫将军。

左卫督司马雅，宗室之疏属也，及常从督许超，并尝给事东宫，与殿中中郎士猗等谋废贾后，复太子。以张华、裴頠，难与图权，伦执兵之要，性贪冒，可假以济事，乃说伦嬖人孙秀。秀许诺，言于伦，伦纳焉。

事将起，秀更说伦曰："明公素事贾后，虽建大功于太子，太子含宿怒，必不加赏。今且缓其事，贾后必害太子，然后废后，为太子报仇，亦足以立功，岂徒免祸而已。"伦从之。秀乃微泄其谋，使谮党颇闻之。伦、秀因劝谮等早害太子，以绝众望。

永康元年，三月，（此据《遹传》。《纪》在二月。盖二月遣使，三月至。）矫诏，使黄门孙虑至许昌害太子。（《王浚传》：浚镇许昌，与孙虑共害太子。）太子既遇害，伦、秀之谋益甚，而超、雅惧后难，欲悔其谋，乃辞疾。（二人本欲立功于太子以邀赏，太子死，则失其本图，且不信赵王也。）秀复告右卫佽飞督闾和，和从之。乃矫诏，遣翊军校尉齐王冏，将三部司马，（晋二卫有前驱、由基、强弩三部司马。）废贾后为庶人，送之金墉城。杀张华、裴頠、贾午、贾谧等。

伦寻矫诏，自为使持节大都督、督中外诸军事、相国，侍中、王如故，一依宣、文辅魏故事。孙秀等皆封大郡，并据兵权。百官总己，以听于伦。伦素庸下，无智策，复受制于秀。梁王肜共伦废贾后，故以为太宰，守尚书令。（后或谓孙秀：散骑侍郎杨准，黄门侍郎刘逵欲奉肜以诛伦。会有星变，九月，改司徒为丞相，以肜为之，居司徒府。转准、逵为外官。）矫诏害贾庶人于金墉城。

淮南王允领中护军，密养死士，潜谋诛伦。伦甚惮之。转为大尉，外示优崇，实夺其兵也。允称疾不拜。伦遣御史逼允，收官属以下，劾以大逆。允率国兵及帐下七百人出讨伦。将赴宫，尚书左丞王舆闭东掖门，不得入，遂围相府。伦子虔为侍中，在门下省，遣司马督护伏胤领骑四百，从宫中出，诈言有诏助允，允不之觉，开陈纳之，下车受诏，为胤所害。坐允夷灭者数千人。齐王冏以废贾后功，转游击将军。冏意不满，有恨色。孙秀微觉之，且惮其在内，出为平东将军，假节，镇许昌。（二事俱在八月。）

明年，（永宁九年。）正月，伦遂篡位。迁惠帝于金墉。

梁、赵之乱，论者皆谓祸原贾后，亦非其真。后果欲废太子，自杨骏败后，何时不可为之？何必待诸八年之后？太子之为人，据传文所载，明为不令，何待后之宣扬？惠帝之立，年三十二，虽不为少，亦不为老，果如史之所言，帝之于后，畏而惑之，（《后传》。）何难少缓建储，以待中宫之有子？即谓不然，而遹之立，距武帝之崩仅四月，亦何必如是其急？楚王难作，朱振即说杨骏：奉太子以索奸人，然则太子之立，殆杨氏所以掎贾氏；其源既浊，其流必不能清，故后与太子讫不和也。然《后传》言：广城君以后无子，甚敬重愍怀。每劝厉后，使加慈爱。贾谧恃贵骄纵，不能推崇太子，广城君恒切责之。及广城君病笃，占术谓不宜封广城，乃改封宜城。后出侍疾十余日。太子常往宜城第，将医出入，恂恂尽礼。宜城临终，执后手，令尽意于太子，言甚切至。又曰："赵粲及午，必乱汝事，我死后勿复听入。深忆吾言。"

观宜城欲以韩寿女妃太子，太子亦欲婚于韩氏以自固，后虽不果，而谧与太子，仍为僚婿；可见当时贾氏与太子，皆有意于调和。（太子婚于王氏而不悦，盖以未克婚于韩氏以自固，非必以王衍长女美而贾后为谧娶之也。贾午盖夙有岐视太子之心，故不肯以女与之。）其终不克调和而至于决裂者，源既浊流自难清，其咎固不专在贾氏矣。谧之说贾后，不过曰更立慈顺者以自防卫，不云后自有子，则《后传》谓后诈有身，内稿物为产具，取韩寿子慰祖养之，托谅暗所生故弗显，遂谋废太子，以所养代立者自诬。自朱振以降，赵俊、刘卞，纷纷欲奉太子以倾贾后，式乾之事，安敢谓必出虚构？张华谏辞，今不可考。果谓太子无罪邪？抑谓虽有罪不可杀也？

《华传》云：后知华等意坚，乃表乞免为庶人，则后说殆近之矣。醉至不辨书草云何，誊录能否半成，亦有可惑。且醉时手迹，必与醒时有异，王公百僚，亦岂不能辨？素启事十余纸，手迹果皆不合，贾后岂肯出之？王公百僚中，岂无一人能抗言者？然则裴颜欲检校传书者，又欲比校手迹，或亦所以为贾后谋，使有以取信于天下耳。颜与张华，皆素负清望，纵不能尽忠太子，宁不亦自惜其名；抗节而去，贾氏岂能遽害之；而依违腼忍，终与贾氏同尽邪？

第三节　八王之乱下

自来图篡窃者，必先削除四方之异己。晋初，州郡拥兵之习未除；诸王各据雄藩，更有厝火积薪之势；赵伦不图消弥，反使齐王冏出镇许昌，亦见其寡虑矣。

时成都王颖镇邺，（汉县。晋怀帝时避讳，改为临漳。今河南临漳县。）遂与冏起兵讨伦。兖、豫二州（晋兖州，治廪丘，今山东范县。豫州，治项，今河南项城县。时兖州刺史为王彦，豫州刺史为李毅。）及南中郎将新野公歆（后进封王，谥庄。扶风武王骏子。骏，宣帝子。）俱起兵应之。伦遣将距之，破冏兵于阳翟，（今河南禹县。）而距颖之兵，败于溴水。（出河南济源县西，东南流入河。）左卫将军王舆，与尚书广陵公漼（后封淮陵王。琅邪武王伷子。）勒兵入宫，擒孙秀等斩之，逐伦归第。迎惠帝于金墉。诛伦及其党羽。

冏之起兵也，前安西参军夏侯奭，自称侍御史，在始平，合众得数千人以应冏。河间王颙时镇关中，奭遣信要颙，颙遣主簿房阳，河间国人张方讨擒乿，及其党数十人要斩之。及冏檄至，颙执冏使，送之于伦。伦征兵于颙，颙遣方率关右健将赴之。方至华阴，今陕西华阴县。颙闻二王兵盛，乃加长史李含龙骧将军，领督护席薳等追方军回，以应二王。至潼关，（在今陕西潼关县东南。）伦、秀已诛，天子反正，含、方各率众还。

冏入洛，甲士数十万，旌旗器械之盛，震于京都。天子就拜大司马，都督中外诸军事。加九锡之命，备物典策，如宣、景、文、武辅魏故事。以成都王颖为大将军，录尚书事。河间王颙为大尉。梁王肜为太宰，领司徒。（时罢丞相，复置司徒。明年二月薨。）颖左长史卢志，劝颖推崇齐王，徐结四海之心。颖纳之。遂以母疾归藩，委重于冏。冏遂辅政。大筑第馆。沉于酒色。不入朝见。坐拜百官，符敕三台。选举不均，惟宠亲昵。朝廷侧目，海内失望。冏兄东莱王蕤，与王舆谋废冏。（蕤性强暴，使酒，数陵侮冏，冏以兄故容之。冏起义兵，赵王伦收蕤及弟北海王寔系廷尉，当诛，会孙秀死，蕤等悉得免。冏拥众入洛，蕤于路迎之，冏不即见，蕤恚；及冏辅政，蕤从冏求开府，不得，益怨；遂与舆谋废冏。）事觉，免为庶人，徙上庸。（后汉末郡，今湖北竹山县。后封微阳侯。永宁初，上庸内史陈钟承冏旨害蕤。冏死，诏诛钟，复蕤。舆伏诛，）夷三族。

初，李含与安定皇甫商有隙。商为梁州刺史，（治汉中，今陕西南郑县。）为赵王伦所任。伦败，去职，诣河间王颙，颙慰抚之甚厚。含谏曰："商，伦之信臣，惧罪至此，不宜数与相见。"

商知而恨之。乂含征为翊军校尉。商参齐王冏军事，夏侯奭兄在冏府，商乃称奭立乂，为西藩枉害，含心不自安。冏右司马赵骧，又与含有隙。冏将阅武，含惧骧因兵讨之，乃单马出奔于颙。矫称受密诏。颙即夜见之。三王之举义也，常山王乂率国兵应之，为成都王后系。至洛，迁骠骑将军，复本国。乂见齐王冏专权，谓成都王颖曰："天下者，先帝之业也，王宜维之。"闻其言者皆惮之。含说颙："檄长沙讨齐，使先闻于齐，齐必诛长沙，因传檄以加齐罪，去齐立成都。"颙从之。上表请废冏还第，以颖为宰辅。拜含为都督，统张方等向洛。檄乂使讨冏。冏遣其将董艾袭乂。乂将左右百余人驰赴宫，闭诸门，奉天子与冏相攻。冏败，擒冏杀之，幽其诸子于金墉。废北海王寔。以乂为大尉，都督中外诸军事。李含等旋师。

颙本以乂弱冏强，冀乂为冏所擒，以乂为辞，宣告四方，共讨之，因废帝立成都，己为宰相，专制天下，乂杀冏，其谋不果。乂之诛冏也，仍以皇甫商为参军，商兄重为秦州刺史。（秦州，太康七年复立。治上邽，今甘肃天水县。）李含说颙，表迁重为内职，因其经长安执之。重知其谋，集陇上士众，以讨含为名。乂以兵革累兴，今始宁息，表请遣使诏重罢兵，征含为河南尹。颙使侍中冯荪，中书令卞粹与含潜图害乂。皇甫商知含前矫妄及与颙阴谋，具以告乂，乂并诛之。

颖时县执朝政，事无巨细，皆就邺谘之。既恃功骄奢，百度弛废，甚于冏时。以乂在内，不得恣其所欲，密欲去乂。大安二年，八月，颙以张方为都督领精卒七万向洛。颖假陆机后将军，河北大都督，督王粹、牵秀、石超等二十余万人，来逼京师。帝幸十三里桥。（在洛城西，去城十三里，因以为名。）遣皇甫商距方于宜阳县，（今河南宜阳县。）为方所败。

九月，帝进军缑氏，（汉县，今河南偃师县西南。）击牵秀，走之。而张方入京城，烧清明、开阳二门，（洛阳城东有建春、东阳、清明三门，南有开阳、津阳、平昌、宣阳四门，西有广阳、西明、阊阖三门，北有大夏、广莫二门，凡十二门。）死者万计。石超逼乘舆于缑氏。

十月，帝旋于宫。超焚缑氏，服御无遗。王师破牵秀于东阳门外，又破陆机于建春门。石超亦走。又奉帝讨张方于城内。方军望见乘舆，小退，方止之不得，众遂大败。杀伤满于衢巷。方退壁十三里桥。人情挫衄，无复固志，多劝方夜遁。方曰："兵之利钝是常，贵因败以为成耳。我更前作垒，出其不意，此用兵之奇也。"乃夜潜进，逼洛城七里。又既新捷，不以为意。

十一月，忽闻方垒成，乃出战，败绩。方决千金埧，（在洛城西。）水碓皆涸。乃发王公奴婢手春给兵廪。一品已下不从征者，男子十三以上皆从役。又发奴助兵，号为四部司马。公私穷蹙，米石万钱。诏命所至，一城而已。先是朝议以乂、颖兄弟，可以辞说而释，乃使中书令王衍行大尉，光禄勋石陋行司徒，使说颖，令与乂分陕而居。颖不从，及是，城中大饥，而将士同心，皆愿效死；张方以为未可克，欲还长安；而殿中诸将及三部司马，疲于战守，密与左卫将军朱默夜收乂别省，逼东海王越为主，（越时为司空，领中书监。）启惠帝免乂官，送诸金墉。殿中左右谋劫出之，更以拒颖。越惧难作，欲遂诛乂。黄门郎潘滔劝越密告张方。方遣部将郅辅勒兵三千，就金墉收乂。至营，炙而杀之。八王之中，乂较有才略，乂死，大局益无望矣。

乂之请遣使诏皇甫重罢兵也，重不奉诏。河间王颙遣金城太守游楷，陇西太守韩稚等四郡兵攻之。及颙、颖攻乂，乂使皇甫商间行，赍帝手诏，使游楷等罢兵，令重进军讨颙。商间行过长安，至新平，遇其从甥，从甥素憎商，以告颙，颙捕得商，杀之。乂既败，重犹坚守，后城内知无外救，乃共杀重。先是李流乱蜀，诏侍中刘沈统益州刺史罗尚、梁州刺史许雄等讨之。行次长安，颙请留沈为军司。后领雍州刺史。及张昌作乱，诏颙遣沈将州兵万人，征西府五千人自蓝田关讨之，（即峣关，在今陕西蓝田县东南。）颙又逼夺其众。长沙王乂命沈将武吏四百人还州。

张方既逼京都，王湖、祖逖（逖时为乂骠骑主簿。）言于乂："启上，诏沈发兵袭颙，颙必召张方自救。"乂从之。沈奉诏，驰檄四境，合七郡之众（雍州统京兆、冯翊、扶风、安定、北地、始平、新平七郡。）及守防诸军，坞壁甲士万余人袭长安。颙时顿于郑县之高平亭，（郑，秦县，今陕西华县。）为东军声援。闻沈兵起，还镇渭城。（汉县，即秦咸阳，晋省，今陕西咸阳县。）遣督护虞夔率步骑万余逆沈于好畤，（汉县，今陕西乾县东。）夔众败。颙大惧，退入长安。果急呼张方、沈渡渭而垒，而冯翊太守张辅救颙，沈军败。张方遣其将敦伟夜至，沈众溃，与麾下百余人南遁，为陈仓令所执，（陈仓，秦县，今陕西宝鸡县。）颙鞭而后要斩之。时永兴元年正月也。张方大掠洛中，还长安。

时以河间王颙为太宰、大都督、雍州牧。成都王颖入京师，复旋镇于邺，增封二十郡，拜丞相。初，贾后既死，立愍怀太子之子臧为皇大孙。赵王伦篡位，废为濮阳王，害之。乘舆反正，复立臧弟襄阳王尚为皇大孙。大安元年，薨，乃立清河康王遐（武帝子。）之子覃为皇太子。及是，颙表颖宜为储副，遂废覃为清河王，立颖为皇太弟。丞相如故。制度一依魏武故事。乘舆服御，皆迁于邺。颖遣从事中郎盛夔等以兵五万，屯十二城门，殿中宿所忌者皆杀之，以三部兵代宿卫。

七月，右卫将军陈眕，殿中中郎逯苞、成辅，及长沙故将上官巳等勒兵讨颖。帝北征。于时驰檄四方，赴者云集，军次安阳，（汉侯国，晋为县，今河南安阳县。）众十余万，邺中震惧。颖会其众问计。东安王繇（即东安公进封，见上节，时遭母丧，在邺。）曰："天子亲征，宜罢甲缟素，出迎请罪。"司马王混，参军崔旷劝颖拒战。颖从之。遣石超率众五万，次于荡阴。陈眕二弟匡、规，自邺赴王师，云邺中皆已离散，由是不甚设备。超众奄出，王师败绩。矢及乘舆。侍中嵇绍，死于帝侧。左右皆奔散。超遂奉帝幸邺。颖害东安王繇，署置百官，杀生自己。立郊于邺南。成都王颙遣张方救邺，方复入洛阳。

初，王沈子浚，以东中郎将镇许昌。愍怀太子幽于许，浚承贾后旨，与孙虑共害之。迁青州刺史。寻徙督幽州。浚为自安计，结好夷狄，以女妻鲜卑务勿尘，又以一女妻苏恕延。

三王起义，浚拥众挟两端，遏绝檄书，使其境内士庶，不得赴义，成都王颖欲讨之而未暇也。长沙见害，浚有不平之心。颖乃表请幽州刺史石堪为右司马，以右司马和演代堪，密使杀浚而并其众。演与乌丸单于审登谋之，单于以告浚，浚杀演，自领幽州。遂与并州刺史东嬴公腾讨颖。

颖遣幽州刺史王斌及石超、李毅等距浚，为乌丸羯朱等所败。邺中大震，百僚奔走，士庶分散。卢志劝颖奉天子还洛阳。时甲士尚万五千人。志夜部分，至晓，众皆成列。而程太妃恋邺不欲去，颖不能决。俄而众溃，惟志与子谧、兄子綝，殿中虎贲千人而已。志复劝颖早发。时有道士，姓黄，号曰圣人，太妃信之，乃使呼入，道士求两杯酒，饮干，抛杯而去，计始决。而人马复散。志于营阵间寻索，得数乘鹿车。司马督韩玄，收集黄门，得百余人。帝御犊车便发。屯骑校尉郝昌，先领兵八千守洛阳，帝召之，至汲郡而昌至。（汲郡，今河南汲县。）济河，张方率骑三千奉迎。凡五日至洛。羯朱追至朝歌，（汉县，今河南淇县。）不及而还。

浚乘胜克邺。士众暴掠，死者甚多。鲜卑大略妇女，浚命敢有挟藏者斩，于是沉于易水者八千人。黔庶荼毒，自此始也。

张方欲迁都长安，将焚宗庙、宫室，以绝人心。卢志说方，方乃止。十一月，方逼天子幸其垒。停三日便西。军人因妻略后宫，分争府藏。魏、晋已来之积，扫地无遗矣。既至长安，以征西府为宫。惟仆射荀藩，司隶刘暾，太常郑球，河南尹周馥，与其遗官，在洛阳为留台，承制行事，号为东西台焉。以张方为中领军，录尚书事，领京兆太守。十二月，诏成都王颖以王还第，以豫章王炽为皇太弟。（炽即怀帝，武帝第二十五子。）

帝之征邺也，以东海王越为大都督。六军败，越奔下邳。（后汉国，晋为郡，今江苏邳县。）徐州刺史东平王楙（徐州治彭城，今江苏铜山县。）不纳。越径还东海。（治郯，今山东郯城县。）成都王颖下宽令招之，越不应命。至是，以越为太傅，与太宰颙夹辅朝政，越让不受。东海中尉刘洽劝越发兵以备颖。兵既起，楙惧，乃以州与越。越以楙领兖州刺史。唱议奉迎大驾，还复旧都。率甲卒三万，西次萧县。（今江苏萧县。）先是豫州刺史刘乔，亦与诸州郡举兵迎驾。

范阳王虓（康王绥子。绥，馗子。馗，宣帝弟。）督豫州，镇许昌。成都王颖为王浚所破也，虓自许屯于荥阳。会惠帝西迁，虓与从兄平昌公模长史冯嵩等盟，（模后封南阳王，高密文献王子。）推越为盟主。越承制，转乔为冀州刺史，（冀州治房子，今河北高邑县。）以虓领豫州。乔以虓非天子命，不受代，发兵距之。颍川太守刘舆（颍川治阳翟。）昵于虓，乔上尚书，列舆罪恶。河间王颙宣诏，使镇南将军刘弘，征东大将军刘准，平南将军彭城王释，（穆王权子。权，馗子，范阳康王之兄也。《释》，《刘乔传》作绎。《帝纪》与本传同，作释。）与乔并力，攻虓于许昌。东平王楙自承制都督兖州，帝遣使者刘虔即拜焉。楙虑兖州刺史苟晞不避己，乃给虔兵，使称诏诛晞。晞时已避位。楙在州，征求不已，郡县不堪命。虓遣晞还兖，徙楙都督青州。（晋青州治临菑，今山东临淄县。）楙不受命，与乔相结。虓遣将田征击楙，破之。楙走还国。（东平国，治须昌，今山东东平县。）而乔乘虚破许，虓自拔济河。舆弟琨率众救虓，未至而虓败，琨乃说冀州刺史温羡，使让位于虓。虓遣琨诣幽州乞师，得突骑八百人。（此据《琨传》，《乔传》云：琨率突骑五千济河攻虓，其所率不仅幽州兵也。）济河攻乔。乔据考城以距之，（考城，后汉县，晋省，今河南考城县。）不敌而溃。乔收散卒，屯于平氏。（汉县，今河南桐柏县西。）

初，越之起兵，关中大惧。张方谓河间王颙曰："方所领犹有十余万众，奉送大驾还洛宫；使成都王反邺；公自留镇关中；方北讨博陵；如此，天下可以小安。"颙虑事大难济，不许。而成都王颖之废，河北思之，邺中故将公师藩等起兵迎颖，众情翕然，颙乃复使颖都督河北诸军，镇邺。遣将军吕朗屯洛阳。假刘乔节，以其长子祐为东郡太守。（东郡，治濮阳，今河北濮阳县。）又遣刘弘、刘准、彭城王释等援乔。弘以张方残暴，知颙必败，遣使受东海王越节度。乔遣祐距越于萧县之灵璧，（今安徽灵璧县。）败之。

十二月，吕朗东屯荥阳。颖进据洛阳。颙使颖统楼褒、王阐诸军据河桥以距越。（河桥，在今河南孟县南。晋武帝泰始十年，杜预所造。）明年，为光熙元年，范阳王虓济自官渡，（城名，在今河南中牟县北。）拔荥阳，斩石超。分兵向许昌，许昌人纳之。遣督护田征及刘琨以突骑八百迎越。遇刘祐于谯，（汉县，今安徽亳县。）祐众溃，见杀。乔众遂散，与骑五百奔平氏。越进屯阳武。（秦县，今河南阳武县。）

初，高密王泰为司空，以缪播为祭酒。越将起兵，以播父时故吏，委以心膂。播从弟右卫率胤，河间王颙前妃之弟也。越遣播、胤诣长安说颙：令奉帝还洛，约与颙分陕为伯。张方自以罪重，惧为诛首，谓颙曰："今据形胜之地，奉天子以号令，谁敢不服？"颙犹豫不决。方恶播、胤为越游说，阴欲杀之。播等亦虑方为难，不敢复言。

颙遣方率步骑十万往讨越。方屯兵霸上，而刘乔为虓等所破。颙闻乔败，大惧，将罢兵，恐方不从，迟疑未决，播、胤乃复说颙：急斩方以谢。颙参军毕垣，河间冠族，为方所侮，亦说颙曰："张方盘桓不进，宜防其未萌，其亲信郅辅，具知其谋矣。"郅辅者，长安富人，方从山东来，甚微贱，辅厚相供给及贵，以为帐下督，甚昵之。颙便召辅。垣迎说辅曰："张方欲反，人谓卿知之。王若问卿，但言尔尔。不然，必不免祸。"辅既入，颙问之曰："张方反，卿知之乎？"辅曰："尔。"颙曰："遣卿取之，可乎？"又曰："尔。"颙乃使辅送书于方，因令杀之。

送首以示东军，请和于越。越不听。刘琨以方首示吕朗，朗降。王浚遣督护刘根将三百骑至河上，王阐出战，为根所杀。颖顿军张方故垒。范阳王虓遣鲜卑骑与平昌、博陵众袭河桥,(平昌,魏郡,治安丘,今山东安邱县西南。)楼褒西走。追骑至新安。(汉县,今河南渑池县东。)道路死者,不可胜数。颖奔长安。越遣其将祁弘、宋胄、司马纂等迎帝。颙使人杀郐辅。四月,遣弘农太守彭随,北地太守刁默距祁弘等于湖。(湖县,在今河南阌乡县东。)五月,与弘等战,大败。颙又遣马瞻、郭伟于霸水御之。(霸水,出蓝田县东,西北过长安入渭。)亦战败散走。颙乘单马,逃于大白山。(在陕西郿县南。)

弘等所部鲜卑大掠长安,杀二万余人。弘等奉帝还洛阳,以六月朔至。八月,以东海王越录尚书事,范阳王虓为司空。成都王颖自华阴趋武关,(在今陕西商县东。)出新野,(晋郡,今河南新野县。)欲之本国。刘弘拒之。颖弃母、妻,单车与二子庐江王普、中都王廓渡河赴朝歌,收合故将士,欲就公师藩。顿丘太守冯嵩(顿丘,晋郡,今河北清丰县西南。)执颖及普、廓送邺。范阳王虓幽之。十月,虓暴薨。

虓长史刘舆,见颖为邺都所服,虑为后患,秘不发丧,伪令人为台使,称诏,夜赐颖死,其二子亦死。

东军以梁柳为镇西将军,守关中。马瞻等出诣柳,因共杀柳。与始平太守梁迈合从,迎颙于南山。(自太白山而东,渭水南岸之山,通称南山。)弘农太守裴廙,秦国内史贾龛,(秦国,扶风郡改,以封秦王柬者也。)安定内史贾疋等起义讨颙。斩马瞻、梁迈等。东海王越遣督护麋晃率国兵伐颙,至郑。颙将牵秀距晃,晃斩秀。

（此据《颙传》。《牵秀传》云：秀与马瞻等将辅颙以守关中。颙密遣使就东海王越求迎。越遣麋晃等迎颙。时秀拥众在冯翊，晃不敢进。颙长史杨腾，前不应越军，惧越讨之，欲取秀以自效，与冯翊大姓诸严，诈称颙命，使秀罢兵。秀信之。腾遂杀秀于万年。万年县，在今陕西临潼县东北。）

义军据有关中，颙保城而已，永嘉初，诏书以颙为司徒，而以南阳王模代镇关中。颙就征，模遣将于新安雍谷车上扼杀之，并其三子。（此亦据《颙传》。《本纪》：颙之见杀，在光熙元年十二月。）

惠帝既还洛阳，大权尽入东海王越之手。光熙元年，十一月，帝因食饼，中毒而崩。或云越之鸩。帝后羊氏，父玄之。贾后既废，孙秀议立后。后外祖孙旂，与秀合族；又诸子自结于秀；故以大安元年，立为皇后。成都王颖伐长沙，以讨玄之为名。义败，颖奏废后为庶人，处金墉城。陈眕等唱伐成都，复后位。张方入洛，又废后。留台复后位。永兴初，方又废后。河间王颙矫诏，以后屡为奸人所立，遣尚书田淑敕留台赐后死，诏书累至，刘暾与荀藩、周馥驰奏距之，颙见表，大怒，遣收暾，暾奔青州，而后遂得免。帝还洛，迎后复位。后洛阳令何乔又废后。张方首至，其日复后位。及是，后虑大弟立为嫂叔，不得称太后，催清河王覃入，将立之。侍中华混等急召大弟。大弟至，即位，是为怀帝。（尊羊后为惠皇后。）诸葛玫者，武帝诸葛夫人之昆弟。吏部郎周穆，玫之妻昆弟，（《后妃传》云：穆为玫妇弟，《八王传》云：玫为穆妹夫。）而清河王之舅也。与玫共说东海王越曰："主上之为大弟，张方意也。清河王本太子，为群凶所废，先帝暴崩，多疑东宫，公盍思伊、霍之举，以宁社稷乎？"言未卒，越曰："此岂宜言邪？"叱左右斩之。永嘉初，前北军中候吕雍、度支校尉陈颜等谋立覃为太子。事觉，幽覃于金墉。未几，被害。时年十四。

第四节　洛阳沦陷

怀帝既立，大权仍在东海王越之手。时八王之乱稍澹，然刘渊、石勒等，纷纷并起，势遂不可支矣。

魏武帝分匈奴之众为五部，单于於扶罗之子豹为左部帅。豹卒，子渊代之。太康末，拜北部都尉。杨骏辅政，以渊为五部大都督。元康末，坐部人叛出塞免官。成都王颖镇邺，表渊监五部军事。《晋书·载记》言渊初为侍子，在洛阳，王济尝言于武帝，欲任以东南之事，为孔恂、杨珧所阻。后秦、凉覆没，帝畴咨将帅，李憙乂欲发五部之众，假渊一将军之号，使平树机能，又为恂所阻。案借用夷兵，为后汉以来习见之事，王济、李憙，盖仍狃于旧习，然是时五胡跋扈之形已见，故孔恂、杨珧，欲防其渐也。

惠帝失驭，寇盗蜂起，渊从祖故北部都尉左贤王刘宣等，密共推渊为大单于，使其党呼延攸诣邺，以谋告之。渊请归会葬，成都王颖弗许，乃令攸先归告宣等，招集五部，引会宜阳诸胡，声言应颖，实背之也。颖为皇太弟，以渊为大弟屯骑校尉。东赢公腾、王浚起兵，渊说颖：还说五部，以赴国难。颖悦，拜渊为北单于，参丞相军事。渊至左国城，（在今山西离石县北。）刘宣等上大单于之号，都于离石。（今山西离石县。）时永兴元年八月也。旋迁于左国城。十一月，僭即汉王位。追尊蜀汉后主为孝怀皇帝，立汉三祖、（高祖，世祖，昭烈帝。）五宗（太宗，世宗，中宗，显宗，肃宗。）御主而祭之。东赢公腾使将讨之，败绩。腾惧，率并州二万余户下山东。渊遣其族子曜寇太原、泫氏、（汉县，今山西高平县。）屯留、（汉县，今山西屯留县。）长子、（汉县，今山西长子县。）中都，（汉县，今山西平遥县西北。）皆陷之。二年，离石大饥，迁于黎亭，（《续汉志》：上党郡壶关县有黎亭。壶关，在今山西长治县东南。）以就邸阁谷。

永嘉元年，刘琨为并州刺史，渊遣刘景要击之于板桥，（未详。）为琨所败，琨遂据晋阳。（汉县，今山西太原县。）其侍中刘殷、王育劝渊定河东，取长安，以关中之众，席卷洛阳。渊遂进据河东。寇蒲坂、（汉县，在今山西永济县北。）平阳，皆陷之。入都蒲子。（汉县，在今山西隰县东北。）二年，十月，僭即皇帝位，迁都平阳。

石勒，《晋书·载记》云：初名㔨，上党武乡羯人也。（武乡，晋县，在今山西榆社县北。）其先匈奴别部，羌渠之胄。祖耶奕干，父周曷朱，一名乞翼加；并为部落小率。《魏书·羯胡传》无羌渠之胄四字，而多分散居于上党武乡羯室，因号羯胡十四字。

羌渠二字，可有二解：匈奴单于之名，一也。《晋书·匈奴传》谓其部落入居塞内者凡十九种，中有羌渠，二也。

夷狄多以先世之名为种号，则二名或仍系一实。然羌渠卒于后汉灵帝中平五年，石勒卒于东晋成帝咸和七年，年六十，当生于晋武帝泰始九年，上距中平五年八十五岁，勒果羌渠之胄，非其曾孙，即其玄孙，安得不详世数，泛言胄裔？且于於扶罗等尚为近属，安得微为小率，为人佣耕，至被略卖乎？且安得云别部？勒之称赵王也，号胡为国人，下令禁国人不得报嫂及在丧婚取，其烧葬令如本俗。烧葬之俗，古惟氐、羌有之，然则羌渠之胄，犹言羌酋之裔耳。

《晋》、《魏》二书，盖所本同物？羌渠之胄四字，当时盖已有误解者？故《魏书》删之，《晋书》则仍录原文也。晋时羯与匈奴，无甚区别，如晋愍帝出降时下诏张寔，称刘曜为羯贼是。（见《晋书·寔传》。）胡三省谓羯为匈奴入居塞内十九种之一，（《通鉴》卷八十六晋惠帝永兴二年《注》，案据《晋书·匈奴传》：十九种之一曰力羯。）其说盖是。羯室盖地以种姓名，非种姓之名，由地而得也。

石勒微时之事，已见第二章第二节。既免奴为群盗，仍掠缯宝，以赂汲桑。永兴二年，七月，公师藩等起兵赵、魏，众至数万，勒与汲桑帅牧人乘苑马数百骑以赴之。桑始命勒以石为姓，勒为名焉。藩济自白马，（津名，在今河南滑县北。）苟晞讨斩之，勒与桑亡潜苑中。（谓茌平牧苑也。）勒帅牧人，劫掠郡县，又招山泽亡命以应桑。桑乃自号大将军，称为成都王颖诛东海王越、东嬴公腾。

腾时进爵东燕王，（光熙元年九月，见《纪》。）又改封新蔡。永嘉元年，三月，督司、冀诸军事，镇邺。五月，桑入邺，害腾。济自延津，（在今河南延津县北。）南击兖州。越大惧，使苟晞，王赞讨之。越次于官渡，为晞声援。桑、勒为晞所败，收余众将奔刘渊。冀州刺史丁绍要之于赤桥，（在今山东聊城县西北。）又大败之。桑奔马牧，（茌平马牧。）勒奔乐平。王师斩桑于平原。（此据《石勒载记》。《本纪》：十二月，并州人田兰、薄盛等斩汲桑于乐陵。乐陵，今山东乐陵县。）

时胡部大（谓部之大人。）张䐗督、冯莫突等拥众数千，壁于上党，勒往从之。因说䐗督归刘渊。渊署䐗督为亲汉王，莫突为都督部大，以勒为辅汉将军平晋王以统之。乌丸张伏利度，有众二千，壁于乐平，渊屡招不能致。勒伪获罪于渊，奔伏利度，因会执之，率其部众归渊。渊加勒督山东征讨诸军事，以伏利度之众配之。

王弥，东莱人。（东莱，汉郡，今山东掖县。）家世二千石。弥有才干，博涉书记，少游侠京师。光熙元年，三月，惤令刘伯根反，（惤，汉县，在今山东黄县西南。《王弥传》称伯根为妖贼，《高密孝王略传》谓其诳惑百姓，盖借宗教以惑众。）弥率家僮从之，伯根以为长史。王浚遣将讨伯根，斩之。弥聚徒海渚，为苟纯所败，（纯，晞弟，晞使督青州。）亡入长广山为群贼，（谓长广县之山。长广，汉县，今山东莱阳县。）寇青、徐二州。后苟晞击破之。弥退集亡散，众复大振。晞与之连战，不能克。弥进寇泰山、（汉郡，今山东泰安县。）鲁、（汉国，晋郡，治鲁县，今山东曲阜县。）谯、梁、陈、（后汉郡，今河南淮阳县。）汝南、颍川、襄城诸郡。（襄城，晋郡，今河南襄城县。）

永嘉二年，四月，入许昌。五月，遂寇洛阳。司徒王衍破之七里涧。（在洛阳东。）弥谓其党刘灵曰："晋兵尚强，归无所厝，刘元海（渊字。）昔为质子，我与之周旋京师，深有分契，今称汉王，将归之，可乎？"灵然之。乃渡河归刘渊。（此据《晋书·弥传》。刘灵，阳平人，公师藩起，灵自称将军，寇掠赵、魏。

《通鉴》系弥及灵之降汉于永嘉元年。《考异》曰："《弥传》：弥败于七里涧，乃与灵谋归汉。案《十六国春秋》：灵为王赞所败，弥为苟纯所败，乃谋降汉。今年春，灵已在渊所，五月弥乃如平阳，则二人降汉已久矣。"案二人先或降汉，然其决心归汉，而深资其力，仍不妨在此时也。）

匈奴之众，虽云强劲，然在晋初，似已不甚足用，故刘渊初起时，必冒称汉后，冀得汉人扶翼也。盖匈奴与汉，杂居既久，多能力田，（匈奴为汉人佃客。）其好斗之风，已稍衰矣。是时晋阳荒残已甚，故渊不欲北师。洛阳自魏已来为国都，自其所欲，然力实未足取洛，故刘殷、王育劝其先定河东，取长安。然渊起兵数年以后，仍局促河东一隅，则其兵力实甚有限，微王弥、石勒归之，固不能为大患也。王弥、石勒，初亦不过群盗，使晋有雄武之主，才略之相，指挥州郡，削平之固亦不难。惜乎怀帝受制东海，不能有为；东海既无智勇，又乏度量，不惟不能指挥州郡，反致互相猜嫌。诸征镇惟刘琨为公忠，而并州破败已甚，自守且虞不足；王浚虚骄，苟晞残暴，俱非济世之才。于是中枢倾覆，州郡亦五合六聚而不能救矣，哀哉！

东海王越初甚德苟晞，与之结为兄弟。既而纳长史潘滔之说，转晞为青州，而自牧兖州，由是与晞有隙。越遂督兖、豫、司、冀、幽、并六州。永嘉二年，三月，自许迁于鄄城。（汉县，今山东濮县。）八月，复迁濮阳。（汉县，今河北濮阳县。）后又迁于荥阳。三年，三月，自荥阳还洛。

初，惠帝之还旧都，缪播亦从怀帝还，契阔艰难，深相亲狎。及怀帝即位，以播为从事黄门侍郎。俄转侍中，徙中书令。专管诏命，任遇日隆。及是，越勒兵入宫，于帝侧收播及其弟散骑常侍大仆胤，尚书何绥，太史令高堂冲，帝舅王延等十余人杀之。奏宿卫有侯爵者皆罢。时殿中武官并封侯，由是出者略尽。以何伦为右卫将军，王景为左卫将军，领东海国兵数百人宿卫。越解兖州牧，领司徒。盖时中枢亦不能与越同心，而越遂处于进退维谷之势矣。

王弥、石勒既降刘渊，渊使之寇邺。时尚书右仆射和郁镇邺。永嘉二年，九月，弥与勒攻之，郁奔卫国。（汉县，今山东观城县。）勒寇冀州，三年，四月，陷堡壁百余。七月，渊子聪与王弥寇上党，以石勒为先锋。围壶关，陷之，上党降贼。九月，聪围浚仪。（秦县，在今河南开封县西北。）曹武等讨之，败绩。聪等长驱至宜阳。平昌公模遣淳于定、吕毅等讨之，又败。

聪恃胜不设备，弘农太守垣延诈降，夜袭败之。是役也，《载记》称渊素服以迎师，盖其丧败颇甚。然是冬，复大发卒，遣聪、弥与刘曜、刘景等率精骑五万寇洛阳，呼延翼率步卒为之后继。晋颇败其兵，又得乞活帅李浑、薄盛来救，渊乃召聪等还。

（东嬴公腾之镇邺也，携并州将田甄、甄弟兰、祁济、李浑、薄盛等部众万余人至邺，遣就谷冀州，号为乞活。及腾败，甄等邀破汲桑于赤桥，越以甄为汲郡，兰为钜鹿太守。甄求魏郡，越不许。甄怒，越召之不至，遣监军刘望讨之。李浑、薄盛斩兰降。甄与任祉、祁济弃军奔上党。案乞活是时虽降，其众仍屯结不散，是后屡见其名焉。钜鹿，晋治廮遥，今河北宁晋县。）

石勒寇常山，（晋常山郡，治真定，今河北正定县。）王浚使祁弘以鲜卑骑救之，大败之于飞龙山。（《隋志》：飞龙山在石邑。隋石邑县，在今河北获鹿县东南。）勒退屯黎阳。（汉县，在今河南濬县东北。）时晋使车骑将军王堪，北中郎将裴宪讨勒，宪奔淮南，（魏郡，治寿春，今安徽寿县。）堪退保仓垣。（城名，在开封西北。）勒陷长乐，（晋国，即汉信都郡，今河北冀县。）害冀州刺史王斌。四年，二月，袭鄄城，兖州刺史袁孚战败，为其下所杀。勒遂陷仓垣，害王堪。五月，寇汲郡，执太守胡宠。遂南济河。荥阳太守裴纯奔建业。

时刘聪攻河内，勒复会之。（至九月而河内降于勒。）六月，刘渊死，子和即伪位，聪弑而代之。命子粲寇洛阳，勒复与粲会。已而粲出轘辕。（山名，在今河南偃师县东南，接巩、登封二县界。）勒出成皋关。（谓成皋县之关。成皋，今河南汜水县。）围陈留太守王赞于仓垣，为赞所败，退屯文石津。（在今河南延津县东北。）欲北攻王浚，而浚将王甲始以辽西鲜卑万余在津北，乃复南济河，攻襄城。（汉县，后汉末置郡，今河南襄城县。）时王如、侯脱、严嶷等叛于宛，勒并脱、嶷之众，惮如之强不敢攻，乃南寇襄阳，（汉县，后汉末置郡，今湖北襄阳县。）渡沔寇江夏。（晋郡，今湖北安陆县。）复北寇新蔡，（秦县，晋置郡，今河南新蔡县。）进陷许昌。

王弥之解洛围也，请于刘曜，愿出兖、豫，收兵积谷，以待师期。于是出轘辕，攻襄城。河东、平阳、弘农、上党诸流人在颍川、襄城、汝南、南阳、（秦郡，治宛，今河南南阳县。）河南者数万家，为旧居人所不礼，皆焚烧城邑，杀二千石长吏以应弥。弥又以二万人会石勒寇陈郡、颍川，屯阳翟，遣弟璋与勒共寇徐、兖，于是洛阳四面皆敌，日以孤危矣。

时京师饥，东海王越以羽檄征天下兵，无至者。越不得已，乃请出讨石勒，且镇集兖、豫，以援京师。帝曰："今逆虏侵逼郊畿，王室蠢蠢，莫有固志，岂可远出，以孤根本？"越言："贼灭则东诸州职贡流通，若端坐京辇，所忧逾重。"盖时京师实已不能自立矣。十一月，越率众出许昌，以行台自随。留妃裴氏、世子毗及李恽、何伦等守卫京都。以豫州刺史冯嵩为左司马，自领豫州牧。率甲士四万，东屯于项。于是宫省无复守卫，殿内死人交横。府寺营署，并掘堑自守。盗贼公行，枹鼓之音不绝。镇集外州之效未见，京师反弥不能自立已。

时周馥督扬州，镇寿春，（汉县，晋孝武帝避讳，改为寿阳，今安徽寿县。）乃表请迁都。言"王都罄乏，不可久居。河朔萧条，崤、函险涩，宛都屡败，江、汉多虞，于今平夷，东南为愈。淮阳之地，北阻涂山，（在今安徽怀远县东。）南抗灵岳，（此指霍山言，在今安徽霍山县西北。）名川四带，有重险之固。是以楚人东迁，遂宅寿春。徐、邳、东海，亦足戍御。且运漕四通，无患空乏。臣谨选精卒三万，奉迎皇驾。辄檄荆、湘、江、扬，各先运四年米租十五万斛，布、绢各十四万匹，以供大驾。令王浚、苟晞，共平河朔；臣等戮力，以启南路；迁都弭寇，其计并得。皇舆来巡，臣宜转据江州，以恢皇略"。

馥不先白越，而直上书，越大怒。先是越召馥及淮南太守裴硕。馥不肯行，而令硕率兵先进。硕二于馥，乃举兵，称馥擅命，已奉越密旨图馥，遂袭之。为馥所败，退保东城。（秦县，今安徽定远县东南。）初，越之收兵下邳也，使琅邪王睿监徐州诸军事，（即元帝，武王伷孙，父曰恭王觐。）镇下邳。寻都督扬州。越西迎驾，留睿居守。及是，硕求救于睿。睿遣甘卓、郭逸攻馥。安丰太守孙惠率众应之。（安丰，晋郡，治霍丘，今安徽霍邱县。）明年，正月，馥众溃，奔于项，为新蔡王确所拘，（确，腾子。）

忧愤发病卒。

案观刘渊、刘聪屡攻洛而不得志，知晋之兵力，尚足以固守洛阳，所苦者为饥馑。论物力之丰歉，自以南方为胜。史称东海王越以羽檄征天下兵，怀帝谓使者曰："为我语诸征镇：若今日尚可救，后则无逮矣。"时莫有至者。此说亦不尽然。是年九月，山简、（督荆、湘、交、广，时镇襄阳。）王澄、（荆州刺史。）杜蕤，（南中郎将。）实并遣兵入援，特为王如所阻耳。使怀帝果能迁都，江、扬、荆、湘之转漕，必能如期而至。不惟足以自立，且可支援北方。士饱马腾，军心自振。此时北方之破败，尚未至如后来之甚；怀帝号令北方，亦自较元帝为易。淮阳东控徐、兖，西接司、豫，其形势，自与后来之崎岖江左者不同也。史称馥以越不尽臣节，每言论厉然，越深惮之，其覆之也，盖全以其私怨；元帝则越之党耳；其误国之罪亦大矣。

南方之事甫平，东方之难复起。时潘滔为河南尹，与尚书刘望等共诬陷苟晞。晞怒，表求滔等首。又移告诸州，称己功伐，陈越罪状。帝亦恶越专权，永嘉五年，正月，乃密诏晞讨越。三月，复诏下越罪状，告方镇讨之。以晞为大将军。越使从事中郎杨瑁为兖州，与徐州刺史裴盾共讨晞。晞使骑收潘滔，滔夜遁，乃执尚书刘曾，侍中程延斩之。越以祸结衅深，忧愤成疾，薨于项。以襄阳王范（楚隐王子。）为大将军，统其众，还葬东海。越之出也，以大尉王衍为军司。及是，众推衍为主，率众东下。石勒以轻骑追之，及之苦县之宁平城。（苦，汉县，晋更名谷阳，

在今河南鹿邑县东。宁平，汉县，晋省，在鹿邑西南。）衍遣将
军钱端与战，败死。衍军大溃。勒分骑围而射之，相登如山，无
一免者。执衍等害之。

左卫何伦、右卫李恽闻越薨，秘不发丧，奉裴妃及越世子毗，
出自洛阳。从者倾城，所在暴掠。至洧仓，（洧水之邸阁，在许
昌东。）又为勒所败。毗及宗室三十六王，俱没于贼。（此据《越
传》，《本纪》作四十八王。李恽杀妻子奔广宗。何伦走下邳。裴
妃为人所略卖，大兴中得渡江。广宗，后汉县，今河北威县东。）
于是晋之兵力亦尽矣。

五月，先是苟晞表请迁都仓垣，帝将从之。诸大臣畏潘滔，
不敢奉诏。且宫中及黄门恋资财不欲出。至是饥甚，人相食，百
官流亡者十八九。帝召群臣会议将行，而警卫不备。帝抚手叹曰：
"如何？"时无车舆，乃使司徒傅祗出诣河阴，（汉平阴县，魏改，
在今河南孟津县东。）修理舟楫，为水行之备。朝士数十人导从，
帝步出西掖门，至铜驼街，为盗所掠，不得进而还。

刘聪遣其子粲及王弥、刘曜等率众四万，长驱入洛川。遂出
轘辕，周旋梁、陈、汝、颖之间。聪复以禁兵二万七千，配其卫
尉呼延晏，自宜阳入洛川，命王弥、刘曜及石勒进兵会之。晏及
河南，王师前后十二败，死者三万余人。晏遂寇洛阳，攻陷平昌
门。以后继不至，复自东阳门出。（洛阳诸门名。）时帝将济河东
遁，具船于洛水，晏尽焚之，还于张昌故垒。王弥、刘曜至，遂
会围洛阳。

六月，宣阳门陷，帝开华林园门，出河阴藕池，为曜等所追及。百官士庶，死者三万余人。帝蒙尘于平阳。刘聪以帝为会稽公。七年，正月，聪大会，使帝着青衣行酒，侍中庾珉号哭，贼恶之。会有告珉及王俊等谋应刘琨者，帝遂遇弑，崩于平阳。（时年三十。）珉等皆遇害。史载荀崧之言：谓"怀帝天姿清劭，少著英猷，若遭承平，足为守文佳主，而继惠帝扰乱之后，东海专政，无幽、厉之衅，而有流亡之祸"。盖晋之亡，其原因虽非一端，而怀帝之坐困于洛阳，则东海实为之，其罪要未容末减也。

第五节　长安倾覆

怀帝立豫章王铨为太子，（铨，清河康王遐子。）与帝同没刘聪。（《元帝纪》：大兴三年，五月，景寅，孝怀帝太子诠遇害于平阳，帝三日哭。）洛阳之急也，司空荀藩，（勖子。）与弟光禄大夫组奔轘辕。及是，移檄州镇，以琅邪王为盟主。（时王浚亦移檄天下，称被中诏，承制以藩为大尉。）豫章王端（铨弟，铨为太子封。）东奔苟晞，晞立为皇太子，自领尚书令，具置官属，保梁国之蒙县。（在今河南商邱县东北。）使王赞屯阳夏。（秦县，今河南太康县。）

晞出于孤微，位至上将，志颇盈满。奴婢将千人，侍妾数十，终日累夜，不出户庭，刑政苛虐，纵情肆欲，由是众心稍离。

九月，石勒攻阳夏，灭王赞，驰袭蒙城，执晞，署为司马，月余乃杀之。豫章王端亦没于贼。（时傅祗与晞共建行台，晞推祗为盟主，以司徒持节大都督诸军事传檄四方。祗子宣，尚弘农公主，祗遣宣将公主与尚书令和郁赴告方伯，征义兵。自屯孟津小城，宣弟畅行河阴令，以待宣。祗以暴疾薨。畅没于石勒。

南阳王模之代河间王颙也，关中饥荒，百姓相啖，加以疾疠，盗贼公行。模力不能制，乃铸铜人、钟鼎为釜器以易谷，议者非之。东海王越表征模为司空。模谋臣淳于定说模曰："关中天府之国，霸王之地，今以不能绥抚而还，既于声望有亏；又公兄弟唱起大事，而并在朝廷，若自强则有专权之罪，弱则受制于人；非公之利也。"模纳其言，不就征。及洛京倾覆，模使牙门将赵染戍蒲坂。染求冯翊太守，不得，怒，率众降于刘聪。聪以为平西将军，使与其安西将军刘雅率众二万攻模。刘粲、刘曜率大军继之。模使淳于定距之，为染所败。士众离叛，仓库虚竭。军祭酒韦辅曰："事急矣，早降可以免。"模从之。染箕踞攘袂，数模之罪，送诣粲，粲杀之。时永嘉五年八月也。聪以刘曜为雍州牧，镇长安。

武帝子吴孝王晏之子业，出后伯父柬，袭封秦王，荀藩之甥也。避难于密，（汉县，今河南密县。）与藩、组相遇。行台以密近贼，南趣许、颍。阎鼎者，天水人。初为东海王越参军。行豫州刺史，屯许昌。遭母丧，于密县鸠集流人数千，欲还乡里。司徒左长史刘畴，在密为坞主。中书令李昕，（此依《阎鼎传》。《王浚传》作李絙。）太傅参军骀捷、刘蔚、镇军长史周顗，司马李述，皆来赴畴。金以鼎有才用，且手握强兵，劝藩假鼎冠军将军、豫州刺史，蔚等为参佐。

鼎因西人思归，欲立功乡里，乃与抚军长史王毗，司马傅逊怀翼戴秦王之计。谓畴、捷等曰："山东非霸王处，不如关中。"傅畅遗鼎书，劝奉秦王过洛阳，拜谒山陵，径据长安。鼎得书，便欲诣洛。流人谓北道近河，惧有抄截欲南自武关。畴等皆山东人，不愿西入，荀藩及畴、捷等皆逃散。鼎追藩，不及。晅等见杀。惟颙、述走得免。遂奉秦王自宛趣武关。频遇山贼，士卒亡散。次于蓝田，鼎告雍州刺史贾疋。疋，武威人，魏大尉诩曾孙也，初为安定太守。

雍州刺史丁绰贪横，失百姓心。谮疋于南阳王模。模以军司谢班伐疋。疋奔泸水，（泸水即卢水胡。此据《疋传》。《模传》云：模表遣世子保为西中郎将、东羌校尉，镇上邽。秦州刺史裴苞距之。模使帐下都尉陈安攻苞，苞奔安定。疋以郡迎苞。模遣军司谢班伐疋。疋退奔泸水。）与胡彭荡仲及氐窦首结为兄弟，聚众攻班。绰奔武都。疋复入安定，杀班。愍帝以疋为雍州刺史。（《晋书·疋传》如此。案时愍帝尚为秦王，《传》采其后称之。）疋率戎晋二万余人，将伐长安。新平太守竺恢亦固守。刘粲闻之，使刘曜、刘雅及赵染距疋。先攻恢，不克。疋邀击，大败之。曜中流矢，退走。疋追之，至于甘泉。（汉甘泉宫，在今陕西淳化县西北甘泉山上。）旋自渭桥袭荡仲，杀之。（渭桥，在长安西北。）

关中小定。乃遣州兵迎卫业，达于长安，又使京兆尹梁综助守。遂共奉业为皇太子，时永嘉六年九月也。

（据《疋传》及《本纪》。《刘聪载记》云：刘曜既据长安，安定太守贾疋，及诸氐、羌，皆送质任，惟雍州刺史特、新平太守竺恢固守不降。护军麹允，频阳令梁肃，自京兆南山，将奔安定，遇疋任子于阴密，拥还临泾。推疋为平南将军，率众五万，攻曜于长安。扶风太守梁综及麹特、竺恢等，亦率众十万会之。曜遣刘雅、赵染来距，败绩而还。曜又尽长安锐卒，与诸军战于黄丘，曜众大败，中流矢，退保甘渠。杜人王秃、纪持等攻刘粲于新丰，粲还平阳，曜攻陷池阳，掠万余人，归于长安。时阎鼎等奉秦王为皇太子，入于雍城、关中戎晋，莫不响应。麹特等围长安，曜连战败绩，乃驱士女八万余口，退还平阳。频阳，秦县，在今陕西富平县东北。阴密，汉县，在今甘肃灵台县西。临泾，汉县，在今甘肃镇原县南。黄丘，胡三省《通鉴注》云：在云阳县黄岭山下。灵阳，汉县，在今陕西淳化县西北。甘渠，盖即甘泉。杜县，在长安西南。新丰，汉县，在今陕西临潼县东。池阳，汉县，在今陕西泾阳县西北。雍，汉县，在今陕西凤翔县南。）

以鼎为太子詹事，总摄百揆。梁综与鼎争权，鼎杀综，以王毗为京兆尹。《鼎传》云：鼎首建大谋，立功天下。始平太守麹允，抚夷护军索綝，并害其功，且欲专权。冯翊太守梁纬，北地太守梁肃，并综母弟，綝之姻也。谋欲除鼎。乃证其有无君之心，专戮大臣，请讨之。遂攻鼎。鼎出奔雍，为氐窦首所杀。

案麹允金城人，世为豪族。綝，敦煌人，靖之子。河间王使与张方东迎乘舆。后转为南阳王模从事中郎。迁新平、冯翊太守。拒刘聪，屡有战功。及模被害，綝泣曰："与其俱死，宁为伍子

胥。"乃赴安定，与贾疋、梁综、（时为扶风太守。）麹允等纠合
义众，频破贼党，与鼎共立秦王为太子。亦皆志节之士，非妒贤
疾能者。

是时之争，盖党派不易骤合，虽各怀公忠之心，而衅祸仍不
能弭，扰攘之际类然，亦不足为谁咎也。（贾疋亦志节之士，其
送质任于刘曜，盖欲以为后图，非叛晋也。）贾疋旋因讨贼遇害。
（《本纪》称贼张连。《疋传》云：荡仲子夫护，帅群胡攻之，疋败
走，夜堕于涧，为夫护所害。盖连与夫护，合而为寇。）众推麹
允领雍州刺史，为盟主，承制选置。明年，（永嘉七年，愍帝建
兴元年。）四月，怀帝崩问至，业即位，是为愍帝。

愍帝既立，以麹允为尚书左仆射，录尚书，雍州刺史如故。
索綝为右仆射，领京兆尹。建兴二年，六月，刘曜、赵染寇新丰
诸县，索綝讨破之。七月，曜、染等又逼京都，麹允讨破之。染
中流矢而死。（《本纪》。《刘聪载记》云：染寇北地，中流矢而死。）
三年，正月，以侍中宋哲为平东将军，屯华阴。九月，刘曜寇
北地，命麹允讨之。十月，允进攻青白城。（此据《本纪》，《允
传》作清白城。）刘曜闻之，转寇上郡。刘聪陷冯翊，太守梁肃
奔万年。

（此据《本纪》及《麹允传》。《刘聪载记》：刘曜又进军屯于
粟邑。麹允饥甚，去黄白而军于灵武。曜进攻上郡，太守张禹，
与冯诩太守梁肃，奔于允吾。于是关右翕然，所在应曜。曜进据
黄阜。粟邑，汉县，在今陕西白水县西北。黄白，城名，在今陕

西三原县东北。灵武，汉县，在今宁夏宁朔县西北。允吾，汉县，在今甘肃皋兰县西北。黄阜，未详。）

四年，四月，麹允救上郡，军于灵武，以兵弱不敢进。上郡太守籍韦率其众奔于南郑。七月，曜攻北地，允率步骑三万救之，王师不战而溃。太守麹昌奔京师。曜进至泾阳，渭北诸城悉溃。八月，曜进逼京师。内外断绝，麹允与公卿守长安小城以自固。散骑常侍华辑，监京兆、冯翊、弘农、上洛（晋郡，今陕西商县。）四郡兵，东屯霸上；镇军将军胡崧，（南阳王保所遣。）帅城西诸郡兵屯遮马桥；并不敢进。

十月，京师饥甚，米斗金二两，人相食，死者大半。大仓有麹数十饼，麹允屑为粥以供帝，至是复尽。帝泣谓允曰："今窘厄如此，外无救援，死于社稷，是朕事也。朕念将士，暴离斯酷。今欲因城未陷，为羞死之事，庶令黎元，免屠烂之苦。行矣遣书，朕意决矣。"十一月，乙未，使侍中宋敞送笺于曜。帝乘羊车，肉袒、衔璧、舆榇出降。群臣号泣攀车，执帝之手，帝亦悲不自胜。曜焚榇受璧，使宋敞奉帝还宫。

辛丑，帝蒙尘于平阳。麹允及群官并从。刘聪假帝光禄大夫怀安侯。壬寅，聪临殿，帝稽首于前，麹允伏地恸哭，因自杀。明年，十月，聪出猎，令帝行车骑将军，戎服执戟为导。百姓聚而观之，故老或欷歔流涕。聪闻而恶之。聪后因大会，使帝行酒洗爵；返而更衣，又使帝执盖；晋臣在坐者多失声而泣。尚书郎辛宾抱帝恸哭，为聪所害。十二月，戊戌，帝遇弑，崩于平阳。

（时年十八。）

《本纪》云："帝之继皇统也，属永嘉之乱，天下崩离。长安城中，户不盈百，墙宇颓毁，蒿棘成林。朝廷无车马章服，惟桑版署号而已。众惟一旅，公私有车四乘。器械多阙，运馈不继。巨猾滔天，帝京危急，诸侯无释位之志，征镇阙勤王之举，故君臣窘迫，以至杀辱云。"案愍帝之亡，全由关中之荒毁，及诸镇之坐视。

帝即位越月，即以琅邪王睿为左丞相，大都督陕东诸军事。南阳王保为右丞相，大都督陕西诸军事。诏二王："今幽、并两州，勒卒三十万，直造平阳。右丞相宜帅秦、凉、雍虎旅三十万，径诣长安；左丞相帅所领精兵二十万，径造洛阳；分遣前锋，为幽、并后驻。"三年，二月，又进琅邪王为大都督督中外诸军事，南阳王为相国。

盖其所期望于方镇者至深。进捣贼巢，奔问官守，或非幽、并、扬、徐之力所及，然力之能及者，即不论君臣之义，辅车相依之理，要自不可忘也。

当时雍州实为秦、凉外蔽。乃《索䗖传》言：帝累征兵于南阳王保，保左右议曰："蝮蛇在手，壮士解腕，且断陇道，以观其后。"从事中郎裴诜曰："蛇已螫头，头可截不？"保以胡崧为前军都督，须诸军集乃当发。麹允欲挟天子趋保，䗖以保必逞私欲，乃止。自长安以西，不复奉朝廷，百官饥乏，采稆自存。《张寔传》：其父轨卒，州人推寔摄父位，愍帝因下策书授之。刘曜逼长安，寔遣将军王该率众以援京城，（《本纪》：建兴四年，四月，凉州刺史张寔遣步骑五千，来赴京都。）帝嘉之，拜都督陕西诸军事。

及帝将降于刘曜，下诏于寔，进寔为大都督、凉州牧、司空，承制行事。又言已诏琅邪王：时摄大位，君其协赞琅邪，共济艰运。盖西朝区区，始终不忘情于诸侯之释位者如此。然寔叔父西海太守肃，（王莽置西海郡，光武中兴弃之。至献帝兴平二年，武威太守张雅请置西海郡，分张掖之居延一县以属之。）请为前锋击刘曜，寔卒弗许，致肃闻京师陷没，悲愤而卒。盖当时方镇之坐视朝廷倾覆又如此。饥穷之长安，果将何以自立哉？

麹允、索綝，自为志节之士。《綝传》云：刘曜围京城，綝与麹允固守长安小城。胡崧承檄奔命，破曜于灵台。（《三辅黄图》：周文王灵台，在长安西四十里。）崧虑国家威举，则麹、索功盛，乃案兵渭北，遂还槐里。（汉县，今陕西兴平县。案此亦厚诬，当时崧之兵力，实未足以进取也。）城中饥窘，人相食，死亡逃奔不可制，惟凉州义众千人，守死不移。帝使宋敞送笺降于曜，綝潜留敞，使其子说曜曰："今城中粮犹足支一岁，未易可克也。若许綝以车骑、仪同、万户郡公者，请以城降。"曜斩而送之，曰："天下之恶一也。"及帝出降，綝随帝至平阳，刘聪以其不忠于本朝，戮之于东市。

夫当易子析骸之时，而犹为诳语以徼富贵，纵置綝之志节勿论，有如是其愚者乎？綝之潜留宋敞，使易说辞，盖犹阴有所图，冀存宗社于万一。其说辞如何不可知，而谓其求车骑、仪同、万户郡公，则必敌国诬罔之辞也。晋之公卿百官，为刘聪所害者甚多，（见于《本纪》者，辛宾外尚有尚书梁允，侍中梁濬，散骑常侍严敦，左丞相臧振，黄门侍郎任播、任伟、杜晏及诸郡守，皆至平阳后见杀。）岂皆以其不忠于本朝哉？《麹允传》云：允性仁厚，无威断。吴皮、王隐之徒，无赖凶人，皆加重爵。新平太守竺恢，始平太守杨像，扶风太守竺爽，安定太守焦嵩，皆征、镇、杖节，加侍中、常侍。村坞主帅，小者犹假银青、将军之号，欲以抚结众心。然诸将骄恣，恩不及下，人情颇离，羌、胡因此跋扈，关中淆乱。刘曜复攻长安，百姓饥甚，死者大半。久之，城中窘逼，帝将出降，叹曰："误我事者，麹、索二公也。"

夫乌合之众之不易驭久矣，然允及綝用之，虽值饥穷，犹能累致克捷，与逆胡相枝柱者且四年，赏罚无章者而能然乎？羊车之辱，全由愍帝之不能死国，谓"误我事者麹、索二公"，盖深悔当时之称尊矣。然以是为麹、索罪，可乎？

第六节　巴氏据蜀

晋世海宇分裂，首起割据者，实为巴氏，其事尚在刘渊创乱之前，特其地较偏，未能牵动大局耳。

《晋书·载记》云：李特，巴西宕渠人。（宕渠，汉县，后汉尝置郡，旋废，故城在今四川渠县东北。）其先廪君之苗裔也。昔武落钟离山崩，（山在今湖北长杨县西北。）有石穴二所：其一赤如丹，一黑如漆。有人出于赤穴者，名曰务相，姓巴氏。有出于黑穴者，凡四姓：曰曋氏，（《后汉书》作瞫氏。）樊氏，柏氏，（《后汉书》作相氏。）郑氏。五姓俱出，皆争为神。于是相与以剑刺穴屋，能著者以为廪君。四姓莫著，而务相之剑悬焉。又以土为船，雕画之，而浮水中，曰："若其船浮存者，以为廪君。"务相船又独浮，于是遂称廪君。乘其土船，将其徒卒，当夷水而下。至于盐阳。（《后汉书注》云：今施州清江县水，一名盐水。案即今湖北之清江水。）盐阳水神女子，止廪君曰："此鱼盐所有，地又广大，与君俱生，可止无行。"廪君曰："我当为君，求廪地，不能止也。"盐神夜从廪君宿，旦辄去为飞虫。诸神皆从其飞，蔽日昼昏。廪君欲杀之，不可别；又不知天地东西。如此者十日，廪君乃以青缕遗盐神，曰："婴此。即宜之，与汝俱生；弗宜，将去汝。"盐神受而婴之。廪君立碭石之上，望膺有青缕者，跪而射之，中盐神，盐神死，群神与飞者皆去，天乃开朗。廪君复乘土船下，及夷城。夷城石岸曲，泉水亦曲。廪君望如穴状，叹曰："我新从穴中出，今又入此，奈何？"岸即为崩。广三丈余，而阶陛相乘。廪君登之。岸上有平石，方一丈，长五尺。廪君休其上。投策计算，皆著石焉。因立城其旁而居之。

其后种类遂繁。秦并天下，以为黔中郡。（秦黔中郡，汉改为武陵，故治在今湖南溆浦县境。）薄赋敛之，口出钱四十。巴人呼赋为賨，因谓之賨人焉。（案此说殊误。《后汉书·刘表传》：江南宗贼大盛；《三国·吴志·士燮传》：燮子徽，自署交趾太守，发宗兵拒戴良；是其字本作宗。宗人所出之赋，则加贝为賨，乃赋以人名，非人以赋名也。）及汉高祖为汉王，募賨人平定三秦。既而求还乡里。高祖以其功，复同丰、沛，不供赋税。更名其地为巴郡。（汉巴郡，治江州，今四川江北县。）俗性剽勇，又善歌舞。高祖爱其舞，诏乐府习之，今巴渝舞是也。

《后汉书·南蛮传》，以巴郡南郡蛮为廪君之后，述廪君事与《晋书》同，而辞较略。又有板楯蛮夷者，云：秦昭襄王时，有一白虎，常从群虎，数游秦、蜀、巴、汉之境，伤害千余人。昭王乃重募国中：有能杀虎者，赏邑万家，金百镒。时有巴郡阆中夷人，（阆中，秦县，刘璋于此置巴西郡，今四川阆中县西。）能作白竹之弩，乃登楼射杀白虎。昭王嘉之，而以其夷人，不欲加封，乃刻石盟要，复夷人顷田不租，十妻不算，伤人者论，杀人者以倓钱赎死。盟曰："秦犯夷，输黄龙一双，夷犯秦，输清酒一钟。"夷人安之。

至高祖为汉王，发夷人还伐三秦。秦地既定，乃遣还巴中。复其渠帅罗、朴、督、鄂、度、夕、龚七姓，不输租赋。余户乃岁入賨钱，口四十。世号为板楯蛮夷。阆中有渝水，其人多居水左右。天性劲勇。初为前锋，数陷阵。俗喜歌舞。高祖观之，曰："此武王伐纣之歌也。"乃命乐人习之。所谓巴渝舞也。遂世世服从。

至于中兴，郡守常率以征伐。其述巴郡南郡蛮则云：秦惠王并巴中，以巴氏为蛮夷君长，世尚秦女。其民爵比不更，有罪得以爵除。其君长，岁出赋二千一十六钱，三岁一出义赋千八百钱。其民，户出幏布八丈二尺，鸡羽三十鏃。观赋法之不同，知巴氏等五姓与罗氏等七姓实为两部落，《晋书》辞不别白。然其同为氏族，则无疑也。

《晋书》又云：汉末，张鲁居汉中，以鬼道教百姓，賨人敬信巫觋，多往奉之。直天下大乱，自巴西之宕渠，迁于汉中杨车坂，抄掠行旅，百姓患之。号为杨车巴。魏武帝克汉中，特祖将五百余家归之。魏武帝拜为将军，迁于略阳北土。复号之为巴氏。宕渠距阆中近，盐水远，李特之先，似当属板楯蛮夷，不与巴郡南郡蛮同部，特板楯蛮夷，亦未必不以廪君为共祖耳。

李特父慕，为东羌猎将。特少仕州郡，见异当时。元康中，氐齐万年反，关西扰乱，频岁大饥。百姓乃流移就谷。相与入汉川者数万家。既至汉中，上书求寄食巴、蜀。朝议不许。遣侍御史李苾持节慰劳，且监察之，不令入剑阁。（在今四川剑阁县北。）苾至汉中，受流人货赂，反为表曰："流人十万余口，非汉中一郡，所能振赡。东下荆州，水湍迅险，又无舟船。蜀有仓储，人复丰稔，宜令就食。"朝廷从之，由是散在益、梁，不可禁止。

永康元年，诏征益州刺史赵廞为大长秋，以成都内史耿滕（此据《载记》，《帝纪》与《华阳国志》，俱作耿胜。）代廞，廞遂谋叛。乃倾仓廪，振施流人，以收众心。特之党类，皆巴西人，与廞同郡，率多勇壮，廞厚遇之，以为爪牙。特等聚众，专为寇盗，蜀人患之。滕密上表，以为"流人刚剽，而蜀人懦弱，客主不能相制，必为乱阶，宜使移还其本。"廞闻而恶之。时益州文武千余人，已往迎滕。滕率众入州。廞遣众逆滕；战于西门，滕败，死之。

廞自称大都督、大将军、益州牧。特弟庠，与兄弟及妹夫李含等以四千骑归廞。廞使断北道。庠素东羌良将，部阵肃然。廞恶其齐整，用长史杜淑、司马张粲之言杀之，及其子侄、宗族三十余人。复以特兄弟为督将，以安其众。牙门将许弇求为巴东监军。（巴东郡，刘璋置，在今四川奉节县北。）杜淑、张粲固执不许。弇怒，于廞合下手刃杀淑、粲；左右又杀弇；皆廞腹心也。

特兄弟怨廞，引兵归绵竹。（汉县，今四川德阳县北。）廞恐朝廷讨己，遣长史费远，犍为太守李苾，（犍为，汉郡，后汉治武阳，今四川彭山县东。）督护常俊督万余人断北道，次绵竹之石亭。（渡名，在今四川什邡县东雒江上。）特密收合，得七千余人，夜袭远军，远大溃。进攻成都，廞走。至广都，为下人所杀。

特至成都，纵兵大掠。遣其牙门诣洛阳，陈廞罪状，先是惠帝以梁州刺史罗尚为益州刺史。督牙门将王敦，上庸都尉义歆，（上庸，秦县，后汉置郡，今湖北竹山县。）蜀郡太守徐俭，（蜀郡，治成都。）广汉太守辛冉等（广汉郡，后汉治雒，今四川广汉县。）凡七千余人入蜀。特等闻尚来，甚惧，使其弟骧于道奉迎，并贡宝物。尚甚悦，以骧为骑督。特及弟流，复以牛酒劳尚于绵竹。王敦、辛冉，并说尚因会斩之，尚不纳。寻有符下秦、雍州：凡流人入汉川者，皆下所在召还。特兄辅，素留乡里，托言迎家，既至蜀，谓特曰："中国方乱，不足复还。"特以为然，乃有雄据巴蜀之志。

朝廷以讨赵廞功，封拜特、流。玺书下益州，条列六郡流人，与特协同讨廞者，将加封赏。会辛冉以非次见征，不愿应召；又欲以灭廞为己功；乃寝朝命，不以实上。众咸怨之。罗尚遣从事催遣流人，限七月上道。辛冉性贪暴，欲杀流人首领，取其资货。乃移檄发遣，又令梓潼太守张演，（梓潼，汉县，蜀置郡，今四川梓潼县。）于诸要施关，搜索宝货。特等固请，求至秋收。

流人布在梁、益，为人佣力，及闻州郡逼遣，人人愁怨，不知所为。又知特兄弟频请求停，皆感而悕之。且水雨将降，年谷未登，流人无以为行资，遂相与诣特。特乃结大营于绵竹，以处流人。移冉求自宽。冉大怒，遣人分榜通逵，购募特兄弟。特见，大惧，悉取以归，与骧改其购云："能送六郡之豪李、任、阎、赵、杨、上官及氏、叟侯王一首，赏百匹。"流人既不乐移，咸往归特，旬月间众过二万，流亦聚众数千。特乃分为二营：特居北营，流居东营。

特遣阎式（与特同移者，时为始昌令。始昌，晋县，在今甘肃西和县北。）诣罗尚求申期。式既至，见辛冉营栅冲要，谋擒流人；又知冉及李苾，意不可回；乃辞尚还绵竹。尚谓式曰："子且以吾意，告诸流人，今听宽矣。"式至绵竹，言于特曰："尚虽云尔，然威刑不立，冉等各拥强兵，一旦为变，亦非尚所能制，深宜为备。"特纳之。

冉、苾相与谋曰："罗侯贪而无断，日复一日，流人得展奸计，宜为决计，不足复问之。"乃遣广汉都尉曾元，牙门张显、刘并等，潜率步骑三万袭特营。罗尚闻之，亦遣督护田佐助元。特素知之，乃缮甲厉兵，戒严以待。元等至，发伏击之，杀伤甚众。害佐、元、显，传首以示尚、冉。于是六郡流人，推特为主。上书请依梁统奉窦融故事，推特行镇北大将军，承制封拜；流行镇东大将军；以相镇统。

进兵攻冉于广汉。尚遣李苾及费远救冉，不敢进。冉奔江阳。（汉县，刘璋置郡，今四川泸县。）特入据广汉。进兵攻尚于成都。

阎式遗尚书，责其信用谗构，欲讨流人。又陈特兄弟，立功王室，以宁益土。尚览书，知特等将有大志，婴城固守，求救于梁、宁二州。于是特自称使持节、大都督、镇北大将军，承制封拜，一依窦融在河西故事。（据《本纪》，时在永宁元年十月。）

尚频为特所败，乃阻长围，缘水作营，自都安至犍为七百里，与特相距。（都安，蜀县，在今四川灌县东。）河间王颙遣督护衙博，广汉太守张征讨特。南夷校尉李毅（武帝置于宁州。宁州，泰始七年分益州置。治云南，在今云南祥云县南。一说治味，在今云南曲靖县西。）又遣兵五千助尚。尚遣督护张龟军繁城，（繁，汉县，今四川新繁县西北。）三道攻特。

特命子荡、雄袭博，躬击张龟。龟大败，博亦败绩。荡追博至汉德，（蜀县，今四川剑阁县东北。）博走葭萌。（汉葭明县，后汉作葭萌，蜀改曰汉寿，晋改曰晋寿，在今四川昭化县东南。）荡进寇巴西。郡丞毛植，五官襄珍以郡降。荡进攻葭萌，博又远遁。（《纪》大安元年五月。）

特自称益州牧，都督梁、益二州诸军事，大将军，大都省。准攻张征。征据险相持，候特营空虚，遣步兵循山攻之。特逆战，不利。荡军至，殊死战，征军乃溃。特欲释征还涪，（涪，汉县，晋更名涪城，今四川绵阳县。）荡不可，复进攻征。遂害征，以骞硕为德阳太守。（德阳，后汉县，在今四川遂宁县境。）硕略地至巴郡之垫江。（汉县，今四川合川县。）

特之攻张征也，使李骧等屯军毗桥（胡三省云：今怀安军西北有中江，源从汉中弥牟。雒水、毗桥水三水会为一江。案宋怀安军故城，在今四川金堂县东南。弥牟镇，在今四川新都县北。）以备罗尚。李流亦进军成都之北。梁州刺史许雄遣兵攻特，特破之。进击破尚水上军。遂寇成都。

蜀郡太守徐俭以小城降，罗尚据大城自守。是时蜀人危惧，并结村堡，请命于特，特遣人安抚之。益州从事任明（此据《载记》。《罗尚传》作兵曹从事任锐。《通鉴》从《华阳国志》作任叡。）说尚曰："特既凶逆，侵暴百姓，又分散人众，在诸村堡，骄怠无备，是天亡之也。可告诸村，密刻期日，内外击之，破之必矣。"尚从之。明先伪降特，因求省家。特许之。明潜说诸村，诸村悉听命。惠帝遣荆州刺史宋岱、建平太守孙阜救尚。（建平，吴郡，今四川巫山县。）阜次德阳，特遣荡助任臧距阜。尚遣大众，掩袭特营，连战，斩特。（《纪》在大安二年三月，云宋岱击斩之。）

特既死，蜀人多叛，流人大惧。流与荡、雄收遗众还保赤祖。（胡三省曰：当在绵竹东。）流保东营，荡、雄保北营。流自称大将军、大都督，益州牧。时宋岱水军三万，次于垫江。前锋孙寿破德阳，获骞硕。任臧等退屯涪陵，（蜀郡，今四川涪陵县西。）罗尚遣督护常深军毗桥，牙门左汜、黄訇、何冲三道攻北营。流身率荡、雄攻深栅，克之，追至成都。尚闭门自守。荡驰马追击，伤死。

流以特、荡并死，岱、阜又至，甚惧。李含又劝流降，流将从之。雄与骧迭谏，不纳。流遣子世及含子胡质于阜军。胡兄离，闻父欲降，自梓潼驰还欲谏，不及。退与雄谋袭阜军，曰："若功成事济，约与君三年迭为主。"雄曰："今计可定，二翁不从，将若之何？"离曰："今当制之。若不可制，便行大事。翁虽是君叔，势不得已。老父在君，夫复何言？"雄大喜。乃攻尚军。尚保大城，雄渡江，害汶山太守陈图。（晋汶山郡，在今四川理番县境。）遂入郫城。（郫，秦县，今四川郫县北。）流移营据之。三蜀百姓，（左思《蜀都赋注》：汉高分蜀置广汉，汉武又分蜀置犍为，故曰三蜀。）并保险结坞，城邑皆空，流野无所略，士众饥困。

涪陵人范长生，率千余家依青城山。（在今四川灌县西南。）尚参军涪陵徐轝，求为汶山太守，欲要结长生等，与尚犄角讨流。尚不许。轝怨之，求使江西，遂降于流。说长生等，使资给流军粮，长生从之，故流军复振。流死，诸将共立雄为主。雄自称大将军、益州牧，都于郫城。罗尚遣将攻雄，雄击走之。

李骧攻犍为，断尚运道，尚军大馁，攻之又急，遂留牙门罗特固守，委城夜遁。特开门纳雄，遂克成都。于时雄军饥甚，乃率众就谷于郪，（汉县，在今四川三台县南。）掘野芋而食之。雄以范长生岩居穴处，求道养志，欲迎立为君而臣之。长生固辞。雄乃深自挹损，不敢称制，事无巨细，皆决于李国、李离兄弟。国等事雄弥谨。诸将固请雄即尊位。以永兴元年僭称成都王。范长生乘素舆诣成都。雄迎之于门，执版延坐，拜丞相，尊曰范贤。

长生劝雄称尊号。雄于是僭即帝位，国号蜀。

（《通鉴考异》曰：《晋帝纪》、《三十国晋春秋》皆云：永兴二年六月，雄即帝位。《华阳国志》：光熙元年，雄即帝位。《后魏书·序纪》及《李雄传》皆云昭帝十二年雄称帝，即光熙元年也。）

遣李国、李云等寇汉中。梁州刺史张殷奔长安，国等陷南郑，尽徙汉中之人于蜀。南夷校尉李毅固守不降，雄诱建宁夷使讨之，（建宁，蜀郡，在今云南曲靖县西。）毅病卒，城陷。杀壮士三千余人，送妇女千口于成都。

时李离据梓潼，其部将罗羡、张金苟等，杀离及阎式，以梓潼归罗尚。尚遣其将向奋屯安汉之宜福（安汉，汉县，今四川南充县。）以逼雄。雄攻奋，不克。李国镇巴西，其帐下文硕，又杀国，以巴西降尚。

雄乃引还。遣其将张宝袭梓潼，陷之。会罗尚卒，巴郡乱，李骧攻涪，又陷之，执梓潼太守谯登。乘胜讨文硕，害之。南得汉嘉，（汉青衣县，后汉改曰汉嘉，蜀置郡，晋并废，故治在今四川雅安县北。）涪陵，远人继至。雄于是下宽大之令，降附者皆假复除，益州遂定。遣李骧征越巂，太守李钊降。（越巂郡，晋治会无，今四川会理县。《明帝纪》：太宁元年，正月，李骧、任回寇台登，将军司马玖死之。越巂太守李钊，汉嘉太守王载以郡叛降于骧。任回，亦与特同移者。台登，汉县，在今四川冕宁县东。）进攻宁州，刺史王逊使其将姚岳悉众距战，骧军不利，引还。

（《王逊传》：转魏兴太守。惠帝末，西南夷叛，宁州刺史李毅卒，城中百余人奉毅女，固守经年。永嘉四年，治中毛孟诣京师求刺史，不见省。孟固陈，乃以逊为南夷校尉、宁州刺史。使于郡便之镇。逊与孟俱行。道遇寇贼，逾年乃至。外逼李雄，内有夷寇，吏士散没，城邑丘墟。逊披荒纠厉，收聚离散。诛豪右不奉法度者数十家。征伐诸夷，俘馘千计。于是莫不振服，威行宁土。先是越巂太守李钊，为李雄所执，自蜀逃归，逊复以钊为越巂太守。李雄遣李骧、任回攻钊。钊自南秦，与汉嘉太守王载共距之。战于温水，钊败绩。载遂以二郡附雄。后骧等又渡泸水寇宁州。逊使将军姚崇、爨琛距之，战于堂狼，大破骧等。崇追至泸水，落水死者千余人。崇以道远，不敢渡水。逊以崇不穷追也，怒，囚群帅，执崇鞭之。怒甚，发上冲冠，冠为之裂，夜中卒。州人立逊仲子坚，行州府事。诏除坚南夷校尉、宁州刺史。陶侃惧坚不能抗对蜀人，太宁末，表以零陵太守尹奉为宁州，征坚还京。《通鉴》：毅殁于光熙元年。其女名秀。钊即毅子，毅存时往省其父，永嘉元年，州人奉之。四年，王逊至州，以为朱提太守。魏兴，魏郡，今陕西安康县。南秦、晋县，今阙，当在四川旧叙州府境。堂狼，汉县，后汉省，在今云南会泽县境。零陵，汉郡，后汉治泉陵，今湖南零陵县北。朱提，汉县，后汉末置郡，在今四川宜宾县西南。）

后又使骧子寿攻陷巴东，太守杨谦退保建平。寿别遣费黑寇建平，巴东监军毌丘奥退保宜都。（蜀郡，治夷道，今湖北宜都县西北。《成帝纪》：咸和五年，十月，李寿寇巴东、建平，监军毌丘奥，太守杨谦退归宜都。）李寿攻朱提，又使任回攻木落，（未详。）分宁州之援。宁州刺史尹奉降，（《本纪》：咸和八年，李寿陷宁州，刺史尹奉及建宁太守霍彪并降之。）遂有南中之地。

巴氏之乱，原因有四：关西丧乱，不能绥抚，听其流移，一也。流人刚剽，蜀人软弱，主不制客，二也。一统未久，人有好乱之心，三也。兵力不足，指挥不一，四也。《载记》所书此事始末，殊不甚确。流人漂播，理宜有以食之，谓李苾请许其就食于蜀，由于受略，似近厚诬。（《载记》云：赵廞使苾与黄远同断北道，似附廞为逆者，然晋朝任之如故，则苾或力未能抗廞，而实未附之也。）

罗尚者，宪之兄子。宪为蜀汉巴东太守，蜀亡，吴乘机攻宪，宪大破其军，拒守经年，甚有威望。赵廞之叛，尚表曰："廞非雄才，计日听其败耳。"其于蜀中事势，似甚了然。尚与李氏，相持积年。梓潼、巴西，先后反正。李国、李离，权侔雄、荡，阎式则为李特谋主，不能制下，皆就诛夷。使尚不死，蜀事正未可知。《尚传》谓其性贪少断，蜀人言曰："尚之所爱，非邪则佞；尚之所憎，非忠则正。富拟鲁、卫，家成市里，贪如豺狼，无复极已。"又曰："蜀贼尚可，罗尚杀我，平西将军，反更为祸。"果如所言，罗羡、文硕，岂肯归之？

《李流载记》云：特之陷成都小城，使六郡流人，分口入城，壮勇者督领邨堡。流言于特曰："山薮未集，粮仗不多，宜录州郡大姓子弟，以为质任，送付广汉、綦之二营；收集猛锐，严为防卫。"又书与特司马上官惇，深陈纳降若待敌之义。《罗尚传》亦言：宗岱、孙阜兵盛，诸为寇所逼者，人有奋志，蜀人之非心服可知。特既死，流亦以饥困几败，然则范长生之充隐附逆，其于李氏，盖深有造焉。风谣之可造作久矣，谓特能绥抚，尚病贪残，岂其实哉？

尚与李苾、辛冉，刚柔缓急，庸有不同，然潜袭特营，史谓计出冉、苾，而尚仍遣兵助之，其无大异同可知。赵廞且不能容李庠，流人安可复抚？晋朝封拜特、流，乃姑息之政，冉寝朝命，所谓因事制宜。晋朝既以灭廞为特、流之功，官爵之矣，冉安得而攘之？流人不过佣力自活，其有宝货能行赂者，皆其铮铮佼佼者也，好乱乐祸，惑误众人，正在此辈，搜索安得不严？岂能诬为欲货？抑赵廞、李特，既已互相诛夷，李雄、李离，又欲弃其父叔；战甫胜而流即死，其为良死与否，深有可疑；而雄与国、离兄弟，相猜之迹尤显。然则流人酋长，本无大才，亦且不能和辑，平之实非甚难，特晋政不纲，并此而有所不能耳。古称战胜于朝廷，此则可谓战败于朝廷者也。

第七节　张氏据河西

凉州之地，距中原颇远，然与西域相交通，其地实颇富饶，而文明程度亦颇高；西南苞河湟，又为畜牧乐土；故两晋之世，始终有据以自立者。其首起者则张轨也。轨，安定乌氏人。（乌氏，汉县，在今甘肃平凉县西北。）仕为安西军司。轨以时方多难，阴图据河西，遂求为凉州。永宁初，出为护羌校尉、凉州刺史。于是鲜卑反叛，寇盗纵横。轨到官，即讨破之。永兴中，鲜卑若罗、拔能皆为寇。轨遣司马宋配击之，斩拔能，俘十余万口，威名大震。于是大城姑臧。（汉县，为武威郡治。）

永嘉初，东羌校尉韩稚，杀秦州刺史张辅，轨遣中督护氾瑗率众二万讨之。先遗稚以书，稚得书而降。轨后患风，口不能言，使子茂摄州事。酒泉太守张镇，（酒泉，汉郡，今甘肃酒泉县。）潜引秦州刺史贾龛以代轨，密使诣京师，请尚书侍郎曹祛为西平太守，为辅车之势。轨别驾麹晁，欲专威福，又遣使诣长安告南阳王模，称轨废疾，以请贾龛，龛将受之。其兄让之，龛乃止。

更以侍中爰瑜为凉州刺史。治中杨澹，驰诣长安，割耳盘上，诉轨被诬。模乃表停之。

晋昌张越，（晋昌，晋郡，在今甘肃安西县东。）凉州大族，从陇西内史迁梁州刺史。越志在凉州，遂托病归河西。遣兄镇及曹祛、麹佩移檄废轨，以军司杜耽摄州事，使耽弟越为刺史。轨以子寔为中督护，卒兵讨镇，镇诣寔归罪。南讨曹祛，走之。武威太守张琠遣子坦驰诣京，表请留轨。帝优诏劳轨，依模所表。命诛曹祛。轨命寔率尹员、宋配步骑三万讨祛，斩之。

于时天下既乱，所在使命，莫有至者。而轨遣使贡献，岁时不替。光禄傅祇、太常挚虞遗轨书，告京师饥匮，轨即遣参军杜勋献马五百匹，毯布三万匹。然轨之所以尽力王室者，止于如此，及遣偏师入援而已，不能如陈武帝倾国远出，躬事戡定也。

河间、成都二王之难，轨遣兵三千，东赴京师。王弥寇洛阳，轨遣北宫纯、张纂、马鲂、阴濬等率州军击破之，又败刘聪于河东。后王弥遂逼洛阳，轨又遣张斐、北宫纯、郭敷率精骑五千，来卫京都。（京都陷，斐等皆没于贼。）大府主簿马鲂言于轨曰："四海倾覆，乘舆未返。明公以全州之力、径造平阳，必当万里风披，有征无战。未审何惮，不为此举？"轨曰："是孤心也，"然不能用。盖其本图仅在割据也。

秦王入关，轨驰檄关中，言"宜简令辰，奉登皇位。今遣前锋督护宋配，步骑二万，径至长安，翼卫乘舆，折冲左右。西中郎寔，中军三万，武威太守张玙，胡骑二万，骆驿继发，仲秋中旬，会于临晋。"（秦县，今陕西大荔县。）而秦州刺史裴苞，东羌校尉贯与据险断使命，宋配讨之。西平王叔，与曹祛余党麹儒，劫前福禄令麹恪为主，（汉禄福县，后汉曰福禄，为酒泉郡治，即今酒泉县也。）执太守赵彝，东应裴苞。轨回师讨之，斩儒等。左督护阴预与苞战狭西，大破之。苞奔凶桑坞。（未详。）刘曜寇北地，轨又遣参军麹陶领三千人卫长安。

建兴二年，五月，轨卒。州人推寔摄父位。愍帝以为都督凉州诸军事，西中郎将、凉州刺史、领护羌校尉、西平公。

刘曜逼长安，寔遣王该率众援京城。帝嘉之，拜都督陕西诸军事。及帝将降于刘曜，下诏进寔凉州牧、侍中、司空、承制行事。（寔以天子蒙尘，冲让不拜。）使协赞琅邪王，而寔不许其叔父肃攻刘曜，致肃悲愤而卒。盖其志在割据，一如其父也。

寔遣大府司马韩璞等督步骑一万，东赴国难。命讨虏将军陈安，安故太守贾骞，（安故，汉县，晋省，张氏复置，并置郡，故城在今甘肃临洮县南。）陇西太守吴绍，各统郡兵，为璞等前驱。璞次南安，诸羌断路。相持百余日，粮竭矢尽。会张阆率金城军继至，乃夹击败之。

焦崧、陈安逼上邽，南阳王保遣使告急。寔使金城太守窦涛率步骑二万赴之。时保谋称尊号。破羌都尉张说言于寔曰："南阳王忘大耻而欲自尊，终非济时救难者也，不如推崇晋王。"从之。然元帝即位，寔犹称建兴年号。南阳王保欲奔寔，寔遣将声言翼卫，而实御之，盖既专制一方，亦不欲人之上之矣。

京兆人刘弘，挟左道，客居天梯山，（在姑臧南。）受道者千余人，寔左右皆事之。帐下阎沙，牙门赵仰，皆弘乡人。密与寔左右十余人谋杀寔，奉弘为主。寔潜知其谋，收弘杀之。沙等不知，以其夜害寔。（此据《晋书·寔传》。《通鉴考异》曰：阎沙、赵仰，《晋春秋》作阎涉、赵印。又寔既死，所遣收刘弘者史初乃輠弘。案《载记》言寔收弘杀之，犹言寔遣人收弘，杀之二字，乃终言其事，不必弘之见杀，在寔见害前也。）时大兴三年六月也。子骏年幼，州人推寔弟茂摄事。诛阎沙及党与数百人。

第八节　鲜卑之兴

　　五胡种落，鲜卑为大，盖匈奴自降汉后，聚居并州；乌丸附塞久，亦不复乡北开拓；朔垂万里，遂悉为鲜卑所据也。晋世鲜卑之大者：曰慕容氏，曰段氏，曰宇文氏，曰拓跋氏，曰秃发氏，曰乞伏氏。秃发、乞伏二氏，仅割据一隅，无关大局。慕容、段、拓跋三氏，与北方大局，关系较深；而宇文氏与慕容氏地近，相龃龉最烈，宇文氏之败，则慕容氏之所由兴也。今先述此四氏缘起如下：

　　《晋书·载记》曰：慕容廆，昌黎棘城鲜卑人也。（胡三省曰：棘城，在昌黎县界。）曾祖莫护跋，魏初，率其诸部，居辽西，从宣帝伐公孙氏有功，拜率义王，始建国于棘城之北。时燕、代多冠步摇冠，莫护跋见而好之，乃敛发袭冠，诸部因呼之为步摇，其后音讹，遂为慕容焉。案此说似近附会。胡三省谓《魏书》：汉桓帝时，檀石槐分其地为三部，中部大人曰柯最阙，居慕容寺为大帅，（案《三国·魏志·鲜卑传注》引之。）是则慕容氏之始，

（《通鉴》卷八十一晋武帝太康二年《注》。）说当近之。慕容寺盖亦地以部族名者也。祖木延，左贤王。父涉归，以全柳城之功，（柳城，汉县，后汉省，在今辽宁兴城县西南。）进拜鲜卑单于，迁邑于辽东北。（辽东，秦郡，晋为国，治襄平，今辽宁辽阳县。）涉归死，弟耐篡位，（耐，《通鉴》依范亨《燕书》作删。系此事于太康四年。《考异》以太康二年十月寇昌黎为涉归之事。）将谋杀廆，廆亡潜以避祸。后国人杀耐，迎廆立之。（《通鉴》系太康五年。）

《北史》称宇文莫槐为匈奴。云出辽东塞外，其先南单于之远属也。世为东部大人。其语与鲜卑颇异，人皆翦发，而留其顶上，以为首饰。案宇文氏为周之先。《周书·文帝纪》云：其先出自炎帝。神农氏为黄帝所灭，子孙遁居朔野。有葛乌菟者，雄武多算略，鲜卑慕之，奉以为主，遂总十二部落，世为大人。其后曰普回，因狩得玉玺，三纽，有文曰皇帝玺。普回心异之，以为天授。其俗谓天曰宇，谓君曰文，因号宇文国，并以为氏焉。普回子莫那，自阴山南徙，始居辽西。一曰匈奴，一曰鲜卑者？悦般为匈奴后，《北史》谓其翦发齐眉，以餰餬涂之，实与宇文氏翦发而留其顶上同俗，足征其出于匈奴。语言颇异鲜卑，尤为铁证。然东方本鲜卑之地，盖南单于远属，君临鲜卑者，故云鲜卑奉以为主也。《周书》云：普回九世至侯豆归，为慕容晃所灭，据《北史》，自莫槐至逸豆归凡七君，则即以莫槐承莫那。然普回、莫那，恐均子虚、亡是之流也。莫槐虐用其人，为部下所杀。更立其弟普拨为大人。普拨死，子丘不勤立。娶拓跋郁律女。丘不勤死，子莫廆立。（《北史》云：本名犯魏道武讳。《晋书·慕容廆载记》作莫圭。）始与慕容氏搆兵。

《北史》云：徒河段就六眷，（徒河，汉县，在今辽宁锦县西北。）出于辽西。其伯祖曰陆眷，因乱，被卖为渔阳乌丸子大（乌丸之大人。）库辱官家奴。其后渔阳大饥，（渔阳，秦郡，魏废之，晋复置，在今河北密云县西南。）库辱官以曰陆眷为健，使将人诣辽西逐食，招诱亡叛，遂至强盛。曰陆眷死，弟乞珍代立。乞珍死，子务目尘代立，即就六眷父也。据辽西之地而臣于晋。其所统三万余家，控弦上马四五万骑。

慕容涉归有憾于宇文，廆将修先君之怨，表请讨之。晋武帝弗许。廆怒，入寇辽西，杀略甚众。帝遣幽州诸军讨廆。战于肥如，（汉县，今河北卢龙县北。）廆众大败。自后复掠昌黎，每岁不绝。又率众伐夫余。夫余王依虑自杀。廆遂夷其国城，驱万余人而归。东夷校尉何龛，遣督护贾沈，迎立依虑之子。廆遣其将孙丁率骑邀之。沈力战，斩丁，遂复夫余之国。廆谋于其众，遣使来降。帝嘉之，拜为鲜卑都督。宇文、段部为寇略，廆卑辞厚币以抚之。太康十年，廆又迁于徒河之青山。元康四年，移居大棘城。大安初，宇文莫圭遣弟屈云寇边城。云别帅大素延，（《通鉴考异》曰:《燕书纪传》皆谓之素怒延，然则怒延是其名也。）攻掠诸郡，廆亲击，败之。素延怒，率众十万围棘城。廆出击之，素延大败。永嘉初，廆自称鲜卑大单于。辽东太守庞本，以私憾

127 —

杀东夷校尉李臻。附塞鲜卑素连、木津托为臻报仇，攻陷诸县，杀掠士庶。廆讨连、津，斩之。二部悉降。徙之棘城。立辽东郡而归。建兴中，愍帝遣使拜廆昌黎、辽东二国公。

拓跋氏之初，盖亦匈奴败亡后北方鲜卑之南徙者。其后得志，造作先世事实以欺人，史事之真为所蔽者久矣，然即其所造作之语而深思之，其中真迹，固犹可微窥也。

《魏书·序纪》云：昔黄帝有子二十五人，或内列诸华，或外分荒服。昌意少子，受封北土，国有大鲜卑山，因以为号。其后世为君长，统幽都之北，广漠之野。畜牧迁徙射猎为业，淳朴为俗，简易为化。不为文字，刻木结绳而已。世事远近，人相传授，如史官之纪录焉。黄帝以土德王，北俗谓土为托，谓后为跋，故以为氏。其裔始均，入仕尧世，逐女魃于弱水之北，民赖其勋，帝舜嘉之，命为田祖，爰历三代，以及秦、汉，獯鬻、猃允、山戎、匈奴之属，累代残暴，作害中州，而始均之裔，不交南夏，是以载籍无闻焉。

积六十七世，至成皇帝毛。聪明武略，远近所推。统国三十六，大姓九十九，威振北方，莫不率服。崩，节皇帝贷立。崩，庄皇帝观立。崩，明皇帝楼立。崩，安皇帝越立。崩，宣皇帝推寅立。南迁大泽，方千余里，厥土昏冥沮洳，谋更南徙，未行而崩。景皇帝利立。崩，元皇帝俟立。崩，和皇帝肆立。崩，定皇帝机立。崩，僖皇帝盖立。崩，威皇帝侩立。崩，献皇帝隣立。时有神人，言于国曰："此土荒遐，未足以建都邑，宜复徙居。"帝时衰老，乃以位授子圣武皇帝诘汾，命南移。山谷高深，九难八阻。于是欲止。有神兽，其形如马，其声类牛，先行导引，历年乃出，始居匈奴故地。

其迁徙策略，多出宣、献二帝，故人并号曰推寅，盖俗云钻研之义。

初圣武帝尝率数万骑，田于山泽。欻见辎軿，自天而下。既至，见美妇人，侍卫甚盛。帝异而问之。对曰："我天女也，受命相偶。"遂同寝宿。且请还，曰："明年周时，复会此处。"言终而别，去如风雨。及期，帝至先所田处，果复相见。天女以所生男授帝曰："此君之子也。善养视之，子孙相承，当世为帝王。"语讫而去，即始祖也。

故时人谚曰："诘汾皇帝无妇家，力微皇帝无舅家。"案云统国三十六者，四面各九国也。云大姓九十九者，与己为百姓也。自受封至成帝六十七世，又五世至宣帝，又七世至献帝，再传而至神元，凡八十一世，九九之积也。自成帝至神元十五世，三与五之积也。九者，数之究也。三与五，盖取三才、五行之义，比拟于三皇、五帝。无文字而能悉记历代之名；而世数及所统国数，无一非三、五、九之积；有是理乎？成帝讳毛，毛无也；诘汾皇帝无妇家，力微皇帝无舅家，造作者盖已微以其情示后人矣。

《卫操传》云：桓帝崩后，操为立碑以颂功德，云魏为轩辕苗裔。按操等皆乃心华夏，其于拓跋氏，特欲借其力以㧖匈奴耳，何事为之造作虚辞，以诬后世？况拓跋氏当此时，亦未必敢以帝王自居也。道武定国号诏曰："昔朕远祖，总御幽都，控制遐国，虽践王位，未定九州，"此盖其造作之始。其自托于轩辕者，以从土德；所以从土德者，则以不欲替赵、秦、燕而承晋故也，说更详后。抑此实有跻诸胡以并华夏之意，或已出于后来。其初自视微而仰望汉族更深，或且欲桃曹魏而承汉，如汉人之以秦为闰位者，故神元元年，实与魏之建国同岁也。《记》曰："人藏其心，不可测度也，"况于故为矫诬者乎？然其为矫诬，终不可以掩天下后世之目也。

《晋书·秃发乌孤载记》云：其先与后魏同出。八世祖匹孤，率其部自塞北迁于河西。《魏书·源贺传》：（贺秃发傉檀子，傉檀亡奔魏。）世祖谓贺曰："卿与朕源同，因事分姓，今可为源氏，"足征《晋书》之说不诬。乌孤五世祖树机能在晋初，以三十年为一世计之，匹孤当在后汉中叶，正北匈奴败亡，鲜卑徙居其地时也。

《乌洛侯传》云：真君四年来朝。（《本纪》事在三月。）称其国西北，有国家先帝旧墟。石室南北九十步，东西四十步，高七十尺。室有神灵，民多祈请。世祖遣中书侍郎李敞告祭焉，刊祝文于室之壁而还。（此盖天然石窟，《礼志》亦载此事，而云凿石为庙，则诬矣。）乌洛侯在地豆干之北。其国西北有完水，东北流合于难水。其地大小水，皆注于难，东入于海。又西北二十日行，有于己尼大水，所谓北海也。难水今嫩江，完水今额尔古讷河，北海即贝加尔湖，于己尼盖入湖之巨川。魏人编发，故称索虏；而乌洛侯绳发；地豆干在失韦西千余里，失韦丈夫索发；可见自失韦以西北，其俗皆同。(《晋书·慕容廆载记》：宇文乞得龟击廆，廆遣子皝距之，以裴嶷为右部都督，率索头为右翼。此非即拓跋氏，盖亦此等民族南出者也。故知当时，此等民族南迁者颇多。)

魏人曾居黑龙江、贝加尔湖之间，必不诬也。此盖推寅以后所处。自此南迁，故有山岳高深，九难八阻之说也。今西伯利亚之地：自北纬六十五度以北，地理学家称为冻土带，自此南至五十五度曰森林带；又南曰旷野带；极南曰山岳带；逾山则至漠北矣。冻土带极寒，人不能堪之处甚多。森林带多蚊虻，旷野带卑湿多疫疠，亦非乐土。魏之先，盖自冻土带入旷野带，又越山岳带而至漠北者邪？

《宋书·索虏传》云：其先，汉将李陵后也。陵降匈奴，有数百千种，各立名目，索虏亦其一也。《齐书·魏虏传》云：匈奴种也。匈奴女名托跋，妻李陵。胡俗以母名为姓，故虏为李陵之后。虏甚讳之，有言其是陵后者辄见杀。胡俗以母名为姓，说无征验。若援前赵改姓刘氏为征，则入中国已久，非其故俗矣，况亦母姓而非其名也。匈奴与鲜卑相溷，事确有之。《魏书·官氏志》有须卜氏、林氏其证。然不得云拓跋氏为匈奴种也。然有云其是陵后者辄见杀，何以言之者如是其多？汉人岂欲以此诬鲜卑哉？抑当时以华夏为贵种，称拓跋氏为陵后，是褒之，非抑之也，汉人岂乐为此？如其为之，正当为鲜卑所乐闻，而又何以见杀？案《隋书·李穆传》云：自云陇西成纪人，（成纪，汉县，今甘肃秦安县北。）汉骑都尉陵之后也。陵没匈奴，子孙代居北狄，其后随魏南迁，复归汧、陇。祖斌，以都督镇高平，因家焉。此其出于依托，自不待言。魏之初，盖亦以攀附华夏为荣，又未敢依附中原华胄，曾自托于陵后，后则以与其所造轩辕之后之说不符，而说既流行，众口相传，势难遽戢，则又一怒而欲以杀僇止之也。亦可谓暴矣。

《魏书·序纪》云：始祖神元皇帝力微元年，岁在庚子。（魏文帝黄初元年。）先是西部内侵，国民离散，依于没鹿回部大人窦宾。后与宾攻西部，军败，失马步走。始祖使人以所乘骏马给之。宾归，令其部内求与马之人，当加重赏。始祖隐而不言。久之，宾乃知，大惊，将分国之半，以奉始祖。始祖不受，乃进其爱女。宾犹思报恩，固问所欲。始祖请率所部，北居长川。（在今察哈尔兴和县境。）宾乃敬从。积十数岁，德化大洽。诸旧部民，咸来归附。二十九年，（魏齐王芳正始九年。）宾临终，戒其二子，使谨奉始祖。其子不从，乃阴谋为逆。始祖召杀之，尽并其众。诸部大人悉皆款服。

（《神元皇后传》云：宾临终，戒其二子速侯、回题，令善事帝。及宾卒，速侯等欲因帝会丧为变。语颇漏泄，帝乃先图之。伏勇士于宫中。晨起，以佩刀杀后。驰使告速侯等，言后暴崩。速侯等惊走来赴，因执而杀之。案神元之狡且忍如此，其以忧死，非不幸矣。）

三十九年，（魏高贵乡公甘露元年。）迁于定襄之盛乐。（定襄，汉郡，治成乐，后汉移治善无。成乐，后汉曰盛乐，在今和林格尔境。善无，在右玉县南。）夏，四月，祭天。诸部君长，皆来助祭。惟白部大人观望不至，于是征而戮之。远近肃然，莫不震慑。与魏和亲。四十二年，遣子文帝如魏，且观风土。魏景元二年也。文皇帝讳沙漠汗，以国太子留洛阳。魏、晋禅代，和好仍密。始祖春秋已迈，帝以父老求归，晋武帝具礼护送。四十八年，（泰始三年。）至自晋。

五十六年，帝复如晋。其年冬，还国。行达并州，晋征北大将军卫瓘，以帝为人雄异，恐为后患，乃密启晋帝，请留不遣。晋帝难于失信，不许。瓘复请以金锦赂国之大人，令致闲隙，使相危害。晋帝从之，遂留帝。于是国之执事及外部大人，皆受瓘货。五十八年，方遣帝。始祖闻帝归，大悦。使诸部大人诣阴馆迎之。（阴馆，汉县，在今山西代县西北。）

酒酣，帝仰视飞鸟，谓诸大人曰："我为汝曹取之。"援弹飞丸，应弦而落。时国俗无弹，众咸大惊。乃相谓曰："太子风采被服，同于南夏；兼奇术绝世；若继国统，变易旧俗，吾等必不得志。不若在国诸子，习本淳朴。"咸以为然；且离间素行；乃谋危害，并先驰还。始祖问曰："我子既历他国，进德何如？"皆对曰："太子才艺非常，引空弓而落飞鸟，是似得晋人异法怪术，乱国害民之兆，惟愿察之。"

自帝在晋之后，诸子爱宠日进，始祖年逾期颐，颇有所惑。

闻诸大人之语，意有所疑，因曰："不可容者，便当除之。"诸大人乃驰诣塞南，矫害帝。既而始祖甚悔之。其年，始祖不豫。乌丸王库贤，亲近任势。先受卫瓘之货，故欲沮动诸部。因在庭中砺锧斧。诸大人问欲何为？答曰："上恨汝曹谗杀太子，今欲尽收诸大人长子杀之。"大人皆信，各各散走。始祖寻崩。

案神元五十六年，为晋武帝咸宁元年，《纪》于是年六月，书鲜卑力微遣子来献，《魏书》谓是年文帝如晋，盖依附此文。至魏世与力微言和，其子入侍于洛，则史无可征。《三国·魏志·鲜卑传》：东部大人，有素利弥加厥机，建安中，因阎柔上贡献通市，太祖表宠以为王。厥机死，又立其子沙末汗为亲汉王。名虽相似，而事迹与年代皆不合，不知为两人名同欤？抑力微实即厥机部落，造魏史者不敢明言，乃姑留此间隙，以待后人之寻索也？卫瓘之督幽州，纪在泰始七年八月，《本纪》于咸宁三年正月，书使瓘讨力微，则即《魏书》神元崩之岁也。观《魏书》所载事迹，而知《瓘传》谓瓘用离间之策而力微以忧死之说不诬矣。

《魏书·序纪》又云始祖崩，章皇帝悉鹿立，始祖之子也。诸部离叛，国内纷扰，飨国九年而崩。（咸宁四年至太康七年。）平皇帝绰立，章帝之少弟也。雄武有智略，威德复举。飨国七年而崩。（太康八年至惠帝元康三年。）思皇帝弗立，文帝之少子也。飨国一年而崩。（元康四年。）

昭皇帝禄官立，始祖之子也。分国为三部：帝自以一部居东，在上谷北，濡源之西，（上谷，汉郡，治沮阳，在今察哈尔怀来县东南。濡水，今滦河。）东接宇文部。以文帝之长子桓帝猗㐌统一部，居代郡之参合陂北。（在今山西大同县东南。或云：在阳高县东北。）以桓帝之弟穆帝猗卢统一部，居定襄之盛乐故城。

自始祖以来，与晋和好。是岁，（元康五年。）穆帝始出并州，迁杂胡北徙云中、五原、朔方。

（盖始叛晋，略其边民也。云中，秦郡，即今之托克托城。五原，汉郡，今绥远五原县。朔方，汉郡，故城在今绥远临河县境。《晋书·地理志》云：后汉灵帝末，羌、胡大扰，定襄、云中、五原、朔方、上郡等五郡，并流徙分散。建安十八年，省并州入冀州。魏黄初元年，复置并州。自陉岭以北弃之。至晋，因而不改。故此三郡，在当时皆为戎狄之地，其后刘琨弃陉北，仅徙马邑、阴馆、楼烦、繁畤、崞五县之民而已。马邑，汉县，今山西朔县。楼烦，汉县，在雁门关北。晋徙今崞县东。繁畤，崞，皆汉县，皆在今浑源县西。）

又西渡河，击匈奴、乌桓诸部。自杏城以北八十里迄长城原，夹道立碣，与晋分界。（杏城，在今陕西中部县西北。二年，元康六年。）

葬文帝及皇后封氏。初思帝欲改葬，未果而崩，至是述成前意焉。远近来赴者，二十万人。《皇后传》云：文帝皇后封氏，生桓、穆二帝，早崩，昭帝立，乃葬焉。高宗初，穿天渊池，获一石铭，称桓帝葬母封氏，远近赴会二十余万人。有司以闻，命藏之大庙。《魏书》之所依据，盖即高宗初所造作也。然自力微末年扰乱，至此复获小安，则可想像而得矣。三年，（元康七年，）桓帝度漠北巡，因西略诸国，积五年乃还。拓跋氏之形势，至此盖稍张，晋与匈奴相争，遂思藉其众以为用。

第九节　荆扬丧乱

　　读史者多以武帝不能徙戎，及去州郡兵备，为晋室致乱之原，其实亦不尽然。五胡杂处，特晋初隐患之一端，而非谓其时所忧，遂止于此。至于除去兵备，则正为弭乱之方。

　　自初平以至太康，为时将近百载，人习于分崩离析者既久，资之以兵，适使其恣睢自擅耳。当吴、蜀荡平之时，为长治久安之计，所忧者自不在草野之窃发，而在牧守之专擅也。晋初急务，在得良吏以抚安海内，使久罹兵革之苦者，欣然有乐生之心；而又有信臣精卒，据要害之处，示天下以形势，以潜消其反侧之念；不在凡州郡皆有兵也。凡州郡皆有兵，必不能皆精，亦不能皆得信臣以将之，难免弭乱则不足，召乱则有余矣。诚能如是，历数十年，则海宇晏安，而五胡之乱，亦可徐图消弥。不然，纵使徙戎之计获行，能否安然卒事，不至中途生变，尚未可知；即谓能之，而内乱既兴，群思借外力以自助，既徙者安保不引之复来？

　　自汉以降，中国所畏忌者，莫如匈奴。晋初虽遭丧乱，而刘渊见羁，卒未肯释，即其明证。然逮东海兵起，成都即卒因欲得五部之援而纵之矣。故知内乱之与五胡，其为当时隐患，正亦未易轩轻也。

（北方惟刘渊崛起，颇有匈奴人思自立之意，然其所用者仍多中国人；石勒则一中国之盗贼耳；王弥等更不待论矣；故五胡之乱，虽似外患，实亦与内乱相杂也。）

当晋初，吴、蜀皆平定未久，自难尽消其反侧之心，而吴之情形，又与蜀异。蜀地险而富乐，自古少外患，故其民弱，而为秦、雍之流民所乘。吴则当春秋、战国时，其人即轻死好斗，历两汉之世，此风未改。故自吴平之后，其民之叛晋者迄不绝。据《晋书·帝纪》所载：武帝太康二年，九月，有吴故将莞恭、帛奉举兵反，攻害建业令，遂围扬州。（晋初扬州治寿春，太康初移治建业。）八年，十月，有南康平固县吏李丰反。（南康，晋郡，治雩都，在今江西雩都县东北。后徙治赣，在今江西赣县西南。平固，吴县，在今江西赣、兴国两县间。）十一月，有海安令萧辅聚众反。（海安，晋县，当在广东旧肇庆府境。）十二月，又有吴兴人蒋迪聚党反。（后汉汉兴县，吴改称吴兴，今浙江吴兴县。）至元帝大兴元年，尚有孙皓子璠，以谋反伏诛。

《五行志》云：武帝平吴后，江南童谣曰："局缩肉，数横目，中国当败吴当复。"又曰："宫门柱，且当朽，吴当复，在三十年后。"又曰："鸡鸣不拊翼，吴复不用力。"于时吴人皆谓在孙氏子孙，故窃发为乱者相继。可见为《纪》所不书者尚多矣。

《刘颂传》：颂除淮南相，在郡上疏曰："封幼稚皇子于吴、蜀，臣之愚虑，谓未尽善。自吴平以来，东南六州将士，更守江表，此时之至患也。内兵外守，吴人有不自信之心，宜得壮王以镇抚之，使内外各安其旧。又孙氏为国，文武众职，数拟天朝，一旦堙替，同于编户，灾困逼身，自谓失地，用怀不靖。今得长王以临其国，随才授任，文武并叙，士卒百役，不出其乡；求富贵者，取之国内。内兵得散，新邦乂安，两获其所，于事为宜。"

《华谭传》：太康中，刺史嵇绍举谭秀才。武帝策之曰："吴、蜀恃险，今既荡平，蜀人服化，无携二之心，而吴人趑睢，屡作妖寇。岂蜀人敦朴，易可化诱，吴人轻锐，难安易动乎？"谭对曰："吴阻长江，旧俗轻悍。所安之计，当先畴其人士，使云翔阊阖。进其贤才，待以异礼。明选牧伯，致以威风，轻其赋敛"云云。皆可见当时江表之臬兀，而晋之所以镇抚之者，不免掉以轻心也。

荆楚之风气，不如吴会之劲悍，然其地累经丧乱，故亦易动而难安，而张昌遂为乱首焉。昌，义阳蛮。李流之寇蜀也，昌聚党数千人，诈言台遣其募人讨流。会壬午诏书，发武勇以赴益土，号曰壬午兵。自天下多难，数术者云："当有帝王，兴于江左。"及此调发，人咸不乐西征。昌党因之，诳惑百姓，各不肯去，而诏书催遣严速，遂屯聚为劫掠。

时江夏大稔，流人就食者数千口。大安二年，昌于安陆县石岩山屯聚。（安陆，汉县，今湖北安陆县北。）诸流人及避戍役者，多往从之。昌乃变姓名为李辰。据有江夏。造妖言云："当有圣人出。"山都县吏丘沈，（山都，秦县。在今湖北襄阳县西北。）遇于江夏，昌名之为圣人，立为天子，易姓名为刘尼，称汉后。以昌为相国。

又流言云："江、淮已南，当图反逆，官军大起，悉诛讨之。"群小互相扇动，人情皇惧，江、沔间一时焱起，旬月之间，众至十三万。时豫州刺史刘乔，据汝南以御贼。前将军赵骧，助平南将军羊伊守宛。新野王歆督荆州。昌遣其将黄林向豫州，乔遣将击破之。林东攻弋阳，（汉国，魏为郡，今河南潢川县。）亦不克。而马武破武昌，（吴郡，今湖北鄂城县。）害太守。昌西攻宛，破赵骧，害羊伊。进攻襄阳，害新野王歆。别率石冰破江、扬。临淮人封云举兵应之，（临淮，汉郡，后汉废，晋复置，后改为盱眙，今安徽盱眙县。）自阜陵寇徐州。（阜陵，汉县，晋废，在今安徽全椒县东。）昌又遣将攻长沙、湘东、零陵诸郡。（此据本传。《本纪》云：陷武陵、零陵、豫章、长沙。长沙，秦郡，今湖南长沙县。湘东，吴郡。治酃，在今湖南衡阳县东。晋移治临丞，即今衡阳县也。豫章，汉郡，今江西南昌县。）

昌虽跨带五州，而树立牧守，皆盗桀小人，但以劫掠为务，人情渐离。朝以刘弘督荆州。初进，败于方城。（山名，在今河南叶县南。）弘遣司马陶侃等进据襄阳，遂讨昌于竟陵。（晋郡，今湖北钟祥县。）刘乔又遣兵向江夏。侃等与昌苦战，破之，纳降万计，昌窜于下隽山。（谓下隽县山中。下隽，汉县，在今湖南沅陵县东北。）明年秋，乃擒斩之。

张昌虽速亡，而乱势遂蔓衍于下流。陈敏者，庐江人。（庐江，晋郡，今安徽霍邱县西。）少有干能。以部廉吏补尚书仓部令史。及赵王伦篡逆，三王起义，兵久屯不散，京师仓廪空虚，敏建议漕南方谷以济中州，朝廷从之，以敏为合肥度支。（合肥，汉县，今安徽合肥县。）迁广陵内史。（广陵，汉国，后汉为郡，治江都，今江苏江都县。晋初移治淮阴，今江苏淮阴县。）

大安二年，十一月，扬州秀才周玘，（处子。）潜结前南平内史王矩，（吴南郡，晋改曰南平，治作唐，在今湖南安乡县北，后移治江安，在今湖北公安县东北。）共推吴兴太守顾秘都督扬州四郡军事，以讨石冰。冰退，自临淮趋寿阳。都督刘准忧惧，计无所出。敏谓准："请合率运兵，公分配众力，破之必矣。"准乃益敏兵击之。敏以少击众，每战皆克。与玘攻冰于建业。冰北走，投封云。敏回讨云。云将张统斩云、冰降。时永兴元年三月也。

会稽贺循，（会稽，秦郡，治吴，后汉移治山阴。吴，今江苏吴县。）亦合众应玘等。移檄冰大将杭宠。宠遁走，所置会稽相、山阴令皆降，一郡悉平。敏以功为广陵相。时惠帝幸长安，四方交争，敏遂有割据江东之志。父亡去职。东海王越当西迎大驾，承制起敏为右将军，假节，前锋都督。越讨刘乔，敏引兵会之，与越俱败于萧。

敏因中国大乱，遂请东归。收兵据历阳。（秦县，晋置郡，今安徽和县。）丹阳甘卓，（丹阳，秦县，今安徽当涂县东。）亦

弃官东归，与敏遇于历阳，共图纵横之计。假称皇太弟命，拜敏
为扬州刺史。敏为息取卓女，并假江东首望顾荣等四十人为将
军、郡守。（荣，吴人，吴丞相雍之孙。）是时州内豪桀，咸见维
絷，惟贺循（齐曾孙，邵子。）与吴郡朱诞，不与其事。扬州刺
史刘机，丹阳太守王旷等，皆弃官奔走。敏弟昶，将精兵数万据
乌江。（在今安徽和县东北，晋于此置乌江县。）恢率钱端等南寇
江州，（时治豫章。）刺史应邈奔走。斌东略诸郡。遂据有吴、越
之地。（永兴二年十二月。）

敏命寮佐以己为都督江东军事，大司马，楚公，封十郡，加
九锡。列上尚书：称"自江入河，奉迎銮驾。"敏分置子弟为列
郡，收礼豪桀，有孙氏鼎峙之计，而刑政无章，不为英俊所服；
且子弟凶暴，所在为患。周玘、顾荣之徒，常惧祸败。

东海王军谘祭酒华谭，（广陵人。）又遗荣等书。玘、荣乃遣
使密报刘准："遣兵临江，己为内应。"准遣刘机等出历阳，敏使
弟昶及将军吴广次乌江以距之。又遣弟闳戍牛渚。（山名，即采
石，以临江，亦称采石矶，在今安徽当涂县西北。）广，玘乡人
也，（广，吴兴人，家在长城。长城，晋县，在今浙江长兴县东。）
玘潜使图昶。广遣其属白事，昶倾头视书，挥刀斩之。

敏遣甘卓出横江，（在和县东南，与牛渚相对。）坚甲利器，
尽以委之。玘、荣又说卓，卓遂背敏。敏与卓战，未获济，顾荣
以白羽扇麾之，众溃。敏单骑东奔，至江乘，（秦县，吴省，晋
复置，在今江苏句容县北。）为义兵所获，斩于建业。时永嘉元

年三月也。会稽诸郡，并杀敏诸弟无遗焉。

恢据武昌，自称荆州刺史，（见《朱伺传》。）刘弘使陶侃等讨平之。王敦之叛也，或说甘卓："且伪许敦，待其至都而讨之。"卓曰："昔陈敏之乱，吾亦先从后图，而论者谓惧逼而谋，虽情本不尔，而事实有似，心恒愧之，今若复尔，谁能明我？"此非诚语，惧逼反噬，乃其实情。且非独卓，顾荣、周玘等，恐无不如是也。亦可见是时吴人之心矣。

陈敏之叛也，吴兴人钱璯，亦起义兵。东海王越命为建武将军，使率其属会于京都。璯至广陵，闻刘聪逼洛阳，畏懦不敢进。元帝时镇江左，促以军期。璯乃谋反。永嘉四年，二月，劫孙皓子充，立为吴王。既而杀之，寇阳羡。（汉县，在今江苏宜兴县南。）元帝遣将军郭逸、都尉朱典等讨之，并以兵少未敢前。三月，周玘率合乡里义众，与逸等俱进，斩之。

刘弘以光熙元年卒。明年，为怀帝永嘉元年，三月，以高密王简督荆州，镇襄阳。（此据《本纪》。本传名略，字元简，谥孝，文献王子，而东海王越之弟也。）三年，三月，薨。以尚书左仆射山简督荆、湘、交、广，寻又加督宁、益。简优游卒岁，惟酒是耽。先是王衍说东海王越：谓"中国已乱，当赖方伯。"乃以弟澄为荆州，族弟敦为青州。谓澄、敦曰："荆州有江、汉之固，青州有负海之险，卿二人在外，而吾留此，足以为三窟矣。"澄既至镇，日夜纵酒，虽寇戎急务，亦不以在怀。

及四年九月，而王如反于宛。如，新丰人。初为州武吏，遇乱，流移至宛。时诸流人有诏并遣还乡里，如以关中荒残，不愿归，简与南中郎将杜蕤各遣兵送之，而促期令发，如遂潜结诸无赖少年，夜袭二军，破之。自号大将军、司、雍二州牧。大掠汉、沔。南安庞寔，（此据《如传》。《本纪》作新平。）冯翊严嶷，长安侯脱，各率其党攻诸城镇，多杀令长以应之。

时京师危逼，简、澄、蕤并遣兵入援，及如战于宛，皆大败。澄独以众进。前锋至宜城，（汉县，今湖北宜城县南。）遣使诣简，为严嶷所获。嶷伪使人从襄阳来，言"城破，已获山简矣"。阴缓澄使令亡。澄以为信然，散众而还。简为嶷所逼，迁于夏口。（今汉口。）如又破襄城。时石勒济河，如遣众一万屯襄城以距勒。勒击败之，尽俘其众。至南阳，屯于宛北山。如惧勒攻己，使犒师，结为兄弟。勒纳之。侯脱据宛，与如不协，如说勒攻脱。旬有二日而克。

严嶷救脱无及，遂降于勒。勒斩脱；囚嶷，送于平阳；尽并其众。南寇襄阳，攻陷江西壁垒三十余所。率精骑三万还攻如。惮如之盛，复趋襄城。如遣弟璃犒师，实欲袭勒。勒迎击，灭之。复屯江西。旋北上。如军中大饥，其党互相攻击，官军进讨，各相率来降。如计无所出，归于王敦。（如降无年月，《通鉴》以其余党入汉中在建兴元年，乃系之永嘉六年。）后为敦所杀。如余党李运、杨武等，自襄阳将三千余家入汉中。

初，陈敏作乱，朝廷以张光为顺阳太守，（顺阳，晋郡，在今河南光化县北，后移淅川县东南。）率步骑五千诣荆州讨之，有功，迁梁州刺史。先是秦州人邓定等二千余家饥饿，流入汉中，保于城固。（汉成固县，今陕西城固县西北。）渐为抄盗。梁州刺史张殷，遣巴西太守张燕讨之。定窘急，伪降。并馈燕金银。燕喜，为之缓师。定密结李雄，雄遣众救定，燕退。定逼汉中。

太守杜正冲东奔魏兴。殷亦弃官而遁。光止于魏兴，结诸郡守，共谋进取。燕唱言不可。光怒，斩燕。却镇汉中。及运、武至，光遣参军晋邈距之。邈受运重赂，劝光纳运。光从邈言，使居城固。既而邈以运多珍货，又欲夺之，言于光曰："运之徒属，不事佃农，但营器杖，意在难测，可掩而取之。"光又信焉。遣邈讨运，不克。

光乞师于氐王杨茂搜，茂搜遣子难敌助之。难敌求货于光，光不与。杨武乃厚赂难敌，谓之曰："流人宝物，悉在光处，今伐我，不如伐光。"难敌大喜，声言助光，内与运同。光弗之知也，遣息援助邈。运与难敌夹攻邈等，援为流矢所中，死。贼遂大盛。光婴城固守，愤激成疾卒。建兴元年，十一月，武陷梁州。明年，二月，大略汉中，奔于李雄。

张昌妖妄，王如粗才，皆不足道，杜弢则非其伦矣。其叛既非本心，且其材颇可用，而为诸将贪功者所间隔，卒陷于叛逆以死，弢一身不足惜，然恢复之所以难成，所用不过二等人物，亦为其一大因，此则非细故也。

弢，成都人，以才学著称，州举秀才。遭李庠之乱，避地南平。太守应詹，爱其才而礼之。后为醴陵令。（醴陵，汉侯国，后汉为县，今湖南醴陵县。）时巴、蜀流人汝班、蹇硕等数万家，布在荆、湘间，为旧百姓所侵苦，并怀怨恨。会蜀贼李骧，（此又一李骧，非前蜀李特之弟。）杀县令，屯聚乐乡，（城名，吴陆抗所筑，在今湖北松滋县东。）众数百人。玫与应詹击骧，破之。蜀人杜畴、蹇抚等复扰湘州。参军冯素，与汝班不协，言于刺史荀眺曰："流人皆欲反"，眺以为然，欲尽诛流人。班等惧死，聚众以应畴。时玫在湘中，贼众共推为主。玫自称梁、益二州牧、领湘州刺史，攻破郡县。眺委城走广州。（治番禺，今广东南海县。）时永嘉五年五月也。

（以上据《杜玫传》。《王澄传》云：巴、蜀流人，散在荆、湘者，与土人忿争，遂杀县令，屯聚乐乡。澄使成都内史王机讨之。贼请降。澄伪许之。既而袭之，以其妻子为赏，沉八千余人于江中。于是益、梁流人四五万家，一时俱反，推杜玫为主。）

广州刺史郭讷遣始兴太守严佐攻玫，（始兴，吴郡，今广东曲江县。）玫逆击破之。王澄遣王机击玫，败于巴陵。（晋县，今湖南巴陵县。）玫遂纵兵肆暴，伪降于山简。简以为广汉太守。眺之走也，州人推安城太守郭察领州事。（安城，吴郡，在今江西安福县东南。）因率众讨玫。反为所败，察死。玫遂南破零陵，东侵武昌，害长沙、宜都、邵陵太守。（邵陵，汉昭陵县，吴置郡，晋郡县俱改曰邵陵，今湖南宝庆县。）

王澄出军击玫，次于作唐。山简参军王冲叛于豫州，自称荆州刺史。澄惧，使杜蕤守江陵，（汉县，今湖北江陵县。）迁于孱陵。（汉县，在今湖北公安县南。）寻奔沓中。（胡三省曰：盖在屚陵东。）初，澄命武陵诸郡同讨弢，天门太守扈瑰，（天门，吴郡，晋置沣阳县为郡治，今湖北石门县。）次于益阳。（汉县，在今湖南益阳县西。）武陵内史武察，为其郡吏所害。瑰以孤军引还。澄怒，以杜曾代瑰。

曾，新野人，蕤之从祖弟也。骁勇绝人。始为新野王歆镇南参军。历华容令，（华容，汉县，今湖北监利县西北。）至南蛮司马。永嘉之乱，荆州荒梗，故镇南府牙门将胡亢聚众竟陵，自号楚公。（永嘉六年正月。）假曾竟陵太守。

及是，澄使代扈瑰。瑰故吏袁遂，托为瑰报仇，举兵逐曾。澄使司马毌丘邈讨之，为遂所败。时元帝镇江东，以军谘祭酒周觊荆州，而征澄为军谘祭酒。觊始到州，建平流人傅密等叛，迎弢。弢别将王真袭沔阳，觊狼狈失据。武昌太守陶侃救之，乃得免，奔建康。（建兴元年八月。）

时王敦都督征讨诸军事，遣侃及豫章太守周访等讨弢，而敦进住豫章，为诸军继援。敦表拜侃荆州，镇于沌口，（沌水自湖北潜江县由汉水分枝，东南出，经江陵、监利至汉阳入江。）又移入沔江。

先是胡亢与其党，自相猜二，诛其骁将数十人。杜曾心不自安，潜图之。会王冲屡遣兵抄亢所统，亢患之，问计于曾。曾劝令击之，亢以为然。曾因城中空虚，斩亢而并其众。自号南中郎将，领竟陵太守。冲据江陵。陶侃参军王贡，为侃告捷于王敦，还至竟陵，矫侃令，以曾为前锋大督护，进军斩冲，悉降其众。侃召曾不到，贡又恐矫命获罪，遂与曾举兵反。

侃欲退入湡中，（湡水，出湖北随县，在汉阳西北入江。）部将张奕，将二于侃，诡说曰："贼至而动众，不可。"侃惑之，贼至，为所败，坐免官。奕奔于贼。

（《本纪》：建兴二年，三月，杜弢别将王真袭侃于林障，侃奔湡中。林障，《水经注》：在江夏沌阳县。案沌阳县，齐置，在今汉阳县西。《水经注》湡水过安陆，东南流，分为二水：东通湡水，西入于沔。）

王敦表侃以白衣领职。侃复率周访等进军入湘。使都尉杨举为先驱，击杜弢，大破之。敦于是奏复侃官。弢前后数十战，将士多物故，于是请降。元帝不许。弢乃遗应詹书，求复北方或夷李雄以自效。詹启呈弢书，言"弢益州秀才，素有清望。李骧为变，弢时出家财，招募忠勇，登坛歃血，义诚慷慨。乡人推其素望，遂相冯结，论弢本情，非首作乱阶者也。"元帝乃使前南海太守王运受弢降。（南海，秦郡，治番禺。）加弢巴东监军。

弢受命之后，诸将殉功者攻击之不已，弢不胜愤，遂杀运，而使王真领精卒三千为奇兵，出江南向武陵，断官军运路。陶侃使郑攀等夜趣巴陵，掩其不备，大破之。真步走湘城。（湘州治长沙。）弢将张彦陷豫章。王敦遣督护缪蕤、李恒受周访节度，共击破之，临阵斩彦。访复以舟师造湘城。而弢遣杜弘出海昏，（汉县，今江西永修县。）溢口骚动。（溢口，溢水入江处，在今江西九江县西。）访步出柴桑，（汉县，在九江西南。）与贼战，破之。围弘于庐陵。（庐陵郡，孙策所置，晋治石阳，在今江西吉水县东北。）弘突围出，奔于临贺。（汉县，吴置郡，今广西贺县。此处据《周访传》。《本纪》事在建兴三年二月，而误合破张彦、杜弘为一事。）贼中离沮。杜弢逆疑张奕而杀之，众情益惧，降者滋多。侃等诸军齐进。王真降，众党散溃。弢遁逃，不知所在。（此依《弢传》。《本纪》云：弢败走，道死。）时建兴三年七月也。

张光之卒也，愍帝以侍中第五琦为荆州刺史，监荆、梁、益、宁四州，出自武关。杜曾迎琦于襄阳，为兄子娶琦女，遂分据沔、汉。陶侃新破杜弢，乘胜击曾，轻之，围曾于石城，（竟陵郡治。）为所败。（建兴元年十月。）时荀崧督荆州，镇宛，曾攻之。崧求救于周访及襄城太守石览。访使子抚会览救之，曾不能克，引兵向江陵。

王敦左转陶侃为广州刺史以从弟廙刺荆州。侃将郑攀、苏温、马儁等上书请留侃，（此据《侃传》。《王廙传》作马俊。）敦不许。攀等时屯结滇口，（滇水入江之口。）遂进距廙。廙奔江安。（吴公安县，晋改为江安，今湖北公安县东北。）建武元年，九月，王敦使武昌太守赵诱，襄阳太守朱轨，陵江将军黄峻讨琦。攀等士众疑沮，复散还横桑口。（在今湖北天门县东南。）惧诛，以司马孙景造谋，斩之降。而诱等大败于女观湖，（在江陵东北。）皆为曾所杀。曾遂逐廙，径造沔口。

王敦遣周访讨之，破其众于沌阳，遂定沔、汉。曾走固武当。（山名，在今湖北均县南。汉时置武当县，在今均县北。）访屡战不能克。潜遣人缘山开道，出不意袭之，曾众溃。马儁、苏温等执曾诣访降，并获第五琦。访斩曾，送琦于王敦，敦斩之。时大兴二年五月也。（兼据《本纪》及《周访》、《陶侃》、《王廙》、《朱伺》、《杜曾传》。）

王机，长沙人。父毅，广州刺史，甚得南越之情。王澄与之友善，内综心膂，外为牙爪。杜弢之灭也，王敦以元帅加都督江、扬、荆、湘、交、广六州，江州刺史，镇豫章。王澄赴召，过诣敦。澄夙有盛名，出于敦右，兼勇力绝人，素为敦所惮。澄犹以旧意侮敦，敦益忿怒，令力士搤杀之。机惧祸及；又属杜弢所在发墓，而独为机守冢，机益自疑；就敦求广州。敦不许。会广州人背郭讷迎机。机遂将奴、客、门生千余人入广州。州部将温邵率众迎机。机自以篡州，惧为敦所讨，乃更求交州。（晋交州，治龙编，在今越南河内省。）杜弘自临贺送金数千两与机，求讨桂林贼自效。（晋桂林郡治，在今广西马平县东南。）机为列上，朝廷许之。

时交州刺史王谅为贼梁硕所陷。（据《陶侃传》。）王敦以机难制，又欲因机讨硕，故以降杜弘之勋，转机为交州刺史。硕禁州人不许迎之，机遂住郁林。（汉郡，治布山，今广西贵县。）杜弘破桂林贼还，遇机于道。机劝弘取交州，弘素有意，于是机与弘及温邵、交州秀才刘沈等并反。寻陶侃为广州，先讨温邵、刘沈，皆杀之。遣督护许高讨机。机走，病死于道。高宝进击梁硕，平之。杜弘诣零陵太守尹奉降。奉送弘与敦。敦以为将，见宠待焉。

钱璯之平也，元帝以周玘为吴兴太守。又以玘频兴义兵，勋诚并茂，乃以阳羡及长城之西乡、丹阳之永世，别为义兴郡，以彰其功。（治阳羡。）玘宗族强盛，人情所归，帝疑惮之。于时中州人士，左右王业，玘自以为不得调，内怀怨望。复为刁协轻之，耻恚愈甚。时镇东将军祭酒东莱王恢，亦为周顗所侮。乃与玘阴谋，诛诸执政，推玘及戴渊与诸南士，共奉帝以经纬世事。（戴渊，广陵人。）

先是流人率夏铁等寓于淮、泗。恢阴书与铁，令起兵，己当与玘以三吴应之。（丹阳、吴兴、吴郡。）建兴初，铁已聚众数百人。临淮太守蔡豹斩铁以闻。恢闻铁死，惧罪，奔于玘。玘杀之，埋于豕牢。

帝闻而秘之。召玘为镇东司马。未到，复改授南郡太守。（秦郡，治江陵，吴移治公安，晋还治江陵。）玘既南行，至芜湖，（汉县，在今安徽芜湖县东。）又下令，以为军谘祭酒。玘忿于回易，又知其谋泄，遂忧愤发背而卒。将卒，谓子勰曰："杀我者诸伧，子能复之，乃吾子也。"吴人谓中州人曰伧，故云。

勰常缄父言，时中国亡官失守之士，避乱来者，多居显位，驾御吴人，吴人颇怨。勰因之欲起兵。潜结吴兴功曹徐馥。馥家有部曲，勰使馥矫称叔父札命以合众。豪侠乐乱者，翕然附之。以讨王导、刁协为名。孙皓族人弼，亦起兵于广德以应之。（广

151

德，吴县，今安徽广德县东。）

建兴三年，正月，馥杀吴兴太守袁琇。有众数千，将奉札为主。札闻而大惊，乃告乱于义兴太守孔侃。飏知札不同，不敢发兵。馥党惧，攻馥杀之。孙弼众亦溃，宣城太守陶猷灭之。（宣城，晋郡，治宛陵，今安徽宣城县。）札兄靖之子筵，时为黄门侍郎，筵族兄续，亦聚众应馥。

元帝议欲讨之。王导以为兵少则不足制寇，多遣则根本空虚，筵为一郡所敬，意谓直遣筵，足能杀续。于是诏以力士百人给筵，使轻骑还阳羡。筵既至郡，逼续共诣侃，杀之。筵因欲诛飏，札拒不许，委罪于从兄邵，诛之。元帝以周氏奕世豪望，吴人所宗，故不穷治，抚之如旧。然其后王敦内犯，札守石头，开门纳之，盖未尝不衔旧怨？而周氏卒仍为敦辈所忌，可见当时南北之不相容也。（六朝时建业有三城：中台城，为帝居。西石头，为宿兵之所，攻战时恒据此。东东府，凡宰相录尚书事兼扬州刺史者居之，实甲常数千人，如晋会稽王道子、宋武帝、齐高帝是也。）

第四章
东晋初年形势

第一节　元帝东渡

惠末大乱，怀、愍崎岖北方，卒无所就，而元帝立国江东，遂获更衍百年之祚，此盖自初平以来，久经丧乱，民力凋敝，朝廷纪纲，亦极颓败，其力不复能戡定北方，而仅足退守南方以自保，大势所趋，非一人一事之咎也。

元帝名睿，为宣帝曾孙。嗣为琅邪王。东海王越收兵下邳，使帝监徐州诸军事。俄督扬州。越西迎大驾，留帝居守。永嘉初，移镇建业。周馥表请迁都，帝受东海王越之命，击走之。及怀帝蒙尘，司空荀藩，移檄天下，推帝为盟主。江州刺史华轶不从。

轶，歆之曾孙。东海王越牧兖州，引为留府长史。永嘉中，历江州刺史。在州甚有威惠。时天子孤危，四方瓦解，轶每遣贡献入洛，不失臣节。谓使者曰："若洛都道断，可输之琅邪王，以明吾之为司马氏也。"然轶自以受洛京所遣，而为寿春所督，（时扬州刺史治寿春。）时洛京尚存，不能只承元帝教命。

元帝遣周访屯彭泽以备轶。（彭泽，汉县，吴置郡，在今江西湖口县东。访过姑熟。城名，今安徽当涂县。）著作郎干宝，见而问之。访曰："华彦夏（轶字）有忧天下之诚，而不欲录录受人控御，顷来纷纭，粗有嫌隙，今又无故以兵守其门，将成其衅。吾当屯寻阳故县，（汉寻阳县，在今湖北黄梅县北。晋置郡，治柴桑，即今江西九江县，始移于江南。）既在江西，可以捍御北方，又无嫌于相逼也。"

初陈敏之乱，刘弘以陶侃为江夏太守。后以母忧去职。服阕，参东海王越军事。轶表侃为扬武将军，使屯夏口。又以侃兄子臻为参军。臻恐难作，托疾而归。侃怒，遣臻还轶。臻遂东归元帝。帝大悦，命臻为参军。加侃奋威将军。侃乃与轶绝。及元帝承制，改易长史，轶又不从命。于是遣左将军王敦都督甘卓、周访、宋典、赵诱讨之。前江州刺史卫展，不为轶所礼，心常鞅鞅。至是，与豫章太守周广为内应，潜军袭轶。轶众溃，奔于安城。追斩之，及其五子，传首建业。元帝即位，加帝左丞相。岁余，进位丞相，大都督中外诸军事。

建兴五年，二月，平东将军宋哲至，宣愍帝遗诏，使帝摄万几。三月，即晋王位，改元建武。明年，（建兴六年，元帝大兴元年。）愍帝崩问至，乃即帝位。

《王导传》云：导参东海王越军事。时元帝为琅邪王，与导素相亲善，导知天下已乱，遂倾心推奉，帝亦雅相亲重，契同友执。帝之在洛阳也，导每劝令之国。会帝出镇下邳，请导为安东司马。军谋密策，知无不为。及徙镇建康，吴人不附，居月余，士庶莫有至者，导患之。会敦来朝。导谓之曰："琅邪王仁德虽厚，而名论犹轻，兄威风已振，宜有以匡济之。"会三月上巳，帝亲观禊，乘肩舆，具威仪，导及诸名胜皆骑从。吴人纪瞻、顾荣，皆江南之望，窃觇视之，见其如此，咸惊惧，乃相率拜于道左。导因进计曰："古之王者，莫不宾礼故老，存问风俗，虚己心以招俊乂，况天下丧乱，九州分裂，大业草创，急于得人者哉？顾荣、贺循，此土之望，未若引之，以结人心。二子既至，则无不来矣。"帝乃使导躬造循、荣。二人皆应命而至。由是吴会风靡，百姓归心焉。自此之后，渐相崇奉，君臣之礼始定。俄而洛京倾覆，中州士女，避乱江左者十六七。导劝帝收其贤人君子，与之图事。时荆、扬晏安，户口殷实。导为政，务在清静。每劝帝克己厉节，匡主宁邦。于是尤见委杖，情好日隆。朝野倾心，号为仲父。

此传颇能道出东晋建国之由。三言蔽之，曰：能调和南方人士，收用北来士大夫，不竭民力而已。史言"惠皇之际，王室多故，帝每恭俭退让，以免于祸。沉敏有度量，不显灼然之迹，故时人未之识焉。"深沉有余，雄略不足，是则元帝之为人也。帝之本志，盖仅在保全江表，而不问北方，即王导之志亦如此，故能志同道合。东晋之所以能立国江东者以此，其终不能恢复北方者亦以此。以建国之规模一定，后来者非有大才，往往不易更变也。

第二节　北方陷没

天下之患，莫大于中枢之失驭。中枢失驭，则虽有诚臣，亦无能为力矣。晋世北方，惟并州败坏最甚；幽、冀、青、兖，皆未尝不足有为；而凉州亦足为秦、雍之援；得雄主而用之，五胡之乱，固未尝不可戡定；即不然，亦可以相枝拄。惠帝既失驭；怀、愍处不可为之时；元帝又绝意于北略；遂至河西一隅而外，无不为异族所蹂躏矣。《诗》曰："其何能淑，载胥及溺，"岂不哀哉？

惠帝西迁以后，能号令中原者，自莫如河南之行台。然荀藩等实手无斧柯，故迄不能振作。藩以建兴元年九月薨，愍帝以其弟组行留事。元帝大兴初，以为石勒所逼，率其属数百人，自许昌渡江而东。

时北方征镇，以青州苟晞、幽州王浚为较强，而丁绍为冀州刺史，亦能捕诛境内之羯贼。晞为石勒所灭，已见第三章第五节。绍以永嘉三年卒，王斌继之，十一月，为勒所害。王浚复兼冀州，然力实不足以守之也。

王弥之入洛阳也，纵兵大掠，刘曜禁之，弥不从。曜斩其牙门王延以徇。弥怒，与曜阻兵相攻。旋以长史张嵩谏，诣曜谢，结分如初。然曜本怨弥先入洛不待己，嫌隙遂构。弥引众东屯项关。（在项县。）司隶刘暾，（暾东莱掖人。王弥入洛，百官奸焉，惟暾为弥乡里宿望，得免。东莱，见第三章第四节。掖，汉县，今山东掖县。）说弥还据青州。弥然之。使左长史曹嶷还乡里招诱，且迎其室。后暾又劝弥征曹嶷，借其众以诛石勒。于是弥使暾诣青州，令曹嶷引兵会己，而诈要勒共向青州。暾至东阿，（汉县，今山东阳谷县东北。）为勒游骑所获。勒见弥与嶷书，大怒，乃杀暾，诡请弥宴，手斩之，而并其众。弥在群盗中，较有智略，其声势亦亚于勒，既见并，勒更无所忌惮矣。

永嘉五年，十月，勒既没苟晞，并王弥，南寇豫州，至江而还。屯于葛陂，（在今河南新蔡县。）缮室宇，课农造舟，将寇建业。会霖雨，历三月不止。六年，二月，元帝上尚书，檄四方讨勒。江南之众，大集寿春。

勒军中饥疫，死者大半。勒会诸将计之。右长史刁膺，劝勒送款，待军退之后，徐更计之。勒愀然长啸。其谋主张宾曰："将军攻陷帝都，囚执天子，杀害王侯，妻略妃主，擢将军之发，不足以数将军之罪，奈何还相承奉乎？邺有三台之固，（《水经注》：邺城西北有三台，皆因城为之基。魏武所起，中曰铜雀台，高十丈。其后石虎更增二丈。南则金虎台，高八丈。北则冰井台，亦高八丈。）西接平阳，宜北徙据之。晋之保寿春，惧将军之往击耳。今卒闻回军，必欣于敌去，未遑奇兵掎击也。辎重径从北道，大军向寿春，辎重既过，大军徐回，何惧进退无地乎？"勒攘袂鼓髯曰："宾之计是也。"于是退膺为将军，擢宾为右长史，号曰右侯。发自葛陂。遣从子虎率骑二千距寿春。

会江南运船至，获布米数十艘，将士争之，不设备，晋伏兵大发，败虎于巨灵口，赴水死者五百余人。奔退百里，及于勒军。军中震扰，谓王师大至。勒阵以待之。晋惧有伏兵，退还寿春。勒虽剽悍，此时实尚同流寇。前此所破者，皆晋饥疲之军，非精练之士也。此时勒军饥疫，而晋士饱马腾，形势适相反。一奋击破之，勒必无力骤取蓟州，王浚幽州之众，亦尚可资掎角，北方之情势一变矣。任其越逸，岂不惜哉？

然勒之危机，犹未已也。勒所过路次，皆坚壁清野，采掠无所获，军中大饥，士众相食。行达东燕，（《水经注》：河水东北过延津，又径东燕县故城北。按两《汉志》：东郡有燕县，无东燕县，盖作史者用当时地名书之。）闻汲郡向冰，有众数千，壁于枋头。（枋头，城名，在今河南濬县西南。）勒将于棘津北渡，（棘津，在今河南延津县东北。）惧冰邀之，会诸将问计，张宾请简壮勇千人，诡道潜渡，袭取其船，以济大军。勒从之，又因其资，军遂丰赈，长驱寇邺。

时刘舆子演守三台。张宾进曰："刘演众犹数千，三台险固，攻守未可卒下。王彭祖、（浚字。）刘越石，（琨字。）大敌也，宜及其未有备，密规进据，西禀平阳，扫定并、蓟。且游行羁旅，人无定志，难以保万全，制天下。邯郸、（秦县，在今河北邯郸县西南。）襄国，（秦信都县，项羽改曰襄国，在今河北邢台县西南。）赵之旧都，可择都之。"勒曰："右侯之计是也。"于是进据襄国。宾又言于勒曰："闻广平诸县，秋稼大成，可分遣诸将，收掠野谷。遣使平阳，陈宜镇此之意。"勒又然之，于是上表于刘聪，分命诸将攻冀州郡县，壁垒率多降附，运粮以输勒。勒盖至是始免于为流寇，而有建国之规模，皆张宾之谋也。

张宾者，赵郡中丘人。（中丘，汉县，在今河北内邱县西。）尝自拟子房，谓历观诸将，独胡将军可与共成大事，乃提剑军门，自媒于勒者也。王浚使督护王昌，率段疾六眷（亦作就六眷。）及其弟匹磾，文鸯，从弟末杯，（亦作末波。）攻勒于襄国。勒袭执末杯，因以为质，请和于疾六眷。疾六眷使文鸯与石虎盟而还。浚所恃惟鲜卑，鲜卑叛而浚势摇矣。

当刘渊崛起之际，拓跋氏亦渐强。晋人乃思借其力以掎匈奴焉。永兴元、二年间，东嬴公腾，已再用拓跋氏之众距刘渊。（见《魏书·序纪》。）永兴二年，猗㐌死，永嘉元年，禄官又死，猗卢遂合三部为一。是岁，腾迁镇邺，刘琨刺并州。时并土饥荒，百姓随腾南下，余户不满二万。寇贼纵横，道路断塞。琨募得千余人，转斗至晋阳。府寺焚毁，僵尸蔽地。存者饥羸，无复人色。荆棘成林，豺狼满道，寇盗互来掩袭，恒以城门为战场。百姓负盾以耕，属鞬而耨，琨抚循劳来，甚得物情。在官未期，流人稍复，鸡犬之音，复相接矣。

（琨在路上表曰："道险山峻，胡寇塞路。辄以少击众，冒险而进。顿伏艰危，辛苦备尝。即日达壶口关。臣自涉州疆，目睹困乏。流移四散，十不存二。携老扶弱，不绝于路。及其在者，粥卖妻子，生相捐弃。死亡委厄，白骨横野。哀呼之声，感伤和气。群胡数万，周匝四山。动足遇掠，开目睹寇，惟有壶关，可得告籴。而此二道，九州之险，数人当路，则百夫不敢进。公私往反，没丧者多。婴守穷城，不得薪采。耕牛既尽，又乏田器。以臣愚短，当此至难，忧如循环，不皇寝食。"并州此次荒歉，《晋史》记载不详，然其灾情实极重，刘琨始终不能自立，实由于此。壶口关，在今长治县东南，汉于此置壶关县。）

《晋书·怀帝纪》：永嘉五年，十一月，猗卢寇太原，刘琨不能制，徙五县百姓于新兴，以其地与之。《魏书·序纪》，事在其前一年。（穆帝三年。）云琨遣使以子遵为质，帝嘉其意，厚报馈之。白部大人叛入西河，铁弗刘虎举众于雁门以应之，攻琨新兴、雁门二郡。琨来乞师。帝使弟子平文皇帝将骑一万，助琨击之。大破白部。次攻刘虎，屠其营落。虎收其余烬，西走渡河，窜居朔方。晋怀帝进帝大单于，封代公。帝以封邑去国县远，民不相接，乃从琨求陉北之地。琨乃徙马邑、阴馆、楼烦、繁畤、崞五县之民于陉南，更立城邑，尽献其地。据《晋书·刘琨传》：琨之表猗卢为代公，乃在晋阳失陷，乞师于猗卢之时。盖拓跋氏本无记注，先世事迹，皆依附中国史籍而成，故年代殊不审谛也。

《魏书·铁弗刘虎传》云：南单于之苗裔，左贤王去卑之孙，北部帅刘猛之从子。居于新兴虑虒之北。（虑虒，汉县，在今山西五台县北。）北人谓胡父鲜卑母为铁弗，因以为号。猛死，子副仑来奔。虎父诰升爰，代领部落。诰升爰死，虎代焉。

刘猛之叛，已见第二章第二节。《刘渊载记》：渊欲援成都王颖，刘宣等谏曰："晋为无道，奴隶御我，是以右贤王猛，不胜其忿。属晋纲未弛，大事不遂，右贤涂地，单于之耻也！"然则铁弗为匈奴强部，且与晋有世仇，其助刘渊以攻琨，亦固其所。琨之免于两面受敌，实借鲜卑之力。拓跋氏自力微以来，与晋亦为世仇，而琨能用之，其智计亦足尚矣。

《魏书·序纪》又云：是年，贾疋、阎鼎共立秦王业为太子，于长安称行台。帝复戒严，与琨更刻大举，命琨自列晋行台，部分诸军。帝将遣十万骑从西河鉴谷南出，晋军从蒲阪东度，会于平阳，就食聪粟，迎复晋帝。事不果行。盖琨欲用鲜卑，与关中共攻河东也。计虽未行，琨之志亦壮矣。然晋阳实荒瘠，不足与河东敌。六年，琨杀奋威护军令狐盛，盛子泥奔刘聪。聪以为乡道，遣子粲陷晋阳。琨父母并遇害。琨奔常山，乞师于猗卢。猗卢使子利孙赴琨，不得进。猗卢自将六万骑，次于盂城。（盂，汉县，在今山西阳曲县西北。《魏书·序纪》云：遣长子六修，桓帝子普根，及卫雄、范班、箕澹等为前锋，帝躬统大众二十万为后继，乃侈辞。普根，《刘琨集》作扑速根。箕澹，《刘聪载记》、《魏书》、《通鉴考异》引《十六国春秋》皆作姬澹。）粲遁走。琨收其遗众，保于阳曲。

（此据《晋书·本纪》。《刘琨传》云：琨引猗卢并力攻粲，大败之，死者十五六。琨乘胜追之，更不能克。猗卢以为聪未可灭，遗琨牛羊、车马而去，留其将箕澹、段繁戍晋阳。《刘聪载记》云：猗卢遣子曰利孙、宾六须及将军卫雄、姬澹等率众数万攻晋阳，琨收散卒千余，为之乡道。猗卢率众六万，至于狼猛。曜及宾六须战于汾东，曜坠马，中流矢，身被七创。曜入晋阳，夜与刘粲等略百姓逾蒙山遁归。猗卢率骑追之，战于蓝谷，粲败绩。琨收合离散，保于阳曲，猗卢城之而还。案是时猗卢之众，盖号称六万。琨众不过千余，可以见其寡弱。宾六须，《通鉴考异》云：《十六国春秋》作宥六须。狼猛，汉县，在阳曲东北。蒙山，在太原西北。蓝谷，在蒙山西。）

王浚遣祁弘讨石勒，为勒所杀。刘琨与浚争冀州，使宗人刘希还中山合众。（中山，汉国，今河北定县。）代郡、上谷、广宁三郡人，皆归于琨。（广宁，汉县，晋置郡，在今察哈尔宣化县西北。）浚患之，遂辍讨勒之师，与琨相拒。浚遣燕相胡矩（燕国，治蓟，今河北蓟县。）督护诸军，与疾六眷并力攻破希，驱略三郡士女出塞。琨不复能争浚：遂欲讨勒。使子婿枣嵩督诸军屯易水。

召疾六眷，将与之俱攻襄国。疾六眷自以前后违命，恐浚诛之；石勒亦遣使厚赂疾六眷等；由是不应召。浚怒，以重赂诱猗卢子曰律孙，令攻疾六眷。反为所破。浚矜豪日甚，不亲为政，所任多苛刻。加亢旱灾蝗；下不堪命，多叛入鲜卑，士卒衰弱。

勒用张宾计，诈降于浚。浚喜勒附己，不复设备。建兴二年，三月，勒袭执浚，送诸襄国，斩之。《浚传》云：浚将谋僭号。浚虽妄，未必至是。《石勒载记》谓勒遣其舍人，多赍珍宝，奉表推崇浚为天子，表有"伏愿殿下，应天顺时，践登皇阼"之语，盖勒以是饵浚，后遂以是诬之也。浚固骄而寡虑，然谓其遂信勒之推奉为真，有是理哉？

（《浚传》云：勒遣使刻日上尊号于浚，浚许之。勒屯兵易水。督护孙纬疑其诈，驰白浚，而引军逆勒。浚不听，使勒直前。众议皆曰："胡贪而无信，必有诈，请距之。"浚怒，欲斩诸言者，众遂不敢复谏。盛张设以待勒。勒至城，复纵兵大掠。浚左右复请讨之，不许。及勒登听事，浚乃走。出堂皇，勒众执以见勒。勒遂与浚妻并坐，立浚于前。浚骂曰："胡奴调汝公，何凶逆如此？"勒数浚不于晋，并责以百姓饿乏，积粟五十万斛而不振给。遂遣五百骑先送浚于襄国，收浚麾下精兵万人，尽杀之。停二日而还，孙纬遮击之，勒仅得免。夫浚即愚痴，岂有勒纵兵大掠，尚不御之之理。勒众几何？敢甫入城即散之大掠乎？孙纬遮击之，勒尚仅得免，使浚少有备，勒安能得志？故知勒是役必以轻兵掩袭，浚必绝未之知也。勒兵必甚少，故不敢久停，孙纬能遮击败之者亦以此，以少兵能于二日之间收杀浚精兵万人，事亦可疑。浚虽务聚敛，恐积粟亦未能至五十万。盖当时之人，憾浚不能振施，乃为是过甚之辞也。）

浚初以田徽为兖州，李恽为青州，徽为勒将孔苌所害。（建兴元年六月。）悝为勒所杀，浚以薄盛代之。盛执渤海太守刘既，（渤海，汉郡，治浮阳，今河北沧县。后汉移治南皮，今河北南皮县。）率户五千降于勒。浚既败，勒以晋尚书刘翰行幽州刺史，戍蓟，置守宰而还。翰叛勒，奔于段匹磾。匹磾遂领幽州刺史。盖勒虽能冒险袭杀王浚，兵力实未能及幽州，故段氏复乘虚据之也。匹磾究为异族，且亦无大略，刘琨至此，乃以一身与二虏相枝拄矣。

《石勒载记》云：勒将袭王浚，而惧刘琨及鲜卑、乌丸，为其后患。张宾进曰："刘琨、王浚，虽同名晋藩，其实仇敌。若修笺于琨，送质请和，琨必欣于得我，喜于浚灭，终不救浚而袭我也。"于是轻骑袭幽州，遣张虑奉笺于琨，陈己过深重，求讨浚以自效。琨既素疾浚，乃檄诸州郡，谓"勒知命思愆，收累年之咎，求拔幽都，效善将来。今听所请，受任通和。"

一若勒之害浚，琨实与之通谋者，此诬辞也。琨之与浚争冀州，特以当时朝命不及，州郡本无适主，兵争之际，各求广地以自强，此亦未为非法，非遂与浚相攻伐也，安得谓之仇敌？勒之袭浚，仅停二日，琨虽欲救援，亦无所及，况其力实寡弱乎？浚谋僭号，既属诬辞，虽非信臣，亦无逆节，安得指勒之求拔幽都，为效善之征乎？其为诬罔，又不待辩而自明矣。

是岁，琨表愍帝曰："臣前表当与鲜卑猗卢，刻今年三月，都会平阳。会浚为勒所虏，勒势转盛，欲来袭臣，城坞骇惧，志在自守。又猗卢国内，欲生奸谋。幸卢警虑，寻皆诛灭，遂使南北顾虑，用愆成举。勒据襄国，与臣隔山。寇骑朝发；夕及臣城，同恶相求，其徒实繁。自东北八州，勒灭其七，先朝所授，存者惟臣，是以勒朝夕谋虑，以图臣为计。窥伺间隙，寇抄相寻。戎士不得解甲，百姓不得在野。自守则稽聪之诛，进讨则勒袭其后。进退惟谷，首尾狼狈"云云。琨之备勒如此，而岂信其归诚，与之谋浚者哉？是岁，为魏穆帝猗卢七年。《魏书·序纪》云：帝复与刘琨约期，会于平阳。会石勒擒王浚，国有匈奴，杂胡万余家，多勒种类，闻勒破幽州，乃谋为乱，欲以应勒。发觉伏诛。讨聪之计，于是中止，盖不徒不能进取平阳，并陉北亦受其震撼矣。故知王浚之亡，实当时北方一大变也。自是之后，刘琨亦力竭于御勒，不暇更图匈奴矣。

建兴三年，为魏穆帝之八年。《魏书·序纪》云：晋愍帝进帝为代王，置官属，食代、常山二郡。帝忿聪、勒之乱，志欲平之。先是国俗宽简，民未知禁。至是，明刑峻法，诸部民多以违命得罪。凡后期者，皆举部戮之。或有室家相携，而赴死所。人问何之？答曰："当往就诛。"其威严伏物，皆此类也。

盖猗卢歆于爵赏，又贪虏获之利，欲迫其众南下，而其下不欲也。峻刻如此，亦无怪其召祸矣。先是猗卢城盛乐以为北都，修故平城以为南都。（在今山西大同县东。）更南百里，于灅水之阳黄瓜堆筑新平城。（在今山西山阴县北。）猗卢少子比延有宠，欲以为后，故使长子六修出居新平城，而黜其母。四年，猗卢召六修，六修不至。猗卢怒，伐之。不利，与比延皆遇害。猗㐌子普根，先守外境，闻难来赴，攻六修灭之。普根立，月余而薨。普根子始生，桓帝后立之。其冬，又薨。《晋书·刘琨传》云：猗卢父子相图，卢及兄子根皆病死。观猗卢病死之非其实，则普根及其子，恐亦未必善终也。

初代人卫操，为卫瓘牙门，数使于拓跋氏。力微死后，操与从子雄及其宗室、乡亲姬澹等数十人，同往奔焉。说猗㐌、猗卢招纳晋人。晋人附之者稍众。猗以为辅相，任以国事。刘渊、石勒之乱，操劝猗㐌助晋。东嬴公腾闻而善之，表加将号。稍迁至右将军，封定襄侯。永嘉四年，卒。雄、澹，猗卢并以为将。操卒后为左右辅相。及是，与刘琨任子遵，率乌丸、晋人三万，牛羊十万来归。琨闻之，大悦。率数百骑，驰如平城抚纳之。琨由是复振。

（当时以晋人入代，而乃心华夏者，尚有莫含。《魏书·含传》云：雁门繁峙人也。家世货殖，赀累巨万。刘琨为并州，辟含从事。含居近塞下，常往来国中。穆帝爱其才器，善待之。及为代王，备置官属，求含于琨。琨遣入国。含心不愿，琨谕之曰：当今胡寇滔天，泯灭诸夏。百姓流离，死亡涂地。主上幽执，沉溺丑虏。惟此一州，介在群胡之间。以吾薄德，能自存立者，赖代王之力，是以倾身竭宝，长子远质，颙灭残贼，报雪大耻。卿为忠节，亦是奋义之时。何得苟惜共事之诚，以忘出身之大益？入为代王腹心，非但吾愿，亦一州所赖。含乃入代，参国官。后琨徙五县之民于陉南，含家独留。含甚为穆帝所重，常参军国大谋。

观是时晋人用事于代者之多，而知刘琨之能用拓跋氏，为有由也。其心亦良苦矣。）

太守韩据请救于琨。琨以士众新合，欲因其锐以威勒。箕澹谏曰："此虽晋人，久在荒裔，未习恩信，难以法御。今内收鲜卑之余谷，外抄残胡之牛羊，且闭关守险，务农息士，既感化服义，然后用之，则功可立也。"琨不从。悉发其众，命澹领步骑二万为前驱，琨自为后继。勒先据险要，设伏以击澹，大败之。一军皆没。孔苌追澹于桑乾，（汉县，在今察哈尔蔚县东北。）攻代郡，澹死。并土震骇。寻又灾旱。琨穷蹙不能复守。段匹磾数遣使要琨，欲与同奖王室。琨由是率众赴之，从飞狐入蓟。（飞狐口，在蔚、涞源二县间。）匹磾见之，甚相崇重。与琨结昏，约为兄弟。

箕澹之败，论者或咎琨之躁进。然琨死后，朝廷以匹磾尚强，当为国讨石勒，不举琨哀。琨故从事中郎卢谌、崔悦等上表理琨，曰："并州刺史东赢公腾，以晋川荒匮，移镇临漳。太原、西河，尽徙三魏。琨受并州，属承其弊，到官之日，遗户无几。当易危之势，处难济之土，鸠集伤夷，抚和戎狄，数年之间，公私渐振。会京都失守，群逆纵逸，边萌顿仆，苟怀晏安。咸以为并州之地，四塞为固，且可闭关守险，畜资养徒。抗辞厉声，忠亮奋发。以为天子沉辱，而不陨身死节，情非所安。遂乃跋履山川，东征西讨。屠谷乘虚，晋阳沮溃。琨父母罹屠戮之殃，门族受奸夷之祸。向使琨从州人之心，为自守之计则圣朝未必加诛，而族党可以不丧。及猗虑败乱，晋人归奔。琨于平城，纳其初附。将军箕澹，又以为此虽晋人，久在荒裔，难以法整，不可便用。琨又让之，义形于色。假从澹议，偷于苟存，则晏然于并土，必不亡身于燕、蓟也。"当海内俶扰之时，手握兵权者，往往心存自保，而大局之所以败坏，则正此等自便私图者为之，闻刘琨之风，亦可以少愧矣。成败本难逆睹，即仅图自守，亦岂必终能自全乎！

建武元年，刘琨与段匹磾期讨石勒。匹磾推琨为大都督。檄诸方守，俱集襄国。琨、匹磾进屯固安，（汉县，今河北易县东南。）以俟众军。涉复辰、疾六眷、末杯等三面俱集。勒遣间使厚赂末杯。末杯间匹磾于涉复辰、疾六眷，涉复辰等引还。琨、匹磾亦退如蓟。会疾六眷病死，匹磾从蓟奔丧，至于右北平。（汉郡，治平刚，今热河平泉县。后汉治土垠，在今河北丰润县东。晋改曰北平。）末杯宣言匹磾将篡，出军击败之。末杯遂害涉复辰及其子弟党与二百余人，自立为单于。（《石勒载记》云：段末杯杀鲜卑单于截附真，立忽跋隣为单于。段匹磾自幽州攻末杯，末杯逆击败之。匹磾奔还幽州，因害太尉刘琨。）

琨遣世子群送匹磾，为末杯所得。末杯厚礼之。许以琨为幽州刺史，与结盟而袭匹磾。密遣使赍群书，请琨为内应。而为匹磾逻骑所得。时琨别屯故征北府小城，（胡三省曰：盖征北将军所治。）不之知也。因来见匹磾，匹磾以群书示琨，曰："意亦不疑公，是以白公耳。"琨曰："与公同盟，志奖王室，若儿书得达，亦终不以一子负公也。"匹磾雅重琨，初无害琨意，将听还屯。其中弟叔军曰："吾胡夷耳，所以能服晋人者，畏吾众也。今我骨肉构祸，是其良图之日。若有奉琨以起，吾族尽矣。"匹磾遂留琨。

琨庶长子遵惧诛，与琨左长史杨桥，并州治中如绥闭门自守。匹磾谕之不得，因纵兵攻之。琨将龙季猛，迫于乏食，遂斩桥、绥而降。琨被拘经月，远近愤叹。匹磾所署代郡太守辟闾嵩，与琨所署雁门太守王据，后将军韩据连谋，密作攻具，欲袭匹磾。韩据女为匹磾儿妾，闻其谋而告之。匹磾于是执王据、辟闾嵩及其徒党，悉诛之。会王敦密使匹磾杀琨；匹磾又惧众反己；遂称有诏，收琨缢之。时大兴元年五月也。

卢谌、崔悦之理琨曰："琨自以备位方岳，纲维不举，无缘虚荷大任，坐居三司。是以陛下登阼，便引愆告逊。前后奉表，具陈诚款。寻令从事中郎臣续澹，以章绶节传，奉还本朝。与匹磾使荣邵，期一时俱发。又匹磾以琨王室大臣，惧夺己威重，忌琨之形，渐彰于外。琨知其意如此，虑不可久，欲遣妻息大小，尽诣京城，以其门室，一委陛下。有征举之会，则身充一卒。若匹磾纵凶愿，则妻息可免。具令臣澹，密宣此旨。求诏敕路次，令相逆卫会王成从平阳逃来，说南阳王保，称号陇右，士众甚盛，当移关中。匹磾闻此，私怀顾望。停留荣邵，欲遣前兼鸿胪边邈奉使诣保。怀澹独南，言其此事，遂不许引路。丹诚赤心，卒不上达。匹磾兄眷丧亡，嗣子幼弱，欲因奔丧，夺取其国。又自以欺国陵家，怀邪乐祸，恐父母宗党，不容其罪，是以卷甲囊弓，阴图作乱，欲害其从叔骊，从弟末波等，以取其国。

（疾六眷之死，《匹磾本传》及《刘琨传》，皆仅云匹磾前往奔丧，盖时惟阴谋篡夺，未尝讼言攻战也。《北史》云：就六眷死，其子幼弱匹磾阴卷甲而往，欲杀其叔羽鳞及末波而夺其国，所据盖即此表？此自为当时情实。《石勒载记》之截附真，疑即疾六眷，当时曾讹传为末杯所杀；忽跋隣疑即疾六眷之子，末杯尝一立之，或始终以之袭号，而实权则在末杯也。疾六眷久二于石勒，而匹磾殷勤招致刘琨，疑正欲藉琨之力，以图疾六眷等。若然，则段氏骨肉之间，自相携二久矣。疾六眷既二于勒，而固安之次，仍赴琨之期者，盖以琨为王室大臣，未敢显二；抑亦虑琨之奉辞伐己，而匹磾为之助也。然卒擅引而去，使襄国之伐不成，琨之助匹磾以图之也固宜。）

"匹磾亲信，密告骊、波，骊、波乃遣人距之，匹磾仅以身免。百姓谓匹磾已没，皆冯向琨。若琨于时有害匹磾之情，则居然可擒，不复劳于人力。（此语或失之夸，然使以石勒处此，则必转而图匹磾矣。干戈扰攘之际，忍而无信者多成，守义者多败，此其所以有害于民德也。）自此之后，上下并离。匹磾遂欲尽勒胡、晋，徙居上谷。琨深不然之。劝移厌次，南冯朝廷。匹磾不能纳。反祸害父息四人。从兄二息，同时并命。琨未遇害，知匹磾必有祸心。语臣等云：受国厚恩，不能克报，虽才略不及，亦由遇此厄运。人谁不死？死生命也，惟恨下不能效节于一方，上不得归诚于陛下。辞旨慷慨，动于左右。匹磾既害琨，横加诬谤，言琨欲窥神器，谋图不轨。（此亦足证谓王浚谋称尊号之诬。岂有可加之于琨，而不可加之于浚？匹磾所能为，而石勒不能为者哉？）琨免述、嚚顽凶之思，又无信、布惧诛之情，踦躩乱亡之际，夹肩异类之间，而有如此之心哉？虽臧获之愚，厮养之智，犹不为之，况在国士之列，忠节先著者乎？"

匹磾之怀二，与琨之孤忠，皆可见矣。琨为赵王伦子荂姊婿，与父兄并为伦所委任，论者或以是少之。然于晋氏非纯臣，以效忠民族论，则志节炳然矣。《记》曰："内乱不与焉，外患弗辟也。"内乱外患，又岂可以同日语哉？匹磾既害刘琨，晋人离散。匹磾不能自固，乃南依邵续。（《北史》云：匹磾既杀刘琨，与羽、鳞、末波，自相攻击，部众乖离，欲拥其众，徙保上谷。平文帝闻之，阴严精骑将击之。匹磾恐惧，南奔乐陵。厌次，汉县，晋治在今山东阳信县东。）

续，魏郡安阳人。初为成都王颖参军。后为苟晞参军。除沁水令。（汉县，今河南济源县东北。）时天下渐乱，续去县还家。纠合亡命，得数百人，王浚假续乐陵太守，屯厌次。以续子义为督护。续绥怀流散，多归附之。石勒既破浚，遣义还招续。续以孤危无援，权附于勒。勒亦以义为督护。既而匹磾在蓟，遗书招续，俱归元帝。续从之。其下谏曰："今弃勒归匹磾，任子危矣。"续垂泣曰："我出身为国，岂得顾子而为叛臣哉？"遂绝于勒。勒乃害义。（《刘胤传》曰：续徒众寡弱，谋降于石勒。胤言于续。续从之，乃杀异议者数人，遣使江南。此乃归美于胤之辞。以续之忠，其归朝，必不待胤之说也。）

帝以续为平原、乐安太守，冀州刺史。匹磾攻末杯，石勒知续孤危，遣石虎围续。续为虎所得。虎使续降其城。续呼兄子竺等曰："吾志雪国难，不幸至此；汝等努力，便奉匹磾为主，勿有二心！"时大兴三年二月也。

部曲文武，共推其息缉为营主。诏一以续本位授缉。虎送续于勒，后为勒所害。匹磾还，闻续已没众惧而散。文鸯以亲兵数百人力战，乃得入城。与竺、缉及续兄子存等婴城距寇。明年四月，见获。惟存得溃围南奔，在道为贼所杀。匹磾至襄国，经年，国中谋推为主，事露，被害。文鸯亦遇鸩死。初石虎攻邺，邺溃，刘演奔于廪丘。（时在建兴元年。）虎又攻之。续使文鸯救演，演奔鸯军，随鸯屯厌次，遇害。

王弥之死也，曹嶷仍为刘聪青州刺史。拥众十余万，有雄据全齐之志。石勒请讨之。聪惮勒并齐，弗许。嶷后叛聪，南禀王命。朝廷以为青州刺史。嶷以建业县远，声势不接，惧勒袭之，遣使通和。勒授嶷青州牧。嶷尝遣使于勒，请画河为界；而时人议论，亦有以嶷与勒并称者：（如刘聪太史令康相。）盖在东方尚称强大，然勒声势日盛，嶷亦终无以自立已。明帝太宁元年，勒使石虎统步骑四万攻嶷。时嶷居广固，（城名，在今山东益都县西北。此城为嶷所筑，见《晋书·地理志》。）尝议徙海中，保根余山，（未详。）会疾疫甚，未及就。虎围广固，嶷降。送于襄国，杀之。坑其众三万。青州郡县壁垒尽陷。

时东晋晏然，无意援应北方，惟范阳祖逖，以一军北上。（汉涿郡，**魏**改为范阳，今河北涿县。）逖轻财好侠，慷慨有节尚。北方之乱，率亲党数百家，避地淮、泗，元帝用为徐州刺史。寻征为军谘祭酒。居丹徒之京口。（丹徒，汉县，在今江苏镇江县东南，孙权尝居此，号其城为京城，后徙建业，乃于其地置京口镇。）逖以社稷倾覆，常怀振复之志。其宾客义徒，皆暴桀勇士，逖遇之如子弟。

逖说元帝曰："晋室之乱，非上无道而下怨叛也。由藩王争权，自相诛灭，遂使戎狄乘隙，毒流中原。今遗黎既被残酷，人有奋击之志。大王诚能发威命将，使若逖等，为之统主，则郡国豪桀，必因风向赴；沉溺之士，欣于来苏；庶几国耻可雪。愿大王图之。"帝乃以逖为豫州刺史。给千人廪，布三千匹，不给铠仗，使自召募。仍将本流徙部曲百余家渡江。中流，击楫而誓曰："祖逖不能清中原而复济者，有如大江。"辞色壮烈，众皆慨叹。屯于淮阴。（秦县，今江苏淮阴县。）起冶铸兵器，得二千余人而后进。（《通鉴》在建兴元年。）

初流人坞主张平、樊雅等在谯，刘演署平为豫州刺史，雅为谯郡太守，各据一城，众数千人。又有董瞻、于式、谢浮等十余部，众各数百，皆统属平。铚人桓宣，（铚，秦县，在今安徽宿县西南。）为元帝丞相舍人。帝以宣信厚，又与平、雅同州里，转宣为参军，使说平、雅。平、雅遣军主簿随宣诣丞相府受节度。帝皆加四品将军，即其所部，使捍御北方。

逖出屯芦洲，（在今安徽亳县东。）遣参军殷义诣平、雅。义意轻平。平怒，斩义，阻兵固守。逖诱浮使取平。浮谲平与会，遂斩以献逖。帝嘉逖勋，使运粮给之，而道远不至，军中大饥。进据大丘。（汉敬丘县，后汉改称大丘，在今河南永城县西北。）张平余众助樊雅攻逖。逖求助于南中郎将王含，又求救于蓬陂坞主陈川。（在浚仪。）川遣将李头援之。桓宣时为王含参军，含遣宣领兵五百助逖。宣复说下雅。石虎围谯，含又遣宣救之，虎退。宣遂留助逖，讨诸屯坞之未附者。

李头感逖恩遇，每叹曰："若得此人为主，吾死无恨。"川闻而怒，遂杀头。头亲党冯宠，率其属四百人归于逖。川益怒，遣将掠豫州诸郡，逖遣将邀击，尽获所掠者。川大惧，遂以众附石勒。逖率众伐川。石虎领兵五万救川。逖设奇以击之，虎大败，收兵掠豫州，徙陈川还襄国，留桃豹守川故城，住西台。逖遣将韩潜等镇东台。相守四旬，豹宵遁，退据东燕。逖使潜进屯封丘，（汉县，今河南封邱县。）冯铁据二台。逖镇雍丘，（汉县，今河南杞县。）数遣军要截石勒。勒屯戌渐蹙，归附者甚多。逖爱人下士，虽疏交贱隶，皆恩礼遇之，由是黄河以南，尽为晋土。

河上堡固，先有任子在胡者，皆听两属。时遣游军伪抄之，明其未附。诸坞主感戴，胡中有异谋，辄密以闻。前后克获，亦由此也。其有微功，赏不逾日。躬自俭约，劝督农桑。克己务施，不畜资产。子弟耕耘，负担樵薪。又收葬枯骨，为之祭醊。百姓感悦。尝置酒大会，耆老中坐流涕曰："吾等老矣，更得父母，死将何恨？"其得人心如此。石勒不敢窥兵河南，使成皋县修逖母墓，因与逖书，求通使交市。逖不报书，而听互市，收利十倍。于是公私丰赡，士马日滋。

（此据《逖传》。《石勒载记》曰：逖善于抚纳，自河以南，多背勒归顺。勒惮之，不敢为寇。乃下幽州，修祖氏坟墓，为置守冢二家，逖闻之，甚悦。遣参军王愉使于勒，赠以方物，修结和好。勒厚赏其使，遣左常侍董树报聘，以马百匹，金五十斤答之。自后兖、豫乂安，人得休息矣。又曰：祖逖牙门童建，害新蔡内史周密，遣使降于勒。勒斩之，送首于逖，曰："天下之恶一也。"逖遣使报谢。自是兖、豫垒壁叛者，逖皆不纳。二州之人，率多两属矣。力既未能戡定，遣使往来，自所不免，不得以越境之交责之也。）

会朝廷将遣戴渊为都督，逖以渊吴人，已蒭荆棘，收河南地，而渊雍容一旦来统之，意甚怏怏，且闻王敦与刘隗等构隙，虑有内难，大功不遂；感激发病。营缮虎牢城，（虎牢，即成皋。）未成，而逖病甚。大兴四年，九月，卒于雍丘。逖之未卒也，河南义师李矩、郭默，降将赵固等咸受节度。逖卒，弟约继之，无绥驭之才，不为士卒所附，后又与苏峻俱叛，退屯寿春，卒奔后赵，矩等之势益孤矣。

李矩，平阳人。为梁王肜牙门。伐齐万年有殊功。刘渊攻平阳，百姓奔走，矩素为乡人所爱，乃推为坞主，东屯荥阳。后移新郑。（秦县，晋省，今河南新郑县北。）东海王越以为汝阴太守。（汉郡，魏废。晋复置，今安徽阜阳县。）荀藩承制，假矩荥阳太守。矩招怀离散，远近多附之。藩表元帝，以矩领河东、平阳太守。

郭默，河内怀人。（怀，汉县，在今河南武陟县西南。）少微贱。以壮勇事太守，为督将。永嘉之乱，默率遗众，自为坞主。以渔舟抄东归行旅，积年，遂致巨富。流人依附者渐众，使谒刘琨。琨假默河内太守。默为刘渊所逼，乞归于矩。矩使其甥郭诵迎致之。后刘聪遣其从弟畅攻矩。矩夜掩破之。畅仅以身免。

先是聪使其将赵固镇洛阳，长史周振，与固不协，密陈固罪。矩之破畅也，帐中得聪书，敕畅平矩讫，至洛阳，收固斩之，以振代固。矩送以示固。固即斩振父子，率骑一千来降。矩还令守洛。固、默攻河东，至于绛邑。（汉绛县，后汉改称绛邑，在今山西曲沃县西南。）聪遣其太子粲率刘雅等攻固，固奔阳城山。（在今河南登封县北。）矩遣郭诵救之，诵袭破粲。元帝嘉其功，除矩都督河南三郡军事、荥阳太守。

大兴元年，七月，聪死，粲即伪位。八月，靳准杀粲，遣使归矩。

矩驰表于帝。帝遣太常韩胤等奉迎梓宫。未至，而准已为石勒、刘曜所没。帝践阼，以矩为都督司州诸军事、司州刺史。时刘曜弘农太守尹安，振威将军宋始等四军并屯洛阳，各相疑阻，莫有固志。矩、默各遣千骑至洛以镇之。安等乃同谋告石勒。勒遣石生率骑五千至洛阳。矩、默军皆退还。俄而四将复背勒，遣使乞迎。默又遣步卒五百入洛。石生以四将相谋，不能自安，乃虏宋始一军，渡河而北。百姓相率归矩，洛中遂空。矩乃表郭诵为阳翟令，阻水筑垒，且耕且守。

赵固死，石生攻诵，诵辄破之。郭默欲攻祖约，矩禁之，不可。为约所破。石勒遣其养子恩袭默，默战败。矩转蹙弱。默惮后患未已，将降于刘曜，使诣矩谋之。矩不许。后勒遣其将石良率精兵五千袭矩，矩逆击，不利。郭诵弟元，复为贼所执。石生屯洛阳，大略河南，矩、默大饥。默复说矩降曜。矩从默计，遣使于曜。曜遣从弟岳军于河阴，与矩谋攻生。后默为石恩所败，自密南奔建康。刘岳以外救不至，降于石虎。矩所统将士，有阴欲归勒者，矩知之而不能讨，乃率众南走，将归朝廷。众皆道亡，惟郭诵等百余人弃家送矩。至于鲁阳，（汉县，今河南鲁山县。）矩坠马卒。时明帝太宁三年夏也。

魏浚，东郡东阿人。寓居关中。初为雍州小史。河间王颙败乱之后，以为武威将军。后为度支校尉。永嘉末，与流人数百家，东保河阴之硖石。（津名，在今河南孟津县西。）洛阳陷，屯于洛北石梁坞。（今在洛阳县东。）抚养遗众，渐修军器。其附贼者，皆先解喻。有恃远不宾者，遣将讨之，服从而已，不加侵暴，于是远近感悦，襁负至者甚众。

刘琨承制，假浚河南尹。荀藩建行台，在密县，浚诣藩咨谋军事。藩甚悦，要李矩同会。浚因与矩相结而去。刘曜忌浚得众，率军围之。刘演、郭默遣军来救，曜邀破之。浚夜遁走，为曜所得，死之。（《通鉴》在建兴元年。）族子该领其众。该，刘曜攻洛阳，随浚赴难，先领兵守金墉城，曜引去，余众依之。

时杜预子尹为弘农太守，屯宜阳界一泉坞，（一泉坞，在今宜阳县西。）数为诸贼所抄掠，尹要该共距之。该遣其将马瞻将三百人赴尹。瞻知尹无备，夜袭杀之，迎该据坞。乃与李矩、郭默相结以距贼。苟藩即以该为武威将军，统城西雍、凉人，使讨刘曜。元帝承制，以为河东太守，督护河东、河南、平阳三郡。后渐饥弊。曜寇日至。欲率众南徙。众不从。该遂单骑走。至南阳，帝又以为雍州刺史。马瞻率该余众降曜。曜征发既苦，瞻又骄虐，部曲遣使呼该。该密往赴之。其众杀瞻而纳该。该迁于新野。率众助周访讨平杜曾。（《成帝纪》：咸和元年，十月，刘曜将黄秀、帛咸寇酂，该率众奔襄阳。酂，汉县，在今湖北光化县北。）诏以为顺阳太守。苏峻反，率众救台，病笃，还屯，卒于道。

郗鉴，高平金乡人。（金乡，后汉县，今山东金乡县。）仕为中书侍郎。京师不守，鉴归乡里。时所在饥荒，州中之士，共推为主，举千余家，避难于鲁之峄山。（今山东邹县东南之山，古或称为邹山，或称为峄山，又或兼称为邹峄，盖山本名峄，而在邹境也。）元帝初镇江东，承制假鉴兖州刺史，镇邹山。时苟藩用李述，刘琨用兄子演，并为兖州。各屯一郡，以力相倾。阖州编户，莫知所适。又徐龛、石勒，左右交侵。外无救援。百姓饥馑，或掘野鼠、蛰燕而食之，终无叛者。三年间，众至数万。

刘遐，广平易阳人。（易阳，汉县，在今河北永年县西。）性果毅，便弓马。直天下大乱，遐为坞主，冀方比之张飞、关羽。邵续深器之，以女妻焉。遂壁于河、济之间。贼不敢逼。遐间道遣使受元帝节度，帝以为平原内史。建武初，又以为下邳内史。初沛人周坚，一名抚，与同郡周默，各为坞主。朝以抚为彭城内史，默为沛国内史。默降祖逖，抚怒，袭杀默，以彭城叛。时大兴元年十二月也。诏遐领彭城内史，与徐州刺史蔡豹、泰山太守徐龛讨之。

二年，二月，龛斩抚，传首京师。及论功，而遐先之，龛怒，以泰山叛。攻破东莞太守侯史旄而据其坞。石虎伐之，龛惧，求降。元帝许焉。既而复叛归石勒。勒遣其将王伏都、张景等数百骑助之。司徒王导，以太子右卫率羊鉴，是龛乡里冠族，必能制之，请遣北讨。鉴深辞才非将帅。郗鉴亦表鉴非才，不宜妄使。导不纳，强启授以征讨都督，与豹、遐等共讨之。（遐时为临淮太守。）诸将畏懦，顿兵下邳不敢前。豹欲进军，鉴固不许。龛使请救于石勒，勒辞以外难，而多求于龛；又王伏都等淫其室。

三年，五月，龛杀之，复求降。元帝恶其反覆，不纳。敕豹、鉴以时进讨。鉴、遐等并疑惮不相听从。于是遣治书侍御史郝嘏为行台催摄。尚书令刁协奏免鉴官，委豹为前锋，以鉴兵配之。豹进据卞城，（卞，汉县，在今山东泗水县东。）欲以逼龛。石虎屯巨平，（汉县，在今山东泰安县西南。）将攻豹，豹退守下邳。

豹既败，将归谢罪。北中郎将王舒止之。元帝闻豹退，使收之。使者至，王舒夜以兵围豹。豹以为他难，率麾下击之，闻有诏，乃止。舒执豹送建康，斩之。豹在徐土，内抚将士，外怀诸众，甚得远近情，闻其死，多悼惜之。四年，二月，龛又来降。石虎以精卒四万攻之。龛坚守不战。列长围守之。永昌元年，七月，执龛，送之襄国。勒囊盛于百尺楼，自上撺杀之。坑其降卒三千。都鉴亦退屯合肥。

以上所述，为自关以东，幽、并、青、冀、徐、兖、司、豫八州之地。其自关以西，雍、秦二州之地，则以南阳王保为大。模之死也，保在上邽。后贾疋死，裴苞为张轨所杀，保全有秦州。模之败也，都尉陈安归于保。保命统千余人以讨羌，宠遇甚厚。保将张春等疾之，谮安有异志，请除之。保不许。春等辄伏刺客以刺安。安被创，驰还陇城。（陇，汉县，晋废，在今甘肃清水县北。）

大兴二年，保闻愍帝崩，自称晋王。俄而陈安叛，氐、羌皆应之。保窘迫，迁于祁山。（在今甘肃西和县西北。）张寔遣韩璞率五千骑赴难。安退保绵诸。（汉道，后汉省。在今甘肃天水县东。）保归上邽。屠谷路松多，起兵于新平、扶风，附保，保以其将杨曼为雍州刺史，王连为扶风太守，据陈仓。张颧为新平太守，周庸为安定太守，据阴密。松多下草壁，（在阴密之东。）秦、陇氐、羌多归之。

刘曜遣刘雅、刘厚攻陈仓，不克。曜率中外精锐以赴之。曼、连谋曰：“吾粮廪少，无以支久，不如率见众一战，如其胜也，关中不待檄而至；如其败也，等死，早晚无在。”遂尽众背城而陈。

为曜所败，连死之，曼奔南氐。曜进攻草壁，又陷之，松多奔陇城。进陷安定。时上邽大饥，张春奉保之南安。陈安自号秦州刺史，称藩于曜。三年，正月，张春奉保奔桑城，（在甘肃狄道县南。）将投张寔。寔以其宗室之望，若至河右，必动物情，遣将阴监逆之，声言翼卫，实御之也。是岁，保病殁。（《纪》在五月，云为张春所害。）春立宗室司马瞻奉保后。陈安举兵攻春，春走。瞻降于安。安送诣刘曜，曜杀之。陈安至太宁元年，为曜所灭。

第三节　东晋初年内乱

当九州云扰之际，克奏戡定之烈者，必为文武兼资之材。武人为于大君，夫人而知其不可矣，而温恭有恪，仅足守文者，亦不足以戡大难。《晋书·王鉴传》：鉴为琅邪国侍郎。杜弢作逆，王敦不能制，鉴疏劝元帝征之。有曰："当五霸之世，将非不良，士非不勇，征伐之役，君必亲之。故齐桓免胄于邵陵，晋文擐甲于城濮。昔汉高、光武二帝，征无远近，敌无大小，必手振金鼓，身当矢石；栉风沐雨，壶浆不赡；驰骛四方，匪皇宁处；然后皇基克构，元勋以融。今大弊之极，剧于曩代。崇替之命，系我而已。欲使銮旗无野次之役，圣躬远风尘之劳，而大功坐就，鉴未见其易也。魏武既定中国，亲征柳城、扬旌卢龙之岭，顿辔重塞之表。非有当时烽燧之虞，盖一日纵敌，终己之患，虽戎辂蒙崄，不以为劳，况急于此者乎？刘玄德躬登汉山，而夏侯之锋摧；吴伪祖亲溯长江，而关羽之首悬；袁绍犹豫后机，挫衄三分之势；刘表卧守其众，卒亡全楚之地；历观古今，拨乱之主，虽圣贤，未有高拱闲居，不劳而济者也。"此言深能道出历代兴亡成败之由，盖戡定之勋，必资武力，而师之武、臣之力者，大都非孝子顺孙，非兼信、布之才，良、平之智，固无以御之也。晋元帝惟不足以语此，故虽能立国江东，而卒以内忧诒后嗣。

王敦，导从父兄。尚武帝女襄城公主。王衍用为青州刺史，后东海王越以为扬州刺史。元帝召为安东军谘祭酒，会扬州刺史刘陶卒，帝复以为扬州刺史，都督征讨诸军事。《敦传》曰："帝初镇江东，威名未著，敦与导等同心翼戴，以隆中兴。时人为之语曰：王与马，共天下。"盖不自为政，当其初起之时，已有大权旁落之势矣。上流经营，敦为元帅。杜弢灭后，为江州刺史都督江、扬、荆、湘、交、广六州，专擅之迹渐彰。

时诸将中较有才望者，为陶侃与周访。敦初表拜侃为荆州刺史，及杜弢平，侃将还江陵，诣敦别，敦遂留之，左转为广州刺史，而以其从弟廙刺荆州。廙在州，大诛戮侃时将佐，人情乖沮。元帝乘机，征廙，以周访为荆州。敦又迁之梁州，而自领荆州。访大怒，阴欲图之。访善于抚纳，士众皆为致死，敦颇惮之。

大兴三年，八月，访卒。帝以湘州刺史甘卓代之。卓本非纯臣，加以老耄，不复为敦所忌，敦欲以其从事中郎陈颁代卓，（此据《敦传》。《谯闵王传》云：敦欲以沈充为湘州。）帝又违之，而用谯王承。（承亦作丞，谥闵。刚王逊之子。逊，宣帝弟进之子。逊卒，子定王随立。卒，子邃立。没于石勒。元帝以承嗣逊。）然湘州承蜀寇之余，公私困弊，亦不足以掣敦之肘矣。

时帝又以刘隗、刁协、戴渊、周颙等为腹心。大兴四年，七月，以渊为司州刺史，镇合肥。隗为青州刺史，镇淮阴。其明年，为永昌元年，正月，敦以诛隗为名，举兵武昌。吴兴人沈充，初为敦参军，亦起兵以应之。帝征渊、隗入卫。使太子右卫率周筵统兵三千讨充，右将军周札守石头。以陶侃领江州，甘卓领荆州，使各率所统，以蹑敦后。四月，敦前锋攻石头，周札开门应之。戴渊、刘隗攻敦，王导、周颙等三道出战，皆大败。帝令隗、协避难。协行至江乘，为人所杀，送首于敦。隗至淮阴，为刘遐所袭，奔石勒，后卒于勒。戴渊、周颙奉诏诣敦，为敦所杀。（刁协时为尚书令，周颙为尚书左仆射。）

敦之称兵也，使告甘卓。卓伪许之而不赴，使参军乐双谏止敦。敦曰："吾今下，惟除奸凶耳。卿还言之。事济，当以甘侯作公。"双还报，卓不能决。时谯王承遣主簿邓骞说卓。敦虑卓在后为变，遣参军乐道融要卓俱下。道融忿敦逆节，说卓伪许应命，而驰袭武昌。卓得道融说，乃决，露檄讨敦。遣罗英至广州，与陶侃刻期。虞冲与邓骞至长沙，令谯王坚守。侃得卓信，即遣参军高宝率兵下，而卓计复犹豫，军次猪口，（在今湖北沔阳县。）累旬不前。敦大惧，遣卓兄子行参军印求和。

时王师败绩，卓乃曰："吾师临敦上流，亦未敢便危社稷，若径据武昌，敦势逼，必劫天子以绝四海之望。不如还襄阳，（时梁州治此。）更思后图。"即命旋军。都尉秦康说卓曰："今分兵取敦不难，但断彭泽，见第一节。上下不得相越，自然离散，可一

_186

战擒也。将军既有忠节，中道而废，更为败军将，恐将军之下，亦各求其利，欲求西归，亦不可得也。"乐道融亦日夜劝卓速下，卓不能从。卓性先宽和，忽便强塞。径还襄阳。意气骚扰，举动失常。方散兵大佃，而不为备。襄阳太守周虑，密承敦意，袭害卓，传首于敦。

谯王承欲起义，众心疑惑。惟长史虞悝赞之。乃起兵，使悝弟望讨诸不服，斩敦姊夫湘东太守郑澹。敦遣南蛮校尉刘乂等甲卒二万攻承。相持百余日，城没。乂槛送承荆州。刺史王廙承敦旨害之。廙，帝姨弟，帝使喻敦，敦留之，复以为荆州刺史者也。廙寻卒。敦还屯武昌。以兄含为荆州刺史，督沔南。敦又自督宁、益。

是岁，闰月，（十一月。）元帝崩。太子绍立，是为明帝。帝有文武才略，又习武艺，善抚将士。王敦欲诬以不孝而废焉，不果。明年，为太宁元年，敦讽朝廷征己。帝乃手诏征之。四月，敦移镇姑孰。转王导为司徒，自领扬州牧。帝以郗鉴刺兖州；都督扬州江西诸军，镇合肥。敦忌之。八月，表鉴为尚书令。

十一月，徙王含都督扬州江西诸军。以从弟舒为荆州，彬为江州，邃为徐州。以沈充、钱凤为谋主。（凤充同郡人，充荐之于敦。）诸葛瑶、邓岳、周抚、李恒、谢雍为爪牙。充等并凶险骄恣，共相驱扇，杀戮自己。又大起营府，侵人田宅；发掘古墓；剽掠市道；士庶解体。

周札之应敦也，敦转为光禄勋。寻补尚书。顷之，迁会稽内史。时札兄靖之子懋，为晋陵太守，（晋陵，晋郡，今江苏武进县。）清流亭侯。（未详。）懋弟筵，为吴兴内史。筵弟赞，大将军从事中郎，武康县侯。（后汉永安县，晋改曰武康，今浙江武康县。）赞弟缙，太子文学，都乡侯。（未详。）次兄子勰，临淮太守，乌程公。（乌程，秦县，在今浙江吴兴县南。）一门五侯，（札本封东迁县侯。东迁，晋县，今吴兴之东迁镇。）并居列位。吴士贵盛，莫与为比。敦深忌之。

敦疾，钱凤说敦曰："今江东之豪，莫强周、沈。公万世之后，二族必不静矣。周强而多俊才，宜先为之所。"敦纳之。时有道士李脱者，以妖术惑众。自言八百岁，故号李八百。自中州至建邺，以鬼道疗病；又署人官位；时人多信事之。弟子李弘，养徒灊山，（在今安徽潜山县北。）云应谶当王。故敦使庐江太守李恒，告札及其诸兄子与脱谋图不轨。

时筵为敦谘议参军，即营中杀筵及脱、弘。又遣参军贺鸾就沈充，尽掩杀札兄弟子。既而遣军会稽袭札。札先不知，卒闻兵至，率麾下数百出拒之。兵散，见杀。是役也，史谓由钱凤欲自托于充，以周氏宗强，谋灭之，使充得专威扬土。案周氏宗强，而与中朝士大夫瑕衅已深，充、凤等欲有所图，正可借以为用，顾先加以诛戮；敦又从而听之；且任其割剥黎庶此其所为，与后来宋武帝、刘穆之正相反，安能有成？可见其本无远略矣。

敦无子，养含子应。及敦病甚，拜为武卫将军以自副。钱凤谓敦曰："脱有不讳，便当以后事付应？"敦曰："非常之事，岂常人所能？且应年少，安可当大事？我死之后，莫若解众放兵，归身朝廷，保全门户，此计之上也。退还武昌，收兵自守，贡献不废；亦中计也。及吾尚存，悉众而下，万一徼幸，计之下也。"凤谓其党曰："公之下计，乃上策也。"遂与沈充定谋，须敦死后作难。

初，太原温峤为刘琨谋主。（琨妻，峤之从母。）琨使奉表诣元帝劝进。留仕朝廷。为太子中庶子，与明帝为布衣之交。帝即位，拜侍中。俄转中书令。敦忌之，请为左司马。峤缪为勤敬，综其府事。干说密谋，以附其欲。深结钱凤，为之声誉。敦乃表补峤丹阳尹，使觇伺朝廷。峤至，具奏敦之逆谋，请先为之备。帝欲讨敦，知其为物情所畏服，六月，伪言敦死，下诏讨钱凤。敦病转笃，不能御众，使凤及邓岳、周抚等率众三万向京师。以含为元帅。

七月朔，至于南岸。温峤移屯水北，烧朱雀桁以挫其锋。（朱雀桁，跨秦淮河上，在台城之南。台城正南门名朱雀门，故称朱雀桁，亦称南桁，又称大桁。）帝躬率六军出次。夜募壮士，遣千人渡水，掩其未备，破之越城。（在秦淮南。）俄而敦死。应秘不发丧。沈充自吴兴率众万余人至，与含等合。充司马顾飏说充曰："今举大事，而天子已扼其喉，情离众沮，锋摧势挫，持疑犹豫，必至祸败。今若决破栅塘，因湖水，（玄武湖。）灌京邑，肆舟舰之势，极水军之用，此所谓不战而屈人之兵，上策也。借初至之锐，并东南众军之力，十道俱进，众寡过倍，理必摧陷，中策也。转祸为福，因败为成，召钱凤计事，因斩之以降，下策也。"充不能用。飏逃归于吴。

时兖州刺史刘遐、临淮太守苏峻等帅精卒万人以至。贼济水至宣阳门，（台城南门。）遐、峻等横击，大破之。贼烧营宵遁。周抚弟光，捕钱凤诣阙赎罪。充归吴兴，其故将吴儒杀之。含、应乘单舸奔荆州，王舒使人沉之于江。诏王敦群从，一无所问。以陶侃代王舒，迁舒广州刺史。舒疾病，不乐越岭，朝议亦以其有功，不应远出，乃徙为湘州。彬亦见原，征拜光禄勋。时制王敦纲纪除名，参佐禁锢，以温峤言罢之。顾飏反于武康，攻烧城邑，州县讨斩之。周抚、邓岳亡入蛮中，明年，诏原敦党，乃出。

王敦乃一妄人。《敦传》言：时王恺、石崇，以豪侈相尚。恺尝置酒，敦与导俱在坐。有女伎，吹笛小失声均，恺便殴杀之。一坐改容，敦神色自若。他日，又造恺。恺使美人行酒。以客饮不尽，辄杀之。酒至敦、导所。敦故不肯持，美人悲惧失色，而敦傲然不视。导素不能饮，恐行酒者获罪，遂勉强尽觞。又云：武帝尝召时贤，共言技艺之事。人人皆有所说。惟敦都无所关，意色殊恶。自言知击鼓。因振袖扬袍，音节谐均。神气自得，旁若无人。

《晋书》好采小说家言，小说家言，多附会失实。然亦必有其由。敦之为人，盖残贼而傲狠，残贼则敢行不义，傲狠则不肯下人。《王导传》言：元帝初，群臣及四方劝进，敦惮帝贤明，欲更议所立，导固争乃止。夫元帝则何足惮之有？且敦亦尝倾心以辅之矣。故知敦之与帝，非有夙嫌也。且亦非有觊觎天位之心。《祖逖传》言：敦久怀逆谋，畏逖不敢发，逖卒，始得肆意。逖之兵力，岂敦之匹？然一甘卓犹为所惮，则《逖传》之语，似不尽诬。

观含、应丧败之速，知敦不死，亦未必能有所为。敦欲使应归身朝廷，保全门户，自其自知之审；含、应既已丧败，王氏犹并见原，苟其束身自归，自可不虞后患，此又敦知朝廷之审也。然则敦实非夙有叛志，不过傲狠之习，为其君所不能堪，君臣之间，因生嫌隙；嫌隙既生，既不肯屈己求全，又不能急流勇退，遂至日暮途远，倒行逆施耳。以睚眦之衅，而酿滔天之祸，其是之谓欤？邦分崩离析，而北伐之志荒矣。

明帝聪明有机断，惜在位仅三年。崩，太子衍立，是为成帝。年方六岁。太后庾氏临朝。司徒王导，与后兄中书令亮，参辅朝政。太宰西阳王羕（汝南文成王亮之子。）及温峤、郗鉴、陆晔、卞壶等，并预顾命。羕弟南顿王宗，明帝时为左卫将军，元敬皇后弟虞胤为右卫将军，并为帝所亲昵。宗连结轻侠，以为腹心，导、亮并以为言，帝以其戚属，每容之。及帝疾笃，宗等谋废大臣，规共辅政。亮排闼入，升御床，流涕言之。帝始悟，转宗为骠骑将军，胤为太宗正。咸和元年，十月，宗复谋废执政。庾亮使右卫将军赵胤收之。宗以兵距战，为胤所杀。贬其族为马氏。羕亦坐免官，降为弋阳县王。虞胤左迁为桂阳太守。（汉郡，今湖南郴县。）及苏峻作乱，羕诣峻称述其勋。峻大悦。矫诏复羕爵位。峻平、赐死。世子播、播弟充及息崧皆伏诛。

苏峻者,长广掖人。(长广,晋郡,治不其,在今山东即墨县南。掖,盖尝来属。)永嘉之乱,百姓流亡,所在屯聚,峻纠合,得数千家,结垒于本县。曹嶷领青州,表为掖令。峻辞疾不受,嶷恶其得众,将讨之。峻率所部数百家泛海南渡。讨王敦有功,进历阳内史。峻有锐卒万人,器械甚精,朝廷以江外寄之,而峻潜有异志。抚匿亡命。得罪之家,有逃死者,峻辄藏匿之。众力日多,皆仰食县官。运漕者相属。稍有不如意,便肆忿言。庾亮乃出温峤督江州,镇武昌。又修石头,以为之备。

咸和二年,十一月,亮征峻为大司农。峻遂举兵反。初王敦举兵,祖约归卫京都。率众次寿阳,逐敦所署淮南太守任台。以功封五等侯,进号镇西将军。使屯寿阳,为北境藩捍。约自以名辈不后郗、卞,而不豫顾命;又望开府,及诸所表请,多不见许,遂怀怨望。石聪尝以众逼之,约屡表请救,而官军不至。聪既退,朝议又欲作涂塘以遏胡寇,(涂塘,在今和县、六合县间。)约谓为弃己,弥怀愤恚。及峻举兵,推崇约而罪执政。约闻而大喜。从子智及衍,并倾险好乱,又赞成其事。于是命逖子沛内史涣,女婿淮南太守许柳以兵会峻。逖妻,柳之姊也,固谏,不从。

十二月,峻将韩晃入姑孰,屠于湖。(晋县,在今安徽当涂县南。)以庾亮为征讨都督。赵胤为历阳太守,与左将军司马流距峻。战于慈湖,(在当涂北,)流败,死之。峻济自横江,次于陵口。(戍名,在当涂北。)三年,二月,至蒋山。(即钟山,在

首都东朝阳门外。)卞壶帅六师战于西陵,(此据《本纪》。《壶传》
云:峻至东陵口,壶与战于陵西。)败绩。峻攻青溪栅,(青溪,
在首都东北。)因风纵火,王师又大败,壶等皆死之。庾亮又败
于宣阳门外。亮奔温峤。峻遂陷宫城。纵兵大掠。侵逼六宫,驱
役百官。裸剥士女,皆以坏席、苫草自障,无草者以土自覆,哀
号之声,震动内外。时官有布二十万匹,金、银五千斤,钱亿万,
绢数万匹,他物称是,峻尽费之。大官惟有烧余米数石,以供御
膳而已。

温峤闻难作,即下屯寻阳。遣督护王愆期、西阳太守邓岳、
(西阳,汉县,晋置郡,在今湖北黄冈县东。)鄱阳内史纪睦等为
前锋。(鄱阳,吴郡,治鄱阳,今江西鄱阳县。晋移治广晋,在
今鄱阳县北。)使要陶侃,共赴国难。侃不许。峤屡说不能回,
更遣使顺侃意曰:"仁公且守,仆宜先下,"遣信已二日,峤参军
毛宝别使还,闻之,说峤曰:"师克在和,不闻以异。假令可疑,
犹当外示不觉,况自作疑邪?宜急追信,改旧书,说必应俱征。
若不及前信,宜更遣使。"峤意悟,即追信改书。

峤欲推庾亮为都统,亮固辞。乃与峤推侃为盟主。侃乃遣督
护龚登率兵诣峤。已复追登还。峤重与侃书,告以"首启戎行,
不敢有辞。假令此州不守,约、峻树置官长,荆楚之危,乃当甚
于此州今日。"时峻杀侃子瞻,峤又以此激之。侃乃率所统,与
峤、亮同赴京师。至寻阳,议者咸谓侃欲诛执政以谢天下,亮甚
惧。及见侃,引咎自责,风止可观,侃不觉释然。乃谓亮曰:"君

侯修石头以拟老子，今日反见求邪？"五月，峻闻峤将至，逼大驾幸石头。侃等戎卒六万，直指石头。次于蔡洲。（在首都西南江中。）

时峻军多马，南军杖舟楫，不敢轻与交锋，用将军李根计，据白石，（在今师子山下。）筑垒以自固，庾亮以二千人守之。峻步兵万余，四面来攻。众皆震恐。亮激厉将士，并殊死战。峻军乃走。义军屡战失利。峤军食尽，贷于陶侃。侃怒曰："使君前云：不忧无将士，惟得老仆为主耳。今数战皆北，良将安在？荆州接胡、蜀二虏，仓廪当备不虞。若复无食，仆便欲西归，更思良算。"峤曰："天子幽逼，社稷危殆，峤等与公，并受国恩，是致命之日。今之事势，义无还踵，骑猛虎安可中下哉？公若违众独反，人心必沮，沮众败事，义旗将回指于公矣。"侃无以对。竟陵太守李阳又说侃，乃以米五万石供军。九月，侃督水军向石头。亮、峤等率精甲一万，从白石挑战。峻劳其将士，因醉突阵，马踬，为李阳部将彭世所斩。峻司马任让等共立峻弟逸为主。

先是郗鉴为徐州刺史，镇广陵，城孤粮绝，人情业业，莫有固志。鉴乃设坛场，刑白马，大誓三军。遣将军夏侯长等间行谓温峤曰："今贼谋欲挟天子，东入会稽，宜先立营垒，屯据要害。既防其越逸，又断贼粮运，然后静镇京口，清壁以待贼。贼攻城不拔，野无所掠，不过百日，必自溃矣。"峤深以为然。始将征峻也，王导出王舒为会稽内史，（舒时为尚书仆射。）以为外援。及峻作逆，乃假舒节，都督，行扬州刺史。

峻遣韩晃入义兴，张健、管商、弘征等入晋陵。庾亮弟冰，为吴兴内史，弃郡奔舒。舒使御史中丞谢藻，率众一万，与冰俱渡浙江。前义兴太守顾众，众从弟护军参军飓等，起义军以应舒。舒使众督护吴中军，飓监晋陵军事。舒率众次郡之西江，为冰、藻后继。冰、飓等遣前锋进据无锡。（汉县，吴省，晋复置，今江苏无锡县。）遇张健等数千人。战，大败。冰、飓退钱塘。（秦县，后汉省，吴复，今浙江杭县。）藻守嘉兴。（秦由拳县，吴改曰嘉兴，今浙江嘉兴县。）贼遂入吴。烧府舍，掠诸县，所在涂炭。

韩晃又攻宣城，害太守桓彝。舒更以顾众督护吴、晋陵军，屯兵章埭。（未详。）吴兴太守虞潭率所领讨健，屯乌苞亭。（未详。）并不敢进。时暴雨，大水，管商乘船旁出，袭潭及众。潭退保吴兴，众退守钱塘。贼转攻吴兴，潭诸军复退。贼复掠东迁、余杭、（秦县，今浙江余杭县。）武康诸县。舒遣兄子允之等，以精锐三千，邀贼于武康，出不意，破之。

韩晃既破宣城，转入故鄣、（秦鄣郡，汉废为故鄣县，在今浙江安吉县西北。）长城，允之遣兵击之，战于于湖，以强弩射之，晃等乃退。临海、新安诸山县，并反为贼，舒分兵讨平之。（临海，吴郡，今浙江临海县东南。新安，吴新都郡，晋改为新安，今浙江淳安县西。）

时陶侃进郗鉴都督扬州八郡军事，王舒、虞潭，皆受节度。鉴率众渡江，与侃会于茄子浦。（未详。胡三省曰：盖其地宜茄子，人多于此树艺，因以名浦。）时尚书左丞孔坦奔陶侃，侃引为长史。坦言："本不应召郗公，遂使东门无限。今宜遣还。虽晚，犹胜不也。"侃等犹疑。坦固争甚切，始令鉴还据京口，立大业、曲阿、庱亭三垒以距贼。（曲阿，秦县，今江苏丹阳县。大业，里名，在曲阿北。庱亭在吴兴。）

郭默守大业，张健攻之。城中乏水，默窘迫，突围出，三军失色。贼之攻大业，陶侃将救之。长史殷羡曰："若步战不如峻，则大事去矣。但当急攻石头，峻必救之，大业自解。"侃从之。及峻死，大业之围乃解。韩晃闻峻死，引兵赴石头。管商诣庾亮降。

初峻使匡术守苑城。（即台城。）侍中钟雅，右卫将军刘超，与术及建康令管旃等密谋，欲奉帝出。未及期，事泄。峻使任让收超及雅害之。四年，正月，匡术以苑城降。韩晃与苏逸等并力攻术，不能陷。温峤等选精锐将攻贼营。峻子硕，率骁勇数百，渡淮而战。（淮，谓秦淮河。）于阵斩硕。

晃等震惧。以其众奔张健于曲阿。二月，诸军攻石头。李阳与苏逸战于祖浦，（即查浦，在首都西。）军败。建威长史滕含以锐卒击之，逸等大败。含奉帝御于温峤舟。苏逸以万余人自延陵将入吴兴，（延陵，晋县，今丹阳县南之延陵镇。）王允之与战于溧阳，（秦县，在今江苏溧阳县西北。）获之。

管商之降也，余众并归张健。健疑弘徽等不与己同，尽杀之。更以舟、车自延陵向长塘。（湖名，亦作长荡，在今江苏宜兴县西北。）小大二万余口。金银财物，不可胜数。王允之与吴兴诸军击健，大破之。健与马雄、韩晃等轻军走。郗鉴督护李闳追之，及于岩山，（胡三省曰：当在溧阳界。）斩晃。健等降。并枭其首。

祖约叛后，颍川人陈光攻之，误擒约左右貌类约者，约逾垣得免。光奔石勒。约诸将复阴结勒，请为内应。勒遣石聪攻之。三年，七月，约奔历阳。四年，正月，赵胤遣将攻之。约以数百人奔石勒。后为勒所杀，并其亲戚中外百余人悉灭之。

苏峻者，骄暴之武夫，其将士亦皆盗贼。盖丧乱之际，结合自保者，固多忠义之士，亦多桀黠之徒也。邵续、郗鉴、李矩、魏浚等，皆端人正士，郭默则非其伦矣。默之归朝也，明帝授为征虏将军。刘遐卒，以默为北中郎将，监淮北军事。朝廷将征苏峻，召默，拜后将军，领屯骑校尉。大业之围既解，征为右军将军。默乐为边将，不愿宿卫。

初被征距苏峻也，下次寻阳，见豫章太守刘胤。胤参佐张满等轻默，或裸露见之，默常切齿。温峤东下，留胤守湓口。咸和四年，四月，峤卒，胤代为江州刺史。位任转高，矜豪日甚。纵酒耽乐，不恤政事。大殖财货，商贩百万。是时朝廷空罄，百官无禄，惟资江州运漕，而胤商旅继路，以私废公。有司奏免胤官。

默赴召，谓胤曰："我能御胡，而不见用。若疆埸有虞，被使出征，方始配给，将卒无素，恩信不著，以此临敌，少有不败矣。时当为官择才，若人臣自择官，安得不乱乎？"胤曰："所论事虽然，非小人所及也。"默当发，求资于胤，胤不与。时胤被诏免官，不即归罪，方自申理，而骄侈更甚，远近怪之。侨人盖肫，先略取祖涣所杀孔炜女为妻，炜家求之，张满等使还其家，肫不与，因与胤、满有隙。至是，肫谓默曰："刘江州不受免，密有异图，与长史、司马张满、荀楷等日夜计谋，反逆已形。惟忌郭侯一人，云当先除郭侯，而后起事。祸将至矣，宜深备之。"默既怀恨，便率其徒，诈称被诏，袭杀胤，传首京师。时十二月也。掠胤女及诸妾并金宝还舡。初云下都，俄遂停胤故府。

王导惧不可制，乃大赦天下，枭胤首于大桁，以默为豫州刺史。武昌太守邓岳驰白陶侃。侃闻之，投袂起，曰："此必诈也。"即日率众讨默。导闻之，乃收胤首，诏庾亮助侃讨默。默欲南据豫章，而侃已至城下。明年，五月，默将宋侯等缚默降，斩于军门。

苏峻之叛，论者颇咎庾亮激变，此非其实。当时纪纲，颓废甚矣，以峻之骄暴，而居肘腋之地，夫安可以不除？咎亮者不过谓峻若无衅，未能遽称兵以叛耳。不知峻乃粗才，岂有远虑？峻兵一起，西阳王即依附之；彭城王雄、（康王释子。）章武王休，（义阳成王望玄孙。）亦叛奔峻；则当时乱源，潜伏非一，峻欲称兵，岂虑无所借口？听其肆诛求以自封殖，何异借寇兵而赍盗粮哉？廷议之际，亮谓"今日征之，纵不顺命，为祸犹浅；若复经年，为恶滋蔓，不可复制"；此必确有所见，非苟为危辞以耸听也。

或又咎亮一战而北，委君父而奔逃，此亦未审兵势。以峻兵之精，加以虏掠饵其下，其锋自未易当。当时奔北，岂亮一人？若责其委弃君父，则社稷为重君为轻，以身徇一人，纵博忠义之名，夫岂宰相之事？况亦何救于君父之患哉？兵力之不敌，征峻时固早知之，出温峤以为外援，正为此也。然亮亦非略无备豫。温峤闻峻不受诏，便欲下卫京都，三吴又欲起义兵；亮并不听，而报峤书曰："吾忧西陲，过于历阳，足下无过雷池一步也。"（雷池，在今安徽望江县。大雷水所积。）郗鉴欲率所领东赴，诏亦以北寇不许。盖亮必自度兵力，尚可坚守以待外援，故尔。其后一败不能复固，则非始料所及。

兵事变化甚多，固难责其一一逆料。观其守白石，以少击众，终摧方张之寇，以全形要之地，夫固非无将帅之才。视郭默之突围苟免者何如哉？然默虽骄横，固亦嚣喈宿将也。则知亮之未足深咎也。

《孔坦传》云：苏峻反，坦与司马陶回白王导曰："及峻未至，宜急断阜陵之界，守江西当利诸口。（当利，浦名，在和县东南。）彼少我众，一战决矣。若峻未至，可往逼其城。今不先往，峻必先至。先人有夺人之功，时不可失。"导然之。庾亮以为峻脱径来，是袭朝廷虚也。故计不行。峻遂破姑孰，取盐米，亮方悔之。

《陶回传》云：峻将至，回复谓亮曰："峻知石头有重戍，不敢直下，必向小丹阳南道步来。（小丹阳在秣陵南。秣陵在今首都东南。）宜伏兵要之，可一战而擒。"亮不从。峻果由小丹阳经秣陵，迷失道，逢郡人，执以为乡道。时峻夜行，甚无部分。亮闻之，深悔不从回等之言，一似亮之坐失机宜者。然以峻兵之精，夫岂一战可决？往逼其城，峻岂不能以少兵守御，悉劲卒东出？观韩晃、张健等之豕突难御可知。然则亮虞峻径来，正是深虑。峻之行军，亦岂略无部分者？史于庾氏多谤辞。西阳、南顿，罪状昭著，尚议亮裁翦宗室，其他则更何论？悠悠之辞，岂可据为信谳也？

庾亮言忧西垂过于历阳，所忧者盖在陶侃也。侃之讨苏峻也，一若君为庾亮之君，民为温峤之民，恝然无与于己者。及讨郭默，则大异乎是。闻默杀胤，即遣将据湓口，自以大军继进。默写中诏呈侃，参佐多谏曰："默不被诏，岂敢为此？进军宜待诏报。"侃厉色曰："国家年小，不出胸怀。且刘胤为朝廷所礼，虽方任非才，何缘猥加极刑？郭默虓勇，所在暴掠。以大难新除，威网宽简，欲因隙会，骋其纵横耳。"即发使上表讨默。与王导书曰："郭默杀方州，即用为方州，害宰相，便为宰相乎？"导答曰："默居上流之势，加有船舰成资，故苞含隐忍，使有其地。一月潜严，足下军到，是以得风发相赴。岂非遵养时晦，以定大事者邪？"侃省书笑曰："是乃遵养时贼也。"

夫郭默所传之诏虽伪，王导所发之令则真。借口国家年少，不出胸怀，遂不遵奉，则当主少国疑之际，不亦人人可以自擅乎？郭默既死，诏侃都督江州，领刺史，侃因移镇武昌，得毋所欲正在是邪？

《侃传》言侃媵妾数十，家僮千余，珍奇宝货，富于天府。富自何来？岂必愈于郭默？传又云：或云：侃少时渔于雷泽，网得一织梭，以挂于壁，有顷雷雨，自化为龙而去。又梦生八翼，飞而上天。见天门九重。己登其八，惟一门不得入。阍者以杖击之，因坠地，折其左翼。及寤，左腋犹痛。又尝如厕，见一人朱衣介帻，敛板曰："以君长者，故来相报。君后当为公，位至八州都督。"

有善相者师圭，谓侃曰："君左手中指有竖理，当为公。若彻于上，贵不可言。"侃以针决之，见血，洒壁而为公字。以纸裹手，公字愈明。及都督八州，据上流，握强兵，潜有窥窬之志，每思折翼之祥，自抑而止。天门九重，仅登其八，指理不彻，位止于公；盖侃终于人臣后，传述者改易而为是辞，其本所造作，则不知其作何语矣。

讨峻之役，处分规略，一出温峤，岂必有借于侃？然峤既殷勤于前，毛宝又固争于后，得毋虑其据上流之势，而其心不可测邪？世惟有异志者畏人之疑，庾亮修石头而侃谓其拟己，情见乎辞矣。亮之忧之，安得不过于历阳也？然其终能自抑者何也？

《侃传》云：侃早孤贫，为县吏鄱阳（侃本鄱阳人，吴平，徙家庐江之寻阳。）孝廉范逵尝过侃。时仓卒，无以待宾。其母乃截发，得双髲，以易酒肴，乐饮极欢，虽仆从亦过所望。及逵去，侃追送百余里。逵曰："卿欲仕郡乎？"侃曰："欲之，困于无津耳。"逵过庐江太守张夔，称美之。夔召为督邮。迁主簿。

会州部从事之郡，欲有所按。侃闭门部勒诸吏。谓从事曰："若鄱郡有违，自当明宪直绳，不宜相逼。若不以礼，吾能御之。"从事即退。夔妻有疾，将迎医于数百里。时正寒雪，诸纲纪皆难之。侃独曰："资于事父以事君，小君犹母也，安有父母之疾而不尽心乎？"乃请行。

夔察侃为孝廉。至洛阳，数诣张华。华初以远人，不甚接遇，侃每往，神无忤色。华后与语，异之。除郎中。伏波将军孙秀，以亡国支庶，府望不显，中华人士，耻为掾属，以侃寒宦，召为舍人。

时豫章国郎中令杨晫，侃州里也，为乡论所归。侃诣之。晫与同乘，见中书郎顾荣。吏部郎温雅谓晫曰："奈何与小人共载？"然则侃本寒素，其为人也，善于事人，亟于求进，所欲不过富贵。当时庶族，望贵胄之一颦一笑，皆若天上。讨苏峻之际，侃之骄蹇，可谓极矣，一见庾亮，便尔释然，职由于此。自待既卑，所志又小，加以衰髦，复安能有所作为？然又敢于偃蹇者何也？武人无学，器小易盈，志得意满，遂流于骄蹇而不自觉耳。

侃世子瞻，既为苏峻所害，更以夏为世子。及送侃丧还长沙，夏与斌及称，各拥兵数千以相图。既而解散。斌先往长沙。悉取国中器使财物。（侃封长沙郡公。）夏至，杀斌。庾亮欲放黜之，表未至都，而夏病卒。称，为东中郎将，南平太守，南蛮校尉。咸康五年，庾亮以为监江夏、随、义阳三郡军事，南中郎将，江夏相。（随，汉县，晋置郡，今湖北随县。）至夏口见亮，为亮所杀。亮疏言其罪曰："擅摄五郡，自谓监军。辄召王官，聚之军府。故车骑将车刘弘曾孙安，寓居江夏。及将杨恭、赵韶，并以言色有忤，称放声当杀。安、恭惧，自赴水而死。韶于狱自尽。将军郭开，从称往长沙赴丧。称疑开附其兄弟。乃反缚，悬头于帆樯，仰而弹之，鼓棹渡江，二十余里。观者数千，莫不震骇。又多藏匿府兵，收坐应死。臣犹未忍直上，且免其司马。称肆纵丑言，无所顾忌。要结诸将，欲阻兵构难。诸将皇惧，莫敢酬答。由是奸谋，未即发露"云云。其纵恣，岂不远甚于后来之桓玄？然称之声势，果何自来哉？亮之虞侃，亦其宜矣。

第四节　成康穆间朝局

东晋国势之不振，实由当时风气之泄沓，而此种风气，王导实为之魁，读第一节所述，已可见之。王导死后，庾氏兄弟，相继执政，颇能综核名实，足矫当时之弊。惜其秉权不久。是时朝臣门户之见颇深，外藩专擅之习亦未革，遂使桓温，乘机跋扈，内外相猜，坐视北方之丧乱而不能乘，恢复良机，成为画饼矣。岂不惜哉？

苏峻平后，庾亮领豫州刺史、宣城内史，镇芜湖。咸和七年，陶侃卒，亮领江、豫、荆三州刺史，移镇武昌。是时政柄仍在王导之手。亮尝欲举兵废之。

《亮传》曰：时王导辅政，主幼时艰，务存大纲，不拘细目；委任赵胤、贾宁等，诸将并不奉法，大臣患之。陶侃尝欲起兵废导，而郗鉴不从，乃止。至是，亮又欲率众黜导，又以谘鉴，而鉴又不许。亮与鉴笺曰："昔于芜湖反覆，谓彼罪虽重，而时弊国危；且令方岳道胜，亦足有所镇压；故共隐忍，解释陶公。自兹迄今，曾无悛改。主上自八九岁以及成人，入则在宫人之手，出则惟武官小人，读书无从受音句，顾问未尝遇君子。侍臣虽非俊士，皆时之良也，岂与殿中将军、司马督同年而语哉？不云当高选侍臣，而云高选将军、司马督，岂合贾生愿人主之美，翼以成德之意乎？秦政欲愚其黔首，天下犹知其不可，况乃欲愚其主哉？主之少也，不登进贤哲，以辅道圣躬。春秋既盛，宜复子明辟，不稽首归政，甫居师傅之尊。成人之主，方知师臣之悖，主上知君臣之道，不可以然，而不得不行殊礼之事。万乘之君，寄坐上九，亢龙之爻，有位无人。挟震主之威，以临制百官，百官莫之敢忤。是先帝无顾命之臣，势屈于骄奸而遵养之也。赵、贾之徒，有无君之心，是而可忍，孰不可忍？且往日之事，含容隐忍，谓其罪可宥，良以时弊国危，兵甲不可屡动；又冀其当谢往衅，惧而修己。如顷日之纵，是上无所忌，下无所惮。谓多养无赖，足以维持天下。公与下官，并蒙先朝厚顾，荷托付之重，大奸不扫，何以见先帝于地下？愿公深惟安国家、固社稷之远算；次计公与下官负荷轻重；量其所宜。"鉴又不许，故其事得息。

案藩臣称兵，入废宰辅，自非美事。鉴之不许，自是持重之见。然朝政则益以因循紊乱矣。

《孔坦传》云：成帝既加元服，犹委政王导。坦每发愤，以国事为己忧。尝从容言于帝曰："陛下春秋以长，圣敬日跻，宜博纳朝臣，谘诹善道。"由是忤导，出为廷尉。（坦本为侍中。）

《孔愉传》云：咸和八年，诏给愉亲信十人禀赐。愉上疏固让，优诏不许。重表曰："方今强寇未殄，疆埸日骇。政烦役重，百姓困苦。奸吏擅威，暴人肆虐。大弊之后，仓库空虚，功劳之士，赏报不足，困悴之余，未见拯恤，呼嗟之怨，人鬼感动。宜并官省职，贬食节用，勤抚其人，以济其艰。不敢横受殊施，以重罪戾。"从之。

王导闻而非之，于都坐谓愉曰："君言奸吏擅威，暴人肆虐，为患是谁？"愉欲大论朝廷得失，陆玩抑之，乃止。后导将以赵胤为护军，愉谓导曰："中兴以来，处此官者，周伯仁、（顗）应思远（詹）耳。今诚乏才，岂宜以赵胤居之邪？"导不从。其守正如此，由是为导所衔。

贾宁者，本苏峻腹心，与路永、匡术，同降于导者也。（见导及《袁耽传》。）导尝欲褒显之，为温峤所拒而止。（见《峤传》。）时卞敦为湘州刺史。温峤、庾亮，移檄征镇，同赴京都，敦拥兵不下，又不给军粮，惟遣督护荀璲领数百人随大军而已。朝野莫不怪叹，虽陶侃亦切齿忿之。峻平之后，有司奏其阻军顾望，不赴国难，无大臣之节，请槛收付廷尉。导以丧乱之后，宜加宽宥，转为广州刺史。

时宗庙宫室，并为灰烬。温峤议迁都豫章。三吴之豪，请都会稽。二论纷纭，未有所适。导曰："建康古之金陵，旧为帝里。又孙仲谋、刘玄德俱言王者之宅。古之帝王，不必以丰俭移都。苟弘卫文大帛之冠，则无往不可；若不绩其麻，则乐土为墟矣。且北寇游魂，伺我之隙。一旦示弱，窜于蛮越，求之望实，惧非良计。今特宜镇之以静，群情自安。"由是峤等谋并不行。

此事论者皆美其能镇定。其实迁会稽有远窜之嫌，迁豫章则更可进据上流，实于恢复之计为便。三吴之豪，不免乡里之见，温峤则纯出于公忠体国之诚。导之所以不肯迁都者，迁都则必有新起握权之人，不如率由旧章，便于把持也。

《导传》云：庾亮以望重地逼，出镇于外。南蛮校尉陶称，间说亮当举兵内向。或劝导密为之防。导曰："吾与元规，（亮字。）休戚是同。悠悠之谈，宜绝智者之口。则如君言，元规若来，吾便角巾还第，复何惧哉？"又与称书，以为"庾公帝之元舅，宜善事之。"于是谗间遂息。

时亮虽居外镇，而执朝廷之权。既据上流，拥强兵，趣向者多归之。导内不能平。尝遇西风尘起，举扇自蔽，徐曰："元规尘污人。"《孙盛传》曰：导执政，亮以元舅居外，陶称谗构其间，导、亮颇怀疑二。盛密谏亮曰："王公神情朗达，常有世外之怀，岂肯为凡人事邪？此必佞邪之徒，欲间内外耳。"导贼周顗而作色于蔡谟，世外之怀安在？

（《周顗传》：王敦之举兵也，刘隗劝帝尽除诸王。导率群从诣阙请罪。值顗将入，导呼顗谓曰："伯仁，以百口累卿。"顗直入不顾。既见帝，言导忠诚，申救甚至。帝纳其言。顗喜饮酒，致醉而出。导犹在门，又呼顗。顗不与言，顾左右曰："今年杀诸贼奴，取金印如斗大系肘。"既出，又上表明导，言甚切至。导不知救己，而甚衔之。敦既得志，问导曰："周顗、戴若思，南北之望，当登三司，无所疑也？"导不答。又曰："若不三司，便应令、仆邪？"又不答。敦曰："若不尔，正当诛尔。"导又无言。导后料检中书故事，见顗表救己，殷勤款至。导执表流涕，悲不自胜。告其诸子曰："我虽不杀伯仁，伯仁由我而死，幽冥之中，负此良友。"

案顗亦元帝腹心，未必真以导为可信。所以救导者，盖当时事势，或以尽除王氏为宜，或谓宜姑容之，所见有不同耳。然顗之救导，虽不为私交，而导授意于敦而杀之，则其忌刻为已甚矣。

若思，戴渊字。唐人修《晋书》，于避讳者多称其字，如称刘渊为元海，石虎为季龙是也。今于引原文者皆仍之。

《导传》云：导妻曹氏性妒，导甚惮之，乃密营别馆，以处众妾。曹氏知，将往焉。导恐妾被辱，遽令命驾。犹恐迟之，以所执尘尾柄驱牛而进。蔡谟闻之，戏导曰："朝廷欲加公九锡。"导弗之觉，但谦退而已。谟曰："不闻余物，惟有短辕犊车，长柄尘尾。"导大怒，谓人曰："吾往与群贤共游洛中，何曾闻有蔡克儿也。"

案晋世名士，往往外若高旷，内实忌刻。

《王羲之传》云：王述少有名誉，与羲之齐名，而羲之甚轻之，由是情好不协。述先为会稽，以母丧居郡境。羲之代述，止一吊，遂不重诣。述每闻角声，谓羲之当候己，辄洒扫而待之，如此者累年，而羲之竟不顾，述深以为恨。及述为扬州刺史，将就征，周行郡界，而不过羲之，临发，一别而去。先是羲之尝谓宾友曰："怀祖正当作尚书耳，投老可得仆射，更求会稽，便是邈然。"及述蒙显授，羲之耻为之下，遣使诣朝廷，求分会稽为越州，行人失辞，大为时贤所笑。既而内怀愧叹，谓其诸子曰："吾不减怀祖，而位遇县邈，当由汝等不及坦之故邪？"述后检察会稽郡，辨其刑政，主者疲于简对，羲之深耻之，遂称病去郡，于父母墓前自誓，曰："自今之后，敢渝此心，贪冒苟进，是有无尊之心而不子也。子而不子，天地所不覆载，名教所不得容。信誓之诚，有如皎日。"其热中躁进，褊隘忌克，鄙夫耻之矣。

怀祖，述字。坦之，述之子也。）

外宽和而内深阻，当时名士，固往往如是，然导居元辅之位，因贪权嗜利，好谀恶直之故，遂不恤败坏国事以徇之，则所诒之害弥大矣。

咸康五年，四月，导卒，征庾亮为司徒、扬州刺史、录尚书事。时亮方谋恢复中原，固辞。乃以其弟冰为中书监、扬州刺史，与何充参录尚书事。充，导妻之姊子；充妻，又明穆皇后之妹也；故少与导善，明帝亦友昵之，导与亮并称举焉。明年，正月，亮卒，冰弟翼刺荆州。八年，六月，成帝崩。子丕、奕俱幼。庾冰舍之，而立其母弟琅邪王岳，是为康帝。

《充传》云：庾冰兄弟，以舅氏辅王室，虑易世之后，戚属转疏，每说成帝，以国有强敌，宜须长君。帝从之。充建议曰："父子相传，先王旧典。忽妄改易，惧非长计。"冰等不从。康帝立，临轩，冰、充侍坐。帝曰："朕嗣鸿业，二君之力也。"充对曰："陛下龙飞，臣冰之力也。若如臣议，不睹升平之世。"充与庾氏立异，盖自兹始？明年，为建元元年，充出刺徐州，（镇京口。）以避诸庾。顷之，庾翼将北伐，庾冰出镇江州，征充入领扬州。二年，九月，帝疾笃。冰、翼意在简文帝，而充建议立子聃为太子。帝崩，太子立，是为穆帝。冰、翼甚恨之。是岁，十一月，冰卒。明年，为永和元年，七月，翼又卒。表以后任委息爱之。

论者并以诸庾世在西藩，人情所归，宜依翼所请，以安物情。充曰："荆楚国之西门，户口百万。北带强胡，西邻劲蜀。经略险阻，周旋万里。得贤则中原可定，势弱则社稷同忧。所谓陆抗存则吴存，亡则吴亡者。岂可以白面年少，猥当此任哉？桓温英略过人，有文武识度。西夏之任，无出温者。"议者又曰："庾爱之肯避温乎？如令阻兵，耻惧不浅。"充曰："桓温能制之，诸君勿忧。"乃使温西。爱之果不敢争。于是上流事权，暂握于中枢信臣之手者，（自陶侃卒后。）复成分争角立之象已。

此东晋政局之一大变也。史于庾氏多贬辞，平心论之，或失其实。庾氏之立康帝，可谓欲扶翼其所自出，其欲立简文帝，果何为哉？庾氏弟兄，皆有志于恢复，然则其谓国有强敌，宜立长君，或非虚语也。《成帝纪》云：帝少而聪敏，有成人之量。南顿王宗之诛也，帝不之知。及苏峻平，问庾亮曰："常日白头公何在？"亮对以谋反伏诛。帝泣，谓亮曰："舅言人作贼，便杀之，人言舅作贼，复若何？"亮惧，变色。庾怿（亮弟。）尝送酒于江州刺史王允之，允之与犬，犬毙，惧而表之。帝怒曰："大舅已乱天下，小舅复欲尔邪？"怿闻，饮药而死。（怿本传略同。）

夫南顿王之伏诛，事在咸和元年九月；苏峻入犯，庾亮出奔，事在三年三月；峻败而帝御温峤舟，亮获入见，乃在四年二月，而弋阳王即以此时伏诛，帝苟欲问南顿王，何待苏峻平后？故或谓此实弋阳王之误，然是时之弋阳，叛状显著，成帝果聪明，不应复有此问；且亦无缘诛之而不使帝知也。

《纪》又言帝少为舅氏所制，不亲庶政，而赫然一怒，庾怿遽惧而自裁，有是理乎？妨帝不亲庶政者王导也，于庾氏乎何与？而谤转集于庾氏，何哉？史称王导辅政，以宽和得众，而亮任法裁物，颇以此失人心；又言王导辅政，每从宽惠，而冰颇任威刑；此庾氏所以招谤，而导之虚誉，所由流溢与？恶直丑正，实繁有徒；民之多幸，国之不幸；悠悠之口，岂足听哉？

（不惟庾氏，即刘隗、刁协，颇为史所讥评，其故亦然。《隗传》云：与协并为元帝所宠，欲排抑豪强。诸刻碎之政，皆云隗、协所建。《协传》云：协性刚悍，与物多忤。每崇上抑下，故为王氏所疾。又使酒放肆，侵毁公卿，见者莫不侧目。然悉力尽心，志在匡救，帝甚信之。其故可深长思矣。）

翼尝与冰书曰："大较江东，政以伛舞豪强，以为民蠹，时有行法，辄施之寒劣。如往年偷石头仓米一百万斛，皆豪将辈，而直打杀仓督监以塞责。山遐作余姚半年，而为官出二千户，政虽不伦，公强官长也，而群共驱之，不得安席。纪睦、徐宁，奉王使纠罪人，船头到渚，桓逸还复，而二使免官。虽皆前宰之惽缪，江东事去，实此之由也。兄弟不幸，横陷此中，自不能拔脚于风尘之外，当共明目而治之。"风格峻嶒，时之所须，正此等人也。

何充居宰相，史言其无澄正改革之能。虽凡所选用，皆以功臣为先，不以私恩树亲戚，然所昵庸杂，信任不得其人，朝政复稍衰矣。

穆帝即位，年仅二岁，太后褚氏临朝。后父哀，苦求外出。于是以会稽王昱（元帝少子，即简文帝也。）录尚书六条事，复开宗亲秉政之端。

第五章

东晋中叶形势上

第一节　刘石兴亡

刘渊以永嘉四年六月死，子和嗣伪位。其卫尉西昌王刘锐、宗正呼延攸（和，攸之甥。）说和攻其弟鹿蠡王聪、齐王裕、鲁王隆、北海王乂。（此据《晋书·载纪》，《通鉴》依《十六国春秋》作乂。）斩裕及隆，而和为聪所攻杀。聪让位于其弟乂。乂与公卿涕泣固请，聪乃僭位，而以乂为皇太弟，盖以乂为渊后单氏所生也。聪烝于单氏，乂屡以为言，单氏惭恚而死，乂之宠因之渐衰，然犹追念单氏，未便黜废。

聪后呼延氏死，纳其太保刘殷二女为左右贵嫔，女孙四人为贵人。六刘之宠，倾于后宫。聪稀复出外，事皆中黄门纳奏，左贵嫔决之。尝以小刘贵人赐怀帝，及弑怀帝，复以为贵人。立左贵嫔为皇后。已而死。聪如中护军靳准第，纳其二女为左右贵嫔，大曰月光，小曰月华。数月，立月光为皇后。后又以为上皇后，立贵妃刘氏为左皇后，贵嫔刘氏为右皇后。靳氏有淫行，御史大夫陈元达奏之，聪废靳，靳惭恚自杀。聪追念其姿色，深仇元达。

元达，聪之诤臣也，后自杀。聪立上皇后樊氏，张氏之侍婢也。（张氏亦聪后。）时四后之外，（四后盖兼中皇后言之，见下。史文左右采获，叙述不必皆以次也。）佩皇后玺绶者七人。

中常侍王沈养女，年十四，有妙色，聪立为左皇后。尚书令王鉴，中书监崔懿之，中书令李恂等谏，皆斩之。又立其中常侍宣怀养女为中皇后。聪尝欲为刘后起凰仪殿，陈元达谏，聪大怒，欲斩之，已而止。然又作大庙，内兴殿观四十余所。游猎无度，晨出晚归。观渔于汾，以烛继昼。立市于后庭，与宫人燕戏，或三日不醒。荒淫之行备矣。

聪大定百官。以其子粲为丞相，领大将军，录尚书事，封晋王。后又以为相国，总百揆，而省丞相。义太师卢志，太傅崔玮，太保许遐劝义袭粲，义弗从。东宫舍人荀裕告之。于是收志、玮、遐，假他事杀之。使冠威卜抽监守东宫。中常侍王沈、宣怀、俞容，中宫仆射郭猗，中黄门陵修等，皆宠幸用事。

聪游燕后宫，或百日不出，群臣皆因沈等言事，多不呈聪，以其意爱憎决之。或有勋旧功臣，弗见叙录，奸佞小人，数日便至二千石者。军旅无岁不兴，而将士无钱帛之赏，后宫之家，赐赉及于僮仆，动至数千万。沈等车服、宅宇，皆逾于诸王。子弟中表，布衣为内史、令、长者三十余人，皆奢僭贪残，贼害良善。靳准合宗内外，诏以事之。

聪临上秋阁，诛其特进綦毋达，大中大夫公师彧，尚书王琰、田歆，少府陈休，左卫卜崇，大司农朱诞等，皆群奄所忌也。郭猗有憾于乂，谓粲："乂将以三月上巳，因燕作难，宜早为之所。"初，靳准从妹为乂孺子，淫于侍人，乂怒，杀之，而屡以嘲准，准深惭恚，说粲："缓东宫之禁固，勿绝大弟宾客，使轻薄之徒，得与交游，然后下官为殿下露表其罪，主上必以无将之罪罪之。"于是粲命卜抽去东宫。粲使谓乂曰："适奉中诏，云京师将有变敕裹甲以备之。"乂以为信然。

准白之。于是使粲围东宫。粲使王沈、靳准收氏、羌酋长十余人穷问之，皆悬首高格，烧铁灼目，乃自诬与乂同造逆谋。于是诛乂素所亲厚大臣及东宫官属数十人，废乂为北部主。粲使准贼杀之。坑士众万五千余人，平阳街巷为空。氏、羌叛者十余万落，以靳准行车骑大将军以讨之。立粲为皇太子，领相国、大单于，总摄朝政如前。

大兴元年，七月，聪死，粲嗣伪位。粲自为宰相，威福任情。性严刻无恩惠。好兴造宫室，相国之府，放象紫宫。在位无几，作兼昼夜。饥困穷叛，死亡相继，粲弗之恤也。既嗣伪位，尊聪后靳氏为皇太后。樊氏号弘道皇后，宣氏号弘德皇后。靳等皆年未满二十，粲晨夜烝淫于内。

聪死时，上洛王刘景为太宰，济南王刘骥为大司马，昌国公刘为太师，朱纪为太傅，呼延晏为太保，并录尚书事。大尉范隆守尚书令，靳准为大司空，领司隶校尉，皆迭决尚书奏事。准私于粲曰："诸公将行伊、霍之事，谋先诛太保及臣，以大司马统万几。"粲诛景、颢、骥及骥母弟吴王逞，大司徒齐王刘劢等。纪、隆奔长安。以靳准为大将军、录尚书事。

粲荒耽酒色，游宴后庭，军国之事，一决于准。准勒兵入宫，执粲，数而杀之。刘氏男女，无少长，皆斩于东市。发渊、聪墓，焚烧其宗庙。自号大将军汉天王，置百官，遣使称藩于晋。

自来创业之主，必能躬擐甲胄，四征不庭，独胡刘则不然。当渊之世，即蛰居河东，不能一出。（盖渊特以左贤王之后，为众所推，其人本非才武。《晋书·载记》于渊多美辞，特沿袭旧史，不足信也。）其时倾覆晋室者，实王弥、石勒等为之，其于胡刘，特文属而已。群盗中以石勒为最狡悍，故东方悉为所并；胡刘种姓中，惟刘曜较有材力，关中实其所陷；故刘粲既没，曜与勒遂成东西对峙之势焉。

初聪之立也，以勒为并州刺史。后又以曜为雍州牧，镇长安。而以王弥为大将军，封齐公。勒杀弥，聪大怒，使让其专害公辅，然仍以弥部众配之，势固无如勒何也。其时惟曹嶷声势较盛，故勒请讨嶷而聪弗许，盖欲借以牵制勒。然《聪载记》又云：勒与嶷相结，规为鼎峙之势，则嶷即存，亦未必能为聪用，且亦难保其不挠而从勒也。要之东方之局，实非刘氏所能控驭而已。

聪时，平阳大饥，流叛死亡，十有五六。勒遣石越率骑二万，屯于并州，以怀抚叛者。聪使让勒，勒不奉命。司隶部人，奔于冀州者，二十万户。聪太史令康相，尝言于聪曰："石勒鸥视赵、**魏**，曹嶷狼顾青、齐；鲜卑之众，星布燕、代。今京师寡弱，勒众精盛。若尽赵、**魏**之锐，燕之突骑，自上党而东；曹嶷率三齐之众以继之；陛下将何以抗之？"当时情势之危急，可以想见矣。

及刘粲见杀，刘曜自长安赴之。至赤壁，（胡三省曰：《水经注》：河东皮氏县西北有赤石川。案皮氏，秦县，在今山西河津县西。）僭即皇帝位。石勒亦统精锐五万讨准，据襄陵北原。（襄陵，汉县，在平阳东南。）准遣侍中卜泰降于勒。勒与曜竞有招怀之计，乃送泰于曜，使知城内无归曜之意。曜谓泰曰："司空若执忠诚，早迎大驾者，政由靳氏，祭则寡人。"与泰结盟，使还平阳，宣慰诸屠各。

勒疑泰与曜有谋，欲斩泰以速降之。诸将皆曰："今斩泰，准必不复降。就令泰宣汉要盟于城中，使将率诛准，准必惧而速降矣。"勒久乃从诸将议，遣之。泰还平阳，具宣曜旨。准自以杀曜母兄，沉吟未从。寻而乔泰、王腾、靳康、（准从弟。）马忠等杀准，推尚书令靳明为盟主，（明亦准从弟。）遣卜泰奉传国六玺降于曜。勒闻之，怒甚，增兵攻之。明战累败，求救于曜。曜使刘雅、刘策等迎之。明率平阳士女万五千归于曜。曜诛明。靳氏男女，无少长皆杀之。曜西奔粟邑。（汉县，在今陕西白水县西北。）勒焚平阳宫室而还。曜旋徙都长安，改国号曰赵。

《曜载记》云：曜隐迹菅涔山，（即管涔山。《清一统志》云：诸书皆作管，惟《寰宇志》作菅，言山多菅草也。案《晋书·载记》亦作菅。在今山西宁武县西南。）尝夜闲居，有二童子入，跪曰："菅涔王使小臣奉谒赵皇帝。"献剑一口，置前，再拜而去。

以烛视之，剑长二尺，光泽非常，赤玉为室，背上有铭曰："神剑御，除众毒。"曜遂服之。剑随四时而变为五色。盖特造作妖言，以示其当王赵而已，此所以讽示石勒也。然尚不能定平阳，安能有赵？石勒又岂妖言所能慑，名号所可束缚者邪？

刘曜豕突，本在关中，故僭号之后，仍以雍、秦为务。曜长水校尉尹车谋反，潜结巴酋徐库彭。曜诛车，囚库彭等五十余人，欲杀之。其光禄大夫游子远谏，曜怒，幽之，而尽杀库彭等。于是巴氏尽叛，推巴归善王句渠知为主。四山羌、氐、巴、羯，应之者三十余万。关中大乱，城门昼闭。乃释子远，用其计，大赦境内，而使子远讨平之。先是上郡氐、羌十余万落，保险不降。酋大虚除权渠，自号秦王。子远又破擒其子伊余，降之。

西戎之中，权渠部最强，皆禀其命而为寇暴，权渠既降，莫不归附。后曜又亲征氐、羌。(《通鉴》系永昌元年。)仇池杨难敌，率众来距，曜前锋击败之。仇池者，山名，在今甘肃成县西。以山巅有池，故曰仇池，池盖今所谓火山湖也。

略阳清水氐杨氏，秦、汉以来，世居陇右为豪族。汉献帝建安中，有杨腾者，为部落大帅。腾子驹，勇健多计略，始徙仇池。仇池地方百顷，因以百顷为号。四面斗绝高平。地方二十余里。羊肠盘道，三十六回。山上丰水泉，煮水成盐。

驹后有名千万者，拜为百顷氐王。与兴国氐王阿贵，(兴国，城名，在今甘肃秦安县东北。)俱从马超为乱。超破之后，阿贵为夏侯渊攻灭，千万西南入蜀。千万孙飞龙，渐强盛，晋武帝假征西将军。(《魏书·氐传》作平西将军。)还居略阳。无子,养外甥令狐氏子为子,名戊搜。惠帝元康六年,避齐万年之乱,率部落四千家,还保百顷,自号辅国将军右贤王。关中人士奔流者多依之。愍帝以为骠骑将军左贤王。

时南阳王保在上邽,又以戊搜子难敌为征南将军。建兴五年,戊搜卒,难敌袭位。与弟坚头分部曲。难敌号左贤王,屯下辨,(汉道,后汉为县,在成县西。)坚头号右贤王,屯河池。(汉县,在今甘肃徽县西。以上据《宋书·氐传》及《三国志·四裔传注》引《魏略》。)难敌为曜所败,退保仇池。仇池诸氐、羌,多降于曜。

曜西讨杨韬于南安。(韬,南阳王保之将。)韬惧,与陇西太守梁勋等降于曜。曜又进攻仇池。时曜寝疾,兼疠疫甚,乃遣使说难敌。难敌即遣使称藩。陈安请朝,曜以疾笃不许。安怒,且以曜为死也,遂大掠而归。曜乘马舆还,使其将呼延寔监辎重于后,安要击,没之。又使将袭拔汧城。(汉汧县,在今陕西陇县南。)西州氐、羌悉从安。安士马雄盛,众十余万。太宁元年,安攻曜征西刘贡于南安。

休屠王石武,先以桑城降曜,及是,自桑城将攻上邽,以解南安之围。安驰归,贡追败其后军。安又驰还赴救,而武骑大至。安众大溃,以骑八千奔陇城。贡围之。曜又亲征。安突围出,欲引上邽、平襄之众,还解陇城之围。(平襄,汉县,在今甘肃通渭县西南。)而上邽被围,平襄已败,乃南走陕中。(陕同狭,在陇城南。）曜使将追斩之。陇、上邽降。氐、羌悉下，并送质任。杨难敌闻安平，内怀危惧，奔于汉中。

（《宋书》本传云：与坚头俱奔晋寿，臣于李雄。《晋书·成帝纪》：咸和六年，七月，李雄将李寿侵阴平、武都，氐帅杨难敌降之。《李雄载记》：难敌兄弟为刘曜所破，奔葭萌，遣子入质。阴平，汉道，魏为县，又置郡，在今甘肃文县西北。）

曜以其大鸿胪田崧为益州刺史，镇仇池。先是，（《晋书·张茂传》事在大兴四年，《通鉴》系太宁元年。）曜遣其将刘咸攻张茂将韩璞于冀城，（冀，汉县，晋废，在今甘肃甘谷县南。）呼延寔攻宁羌护军阴鉴于桑壁。（胡三省曰：当在南安东。）临洮人翟松、石琮等逐令长，以县应曜。（临洮，秦县，今甘肃岷县。）河西大震。茂出次石头，（胡三省曰：在姑臧城东。）遣参军陈珍击走之。遂复南安。

永昌初，茂使韩璞取陇西、南安之地，以置秦州。及曜平陈安，刘岳方与茂相持于河上。曜自陇上长驱至河，戎卒二十八万五千，临河列营，扬声欲百道俱渡，直至姑臧。茂惧，遣使称藩。曜拜为凉州牧凉王。太宁三年，茂卒，无子，寔子骏嗣，曜复以茂官爵授之。咸和初，骏遣武威太守窦涛、金城太守张阆、武兴太守辛岩、扬烈将军宋辑等曾韩璞讨秦州诸郡。（武兴郡，惠帝永宁中，张轨表合秦、雍流移人所置，在姑臧西北。）

曜遣其将刘胤来距。璞军溃。胤乘胜追奔，济河，攻陷令居，（汉县，今甘肃永登县西北。）入据振武。（胡三省曰：在姑臧东南。）河西大震。曜复攻枹罕。（汉县，晋废，今甘肃导河县。）护军辛晏告急。骏使韩璞、辛岩率步骑二万击之。战于临洮，大为曜军所败。璞等退走。骏遂失河南之地。

刘曜兵锋，看似锐利，实则所遇者皆小敌，以之戡定秦、雍，慑服凉州，尚虞不足，况欲长驱中原邪？而曜且荒淫无度。曜之徙都也，起光世殿于前，紫光殿于后。缮宗庙、社稷、南北郊。又立太学、小学。起酆明观。立西宫。建陵霄台于滈池。（在长安西南。）又将于霸陵西南营寿陵，（霸陵，汉文帝陵，在长安之东。）周回四里。下深二十五丈。以铜为棺椁，黄金饰之。侍中乔豫、和苞谏，曜乃停之，封豫安昌子，苞平舆子，并领谏议大夫。省酆明囿，以与贫户。然将葬其父及妻也，复亲如粟邑，以规度之。负土为坟。其下周回二里。作者继以脂烛。怨呼之声，盈于道路。游子远谏，不纳。后复遣使增其父及妻墓高九十尺。其侈，亦几与刘聪无异矣。

石勒之破靳明也，遣其左长史王修献捷于曜。曜遗郭汜等署勒太宰，进爵赵王。勒舍人曹平乐，因使留仕于曜，言于曜曰："勒遣修等来，外表至虔，内觇大驾强弱。谋待修之返，将轻袭乘舆。"时曜势实残弊，惧修宣之。曜大怒，追汜等还，斩修粟邑，停太宰之授。勒大怒，下令曰："孤兄弟之奉刘家，人臣之道过矣。赵王赵帝，孤自为之，名号大小，岂其所节邪？"大兴二年，勒伪称赵王。

（石虎，勒之从子，勒父幼而子之，故或称勒弟，勒此令亦以弟视之，盖胡人不甚重昭穆也。勒杖虎以专征之任，其克定四方，虎战功颇多，故有是言。观是言，便知虎非勒所能制。勒身后之祸，盖势有必至矣。）

勒将石他，自雁门出上郡，袭北羌王盆句除，俘获而归。曜大怒，投袂而起，次于渭城。遣刘岳追之。曜次于富平，（魏县，今陕西富平县。）为岳声援。岳及石他战于河滨，败之，斩他。上郡距襄国远，声势不相接，故勒不能报。太宁二年，勒遣石生屯洛阳。明年，四月，李矩等并溃归。于是关内、河东，皆虞逼处，刘、石兵争始棘矣。

生攻曜河内太守尹平于新安，斩之。曜遣刘岳攻生于洛阳。配以近郡甲士五千，宿卫精卒一万，济自孟津。镇东呼延谟，率荆、司之众，（胡三省曰：时荆州仍属晋，司州之地，多入后赵，刘曜得其民处之关中。或曰：刘聪以洛阳为荆州，此所谓荆、司，皆晋司州之众也。）自崤、渑而东。（崤山，在河南洛宁县西北，西接陕县，东接渑池。渑池之西北，则渑坂也。）岳围石生于金墉。石虎率步骑四万，入自成皋关。战于洛西，岳师败绩。岳中流矢，退保石梁。虎遂堑栅列围。又败呼延谟，斩之。

曜亲率军援岳。虎率骑三万来距。曜次于金谷，（在洛阳西北。）夜无故大惊，军溃，退如渑池。（汉县，在今洛宁县西。）夜中又惊，士卒奔溃，遂归长安。虎执岳，送于襄国，坑士卒万六千。此可见曜之不整，其士卒实无战心，不足以临大敌矣。

咸和三年，七月，勒遣虎率众四万，自轵关入，（在今河南济源县西北。）伐曜河东，进攻蒲坂。八月，曜尽中外精锐，水陆赴之。自卫关北济。（在今河南汲县。）虎惧，引退。追之，及于高候，（胡三省曰：杜佑曰：今绛州闻喜县北有高候原。闻喜，今山西闻喜县。）大战，败之，斩其将石瞻，枕尸二百余里，收其资杖亿计。虎奔朝歌。曜遂济自大阳，攻石生于金墉。荥阳、野王皆降，（野王，汉县，今河南沁阳县。时后赵皆以为郡。）襄国大震。

十二月，勒命石堪、石聪及其豫州刺史桃豹等会荥阳，石虎进据石门。（《水经注》：汉灵帝于敖城西北，垒石为门，以遏浚仪渠口，谓之石门。而荥渎受河水，亦有石门。案敖城，在荥阳西北敖山上。）勒统步骑四万赴金墉。诸军集于成皋，步卒六万，骑二万七千。诡道兼路，出于巩、訾之间。（巩，东周畿内国，今河南巩县。訾，周邑，在巩县西南。）曜摄金墉之围，陈于洛西。勒攻之，曜军大溃。

曜少而淫酒，末年尤甚，将战，饮酒数斗，比出，复饮酒斗余，昏醉奔退，为堪所执，送于襄国，后为勒所杀。

曜子熙、胤等，（胤本曜世子，靳准之乱，没于黑匿郁鞠部。曜僭位，遂立熙为太子。后胤自言，郁鞠送之。曜以熙为后妻羊氏所生，羊有宠，哀之，遂未更易。）议西保秦州。尚书胡勋曰："今虽丧主，国尚全完；将士情一，未有离叛；可共并力距险，走未晚也。"胤怒其沮众，斩之。四年，二月，率百官奔于上邽。关中扰乱。将军蒋英、辛恕，拥众数十万，据长安，遣使招勒。

勒遣石生率洛阳之众以赴之。

胤及刘遵，率众数万，将攻石生于长安。九月，勒使虎率骑二万距胤。战于义渠，（秦县，后汉省，在今甘肃宁县西北。）为虎所败。胤奔上邽。虎乘胜追之，上邽溃，虎执熙、胤并将相诸王等，及其诸卿校公侯已下三千余人，皆杀之。前赵亡。五年，勒僭号赵天王，行皇帝事。是岁，八月，遂僭即皇帝位。《晋书·载记》云：勒自襄国都临漳。（即邺，晋避愍帝讳，改为临漳县。）以成周土中，汉、晋旧都，复有移都之意，乃命洛阳为南都。然勒实并未能都邺也。

第二节　后赵盛衰

在五胡之中，石勒确可称为一人物，以其性虽剽狡，而于中国之情形，颇能晓解也。羯本小种，所以能纵横中原，几至尽并北方者非其种姓之强大，实由勒在诸胡中剽狡独绝，勒死之后继之者无复雄材；而石虎之淫暴，且为诸胡之冠；而胡、羯遂忽焉以尽矣。

石勒之戕荀晞，杀王浚，破刘琨，没邵续，执段匹磾，害徐龛，皆已见前。时刘遐为兖州刺史，自邹山退屯下邳。琅邪内史孙默叛降于勒。（永昌元年八月。）于是冀、并、幽州，辽西以西诸屯结，皆陷于勒。徐、兖间壁垒，亦多送任请降。及曹嶷亡，而青州诸郡县壁垒亦尽陷。祖约退屯寿春，勒复使其将王阳屯于豫州。先是朝廷以王邃督青、徐、幽、平，镇淮阴。卞敦为徐州刺史，镇泗口。（在今清河县境。）

太宁元年，三月，勒陷下邳，敦退保盱眙。明年，正月，石瞻复寇下邳。东莞太守竺珍，东海太守萧诞，皆叛降勒。刘遐又自下邳退保泗口。卞敦以畏懦征。邃、约、遐亦以王敦之乱，还卫京师。乱平，以遐为徐州刺史，代邃镇淮阴。檀赟为兖州刺史，仍守邹山。（檀赟从《本纪》，《载记》作斌。）三年，四月，石良攻邹山，陷之。（石良亦据《本纪》，《载记》作石瞻。）朝以郗鉴督青、兖，仅镇广陵而已。时李矩等亦皆溃归，都尉鲁潜，以许昌叛降于勒。勒遂尽陷司、兖及徐、豫滨淮州郡。

咸和元年，五月，刘遐卒，以郗鉴领徐州刺史，郭默为北中郎将，领遐部曲。遐妹夫田防，及遐故将史迭、卞咸、李龙等不乐他属，共立遐子肇，袭遐故位以叛。诏郭默等讨之。始上道，临淮太守刘矫，率将士数百，掩袭遐营，迭等进走，斩防及咸，又追斩迭、龙于下邳。十一月，石聪攻寿春，不克，遂侵逡道、阜陵。（汉浚道县，晋作逡道，今安徽合肥县东。）历阳太守苏峻遣将韩晃击走之。济岷太守刘闿，将军张阖等叛，（胡三省曰："《晋志》曰：或云：魏平蜀，徙其豪将家于济河北，为济岷郡。《太康地志》无此郡，未详。"）害下邳内史夏嘉，以下邳降于石生。明年，峻与祖约俱反。

三年，四月，勒攻宛，南阳太守王国叛降于勒。石瞻攻河南太守王羡于邾，陷之。（邾，汉县，在今湖北黄冈县西北。）七月，石聪、石堪陷寿阳，祖约奔历阳。四年，二月，苏峻败，约降于勒。五年，五月，勒将刘征，聚众数千，浮海寇南沙，（晋县，在今江苏常熟县西北。）进入海虞。（晋县，在常熟东。）六年，正月，复寇娄县，（汉县，在今江苏昆山县东北。）掠武进。

（晋县，在今江苏武进县西北。）朝以郗鉴戍京口，督扬州之晋陵、吴郡诸军事，讨平之。勒又使其荆州监军郭敬，南蛮校尉董功寇襄阳，南中郎将周抚奔武昌。中州流人，悉降于勒。敬毁襄阳，迁其百姓于沔北，城樊城以戍之。（樊城，在襄阳对岸。）王师复戍襄阳。

七年，四月，敬又攻陷之。遂南略江西。七月，陶侃遣子斌与江夏相桓宣乘虚克樊城。侃兄子臻，与竟陵太守李阳拔新野、襄阳。敬旋师救樊，大败，宣复镇襄阳。咸康五年，郗鉴卒，以蔡谟都督徐、兖、青三州，及扬州之晋陵、豫州之沛郡诸军事，领徐州刺史。时石虎于青州造船数百，掠缘海诸县，所在杀戮。谟所统七千余人，所戍东至土山，（在江宁县东。）西至江乘，几于缘江设守已。

石勒世子兴早死，以第二子弘为世子，僭位后立为太子。弘，程遐之甥也，勒以遐为右长史，总执朝政。又令弘省可尚书奏事，使中常侍严震参综可否，征伐刑断乃呈之。又使弘镇邺，配以禁兵万人；车骑所统五十四营，悉以配之；又以骁骑领门臣祭酒王阳专统六夷以辅之；（《通鉴》：愍帝建兴二年《注》曰："六夷，盖胡、羯、鲜卑、氐、羌、巴蛮，或曰：乌丸非巴蛮也。"穆帝永和六年《注》曰："六夷，胡、羯、氐、羌、段氏及巴蛮也。"窃疑当时虽有六夷之名，其种姓并无一定，故前史亦无的说。）盖所以备石虎，然积重之势，断非如是遂能挽救也。

咸和八年，七月，勒死。虎执弘。收遐下廷尉。召其子邃率兵入宿卫。文武靡不奔散。弘大恐，让位于虎。虎逼立之。勒妻刘氏谓石堪曰："皇祚之灭，不复久矣，王将何以图之？"堪曰："先帝旧臣，皆已斥外，众旅不复由人，宫殿之内，无所措筹。臣请出奔兖州，据廪丘，挟南阳王为盟主，（南阳王恢，勒少子。）宣太后诏于牧守、征镇，令各率义兵，同讨桀逆。"

于是微服轻骑袭兖州，失期不克。遂南奔谯城。虎遣其将郭太等追击之，获堪于城父，（汉县，在今安徽亳县东南。）送襄国，炙而杀之。征石恢还襄国。刘氏谋泄，虎杀之。尊弘母程氏为皇太后。时石生镇关中，石朗镇洛阳，皆起兵。虎留子邃守襄国，统步骑七万，攻朗于金墉。金墉溃，获朗，刖而斩之。进师攻长安。以石挺为前锋大都督。生遣将军郭权，率鲜卑涉璝斤众二万为前锋拒之。大战潼关，挺死，虎退奔渑池，（汉县，在今河南洛宁县西。）枕尸三百余里。

鲜卑密通于虎，背生而击之。生奔长安，潜于鸡头山。（《括地志》：鸡头山，在成州上禄县东北二十里，在长安西南九百六十里。胡三省曰：原州平高县西百里亦有笄头山，在长安西八百里。按上禄，在今甘肃成县西南。平高，即汉高平，北周改名。）虎进攻长安，旬余，拔之。生为部下所杀。郭权据上邽归顺，京兆、新平、扶风、冯翊、北地皆应之。虎遣郭敖及其子斌等率步骑四万讨之，次于华阴。九年，四月，上邽豪族害权以降。虎废弘为海阳王，并程氏及勒子秦王宏、南阳王恢，幽诸崇训宫，寻杀之。（弘时年二十二。）虎称居摄赵天王。咸康元年，九月，迁于邺。三年，僭称大赵天王。永和五年，僭即皇帝位。

石虎本以兵起，故僭位之后，仍志在穷兵，然时胡、羯之势，已成强弩之末，而鲜卑、氐、羌日大，虎之穷兵，遂适以自促其亡矣。诸部落中，鲜卑慕容氏尤盛。

建武初，元帝承制，拜慕容廆都督辽左杂夷、流人诸军事、大单于、昌黎公，廆让而不受。己遣长史浮海劝进。帝即位，重申前命，廆固辞公封。时二京倾覆，幽、冀沦陷，廆刑政修明，虚怀引纳，流亡士庶多归之。廆乃立郡以统流人；推举贤才，委以庶政。平州刺史东夷校尉崔毖，（王浚妻舅浚所用，见《浚传》。）意存怀集，而流亡莫赴，毖意廆拘留，乃阴结高句骊及宇文、段氏，谋灭廆而分其地。

大兴初，三国伐廆，攻棘城。廆以计间之。二国引归，宇文悉独官独留，为廆所败。于其营候获玉玺三组，遣长史裴嶷送于建康。（《本纪》，事在大兴三年二月。）《北史》云：莫廆死，子逊昵延立。攻廆于棘城，为廆所败，乃卑辞厚币，遣使朝贡于昭帝。帝嘉之，以女妻焉。（亦见《魏书》本纪。）悉独官，即逊昵延也。

二年，十一月，崔毖奔高句骊。元帝使拜廆平州刺史。四年，十二月，加牧，进封辽东郡公，承制海东，置平州守宰。段匹磾之败，末杯仍据辽西。末杯初统其国而不设备，廆遣子皝袭之，入令支，（汉县，在今河北迁安县西。）收其名马、宝物而还。石勒遣使通和廆距之，送其使于建业。勒怒。时逊昵延死，子乞得龟立。

太宁元年，勒遣龟击虏。虏克之。乘胜入其国，收其资用亿计，徙其人数万户以归。其后虏与陶侃笺，说宜北伐之意。并赍东夷校尉、辽东相等三十余人疏上侃府，求封虏为燕王。朝议未定。咸和八年，五月，虏卒。皝嗣。

皝，虏第三子也。宇文乞得龟为其别部逸豆归所逐，奔死于外。皝讨之。逸豆归惧，请和。皝庶兄翰，骁武有雄才，素为皝所忌。母弟仁、昭，并有宠于虏，皝亦不平之。虏卒，并惧不自容。段末杯卒，弟牙嗣。（太宁三年三月。）牙卒，就六眷之孙辽立。

（《通鉴》事在太宁三年，云：慕容虏与段氏方睦，为段牙谋，使之徙都。牙从之，即去令支。国人不乐。段疾陆眷之孙辽，欲夺其位，以徙都为牙罪，十二月，帅国人攻而杀之。辽《魏书》作护辽。）

自末杯至辽，晋皆以为幽州刺史。翰出奔辽。仁劝昭举兵废皝。皝杀昭。仁归平郭，（汉县，晋废，在今辽宁盖平县南。）尽有辽东之地。宇文归、段辽及鲜卑，并为之援。九年，成帝遣谒者拜皝平州刺史、大单于、辽东公。皝自征辽东，克襄平。（汉县，为辽东郡治，在今辽宁辽阳县北。）咸康初，皝乘海讨仁，擒仁，杀之。三年，十一月，皝僭即燕王位。使称藩于石虎，陈段辽宜伐，请尽众来会。虎许之。

四年，虎使桃豹、王华统舟师十万出漂渝津。（在今河北天津县北。）支雄、姚弋仲统步骑十万为前锋以伐辽。雄长驱入蓟。

辽恐，弃令支，奔于密云山。（在今河北密云县南。）皝攻令支以北诸城，掠五千余户而归。虎怒其不会师，进军击之。攻棘城，不克。虎迁辽户二万余于司、雍、兖、豫，以李农为营州牧，镇令支。段辽自密云山使降于虎，又降于皝。虎使麻秋迎辽，皝子恪伏兵袭败之，拥辽及其部众以归。辽谋叛，皝诛之。其子兰，（《魏书》作郁兰。）为宇文归所执，降于虎。

虎谋伐昌黎，遣曹伏将青州之众渡海戍蹋顿城，（未详。）无水而还。因戍于海岛，运谷三百万斛以给之。又以船三百艘，运谷三十万斛诣高句丽，使典农中郎将王典率众二万，屯田于海滨。又令青州造船千艘。后又令司、冀、青、徐、幽、并、雍兼复之家，五丁取三，四丁取二，合邺城旧军，满五十万。具船万艘，自河通海，运谷、豆千一百万斛于安乐城，（安乐，汉县，在今河北顺义县西南。）以备征军之调。自幽州东至白狼，（汉县，在今热河凌源县南。）大兴屯田，然师出无功，（《本纪》：咸康六年，二月，慕容皝及石成战于辽西，败之，献捷于京师。建元元年，六月，石季龙帅众伐慕容皝，皝大败之。）皝反自蠮螉塞入，（今居庸关。）长驱至蓟，进渡武遂津，（武遂，汉县，在今河北武强县东北。）入高阳，（晋国，今河北蠡县南。）所至焚烧积聚，徙幽、冀三万余户以归。

七年，二月，皝遣其长史刘祥献捷京师，兼言推假之意。并请大举讨平中原。表言朝廷任庾亮之私，又与庾冰书责之。冰以其绝远，非所能制，遂与何充等奏听皝称燕王。是年，皝迁都龙城。（皝筑龙城于柳城北，改柳城为龙城县。柳城故城，在今辽宁兴城县西南。龙城，今热河朝阳县。）段辽之败也，慕容翰奔于宇文归。皝遣商人招之，翰携其二子还。皝使与子垂为前锋，伐克高句骊。建元二年，二月，皝伐逸豆归，仍以翰及垂为前锋归远遁漠北，遂奔高句骊。皝开地千余里，徙其部人五万余落于昌黎。宇文部自是散灭。归而赐翰死。于是内忧外患皆除，益得专力于石氏矣。

刘曜之败也，张骏复收河南地，至于狄道。（汉县，今甘肃临洮县西南。）置武街、石门、候和、漒川、甘松五屯护军，与石勒分境。（武街，晋县，在今临洮县东。石门，在今导河县西南。候和，在今固原县北。漒川、甘松，皆在今青海东南境，前凉曾置甘松郡，后西秦又置漒川郡。）勒使拜骏官爵，骏不受，留其使。后惧勒，遣使称臣，贡方物，遣其使归。虎之世，骏亦遣其别驾马诜朝之。虎大悦。及览其表，辞颇謇敖，又大怒，使张伏都帅步骑三万击之。与骏将谢艾战于河西，败绩。（建元元年。）

永和二年，骏卒，子重华嗣。虎又遣麻秋伐之。秋与伏都伐金城，太守张冲以郡降。重华使谢艾击破之。秋又陷大夏，（汉县，晋废，张轨复置，骏又置郡，在今甘肃临夏县东南。）围枹罕，欲城长最，（城名，在今甘肃永登县南。）亦为艾所败。三年，虎使石宁率并、司兵二万余人，为秋后继。秋又据枹罕，进屯河内。遣王擢略地晋兴、广武。（皆前凉郡。晋兴，在今青海乐都县东南。广武，在永登县东南，后秃发乌孤都此。）越洪池岭，

（在武威东南。）至曲柳。（地名，在洪池岭北。）姑臧大震。重华又使艾距破之。虎此时之用兵，乃如搏牛之虻，不可以破虮虱，徒自劳敝而已。

胡、羯之中，石勒少知治体，然亦未尝不淫侈。初据襄国，即命徙洛阳晷影，列之庭立桑梓苑。起明堂、辟雍、灵台。令少府任汪，都水使者张渐等监营邺宫。及虎僭位，淫侈更甚。咸康二年，使牙门将张弥徙洛阳钟虡、九龙、翁仲、铜驼、飞廉于邺。又纳解飞之说，于邺正南投石于河，以起飞桥，功费数千亿万，桥卒不成。于襄国起太武殿，于邺造东西宫。太武殿基高二丈八尺，以文石粹之。下穿伏室，置卫士五百人于其中。东西七十五步，南北六十五步。皆漆瓦金铛，银楹金柱，珠帘玉壁，穷极技巧。又起灵风台九殿于显阳殿后，选士庶之女以充之。后庭服绮縠、玩珍奇者万余人。

虎畋猎无度，晨出夜归。又多微行，躬察作役之所。志在穷兵。以其国内少马，乃禁畜马，匿者要斩。收百姓马四万余匹，以入于公。兼盛营宫室。于邺起台观四十余所，营长安、洛阳二宫，作者四十余万人。

又敕河南四州，具南师之备，（胡三省曰：河南四州，洛、豫、徐、兖也。）并、朔、秦、雍，严西讨之资。（《晋志》曰：石勒平朔方，置朔州。）青、冀、幽州，三五发卒。（三丁发二，五丁发三。）诸州造甲者五十余万人。兼公侯牧宰，竞兴私利。百姓失业，十室而七。船夫十七万人，为水所没，猛虎所害，三分而一。制征士五人，车一乘，牛二头，米各十五斛，绢十匹，调不办者以斩论，将以图江表。于是百姓穷窘，鬻子以充军制，犹不能赴，自经于道路，死者相望，而求发无已。

性既好猎，其后体重，不能跨鞍，乃造猎车千乘，辕长三丈，高一丈八尺，置高一丈七尺。格虎车四十乘，立三级行楼二层于其上。克期将校猎。自灵昌津南至荥阳，东极阳都，使御史监察其中禽兽，有犯者罪至大辟。（灵昌津，即延津。《水经注》云：石勒袭刘曜出此，以冰泮为神灵之助，因号灵昌津。阳都，汉县，在今山东沂水县南。）御史因之，擅作威福。百姓有美女、好牛马者，求之不得，便诬以犯兽，论死者百余家。海岱、河济间，人无宁志矣。

又发诸州二十六万人修洛阳宫。发百姓牛二万余头配朔州牧官。增置女官二十四等。东宫十有二等。诸公、侯七十余国，皆为置女官九等。先是大发百姓女，二十已下，十三已上，三万余人，为三等之第，以分配之。郡县要媚其旨，务于美淑。夺人妇者，九千余人。百姓妻有美色，豪势因而胁之，率多自杀。虎子宣及诸公及私令采发者，亦垂一万。总会邺宫。虎临轩简第诸女，大悦，封使者十二人皆为列侯。自初发至邺，诸杀其夫及夺而遣之缢死者三千余人。荆楚、扬、徐间，流叛略尽。宰、守坐不能绥怀下狱诛者，五十余人。

金紫光禄大夫逯明，因侍切谏，虎大怒，遣龙腾拉而杀之。（虎募骁勇，拜为龙腾中郎。）自是朝臣杜口，相招为禄仕而已。

麻秋之伐张重华，尚书朱轨，与中黄门严生不协，会大雨霖，道路陷滞不通，生因谮轨不修道，又讪谤朝政，虎遂杀之。于是立私论之条，偶语之律，听吏告其君，奴告其主。威刑日滥。公卿已下，朝会以目。吉凶之问，自此而绝。

沙门吴进言于虎曰："胡运将衰，晋当复兴，宜苦役晋人，以厌其气。"（此晋字犹今言中国，晋人犹今言中国人也。）虎于是使尚书张群，发近郡男女十六万，车十万乘，运土筑华林苑及长墙于邺北，广长数十里。起三观四门。三门通漳水，皆为铁扉。暴风大雨，死者数万人。凿北城，引水于华林苑。城崩，压死者百余人。

命石宣祈于山川，因而游猎。乘大辂，羽葆，华盖，建天子旌旗。十有六军，戎卒十八万，出自金明门。（《水经注》：邺城有七门：南曰凤阳门，中曰中阳门，次曰广阳门，东曰建春门，北曰广德门，次曰厩门，西曰西明门，盖即金明门也。）虎从其后宫，升陵霄观望之，笑曰："我家父子如是，自非天崩地陷，当复何愁？但抱子弄孙，日为乐耳。"

宣既驰逐无厌，所在陈列，行宫四面，各以百里为度，驱围禽兽，皆暮集其所。文武跪立，围守重行。烽炬星罗，光烛如昼。命劲骑百余，驰射其中。宣与嬖姬显德美人乘辇观之嬉娱忘返，兽殚乃止。其有禽兽奔逸，当之者坐，有爵者夺马，少驱一日，无爵者鞭之一百。峻制严刑，文武战栗。士卒饥冻而死者，万有余人。宣弓马衣食，皆号为御，有乱其间者，以冒禁罪罪之。所过三州十五郡，（胡三省曰：宣所过三州，盖司、兖、豫也。）资储靡有孑遗。虎复命子韬亦如之，出自并州，游于秦、晋，（《通鉴》作出自并州，至于秦、雍。）敖既长，欲既纵，志既满，乐既极，而天崩地陷之祸，起于萧墙之内矣。

第三节　冉闵诛胡

　　一时一地，必有其俗，然此特以大较言之，行事之见于此时此地者，不必其皆风同而道一也。殷、周之世，距今数千岁矣，而其遗俗，犹或见于西南部族之中；欧、非二洲，距美洲皆数千里，而拉丁、条顿诸族，以及黑人之俗，乃错见于新大陆之上；则其明证。

　　一部二十五史，荒淫暴虐之主，以东晋、南北朝之世为多，是何也？则以五胡之所行，固非中国之道也。斯时既有此俗，汉人自亦不免渐染，见废弑之主，人因亦以此等语诬之。然汉人虽染胡俗，其纵恣，究不若胡人之甚。故此等记载，宜分别观之。大抵汉人为君而失德者，史之所载，必诬罔之辞较多，实迹较少，胡人之僭窃者，则反是也。五胡淫暴，胡、羯为甚，而胡、羯之中，尤以石虎父子为甚。其纵恣之深，杀戮之惨，有非中国人所能想象者。然后知天下之大，无奇不有，而拘墟之士，不足以语于通方也。

石虎之称居摄赵天王也，立其子邃为太子。使邃省可尚书奏事，选牧守，祀郊庙，惟征伐、刑断，乃亲览之。邃自总百揆，荒酒淫色，骄恣无道。或盘游于田，县管而入。或夜出宫臣家，淫其妻妾。妆饰宫人美淑者，斩首洗血，置于盘上，传共视之。又内诸比丘尼有姿色者，与之交，亵而杀之。合牛羊肉，煮而食之。亦赐左右，欲以识其味也。

河间公宣、乐安公韬，有宠于虎，邃疾之如仇。虎荒耽内游，威刑失度。邃以事为可呈，呈之，虎恚曰："此小事，何足呈也？"时有所不闻，复怒曰："何以不呈？"诮责杖捶，月至再三。邃甚恨。私谓常从无穷长生、中庶子李颜等曰："官家难称，吾欲行冒顿之事，卿从我乎？"颜等伏不敢对。

邃称疾不省事。率宫臣文武五百余骑，宴于李颜别舍。谓颜等曰："我欲至冀州杀石宣，有不从者斩。"行数里，骑皆逃散，李颜叩头固谏，邃亦昏醉而归。邃母郑氏闻之，私遣中人责邃。邃怒，杀其使。

虎闻邃有疾，遣所亲任女尚书察之。邃呼前与语，抽剑击之。虎大怒，收李颜等诘问。颜具言始末。诛颜等三十余人。幽邃于东宫。既而赦之，引见太武东堂。邃朝而不谢，俄而便出。虎遣使谓邃曰："太子应入朝中宫，何以便去？"邃径出不顾。虎大怒。废邃为庶人。其夜，杀邃及妻张氏，并男女二十六人，同埋于一棺之中。诛其宫人支党二百余人。废郑氏为东海太妃。立宣为天王皇太子，宣母杜昭仪为天王皇后。（《通鉴》据《十六国》、

《晋春秋》，系咸康三年。《考异》云：《燕书》在四年。）以宣为大单于，韬为大尉，与宣迭日省可尚书奏事。

右仆射张离，领五兵尚书，专总兵要，而欲求媚于宣，因说之曰："今诸公侯吏兵过限，宜渐削弱，以盛储威。"宣素疾韬宠，甚悦其言。乃使离奏夺诸公府吏，余兵悉配东宫。于是诸公咸怨。虎又命宣、韬，生杀、拜除，皆迭日省决，不复启。宣使所幸杨杯、牟皮、牟成、赵生等杀韬，欲因虎亲临杀虎。虎将出，其司空李农谏，乃止。事觉，幽宣于席库。（藏席之所。）以铁环穿其颔而锁之。作数斗木槽，和羹饭，以猪狗法食之。虎取害韬刀箭舐其血，哀号震动宫殿。

积柴邺北，树标于其上，标末置鹿卢，穿之以绳，倚梯柴积。送宣于标所。使韬所亲宦者郝稚、刘霸拔其发，抽其舌，牵之登梯，上于柴积。郝稚以绳贯其颔，鹿卢绞上。刘霸断其手足，斫眼、溃腹，如韬之伤。四面纵火，烟炎际天。虎从昭仪已下数千，登中台以观之。（中台，即铜雀台，在三台之中，故称。）火灭，取灰分置诸门交道中。

杀其妻子九人。宣小子年数岁，虎甚爱之，抱之而泣，欲赦之，其大臣不听，遂于抱中取而戮之，儿犹挽虎衣而大叫，虎因此发病。又诛其四率已下三百人，宦者五十人，皆车裂节解，弃之漳水。污其东宫养猪牛。东宫卫士十余万人，皆谪戍凉州。（胡三省曰：赵未得凉州，置凉州于金城，谪使戍凉州之边也。）先是散骑常侍赵揽言于虎曰："中宫将有变，宜防之。"及宣之杀韬也，虎疑其知而不告，亦诛之。废宣母杜氏为庶人。贵嫔柳氏，尚书耆之女也，以才色特幸，坐其二兄有宠于宣，亦杀之。虎追其姿色，复纳耆少女于华林园。（此疑即虎用吴进说在邺所筑之华林苑。）

初，戎昭张豺破上邽，获刘曜幼女，年十二，有殊色，虎得而嬖之。生子世，封齐公。方十岁，立为太子。刘氏为皇后。时永和四年也。

五年，虎僭即皇帝位，大赦。故东宫谪卒高力等万余人，（石宣简多力之士，以卫东宫，号曰高力，置督将以领之。）行达雍城。既不在赦例；又敕雍州刺史张茂送之，茂皆夺其马，令步推鹿车，致粮戍所。高力督梁犊等，因众心之怨，谋起兵东还。阴令胡人颉独鹿微告戍者，戍者皆踊抃大呼。

梁犊乃自称晋征东大将军，率众攻陷下辩。逼张茂为大都督大司马，载以轺车。秦、雍间城戍，无不摧陷。斩二千石长吏，长驱而东。高力等皆多力善射，一当十余人。虽无兵甲，所在掠百姓大斧，施一丈柯，攻战若神。所向崩溃。戍卒皆随之。比至长安，众已十万。

虎子乐平王苞，时镇长安，尽锐拒之，一战而败。犊遂东出潼关，进如洛川。虎以李农为大都督，行大将军事，统卫军张贺、征西张良、征虏石闵等，率步骑十万讨之。战于新安，农师不利。战于洛阳，又败。乃退壁成皋。犊东掠荥阳、陈留诸郡。虎大惧，以其子燕王斌为大都督中外诸军事，率精骑一万，统姚弋仲、符洪等击犊于荥阳东，大败之，斩犊首而还。讨其余党，尽灭之。

姚弋仲者，南安赤亭羌人。（赤亭，在今陇西县西。）《晋书·载记》云：其先有虞氏之苗裔。禹封舜少子于西戎，世为羌酋。其后烧当，雄于洮、罕之间。七世孙填虞，汉中元末，寇扰西州，为杨虚侯马武所败，徙出塞。虞九世孙迁那，率种人内附，汉朝嘉之，假冠军将军、西羌校尉、归顺王。处之于南安之赤亭。那玄孙柯迴，为魏镇西将军、绥戎校尉、西羌都督。迴生弋仲。永嘉之乱，东徙榆眉。（亦作隃麋，汉县，晋废，在今陕西汧阳县东。）刘曜平陈安，以弋仲为平西将军，封平襄公，邑之于陇上。石虎徙秦、雍豪杰于关东，弋仲率部众数万，迁于清河。（汉郡，今河北清河县东。）

苻洪者，略阳临渭氐人。（临渭，魏县，在今甘肃秦安县东南。）《晋书·载记》云：始其家池中蒲生，长五丈，五节，如竹形，时咸谓之蒲家，因以为氏焉。又谓其降晋后，有说洪称尊号者，洪亦以谶文有草付应王；又其孙坚背有草付字；遂改姓苻氏。

案《晋书·宣帝纪》：魏明帝青龙三年，有武都氐王苻双、强端，帅其属六千余人来降；又《李特载记》：有氐苻成，与特弟庠俱归赵廞；则苻之为氏，由来已久；且非洪一族，《载记》之言，其不足信，无待深辩。又云：其先盖有扈氏之苗裔，则又当时五胡酋长，自托于神明之胄之积习也。

洪父怀归，为部落小帅。永嘉之乱，宗人蒲光、蒲突推为盟主。刘曜僭号长安，洪归曜，拜率义侯。（《魏书》云：徙之高

243 _

陆。高陆，汉高陵县，魏改曰高陆，隋复曰高陵，今仍为县，属陕西。）曜败，洪西保陇山。石虎将攻上邽，洪又请降。（《本纪》，事在咸和三年。）虎灭石生，徙关中豪杰及羌戎，以洪为流人都督，处于枋头。

关中为氐、羌窟穴，虎徙其种落及豪杰而东，盖以为便于制驭，且可抚而用之，然至风尘溟洞时，则乘机崛起，有非胡、羯所能制者矣。石闵者，本姓冉，内黄人，（内黄，汉县，今河南内黄县。）为虎养孙。闵善谋策，勇力绝人。虎之败于昌黎，闵军独全，由此大显；及败梁犊，威声弥振；胡、夏宿将，莫不惮之，亦非虎所能畜矣。

平梁犊未几，虎疾甚，以子遵为大将军，镇关右；斌为丞相，录尚书事；张豺为镇卫大将军，领军将军，吏部尚书；并受遗辅政。刘氏惧斌之辅政也害世，与张豺谋诛之。斌时在襄国，乃遣使诈斌曰："主上患已渐损，王须猎者，可小停也。"斌性好酒耽猎，遂游畋纵饮。刘氏矫命，称斌无忠孝之心，免斌官，以王归第。使张豺弟雄率龙腾五百人守之。石遵自幽州至邺，敕朝堂受拜，配禁兵三万遣之。张豺使弟雄等矫虎命杀斌。刘氏又矫命，以豺为太保，都督中外诸军，录尚书事。加千兵百骑，一依霍光辅汉故事。俄而虎死。（《纪》在永和五年四月。）世即伪位。尊刘氏为皇太后，临朝。进张豺为丞相。

豺与张举谋诛李农。举与农素善，以豺谋告之。农惧，率骑百余奔广宗，率乞活数万家，保于上白。（广宗，汉国，后汉为

县，在今河北威县东。）刘氏使张举等统宿卫精卒围之。豺以张
离为镇军大将军，监中外诸军事，司隶校尉，为己之副。石遵闻
虎死，屯于河内。姚弋仲、苻洪、石闵等既平秦、洛，班师而归，
遇遵于李城，（《续汉志》：河内平皋县有李城。平皋，在今河南
温县东。）说遵讨张豺。遵从之。以闵为前锋。张离率龙腾二千，
斩关迎遵。斩张豺，夷其三族。

遵僭即伪位。罢上白围。封世为谯王，废刘氏为太妃，寻皆
杀之。世立凡三十三日。（此据《载记》。《十六国春秋》同。《通
鉴考异》云：四月己巳至五月庚寅，凡二十二日。）遵以石斌子衍
为皇太子。石闵督中外诸军事，辅国大将军，录尚书事，辅政。

石冲时镇于蓟，留沐坚戍幽州，帅众五万，自蓟讨遵。传檄
燕、赵，所在云集。比及常山，众十余万。遵使石闵与李农等率
精卒十万讨之。战于平棘，（汉县，今河北赵县。）冲师大败。获
冲于元氏，（汉县，今河北元氏县西北。）赐死。坑其士卒三万
余人。

石苞时镇长安，谋帅关中之众攻邺。苞性贪而无谋，雍州豪
右，知其无成，并遣使告晋梁州刺史司马勋。勋率众赴之，去长
安二百余里。遵遣车骑王朗，率精骑二万，外以讨勋为名，因劫
苞，送之于邺。遵谋诛闵。石鉴以告闵。（鉴亦虎子。）闵劫李农
及右卫王基杀遵。诛遵母郑氏，及其太子衍。遵在位百八十三日。

鉴僭位。使石苞及中书令李松、殿中将军张才等夜诛闵、农，
不克。鉴恐闵为变，伪若不知者，夜斩松、才，并诛苞。时石祇

在襄国，与姚弋仲、苻洪等通和，连兵檄诛闵、农。鉴遣石琨为大都督，（琨，虎少男。永和八年，将妻妾数人奔京师。敕收付廷尉。俄斩之于建康市。）与张举及侍中呼延盛，率步骑七万，分讨祇等。中领军石成，侍中石启，前河东太守石晖谋诛闵、农，闵、农杀之。龙骧孙伏都、刘铢等，结羯士三千，伏于胡天，（袄祠。）亦欲诛闵等。

时鉴在中台，伏都率三十余人，将升台挟鉴以攻之。鉴临问其故，曰："卿是功臣，好为官陈力，朕从台观，卿勿虑无报也。"于是伏都及铢率众攻闵、农，不克。屯于凤阳门。闵、农率众数千，毁金明门而入。（凤阳、金明，皆邺城门。）鉴惧闵之诛己也，驰招闵、农，开门内之，谓曰："孙伏都反，卿宜速计之。"闵、农攻斩伏都等。宣令"内外六夷，敢称兵杖者斩之"。

胡人或斩关，或逾城而出者，不可胜数。令城内曰："与官同心者住，不同者各任所之。"敕城门不复相禁。于是赵人百里内悉入城，胡、羯去者填门。闵知胡之不为己用也，班令内外："赵人斩一胡首送凤阳门者，文官进位三等，武职悉拜牙门。"一日之中，斩首数万。闵躬率赵人，诛诸胡羯，无贵贱、男女、少长，皆斩之。死者二十余万。（《天文志·天变史传验事》言：闵杀诸胡十万余人。）尸诸城外，悉为野犬、豺狼所食。屯据四方者，所在承闵书诛之。高鼻多须，滥死者半。

《儒林传》言：闵署韦謏为光禄大夫。时闵拜其子胤为大单于，而以降胡一千，处之麾下。謏谏曰："胡、羯本为仇敌，今之款附，苟全性命耳。或有刺客，变起须臾，败而悔之，何及？愿诛降胡，去单于之号，深思帝王苞桑之诫。"闵志在绥抚，锐于澄定，闻其言，大怒，遂诛之，并杀其子伯阳。当时立单于之号，乃所以统诸胡。闵既诛胡、羯，而又杀谏臣以媚之，则本非有民族内外之见。盖当时五胡，习以汉族以外诸异族为斗士，攻闵者所用多其人，故闵觇知其不为己用而诛之，所剪除者异己，非有锄去非种之心也。然各任所之之令一下，胡、羯去而赵人悉来，则民族同异亲疏之义，虽未光大，终阴行于不自知之间，而闵不能引而伸之，以成功而远祸，亦可惜矣。为闵计者当奈何？

《隐逸传》言：当时有狄道辛谧者，性恬静，不妄交游。累征不起。永嘉末，以谧兼散骑常侍，慰抚关中。谧以洛阳将败，故应之。及长安陷，没于刘聪。聪拜谧大中大夫，固辞不受。历石勒、石虎之世，并不应辟命。及闵僭号，复备礼，征为太常。谧遗闵书，言"物极则变，致高则危，宜因兹大捷，归身本朝"。因不食而卒。

夫谧，抗志于海宇清晏之时，而受命于洛京危急之日，盖非与世相忘者。峻辞刘、石之命，而独殷勤诒书于闵，盖亦嘉其能除胡、羯，以绥华夏矣。谧岂有拒闵之心哉？所以不食而卒者，盖度闵在北方，终不可以有为，且必不能免于祸，故自杀以坚其归晋之心也。谧亦有心人哉！闵虽非拨乱之才，自不失为一战将。当时在北方，同心大寡，树敌大多，故卒无所成而及于祸。使能归朝而挟晋之所有以为资，杖其名义而北，其情形，自与当日大不相同矣。

然则谧之所言，实闵自处之上策，而惜乎闵之不能用也。《载记》言闵僭位后，曾遣使临江告晋曰："胡逆乱中原，今已诛之，若能共讨者，可遣军来也"，则亦非无意求援于晋。然既已称尊，更求晋援，则在家天下之世，其势有所不行，故晋遂置诸不答。抑晋当日，君臣习于宴安，荆、扬又相猜忌，必不能奋迅出师，以为闵援，为闵计者，自不如善刃而藏，以为后图之为得，惜乎闵锐于廓清，而短于知计，终不能用智士之言也。

《通鉴》：永和六年，正月，赵大将军闵，欲灭去石氏之迹，托以谶文有继赵李，更国号曰卫，易姓李氏，大赦改元。盖亦有意于伸民族之义，以收民心。然其时民族之义，尚未光大，欲恃是以求多助而摧强敌，实未可恃，况又徒更其名号邪？时则张举及诸公侯、卿校、龙腾等万余人，出奔襄国。

石琨奔据冀州。（赵冀州，治信都，今河北冀县。）抚军张沈屯滏口，（在今河北磁县境。）张贺度据石渎，（胡三省曰：魏收《地形志》：邺县有石窦堰。）建义段勤据黎阳，（勤末杯子。黎阳，汉县，今河南浚县。）宁南杨群屯桑壁，（胡三省曰：《括地志》：易州遂城县界有桑丘城。又《水经注》：常山蒲吾县东南有桑中县故城。按遂城，隋县，在今河北徐水县西。蒲吾，汉县，在今河北平山县东南。）刘国据阳城，（胡三省曰：后国自繁阳会石琨击闵，则此阳城乃繁阳城也。按繁阳，汉县，在今河南内黄县东北。）段龛据陈留，（龛，兰子。《魏书》云：慕容皝杀护辽，郁兰奔石虎，虎以所徙鲜卑五千人配之，使屯令支。郁兰死，子龛代之。时盖徙据陈留。）姚弋仲据混桥，（在邺东北。）苻洪据枋头，众各数万。

王朗、麻秋自长安奔于洛阳。秋承闵书，诛朗部胡千余。朗奔于襄国。苻洪使子雄击麻秋，获之。（据《洪载记》。《石虎载记》云：秋率众奔于洪。案秋既承冉闵书诛王朗部胡，则非与闵为敌者，无缘奔抗闵之洪也。）石琨及张举、王朗率众七万伐邺。闵率骑千余，拒之城北。闵执两刃矛，驰骑击之，皆应锋摧溃。斩级三千。琨等大败，归于冀州。闵与李农率骑三万讨张贺度。石鉴密遣宦者召张沈等，使乘虚袭邺。宦者以告闵、农。闵、农驰还，废鉴，杀之。诛石虎孙三十八人。尽殪石氏。

鉴在位百三日。（鉴之死，《本纪》在永和六年闰月。《通鉴考异》云：《三十国》、《晋春秋》皆云闰正月。按长历闰二月。《帝纪》闰月有丁丑、己丑，是岁正月癸酉朔，若闰正月，即无丁丑、己丑。）闵即皇帝位，国号魏。复姓冉氏。旋诛李农及其三子。

冉闵之百战百胜，颇似项籍、孙策，使与石氏遗孽相角，虽不必其有成，亦未必其遽败，而前燕自辽西而入，挟其方兴之势以临之，其气完，其力厚，则非闵之所能御矣，是亦其所遭之不幸也。

慕容皝以永和四年九月死，子儁嗣伪位。明年而石虎死。又明年，儁南伐幽州。石虎刺史王午走，留其将王他守蓟。儁攻陷其城，斩他。势遂逼近冀州。

　　石鉴之死也，石祇僭称尊号于襄国。六夷据州郡拥兵者皆应之。祇遣其相国石琨，率众十万伐邺。进据邯郸。镇南刘国，自繁阳会之。闵大败琨于邯郸。国还屯繁阳。张贺度、段勤与刘国、靳豚会于昌城，（魏收《地形志》：魏郡昌乐县有昌城。昌乐，后魏县，在今河北南乐县西北。）将攻邺。闵遣尚书左仆射刘群为行台都督。使其将王泰、崔通、周成等帅步骑十二万，次于黄城。（未详。）闵躬统精卒八万继之。战于苍亭，（胡三省曰：在河上，西南至东阿六十里。）贺度等大败。追斩豚于阴安乡。（汉阴安县，在今河北清丰县北。）尽俘其众，振旅而归。戎卒三十余万；旌旗钟鼓，绵亘百余里；史称"虽石氏之盛，无以过之"，盖以是示强也。

　　然惟中不足者，乃欲借虚声以慑敌，此亦未足以欺敌矣。史又言"闵至自苍亭，行饮至之礼。清定九流，准才受任，儒学后门，多蒙显进，于时翕然，方之魏、晋之初"，可见闵非粗才，惜其所值之敌，大多太逼，不及施展也。闵率步骑十万，攻石祇于襄国。百余日。祇大惧，去皇帝之号，称赵王，使诣慕容儁、姚弋仲乞师。

　　会石琨自冀州援祇，弋仲复遣子襄率骑三万八千，儁遣将军悦绾率甲卒三万至。三方劲卒，合十余万。闵将出击之。卫将军王泰谏曰："穷寇固迷，希望外援。今强救云集，欲吾出战，腹背击我。宜固垒勿出，观势而动，以挫其谋。今陛下亲戎，如失万全，大事去矣。"闵将从之。道士法饶进曰："大白经昴，当杀胡王，一战百克，不可失也。"闵攘袂大言曰："吾战决矣，敢谏者斩。"于是尽众出战。

姚襄、悦绾、石琨等三面攻之，祗冲其后。闵师大败，与十余骑奔邺。降胡栗特康等执冉胤及左仆射刘琦等送于祗，尽杀之。百官及诸将士，死者十余万人，于是人物歼矣。贼盗蜂起。司、冀大饥，人相食。

自石虎末年，而闵尽散仓库，以树私恩。与羌、胡相攻，无月不战。青、雍、幽、荆州徙户，及诸氐、羌、胡、蛮，数百余万，各还本土。道路交错，互相杀掠；且饥疫死亡；其能达者，十有二三。诸夏纷乱，无复农者。闵悔之。诛法饶父子，支解之。赠韦謏大司徒。

石祗使刘显率众七万攻邺。去邺二十三里。闵召王泰议之。泰恚其谋之不从，辞以创甚。闵亲临问之，固称疾笃。闵怒，还宫，顾谓左右曰："巴奴，乃公岂假汝为命邪？"（此亦六夷不与闵同心之一证。）要将先灭群胡，却斩王泰。于是尽众而战，大败显军。追奔及于阳平。斩首三万余级。显惧，密使请降，求杀祗为效。闵振旅而归。会有告王泰招集秦人，将奔关中。闵怒，诛泰，夷其三族。刘显果杀祗，传首于邺，送质请命。

骠骑石宁奔于柏人。（汉县，今河北唐山县西。）刘显复率众伐邺。闵击败之。显还，称尊号于襄国。率众伐常山。闵留其大将军蒋干等辅其太子智守邺，亲率骑八千救之。击显，败之。追奔及于襄国。显大将曹伏驹开门为应，遂入襄国，诛显及其公卿已下百余人。焚襄国宫室，迁其百姓于邺。（《纪》八年正月。《通鉴考异》曰：《十六国春秋钞》在二月。《燕书》在三月己酉。）

先是慕容彪陷中山，杀闵宁北白同。幽州刺史刘准降于慕容儁。儁略地至于冀州。闵距之。与慕容恪相遇于魏昌。（汉苦陉县，后汉改曰汉昌，魏改曰魏昌，今河北无极县东北。）十战皆败之。俄而众寡不敌，溃围东走。行二十余里，马无故而死，为恪所擒。时永和八年四月也。儁送闵龙城，斩于遏陉山。恪进据常山，遂进攻邺。儁又遣慕容评围邺。九月，执闵妻董氏、太子智送蓟。儁遂僭帝位于中山。

第四节　庾氏经营北方

石虎自毙，实为晋室恢复北方之一好机会，以斯时北方，骤失统一；氐苻、羌姚，皆一侨居部落，其力甚薄；前燕气力，虽较雄厚，亦甫及河北也。然晋下游兵力不振；上游兵虽较强，而不能专意于北，遂至坐失良机，恢复之图，终成画饼矣。此则积年之因循，与内外之相猜为之也。今略述其事如下：

石勒之死也，石聪以谯来降。聪，勒之养子也。孔坦与之书，说以反族归正，图义建功。然时石虎尚能控制其境内，晋朝不能出师，而望聪之自奋，亦难矣。石生起关中，遣使来降；生败，其将郭权，又来归顺；晋亦未能应接。石虎既自立，其徐州从事朱纵，又斩其刺史郭祥，以彭城来降。（彭城，汉郡，今江苏铜山县。）虎遣王朗击之，纵奔淮南。咸康元年，虎自率众，南寇历阳。加王导大司马，假黄钺，都督诸军以御之。虎临江而还。又使石遇寇中庐。（汉县，在今湖北襄阳县西南。）遂围桓宣于襄阳。荆州之众救之。攻守二旬，遇军中饥疫，乃还。

初周访据襄阳，颇有宣力中原之意。访死，甘卓以老耄继之。王敦居荆州，则意在作逆，而不在于敌。敦败，荆州入于陶侃之手。侃本非有远志，加亦衰耄。尝使长史王敷聘于石勒。（见《载记》。）苏峻将冯铁，杀侃子，奔于勒，勒以为戍将，侃告勒以故，勒召而杀之，志在与勒相安而已。时桓宣镇襄阳。史称其招怀初附，劝课农桑，能得众心。十余年间，石虎再遣骑攻之，每以寡弱距守。论者以为次于祖逖、周访。然区区一镇之力，又承残破之余，能自守已不易矣。逮陶侃卒，庾亮代镇荆州，慨然有开复中原之志，而上流之形势乃一变。

咸康五年，庾亮解豫州，以授毛宝。使与西阳太守樊峻，以精兵一万，俱戍邾城。亮弟翼为南蛮校尉，南郡太守，镇江陵。以武昌太守陈嚣为梁州刺史，趋子午。（子午谷，在陕西长安、洋县间。北口曰子，在长安南百里。南口曰午，在洋县东百六十里。）亮当率士众十万，据石头城，（此石头城在襄阳。）为诸军声援。上疏欲并佃并守，修进取之备。比及数年，乘胜齐进，以临河、洛。又言淮泗、寿阳，所宜进据。帝下其议。

王导与亮意同。郗鉴议以资用未备，不可大举。太常蔡谟，则力言石虎之强，不宜远进。导非有志于恢复者，是时之同亮，盖不欲与亮立异也。郗鉴之论，自是老成持重之见，然亮意本云俟诸数年之后。至蔡谟之论，则似持重而实怯懦。国之强弱，不在一人。谟谓贼之强弱，在虎之能否，其说先已不通，况其所夸称，如拔金墉，斩石生等，非必虎之强邪？谟谓"王师与贼，水陆异势，便习不同。寇若送死，虽开江延敌，以一当十，犹吞之有余。宜诱而致之，以保万全。若弃江远进，以我所短击彼所长，惧非庙胜之算"。其只图画江，不图进取之意，昭然可见矣。而朝议同谟，亮遂不果移镇。

时石虎使夔安统五将、步骑七万寇荆、扬北鄙。其将张貉陷邾城，因寇江夏、义阳，毛宝、樊峻及义阳太守郑进并死之。夔安等进围石城，竟陵太守李阳距战破之。（竟陵郡，治石城。）安乃退，略汉东，拥七千余家，迁于幽、冀。史称亮感慨发疾，明年正月卒。

案夔安之寇，晋虽有所丧，未为大挫。亮之恢复，本不计近功，何乃因此发疾，遂至于死？史于庾氏多诬辞，恐此说亦不足信也。亮既卒，以翼为荆州刺史，督江、荆、司、雍、梁、益六州，镇武昌。

时郗鉴亦寝疾，上疏逊位。言"臣所统错杂，率多北人。或逼迁徙，或是新附。百姓怀土，皆有归本之心。臣宣国恩，示以好恶，处与田宅，渐得少安。闻臣疾笃，众情骇动。若当北渡，必启寇心。太常臣谟，平简贞正，素望所归，谓可以为都督徐州刺史。臣亡兄息晋陵内史迈，谦爱养士，甚为流亡所宗；又是臣门户子弟，堪任兖州刺史"。疏奏，以蔡谟为鉴军司。鉴卒，（咸康五年八月。）遂以谟为徐州刺史。观鉴所陈，可见当时下流兵力之弱，以骄蹇如谟者处之，庸有济乎？

（穆帝时，谟迁侍中司徒，固让。皇太后遣使喻意。自永和四年冬至五年末，诏书屡下，谟固守所执。六年，复上疏，以疾病乞骸骨。帝临轩，遣征谟，谟陈疾笃，使主簿谢攸对。自旦至申，使者十余反，而谟不至。

时帝年八岁，甚倦，问左右曰："所召人何以至今不来？临轩何时当竟？"君臣俱疲弊。皇太后诏："必不来者宜罢朝。"中军将军殷浩奏免吏部尚书江虨官。简文时为会稽王，命曹曰："蔡公傲违上命，无人臣之礼。若人主卑屈于上，大义不行于下，亦不知所以为政矣。于是公卿奏谟悖慢傲上，罪同不臣。臣等参议，宜明国宪。请送廷尉，以正刑书。"

谟惧，率子弟素服，诣阙稽颡，躬到廷尉待罪。皇太后诏依旧制，免为庶人。前倨后恭，可发一噱。

《荀羡传》：羡自镇来朝。时谟固让司徒不起。殷浩欲加大辟，以问于羡。羡曰："蔡公今日事危，明日必有桓文之举。"此谟之所以敢于骄蹇也。凡骄蹇于内者，必屈伏于外，甚有不恤降敌以快其反噬之心者矣。王敦、桓温，徒以傲上，不能敌忾，况谟乎？）

时左卫将军陈光上疏请伐胡。诏令攻寿阳。谟上疏曰："寿阳城小而固。自寿阳至琅邪，城壁相望，其间远者，裁百余里，一城见攻，众城必救。且王师在路，五十余日，大军未至，声息久闻，贼之邮驿，一日千里，河北之骑，足以来赴。停船水渚，引兵造城，前对坚敌，顾临归路，此兵法之所诫也。"仍是怯弱退守之计而已。

庾翼戎政严明，经略深远。数年之中，公私充实，人情翕然。自河以南，皆怀归附。建元元年，七月，石虎汝南太守戴开率数千人诣翼降。翼遣使东至辽东，西到凉州，要结二方，欲同大举。慕容皝、张骏并报使请期。九月，翼移镇安陆。并使桓宣进取丹水，以摇秦、雍。（时以宣为梁州刺史。）上疏请令桓温渡戍广陵，（时温为徐州刺史。）何充移据淮泗、赭圻，（赭圻，岭名，在今安徽繁昌县西。充时为扬州刺史。）路永进屯合肥。帝及朝士，皆遣使譬止。翼违诏辄行。至夏口，复上表徙镇襄阳。

（表言所调借牛马，来处皆远。百姓所畜，谷草不充，并多羸瘠，难以涉路。加以向冬，野草渐枯，往反二千，或容蹶顿。辄便随事筹量，权停此举。又山南诸城，每至秋冬，水多燥涸，运漕用功，实为艰阻。计襄阳荆楚之旧，西接益、梁，与关、陇咫尺。北去洛、河，不盈千里。土沃田良，方城险峻。水路流通，转运无滞。进可以扫荡秦、赵，退可以保据上流。是以辄量宜入沔，徙镇襄阳。史言翼本欲向襄阳，虑朝廷不许，故以安陆为辞。当时朝臣，率多怯懦，疆臣欲任事者，诚亦非易，此亦激成王敦、桓温不臣之一端也。）

时举朝谓之不可，惟翼兄冰意同。桓温及谯王无忌，（承子）亦赞成其计。十月，以冰为江州刺史，镇武昌，以为翼援。翼令桓宣进伐石虎将李罴，为所败。翼怒，贬其秩，使移戍岘山。（在襄阳南。）宣发愤，明年八月，卒。

翼以长子方之为义成太守，代领宣众。司马应诞为襄阳太守，司马勋为梁州刺史，戍襄阳。

（《宣传》云：陶侃使宣镇襄阳，以其淮南部曲立义成郡，《地理志》及《宋书·州郡志》并云郡孝武时立，盖中废复置？《宋志》：义成郡治均州，当在今湖北光化县西北。《隋志》谓谷城县即义成改置，不知何时移治。谷城，今湖北谷城县也。）

宣帝弟恂子遂，封济南王。二子：眈、缉。眈嗣。徙封中山。薨，无子，缉继。成都王颖使距王浚，没于陈，无子，国除。勋为刘曜将令狐泥所养。咸和六年，自关右还，自列云是恂之玄孙，遂之曾孙，略阳太守瓘之子，其信否不可知也。）

十一月，庾冰卒。翼留方之戍襄阳，还镇夏口。诏使翼还督江州。翼欲移镇乐乡，诏不许。翼缮修军器，大佃积谷，欲图后举。永和元年，七月，卒。部将于瓒、戴义等作乱，翼长史江虨、司马朱焘、将军袁真等共诛之。翼表以第二子爱之行荆州刺史，朝以桓温代翼，又以刘惔代方之。方之、爱之，皆徙于豫章。于是上流事权，入于桓温之手矣。

庾翼之北伐，举朝异议。中书侍郎范汪，为亮佐吏十余年，亦上书固谏。其说则谓奉师之费，皆当出于江南，运漕不继；又桓宣招怀携二，待之以至宽，御之以无法，其众实不可用；而东军不进，势甚孤县也。其说自非无见。然时中国，丧乱方剧，厚集其力，自必有乘时大举之机。亮、翼经营上流，历时一纪，荆、江强富，职此之由。其后桓温北征，颇致克捷，所因者实亮、翼之成资也。然温意在自营，故不克罄其力于北略。使以亮、翼之公忠，处温之时势，其所成就，必与温大异矣，而惜乎其兄弟之皆无年也。

第五节 桓温灭蜀

晋室东渡，虽云偏安，然其时叛者，实不过胡、蜀耳。胡强蜀弱，庾氏兄弟，志在平胡，其于蜀，特于咸康五年，遣偏师伐之，执其荆州刺史及巴郡太守而已。桓温之志，在于自张权势，欲张权势，必立功名；欲立功名，必先其易者；故平胡之谋，一变而为伐蜀。

李氏诸子，本尚不足语于奸雄，特乱民之窃据者耳。然其时海内大乱，而蜀独无事，故归之者亦相寻。李雄性宽厚，能简刑约法。其赋：男子岁谷三斛，女丁半之。户调绢不过数丈，绵数两。事少役希，百姓富实。闾门不闭，无相侵盗。颇获休养生息之效焉。然雄意在招致远方，国用不足，诸将每进金银珍宝，多有以之得官者。又国无威仪，官无禄秩；行军无号令，用兵无部对；战胜不相让，败不相救；攻城破邑，动以虏获为先，故卒不能有所为。盖李氏本不知治体，加以居偏僻之区，故其无规模如此也。

李氏骨肉相争，实自李雄、李流时已然。雄立兄荡之子班为太子。李骧谏，不听。退而流涕曰："乱自此始矣。"咸和八年，雄死，（据《载记》。《本纪》在九年。）班嗣伪位。以骧子寿录尚书事，辅政。明年，雄子越杀班于殡宫。以弟期为雄妻任氏所养，让位焉。期诛班弟都。使寿伐都弟玝于涪。玝弃城降晋。

期以越为相国、大将军、录尚书事。期外任尚书令景骞，尚书姚华、田褒，内信宦竖许涪等，国之刑政，希复关之卿相。诬其尚书仆射李载谋反，下狱死。咸康二年，晋遣司马勋安集汉中，期遣李寿攻陷之，遂置守、宰，戍南郑。（秦县，今陕西南郑县东。）雄子霸、保，并不病而死，皆云期鸩杀之。于是大臣怀惧，人不自安。期多所诛夷，籍没妇女资财，以实后庭。内外凶凶，道路以目。

李寿代李玝屯涪，期谋袭之。已而鸩杀寿养弟攸。寿率步骑一万回成都，杀越及景骞等。矫任氏令，废期，幽之别宫。期自缢死。雄子皆为寿所杀。

初巴西龚壮，与乡人谯秀齐名。父、叔为李特所害。寿聘秀，以为宾客。数礼聘壮。壮虽不应聘，然数往见寿。寿每问壮以自安之术。壮欲假手报仇，因说寿并有西土，称藩于晋。寿然之。阴与长史略阳罗恒、巴西解思明共谋，以李奕为先登，袭克成都。恒、思明、奕、王利等劝寿称益州牧、成都王，称藩于晋。而任调与司马蔡兴、侍中李艳及张烈等劝寿自立。寿遂僭即伪位。（《载记》：期自杀在咸康三年，寿僭位在四年。《本纪》：

四年，四月，李寿杀李期，僭即伪位，国号汉，盖两事并书之。）以安车束帛，聘龚壮为太师，壮固辞，特听缟衣素带，居师友之位。有告广汉太守李乾与大臣通谋，欲废寿者，寿令其子广与大臣盟于前殿，徙乾为汉嘉太守。寿遣其散骑常侍王嘏、中常侍王广聘于石虎。

先是虎遗寿书，欲连横入寇，约分天下。寿大悦。乃大修船舰，严兵缮甲，吏卒皆备糇粮。以其尚书令马当为六军都督，大阅军士七万余人。舟师溯江而上。过成都，鼓噪盈江。寿登城观之。其群臣咸曰："我国小众寡，吴会险远，图之未易。"解思明又窃谏恳至。寿于是命群臣陈其利害。龚壮谏曰："陛下与胡通，孰若与晋通？胡豺狼国也，晋既灭，不得不北面事之，若与之争，则强弱势异。愿陛下熟虑之。"群臣以壮之言为然，叩头泣谏。寿乃止。士众咸称万岁。此可见蜀人之无战心矣。

初张骏遣使遗雄书，劝去尊号，称藩于晋。雄复书曰："吾过为士大夫所推，然本无心于帝王也。进思为晋室元功之臣，退思共为守藩之将，扫除氛埃，以康帝宇。知欲远遵楚、汉，尊崇义帝，《春秋》之义，于斯莫大。"后骏、遣傅颖假道于蜀，通表京师，雄弗许。骏又遣治中从事张淳称藩于蜀，讬以假道。雄大悦，谓淳曰："贵主英名盖世，土险兵强，何不自称帝一方？"淳曰："寡君以乃祖世济忠良，未能雪天下之耻，解众人之倒悬，日昃忘食，枕戈待旦。以琅邪中兴江东，故万里翼戴，将成桓、文之事，何言自取邪？"雄有惭色，曰："我乃祖乃父，亦是晋臣。

往与六郡，避难此地，为同盟所推，遂有今日。琅邪若能中兴大晋于中夏，亦当率众辅之。"

史又言巴郡尝告急，云有东军，雄曰："吾尝虑石勒跋扈，侵逼琅邪，以为耿耿，不图乃能举兵，使人欣然。"雄之雅谭，多如此类。盖李氏本羁旅之人，无有大志，而又处闭塞之地，不知外间情形，遂至忽自卑、忽自大如此也。

李寿久为将帅，似有才能，然其不知治体，亦与前人相类。其将李宏，奔于石虎，寿致书请之，题曰赵王石君。虎不悦，付外议之。中书监王波议宜书答之，并赠以楛矢，使寿知我遐荒毕臻也。宏既至，寿欲夸其境内，下令曰："羯使来庭，贡其楛矢。"虎闻之，怒甚，黜王波，以白衣守中书监。后荧惑守房，又追以此罪要斩之，及其四子，投于漳水以厌之。寿后病，解思明等复议奉王室，寿不从。李演自越巂上书，劝寿归正返本，释帝称王。寿怒，杀之，以威龚壮、思明等。壮作诗七篇，讬言应璩以讽寿。寿报曰："省诗知意。若今人所作，贤哲之话言也，古人所作，死鬼之常辞耳。"动慕汉武、魏明之所为，耻闻父兄时事，上书者不得言先世政化，自以胜之，可谓沐猴而冠者也。

寿既不知治体，而又颇任威刑。闻石虎虐用刑法，王逊亦以杀罚御下，并能控制邦邑，寿心欣慕，人有小过，辄杀以立威。又以郊甸未实，都邑空虚；工匠械器，事未充盈；乃徙旁郡户三丁已上，以实成都；兴尚方御府，发州郡工巧以充之。广修宫室，引水入城，务于奢侈。又广太学，起宴殿。百姓疲于役使，呼嗟满道，思乱者十室而九矣。其左仆射蔡兴切谏，寿以为诽谤，诛之。右仆射李嶷，数以直言忤旨，寿积忿非一，讬以他罪，下狱杀之。

咸康八年，寿死。（亦据《载记》,《本纪》在建元元年八月。）子势立。弟大将军汉王广，以势无子，求为太弟。势弗许。马当、解思明以势兄弟不多，若有所废，则益孤危，固劝许之。势疑当等与广有谋，遣其太保李奕袭广于涪城，命董皎收马当、思明斩之，夷其三族。贬广为临邛侯。（临邛，秦县，今四川邛徕县。）广自杀。李奕自晋寿举兵反之。蜀人多有从奕者，众至数万。势登城距战。奕单骑突门，门者射而杀之，众乃溃散。

初蜀土无僚，至此始从山而出，北至犍为、梓潼，布在山谷，十余万落，不可禁制，大为百姓之患。势既骄吝，而性爱财色，常杀人而取其妻。荒淫不恤国事。夷僚叛乱，军守离缺，境宇日蹙，加之荒俭。性多忌害，诛害大臣，刑狱滥加，人怀危惧。而其势不可支矣。盖偏方之国，天泽之分未严，觊觎之情不戢，君臣上下，相煎日急；而又奕世之后，浸趋骄侈，其初年恃宽俭与民相安之风日衰，以至于此也。

桓温欲伐蜀，谋之于众，众以为不可。惟江夏相袁乔劝之。

（谓今天下之难，二寇而已。蜀虽险固，方胡为弱，将欲除之，先从易者。蜀人自以斗绝一方，不修攻战之具。若以精卒一万，轻军速进，比彼闻之，我已入其险要，李势君臣，不过自力一战，擒之必矣。蜀土富实，号称天府。袭而取之，有其人众，此国之大利也。)

永和二年，十一月，温乃使乔领二千人为军锋。师次彭模，（今四川彭山县。）议者欲两道并进，以分贼势。乔曰："今分为两军，万一偏败，则大事去矣。不如弃去釜甑，赍三日粮，全军而进。"温以为然。命参军周楚、孙盛等守辎重，自将步卒，直指成都。势遣李福与昝坚从山阳趋合水距温。（山阳，谓青衣山之南也。山在今乐山县东。合水，青衣江入江处。）诸将欲设伏于江南，以待王师，坚不从，从江北向犍为。而温于山阳出江南。坚到犍为，方知与温异道，回从沙头津北渡。（沙头津，当在犍为东。）及至，温已造成都之才里陌，坚众自溃。势悉众与温战于笮桥，（在成都东南。）大溃。势走葭萌，请降。时三年正月也。送于建康，封归义侯。（升平五年，死于建康。）四月，势将邓定、隗文等反，入据成都，七月，立范长生子贲为帝。十二月，征西督护萧敬文又反，据涪城，自号益州牧。遂取巴西，通于汉中。时以周抚为益州刺史。五年，四月，抚与龙骧将军朱焘击范贲，获之。讨萧敬文，不能克。温又使司马勋会之。敬文固守。自八年二月至于八月，乃降。斩之，传首京师。蜀平。

第六节　殷浩桓温北伐

永和五年，四月，石虎死。五月，石遵废石世自立。六月，其扬州刺史王浃以寿春来降。褚裒表请北伐。七月，裒率众三万，径造彭城。河朔士庶，归降者日以千计。裒先遣督护王龛伐沛，（王龛《裒传》作徐龛，今从《本纪》。）获伪相支重。鲁郡山有五百余家，亦建义请救。裒建龛领锐卒三千迎之。军次代陂，（未详。或云：当在沛县境。）为李农所败，（李农，《裒传》作李菟，今从《本纪》。《载记》与《本纪》同。）龛死之。八月，诏裒退屯广陵。西中郎将陈逵焚寿春而遁。时遗户二十万口渡河将归顺，会裒已还，威势不接，莫能自拔，死亡咸尽。

（《裒传》。原文尚有"为慕容皝及苻健之众所掠"句，《通鉴》删之。《考异》云："是时慕容皝卒已逾年，永和六年，慕容儁始率众南征；石鉴即位，苻洪始有众十万，永和六年，洪死，健始嗣位；皆与裒不相接，今不取。"）

裒忧慨发病，十二月，卒。以荀羡为徐州刺史。先是桓温亦出屯安陆，（时在六月。）遣诸将讨河北。石遇攻宛，陷之，执南阳太守郭启。（十月。南阳治宛。）雍州豪杰召司马勋，勋出骆谷，（在陕西盩厔县西南。）进次县钩。（《晋书》云：去长安二百余里。时在十月。）遣部将刘焕攻长安。关中郡县，皆杀太守、令、长以应勋。而勋兵少，未能自固，为王朗所距，释县钩，拔宛而还。

是岁，十一月，石鉴杀石遵自立，六年，闰月，冉闵诛鉴；至八年四月，而为慕容儁所灭，北方每每大乱，苻洪、（永和六年闰月来降。）段龛、（时东屯广固，永和七年正月来降。）张遇、（冉闵豫州牧。永和七年八月，以许昌来降。姚弋仲、永和七年十一月来降。）魏脱、（《本纪》云冉闵将，永和七年十一月来降。《载记》作魏统，云闵兖州刺史。）周成、（《本纪》与高昌、乐立、李历均云石虎将，以永和七年十二月来降。成时屯廪丘。《载记》云：成为冉闵徐州刺史。）高昌、（时屯野王。）乐立、（时屯许昌。）李历、（时屯卫国。）吕护、（《载记》云：闵平南高崇，征虏吕护，执洛州刺史郑系，以三河归顺。此洛州为石氏所置，治洛阳。护先尝据鲁口，见下。）王擢等（擢，《纪》云石虎故将。以永和八年七月降。）先后来降。晋初不能应接，更无论挟以攻战矣。故北方纷纷，仍不能为晋有。

北方诸豪中，首先自立者为苻秦，以关中本氐、羌巢穴，其时较诸东方，稍觉宁静，而苻氏先据之也。苻洪之降晋也，晋授以征北大将军、都督河北诸军事、冀州刺史。子健，假节，监河北诸军事。洪自称大将军、大单于、三秦王。永和六年，三月，麻秋因宴鸩洪，将并其众。健收斩秋。去秦王之号，称晋爵，告丧于京师，且听王命。时京兆杜洪据长安，自称晋雍州刺史，戎、夏多归之。八月，健自称晋征西大将军、都督关中诸军事、雍州刺史，尽众西行。

（《洪载记》曰：洪谓博士胡文曰："孤率众十万，居形胜之地，冉闵、慕容儁，可指辰而殄。姚襄父子，克之在吾数中。孤取天下，有易于汉祖。"又曰：洪将死，谓健曰："所以未入关者，言中州可指时而定。今见困竖子，中原非汝兄弟所能办，关中形胜，吾亡后，便可鼓行而西。"此乃符氏自夸之辞。观洪自称三秦王，便知其早有入关之意。《载记》又言：麻秋说洪西都长安，洪深然之，更可见此中消息。当时诸种落被迁者，原皆急欲乘乱归故土也。洪盖欲西归而未及耳。）

弟雄率步骑五千入潼关，兄子菁自轵关入河东。自统大众，继雄而进。至长安，洪奔司竹（在今陕西盩厔县东南。汉有竹丞，魏置司守之。）健入都之。遣使献捷京师，并修好于桓温。七年，正月，健僭称天王、大单于。杜洪招司马勋，勋率步骑三万入秦川。四月，健败之于五丈原。（在今陕西郿县东南。）八年，五月，健僭即皇帝位。杜洪屯宜秋，（县名，在今陕西泾阳县西北。）为其将张琚所杀。琚自立为秦王。健率步骑二万攻琚，斩其首。使符雄攻王擢，擢奔凉州。关中粗定矣。

（据《载记》。《司马勋传》云：永和中，张琚据陇东，遣使招勋。勋复入长安。初，京兆人杜洪，以豪族陵琚，琚以勇侠侮

268

洪。洪知勋惮琚兵强，因说勋曰："不杀张琚，关中非国家有也。"勋乃伪请琚，于坐杀之。琚弟走池阳，合众攻勋。勋频战不利，请和，归梁州。《晋书·勋传》，语多不确，今不取。）

姚弋仲归晋较晚，晋授以六夷大都督、都督江、淮诸军事、车骑大将军、大单于，而以其子襄督并州，为并州刺史。永和八年，弋仲卒。襄秘丧，率户六万，南攻阳平、元城、（汉县，今河北大名县。）发干，（汉县，今山东堂邑县西南。）皆破之。至荥阳，乃发丧成服。与高昌、李历战于麻田，（胡三省曰：荥、洛之间，地名有豆田、麻田，各因人所种艺而名之。）马中流矢死，赖其弟苌以免。晋处襄于谯城，遣五弟为任。

《载记》言襄"少有高名，雄武冠世。好学博通，雅善谈论。英济之称，著于南夏"。又言"襄前后败丧，众知襄所在，辄扶老携幼，奔驰而赴之。其为桓温所败也，或传襄创重不济，温军所得士女，莫不北望挥涕"。虽或过誉，当非全虚，其才略或在苻健之上。然寄居晋地，四面迫敌，不如健之入关，有施展之地矣。

时河南一片土，为秦、燕所共觊觎。永和八年，二月，张遇叛，使其党上官恩据洛阳。四月，豫州刺史谢尚帅姚襄与遇战于诫桥，（在许昌。）败绩。苻健使弟雄援遇，因袭遇，虏之。仍以为豫州刺史，镇许昌。是月，冉闵为慕容儁所灭。儁复遣兵围邺。蒋干遣侍中缪嵩、詹事刘猗奉表归顺，且乞师。初，谢尚使濮阳太守戴施据枋头。及是，自仓垣次于棘津，止猗不听进，而责其传国玺。猗使嵩还邺复命。干沉吟未决。施乃率壮士百余入邺，助守三台。（此据《载记》。《谢尚传》云：施遣参军何融率壮士百人入邺，登三台助戍。）谲之曰："且出玺付我。今凶寇在外，道路不通，未敢送也，须得玺，当驰白天子耳。闻玺已在吾处，信卿至诚，必遣军粮，厚相救饷。"干以为然，乃出玺付之。施宣言使督护何融迎粮，阴令怀玺送于京师，而冉氏长水校尉马愿、龙骧田香开门降慕容评。施、融与干，悬绠而下，奔于仓垣。于是燕人亦浸浸南下矣。

秦、燕交侵，而晋人不能北师者，则以其内外相持，不徒不能协力，且互相牵掣也。

初长平殷浩，（长平，晋县，属陈郡，未详今地所在。）弱冠有美名。三府辟，皆不就。庾亮引为记室参军，累迁司徒左长史。庾翼复请为司马，除侍中、安西军司，并称疾不起。于时拟之管、葛。王濛、谢尚，常伺其出处，以卜江左兴亡。因相与省之。知浩有确然之志，既返，相谓曰："深源不起，当如苍生何？"（深源，浩字。）

庾翼诒浩书曰："当今江东，社稷安危，内委何、褚诸君，外托庾、桓数族，恐不得百年无忧。足下少标令名；十余年间，位经内外，而欲潜居利贞，斯理难全。且夫济一时之务，须一时之胜，何必德均古人，韵齐先达邪？王夷甫，先朝风流士也，然吾薄其立名非真，而始终莫取。若以道非虞、夏，自当超然独往，而不能谋始，大合声誉，极致名位。正当抑扬名教，以静乱源，而乃高谈庄、老，说空终日，虽云谈道，实长华竞。及其末年，人望犹存，思安惧乱，寄命推务，而甫自申述，徇小好名，既身囚胡虏，弃言非所。凡明德君子，遇会处际，宁可然乎？而世皆然之，益知名实之未定，弊风之未革也。"

史言浩善玄言，为风流谈论者所宗，世多以成败论人，遂以浩为虚名无实。其实清谈者或无实济，有实济者不必皆不善玄言。梁武帝尝讲经、舍身，陈武帝亦然，二帝可同日语乎？庾翼、谢尚，皆干济之才，翼兄弟尤尚综核名实，而其慕浩如此；翼与浩书，极论王衍之失，正见浩非其俦；知浩非沽名养望之流也。

穆帝初，庾冰兄弟及何充等相继卒，（充卒于永和二年正月。）简文帝时在藩，始综万几，褚裒荐浩，征为扬州刺史。浩频陈让，自三月至七月，乃受拜。桓温灭蜀，威势转振，朝廷惮之。简文以浩有盛名，朝野推服，引为心膂以抗温。为是与温颇相疑二。会遭父忧，去职，时以蔡谟摄扬州以俟浩。服阕，征为尚书仆射，不拜。复为扬州刺史。遂参综朝权。颍川荀羡，少有令闻，浩擢为义兴、吴郡，以为羽翼。（义兴，晋郡，今江苏宜兴县。）王羲之密说浩、羡，令与桓温和同，浩不从。温与朝廷，是时已成无可调和之势。

晋朝欲振饬纪纲，自不得不为自强之计。羲之性最怯懦，其说浩、羡与温和同，亦不过为苟安目前之计，然亦未能必温之听从也。而世或以不能和温为浩罪，则瞀矣。

六年，闰月，浩加督扬、豫、徐、兖、青五州。桓温欲率众北征，上疏求议水陆之宜，久不报。温知朝廷杖浩抗己，甚忿之。虽有君臣之迹，羁縻而已。八州士众、资调，殆不为国家用。（胡三省曰：永和元年，温督荆、司、雍、益、梁、宁六州。五年，遣滕畯帅交、广之兵伐林邑，盖是时已加督交、广矣。）

七年，十二月，声言北伐。拜表便行。顺流而下，行达武昌。众四五万。或劝浩引身告退。吏部尚书王彪之言于会稽王曰："若殷浩去职，人情崩骇，天子独坐，当有任其责者，非殿下而谁？"又谓浩曰："彼抗表问罪，卿为其首。事任如此，猜衅已构，欲作匹夫，岂有全地邪？且当静以待之。令相王与手书，示以款诚，陈以成败。当必还旆。若不顺命，即遣中诏。如复不奉，当以正义相裁。无事匆匆，先自猖獗。"王与温书，温即还镇。是时未有衅端，温必不敢遽冒天下之大不韪，特欲以虚声恐动，冀朝廷自堕其术中耳。知其情而不为所动，则其技穷矣。殷浩固非不知此，即简文亦非绝无能为，其不为所动，亦未必必待彪之之教也。

八年，九月，冉智亡，浩帅众北伐。次于寿阳。（即寿春。）《浩传》云：浩潜诱苻健大臣梁安、雷弱儿等，使杀健，许以关右之任。初魏脱卒，弟憬代领部曲，姚襄杀憬；并其众，浩大恶之，使刘启守谯，（启，石氏兖州刺史，永和六年五月来奔。）迁襄于梁。（《襄载记》云：浩惮襄威名，乃因襄诸弟，频遣刺客杀襄，刺客皆推诚告实，襄待之若旧。浩潜遣魏憬袭襄，襄乃斩憬而并其众。乃诬罔之辞。）既而魏氏兄弟，往来寿阳，襄猜惧。襄部曲有欲归浩者，襄杀之。浩于是谋诛襄。会苻健杀其大臣，健兄子眉，（即黄眉。）自洛阳西奔，浩以为梁安事捷，意健已死，请进屯洛阳，修复园陵。使襄为前驱。

冠军将军刘洽镇鹿台，建武将军刘遁据仓垣。（此据《浩传》。《本纪》云：遣河南太守戴施据石门，荥阳太守刘遁戍仓垣，其事当在此前。鹿台，在今河南淇县。）又求解扬州，专镇洛阳。诏不许。一似浩绝无能为，徒事勾结敌将，以求侥幸者。然《苻健载记》云：张遇自许昌来降，健纳遇后母韩氏为昭仪。每于众中谓遇曰："卿吾子也。"遇惭恨。引关中诸将，欲以雍州归顺。乃与健中黄门刘晃谋夜袭健，事觉，遇害。

于是孔特起池阳，（特、《通鉴》作持。）刘珍、夏侯显起鄠，（汉县，今陕西鄠县。）乔景起雍，（景，《通鉴》作秉。）胡阳赤起司竹，呼延毒起霸城，（汉霸陵县，晋改曰霸城，在今陕西长安县东。）众数万人，并遣使诣桓温、殷浩请救。而梁安、雷弱儿，后皆为苻生所杀。弱儿，南安羌酋也，生并诛其九子、二十七孙，其为强族可知。则秦是时，实非无衅，惜浩之兵力，未足长驱，而桓温又不肯于此时出兵，与之协力，诸起兵者，遂不久皆为苻健所灭也。（据《通鉴》：孔特之败，在永和九年十一月，刘珍、夏侯显在十二月，胡阳赤在十年正月，惟乔景至八月始败，而温伐秦之兵，以十年二月出。）

九年，十月，浩进次山桑。（汉县，今安徽蒙城县北。）使姚襄为前锋。襄叛，反击浩。浩弃辎重，退保谯城。十一月，浩启遣刘启、王彬之讨襄于山桑，并为襄所杀。桓温上疏罪状浩。十年，二月，遂废浩为庶人。徙东阳之信安县。（东阳，吴郡，今浙江金华县。新安，在今浙江衢县境。）于是朝右无人，不复能与温抗矣。案殷浩之败，实败于兵力之不足。

《孔严传》言：浩引接荒人，谋立功于阃外。严言于浩曰："降附之徒，皆人面兽心，贪而无亲，难以义感，而聚着都邑，杂处人间，使君常疲圣体以接之，虚府库以拯之，足以疑惑视听耳。"浩深纳之。然则姚襄等之不足恃，浩非不知之，所以终用之者，夫固有所不得已也。下流兵力之不足，由来已久，固非浩之咎。抑兵力之不足；由于民寡而地荒，而浩开江田、瘳田千余顷，以为军储。

浩殁后，其故吏顾悦之上疏讼之，谓其"驱豺狼，翦荆棘，收罗向义，广开屯田，沐雨栉风，等勤台仆"，其忠勤亦至矣。当时不欲出师者，大抵养尊处优，优游逸豫，徒能言事之不可为，而莫肯出身以任事，闻浩之风，能无愧乎？

浩所任者：陈逵、蔡裔为军锋。裔，史称其有勇气，声若雷震。尝有二偷入室，裔拊床一呼，而盗俱陨。徒勇固不足尚，要不失为摧锋陷陈之良。谢尚、荀羡为督统，虽非上材，自亦一时之选也。浩自见黜废，遂"自摈山海，杜门终身，与世两绝"。（顾悦之讼浩之辞。）史既称其"夷神委命，谈咏不辍，虽家人不见其有流放之戚"，乃又言："后桓温将以浩为尚书令，遗书告之，浩欣然许焉。将答书，虑有缪误，开闭者数十，竟达空函。大忤温意，由是遂绝。"姑无论热中躁进，矫情镇物者不为，而温之忌浩，至于毒流后嗣，又安肯及其身而起用之邪？

殷浩既败，桓温之师遂出。永和十年，二月，温统步骑四万发江陵。水军自襄阳入均口。（在湖北光化县境。）至南乡，（后汉县，魏置郡，晋废，后复置，在今河南淅川县东南。）步自淅川，以征关中。命司马勋出子午道。（见第四节。）别军攻上洛，获苻健荆州刺史郭敬。进击青泥，（城名，在今陕西蓝田县南。）破之。健遣其子生、（此据《温传》，《载记》作子苌。）弟雄（《载记》云率雄、青等。）众数万屯峣柳愁思堆（《载记》作尧柳城愁思唯，在蓝田东南。）以距温。温军力战，生众乃散。（《本纪》：四月，温及苻健子苌战于蓝田，大败之。）

雄与温弟冲战于白鹿原，（《地形志》：在蓝田。）又为冲所败。（《本纪》在六月，云王师败绩。《载记》同。案雄苟败，未必能再驰袭司马勋，《温传》恐不足信。）雄驰袭司马勋，勋退次女娲堡。（未详。）温进至霸上。（在长安东。）健以五千人深沟自固。居人皆安堵复业。持牛酒迎温于路者十八九。耆老感泣曰："不图今日，复见官军。"初温恃麦熟，取以为军资，而健芟苗清野，军粮不足。九月，收三千余户而还。

案温即克长安，关中沦陷久，氐、羌多，亦非旦夕可以清定；而河北、河东，皆为犬羊窟穴，更非荆、襄一隅之力，所能扫荡也。东西齐力，犹虞不济，而温必逼废殷浩，然后出师，论其形势，实同孤军独进。事小敌如蜀，偷可用也，欲以戡定北方，则难矣。然则温之无成，亦温之自取之也。

姚襄自破殷浩，济淮，屯于盱眙。招掠流人，众至七万。流人郭敞等执堂邑内史刘仕降于襄。

（此据《载记》。《本纪》：永和十年，五月，江西乞活郭敞等执陈留内史刘仕而叛。疑仕为陈留内史，而时在堂邑也。堂邑，汉侯国，后置县，晋升为郡，故城在今江苏六合县北。）

朝廷大震。以吏部尚书周闵为中军将军，缘江备守。谢尚亦自历阳还卫京师。襄将佐、部众皆北人，咸劝襄北还。永和十一年，四月，襄寇外黄，（汉县，在今河南杞县东。）为晋将高季所败。襄收散卒，勤抚恤之，复振。

十二年，三月，襄入许昌。先是周成反，袭洛阳，河南太守戴施奔于鲔渚。（永和十年正月。鲔渚，在河南巩县北。）及是，襄将如河东，以图关右，自许攻洛阳，逾月不克。桓温请修复园陵，移都洛阳，表疏十余上，不许，而以温为征讨大都督，督司、冀二州，委以专征之任。温遣督护高武据鲁阳，戴施屯河上，勒舟师以逼许、洛。四月，温自江陵伐襄。

八月，战于伊水北，大败之。襄走平阳。徙其众三千余家于江、汉之间，执周成而归。使毛穆之、陈午、戴施镇洛阳。姚襄寻徙北屈，（汉县，今山西吉县。）进屯杏城。时苻健已死，子生嗣伪位。襄攻其平阳太守苻产于匈奴堡。（胡三省曰：在平阳见安帝义熙十二年《注》。）苻柳救之，为襄所败，引还蒲阪。襄遂攻堡，克之，杀产。遣使从生假道，将还陇西。生将许之。苻坚谏，乃止。命将张平御之。平更与襄通和。襄遣其从兄兰略地廊城，（汉鄜县，后汉省，在今陕西洛川县东南。）兄益生及将军王钦卢招集北地。生遣苻飞距战，兰败，为飞所执。襄进据黄落。（聚名，在今陕西同官县南。）生遣苻黄眉、苻坚、邓羌率步骑万五千讨之。战于三原，（今陕西三原县东北。苻坚于此置三原护军，后周乃置县。）斩襄。襄弟苌，率诸弟降生。时升平元年五月也。六月，而苻坚杀生自立。

石赵之乱也，段勤鸠集胡、羯，得万余人，保枉人山，（在今河南濬县西北。）自称赵王，附于慕容儁。俄为冉闵所败，徙于绎幕。（汉县，在今山东平原县西北。）儁即尊号。儁遣慕容恪击闵，慕容垂击勤。恪擒闵，进据常山，勤惧而降。王午据鲁口，（城名，在今河北饶阳县南。）称安国王。死，吕护袭其号。恪进攻之，护奔野王。（《通鉴》在永和十年三月。）晋宁朔将军荣期，以彭城、鲁郡叛归儁。兰陵、济北、建兴诸郡皆降。（兰陵，晋郡，在今山东峄县东。济北，汉国，在今山东长清县境。建兴，未详。）苻生河内、黎阳太守，亦以郡归儁。（《通鉴》在永和十一年二月。）

永和十一年，十二月，慕容恪寇广固。十二年，五月，段龛败之，恪退据安平。后复攻之。朝廷使荀羡救之。次于琅邪，不敢进。升平元年，正月，广固陷。（《通鉴》在永和十二年十一月。）龛降，儁毒其目而杀之，坑其徒三千余人。留慕容尘镇广固。冉闵之僭号也，李历、张平、高昌等，并率所部，称藩于儁。既而归顺，结援苻坚，并受爵位。

又上党冯鸯，自称太守，附于张平。平屡言之。儁以平故，赦其罪，以为京兆太守。吕护之走野王也，遣弟奉表谢罪，儁以为河内太守。护、鸯亦阴通京师。（《本纪》：永和十一年，十二月，上党人冯鸯自称太守，背苻生，遣使来降。）张平跨有新兴、雁门、西河、太原、上党、上郡之地，垒壁三百余，胡、晋十余万户，遂拜置征镇，为鼎峙之势。（《本纪》：升平元年，七月，苻坚将张平以并州降，遂以为并州刺史。）

儁自龙城迁于蓟，又迁于邺。（《通鉴》在升平元年十一月。）遣慕容评讨张平，平奔平阳。慕舆根讨冯鸯，鸯奔野王。（《本纪》：升平二年，六月，张平为苻坚所逼，奔于平阳，坚追败之。慕容恪进据上党，冯鸯以众叛归慕容儁。）阳骛讨高昌，昌走荥阳。（《本纪》：在升平三年七月。）慕容臧攻李历，历奔邵陵。儁于是复图入寇，兼欲经略关西，乃命州郡校阅见丁，精覆隐漏。率户留一丁，余悉发之。欲使步卒满一百五十万。期明年大集，（此明年当为升平二年。）将临洛阳，为三方节度。武邑刘贵，（武邑，汉县，晋置郡，今河北武邑县。）上书极谏，乃改为三五占兵，宽戎备一周，悉令明年冬赴集邺都。（此明年为升平三年。）四年，正月，儁死，子暐嗣。

（《通鉴》：四年，正月，癸已，燕主儁大阅于邺，欲使大司马恪、司空阳骛将之入寇。会疾笃，乃召恪、骛及司徒评、领军将军慕容根等受遗诏辅政。甲午，卒。戊子，太子暐即皇帝位。《注》云："按长历，是年正月甲戌朔，今儁以甲午卒，则戊子在甲午前，即位恐是戊戌。"按甲午为癸巳之明日，儁以甲午死，无缘癸巳尚能大阅，即谓大阅可不亲临，亦无缘尚有入寇之意也。日恐误。）

于是燕势衰矣，然其侵寇仍不听不戢。

谢尚以升平元年五月卒。六月，以谢奕为豫州刺史。二年，三月，慕容儁陷冀州诸郡。诏奕及荀羡北伐。儁尽陷河北之地。八月，奕卒。以谢万为豫州刺史。时荀羡亦有疾，以郗昙为军司。

（昙，鉴子。《本纪》：二年，八月，以昙为北中郎将徐、兖二州刺史，而十二月又有北中郎将荀羡及慕容儁战于山茌之文。《通鉴考异》曰："《昙传》云：荀羡有疾，以昙为军司，顷之，羡征还，除昙北中郎将刺史。《燕书》：十二月，荀羡寇泰山，杀太守贾坚。《载记》杀贾坚下云败绩，复陷山茌，故知八月昙未为徐、兖二州，恐始为军司耳。"）

羡攻山茌，（汉茌县，魏曰山茌，在今山东长清县东北。）拔之，斩儁泰山太守贾坚。儁青州刺史慕容尘遣司马悦明救之，羡师败，山茌复陷。羡以疾笃征还，以郗昙为徐、兖二州刺史，镇下邳。三年，泰山太守诸葛攸（晋泰山郡，治奉高，在今山东泰安县东北。）率水陆二万讨儁。入自石门，（此石门在今山东平阴县北。）屯于河渚。使部将匡超进据碻磝，（山名，在今山东东阿县南。）萧馆屯于新栅。（未详。）又遣督护徐冏，率水军三千，泛舟上下，为东西声势。儁遣慕容评、傅颜等统步骑五万，战于东阿，王师败绩。

十月，僭寇东阿。遣谢万次下蔡，（汉县，今安徽凤台县。）郗昙次高平以救之。（高平，晋郡，治昌邑，在今山东金乡县西北。）万矜豪傲物，未尝抚众，诸军恨之。昙以疾笃，退还彭城，万以为贼盛致退，便引军还。众遂溃散，狼狈单归。废为庶人。慕容恪入寇河南，汝、颍、（颍川。）谯、沛皆陷。

五年，正月，郗昙卒。二月，以范汪为徐、兖二州刺史。四月，桓温镇宛。使其弟豁取许昌。五月，穆帝崩，（时年十九。）成帝长子琅邪王丕立，是为哀帝。七月，慕容恪陷野王，吕护退保荥阳。九月，护叛，奔慕容暐，暐待之如初。因遣傅颜与护据河阴。桓温命范汪出梁国，以失期，十月，免为庶人。

隆和元年，三月，以庾希为徐、兖二州刺史，镇下邳。（希，冰子。）袁真为豫州刺史，镇汝南。四月，吕护寇洛阳，戴施奔宛。五月，桓温遣庾希及竟陵太守邓遐以舟师救洛阳。七月，护等退小平津。（在河南孟津县北。）护中流矢死。将军段荣，收军北渡，屯于野王。遐进屯新城。（汉新成县，后汉作新城，在洛阳南。）八月，袁真进次汝南，运米五万斛，以馈洛阳。十二月，庾希退镇山阳。（晋县，今江苏淮安县。）袁真退镇寿阳。

兴宁元年，四月，慕容忠寇荥阳，太守刘远奔鲁阳。五月，燕兵又陷密，远再奔江陵。桓温请还都洛阳。自永嘉之乱，播流江表者，一切北徙，以实河南。诏改授司、冀、并三州，以交、广辽远，罢都督。温辞不受。又加侍中、大司马、都督中外诸军事，假黄钺。是岁，慕容尘攻陈留太守袁披于长平，汝南太守朱斌乘虚袭许昌，克之。

二年，二月，慕容评袭许昌，颍川太守李福死之。评遂侵汝南，朱斌奔寿阳。又围陈郡，太守朱辅固守，桓温遣江夏相刘岵击退之。帝断谷，饵长生药，中毒，不识万几。三月，崇德太后（康献褚皇后。）复临朝摄政。四月，慕容暐将李洪侵许昌，王师败绩于县瓠。（城名，今河南汝南县。）朱斌奔淮南，朱辅退保彭城。慕容尘复屯许昌。桓温帅舟师次于合肥。加温扬州牧，录尚书事。使侍中颜旄宣旨，召温入参朝政。

八月，温至赭圻，诏又使尚书车灌止之。温遂城赭圻而居之。固让内录，遥领扬州牧。慕容暐寇洛阳。时陈祐守洛阳，众不过二千。沈充子劲，哀父死于非义，志欲立勋，以雪先耻，表求配祐效力。因以劲补祐长史，令自募壮士，得千余人。助祐击贼，频以寡制众。而粮尽援绝。祐惧不能保全，以救许昌为名，奔新城，留劲以五百人守城。

三年，二月，以桓豁为荆州刺史。桓冲为江州刺史。是月，帝崩，母弟琅邪王奕立，是为废帝。三月，慕容恪陷洛阳，沈劲死之。燕以慕容筑为洛州刺史，镇金镛。慕容垂为荆州牧，配兵一万，镇鲁阳。初梁州刺史司马勋，为政暴酷，常怀据蜀之志。桓温务相绥怀，以其子康为汉中太守。勋逆谋已成，惮益州刺史周抚，未敢发。是岁，抚卒。十月，勋遂反。自称成都王。十一月，帅众入剑阁，攻涪。围益州刺史周楚于成都。（楚，抚子。）桓温遣江夏相朱序救之。

太和元年，三月，以桓秘监梁、益二州征讨诸军事。（秘亦温弟。）三月，桓豁遣督护桓罴攻南郑。魏兴人毕钦举兵应罴。五月，勋众溃。朱序执勋，斩之。十二月，南阳人赵弘、赵忆反，太守桓澹走保新野。慕容暐遣其南中郎将赵槃自鲁阳戍宛。暐将慕容厉又陷鲁郡、高平。

二年，四月，慕容尘寇竟陵，太守罗崇击破之。五月，桓豁击赵忆，走之。赵槃奔鲁阳，遣轻骑追执之，戍宛而归。庾希以鲁、高平之没免官。（《本纪》：太和二年，正月，庾希有罪，走入于海。按希入海在海西废后，见下节。是时特免官耳。今从本传。）九月，以郗愔为徐、兖二州刺史。愔，昙之兄也。四年，三月，愔以疾解职，又以温领徐、兖。

《愔传》曰：温以愔与徐、兖有故义，乃迁愔领徐、兖。温北伐，愔请督所部出河上，用其子超计，以己非将帅才，不堪军旅，固辞解职，劝温并领己所统。《超传》云徐州人多劲悍，温恒云：京口酒可食，兵可用，深不欲愔居之。而愔暗于事机，遣笺诣温，欲共奖王室，修复园陵。超取视，寸寸毁裂。乃更作笺，自陈老病，乞闲地自养。温得笺，大喜，即转愔为会稽太守。

此皆亿度附会之辞。愔事天师道，栖心绝谷，绝非将帅之才。温所以暂用之者，正以其易去耳，断不待超之进计也。袁真后虽背叛，当时则久附于温。至愔去而上下流之事势，皆归于温，篡势已成，只待立功以饰观听矣。故北伐之师旋出。

是岁，四月，温率弟冲及袁真步骑五万北伐。郗超谏，以为道远，汴水又浅，运道不通。温不从。军次湖陆。（秦湖陵县，后汉为国，改名湖陆。在今山东鱼台县东南。）攻晖将慕容忠，获之。进次金乡。时亢旱，水道不通，乃使参军毛穆之凿钜野三百余里，以通舟运，自清水入河。（钜野泽，在今山东钜野县北。本济水所入。王莽末，济渠涸，不复绝河，而荷泽与汶水合流，亦蒙清水之名。）

超又进策曰："清水入河，无通运理。若寇不战，运道又难，因资无所，实为深虑。今盛夏悉力，径造邺城，彼伏公威略，必望陈而走，退还幽朔矣。若能决战，呼吸可定。设欲城邺，难为功力，百姓布野，尽为官有。易水以南，必交臂请命。此计轻决，公必务其持重，便当顿兵河、济，控引粮运，令资储充备，足及来夏。虽如赊迟，终亦济克。若舍此二策，而连军西进，进不速决，退必愆乏。贼因此势，日月相引。龟勉秋冬，船道涩滞。北土早寒，三军裘褐者少，恐不可以涉冬，此大限阂，非惟无食而已。"温又不从。

七月，慕容厉距温，温击败之。（厉，《本纪》误作垂，今从《载记》。）九月，邓遐、朱序遇傅末波于林渚，（在今河南新郑县北。）又大破之。遂至枋头。温先使袁真伐谯、梁，开石门以通运。真讨谯、梁，皆平之，而不能开石门。军粮竭尽。温焚舟步退。自东燕出仓垣，经陈留，凿井而饮，行七百余里。慕容垂以八千骑追之，战于襄邑，温军败绩，死者三万人。（襄邑，秦县，在今河南睢县西。）十月，温收散卒，屯于山阳。归罪于袁真，表废为庶人。真据寿阳叛。十二月，温城广陵而居之。明年，二月，袁真死。陈郡太守朱辅立真子瑾，求救于慕容暐。是岁，暐为苻坚所灭。又明年，正月，坚遣王鉴援瑾。桓伊逆击，大破之。温克寿阳，斩瑾。然恢复之计，则无从说起矣。

穆、哀、海西之际，事势与咸和之末，大不相同。咸和末石勒之死，北方虽云丧乱，然不久即平，石虎仍袭全盛之势；其人亦久历戎行，颇有威望；诚非可以旦夕平地。若穆、哀、海西之际，则自永和五年石虎之死，至太和六年秦灭前燕，凡历十九年。冉闵之盛强，既如昙花一见；氐苻仅粗定关中，慕容氏亦未能占有河北，晋于是时，纵未能廓清旧境，河南之可全有，则无足疑也，河南定而关中、河北，亦可徐图矣。

秦、燕兵力，实无足称，观桓温两次北伐，皆所向克捷可知。当时司、冀沦陷，浸及徐、豫，且扰及荆州北鄙者，实缘晋之大军不出，所与周旋者皆偏师，力薄而无后援耳。此十九年中，与其谓敌势之方张，毋宁谓晋人之养寇，而养寇之责，则桓温实尸之。永和八年，秦有衅而不能乘；其后虽不得已一平姚襄，而仍置河南于不问，一任燕人之蚕食，皆其显而易见者也。殷浩之败也，王羲之遽欲弃淮守江。羲之本怯懦之尤，殊不足论。其与殷浩书，谓当时"割剥遗黎，刑徒竟路，殆同秦政"。又与会稽王笺，谓今"转运供继，西输许、洛，北入黄河，虽秦政之弊，未至于此。以区区吴、越，经营天下十分之九，不亡何待？"亦近深文周纳，危辞耸听。然长江下游之凋敝，则于此可以见之。当时恢复之计，在于步步为营，徐图进取，殷浩所为，颇近于此，而积弱既久，功效非旦夕可期。

桓温欲移都洛阳，孙绰上疏曰："丧乱以来，六十余年，苍生殄灭，百不遗一。河、洛丘墟，函夏萧条。井埋木刊，阡陌夷灭。生理茫茫，永无依归。播流江表，已经数世。存者长子老孙，亡者丘陇成行。虽北风之思，感其素心，目前之哀，实为交切。一朝拔之，顿驱踧于空荒之地，提挈万里，逾险浮深。离坟墓，弃生业。富者无三年之粮，贫者无一餐之饭。田宅不可复仇，舟车无从而得。舍安乐之国，适习乱之乡。出必安之地，就累卵之危。将顿仆道涂，飘溺江川，仅有达者。臣之愚计，以为且可更遣一将，有威名资实者，先镇洛阳。扫平梁、许，清一河南。运漕之路既通，然后尽力于开垦，广田积谷，渐为徙者之资。如此，贼见亡征，势必远窜。如其迷逆不化，复欲送死者，南北诸军，风驰电赴，若身手之救痛痒，率然之应首尾。山陵既固，中夏小康。陛下且端委紫极，增修德政。去小惠，节游费，审官人，练甲兵，以养士灭寇为先，十年行之，无使惰废，则贫者殖其财，怯者充其勇，人知天德，赴死如归。以此致政，犹运诸掌。何故舍百胜之长理，举天下而一掷哉？"

绰之言，非引日之虚辞，实审时之至计。所云更遣一将，先镇洛阳，膺斯任者，自莫如温。然温徒表请迁都，而终不肯奋身出镇者，其意固别有在也。《王述传》云：桓温平洛阳，议欲迁都。朝廷忧惧，将遣侍中止之。述曰："温欲以虚声威朝廷，非事实也。但从之，自无所至。"事果不行。又议欲移洛阳钟虡。述曰："永嘉不竞，暂都江左。今当荡平区宇，旋轸旧京。若其不尔，宜改迁园陵，不应先事钟虡。"温竟无以夺之。然则温之屡请迁都，不过知朝士之苟安，而以此胁之耳。

世皆讥宋武帝急于图篡，平长安而不能留镇，致关右复陷于戎狄。然宋武当时，以一身任举国之重，刘穆之死，后事诚有可忧。设或差池，所系实不仅一身一家之计，返旆之急，庸或非尽恤其私。若桓温距郗超之谋，不肯为赊迟之计者，则诚除图篡外无他故耳。然卒以此致败，后来图篡所以不成，亦由丧败既甚，究有惭德，不能决然自取，致为谢安、王坦之辽缓之计所败耳。狐埋之而狐搰之，是以无成功，岂不信哉?

(《孙盛传》曰：盛著《晋阳秋》，辞直而理正，咸称良史焉。既而桓温见之。怒，谓盛子曰："枋头诚为失利，何至如尊君所说? 若此史遂行，自是关君门户事。"其子遽拜谢，谓请删改之。时盛年老还家，性方严，有轨宪。虽子孙斑白，而庭训愈峻。至此，诸子乃共号泣稽颡，请为百口切计。盛大怒。诸子遂窃改之。盛写两定本，寄于慕容儁。太元中，孝武帝博求异闻，始于辽东得之，以相考校，多有不同，书遂两存。盛为长沙太守，曾以臧私，为温所按，于温容有私怨。然《晋阳秋》既称辞直理正，必不能过为曲笔。惟谓其寄定本于慕容儁，则于理既有未可，而于势亦有未能；且当枋头败时，慕容儁死已数年矣；而此战之后，慕容氏亦不久即亡；足见此说之不足信。盖所谓得诸辽东之定本，实不出于盛，乃他人所改定，而托之于盛者，其人知枋头之丧败，必更详于盛。然即盛之元本，所言枋头丧败之情形，亦必不止如今史之所传也。此战之失利，诚可谓甚矣。）

第七节　桓温废立

桓温篡志，蓄之已久，满拟伐燕一捷，归而即尊，枋头丧败，事出虑外，而篡窃之谋，已如骑虎之势，不得下矣，于是废立之计起焉。(《温传》云："温久怀异志，欲先立功河朔，还受九锡，既逢覆败，名实顿减，于是参军郗超进废立之计。")

太和六年，十一月，温自广陵屯于白石。(胡三省曰：此白石当在牛渚西南。)旋诣阙，以崇德太后令，废帝为东海王。其罪状，则谓帝在藩夙有痿疾，嬖人相龙、计好、朱灵宝等参侍内寝，而二美人田氏、孟氏生三男，欲建树储藩，诬罔祖宗，倾移皇基也。(《纪》云：惮帝守道，恐遭时议，以宫闱重闭，床第易诬，乃言帝为阉，遂行废辱。)又以太后诏立会稽王昱，是为简文帝。

太宰武陵王晞，(元帝子。)有武干，为温所忌。温乃表晞聚纳轻剽，苞藏亡命。又息综矜忍，虐加于人；袁真叛逆，事相连染。请免晞官，以王归藩，免其世子综官。又遣弟秘逼新蔡王晃，

（腾后改封新蔡王，被害，谥武哀。子庄王确立。卒，无子，以汝南文成王亮曾孙邈嗣。卒，子晃嗣。）自诬与晞、综及著作郎殷涓，太宰长史庾倩，（从本传，《本纪》作籍。）掾曹秀，舍人刘疆等谋逆，收付廷尉，请诛之。帝不许。乃废晞，及其三子徙于新安，晃废徙衡阳，（吴郡，今湖南湘潭县西。）而族诛殷涓等。

涓，浩之子，倩及其弟散骑常侍柔，皆冰之子，希之弟，冰女则东海王妃也。杀东海王二子及其母。废王为海西公。明年，（咸安二年。）四月，徙居吴。庾倩之死也，其兄广州刺史蕴，饮鸩而死。东海太守友，子妇温弟秘之女也，故得免。

希与子邈及子攸之，逃于海陵陂泽中。（海陵，晋郡，今江苏泰县。）故青州刺史武沈，希之从母兄也，潜饷给希，经年。温后知之，遣兵捕希。是岁，六月，沈子遵，约希聚众海滨，略渔人船，夜入京口，称海西公密旨除凶逆。七月，温遣东海内史周少孙讨擒之。希、邈及子侄五人斩于建康市。遵及党与皆伏诛。惟友及蕴诸子获全。是月，简文帝崩。子昌明立，是为孝武帝。

十一月，妖贼卢悚，遣弟子殿中监许龙，晨到海西公门，称太后密诏，奉迎兴复。海西公初欲从之，纳保母谏而止。悚突入殿庭，游击将军毛安之等讨擒之。海西公深虑横祸，乃杜塞聪明，终日酣畅；耽于内宠，有子不育。朝廷以其安于屈辱，不复为虞。太元十一年，十月，卒于吴。

简文帝崩时：桓温仍镇姑孰。帝遗诏以温辅政，依诸葛亮、王导故事。《王坦之传》曰：简文帝临崩，诏大司马温依周公居摄故事。坦之自持诏入,于帝前毁之。(坦之,述子,时领右卫将军。)帝曰:"天下傥来之运,卿何所嫌?"坦之曰:"天下宣、元之天下,陛下何得专之?"帝乃使坦之改诏焉。《王彪之传》曰:简文崩,群臣疑惑,未敢立嗣。或云当须大司马处分。彪之正色曰:"君崩太子代立,大司马何容得异?若先面谘,必反为所责矣。"于是朝议乃定。(彪之时为尚书仆射。)

及孝武帝即位,太皇太后令:以帝冲幼,加在谅暗,令温依周公居摄故事。事已施行。彪之曰:"此异常大事,大司马必当固让,使万几停滞,稽废山陵,未敢奉令。"谨具封还内请停。事遂不行。

《温传》曰:温初望简文临终,禅位于己,不尔便为周公居摄。事既不副所望,故甚愤怨。与弟冲书曰:"遗诏使吾依武侯、王公故事耳。"孝武帝即位,诏"内外众事,关温施行"。复遣谢安征温入辅。(安时为吏部尚书,中护军。)

宁康元年,二月,温入朝。停京师十有四日,归于姑孰。遂寝疾不起。七月,卒。

《温传》言温讽朝廷加己九锡,累相催促,谢安、王坦之闻其病笃,密缓其事,锡文未及成而薨。(时年六十二。)《彪之传》曰:温遇疾,讽朝廷求九锡。袁宏为文,以示彪之。彪之谓宏曰:"卿固大才,安可以此示人?"时谢安见其文,又频使宏改之。宏遂逡巡其事。既屡引日,乃谋于彪之。彪之曰:"闻彼病日增,亦当不复支久,自可更小迟回。"宏从之。温亦寻薨。

案简文帝自永和二年何充卒秉政，至其立，已二十五年。引用殷浩，以与温抗者，即简文也。《纪》言帝初即位，温撰辞欲自陈述，帝引见，对之悲泣，温惧不能言。有司奏诛武陵王晞，帝不许。温固执，至于再三。帝手诏报曰："若晋祚灵长，公便宜奉行前诏。如其大运去矣，请避贤路。"温览之，流汗变色，不敢复言。又言帝践阼，荧惑入大微，帝甚恶焉。时中书郎郗超在直。帝乃引入，谓曰："命之修短，本所不计，故当无复近日事邪？"及超请急省其父，帝谓之曰："致意尊公；国家之事，遂至于此，由吾不能以道匡济，愧叹之深，言何能喻？"因咏庾阐诗云："志士痛朝危，忠臣哀主辱。"遂泣下沾襟。然则帝之于温，初无所畏。

《纪》又谓帝神识恬畅，而无济世大略；故谢安称为惠帝之流，清谈差胜耳；谢灵运迹其行事，亦以为赧、献之辈；盖非笃论也。《晋书》好博采而辞缺断制，往往数行之间，自相矛盾，要在知其体例，分别观之耳。作者意在博采，原不谓其所著皆可信也。据《本纪》：孝武之立为太子，实与简文之崩同日，然则《王彪之传》谓君崩太子代立，大司马何容得异？语亦有误。其所争者，盖非太子之当立与否，而孝武之当为太子与否也。然则《晋书》记载，多不容泥，谓简文视天下为傥来之运，恐亦诬辞矣。然则桓温图篡虽急，而朝廷拒之甚坚，且镇之以静，终不为其虚声所动，盖自其举兵欲胁废殷浩以来，至于孝武之初，始终若一，初非谢安、王坦之、王彪之等数人之力也。简文之才力，亦实有足称矣。此又见庾氏之欲推立之，实非为私意也。

温四弟：云、豁、秘、冲。六子：熙、济、韵、祎、伟、玄。熙初为世子，后以才弱，使冲领其众。温病，熙与秘谋杀冲。冲知之，先遣力士拘录熙、济，而后临丧。熙、济俱徙长沙，秘亦废弃。云前卒。豁时刺荆州，加督荆、扬、雍、交、广。（扬当作梁。）冲督扬、豫、江三州，为扬州刺史，镇姑孰。豁子竟陵太守石秀为江州刺史，镇寻阳。八月，崇德太后临朝摄政。九月，以王彪之为尚书令，谢安为仆射，刁彝为徐、兖二州刺史，镇广陵。（彝协子。）二年，正月，彝卒。二月，以王坦之代之。三年，五月，坦之卒。以桓冲为徐州刺史，镇丹徒。谢安领扬州刺史。太安元年，太后归政。安为中书监，录尚书事。二年，八月，为司徒。桓豁卒。十月，以桓冲为荆州刺史。王蕴为徐州刺史，督江南晋陵诸军。（蕴，孝武后父。）谢玄为兖州刺史，广陵相，监江北诸军。（玄，安兄子。）于是下流之势渐重矣。

《王彪之传》云：谢安不欲委任桓冲，故使太后临朝，献替专在于己。《冲传》云：冲既代温居任，则尽忠王室。或劝冲诛除时望，专执权衡，冲不从。谢安以时望辅政，为群情所归，冲惧逼，宁康三年，乃解扬州，自求外出。桓氏党与以为非计，莫不扼腕苦谏；郗超亦深止之；冲皆不纳。桓温尚无所成，而况于冲？其不敢为非分之图，亦固其所。然冲之为人，雅与温异，颇有公忠之心，其不为非分之图，亦非尽由才之不及，势之不可也。温据上流久，且夙怀反侧之心，其余毒，自非一朝所能消弭，故桓玄卒资之以构逆。然当苻坚入寇时，晋之克弘济于艰难者，实赖上下游之无衅，其时上下游之无衅，则冲实为之，冲亦可谓贤矣。

第六章

东晋中叶形势下

第一节　秦灭前燕

晋自怀、愍倾覆，元帝东渡以来，中原形势，盖尝三变：刘、石东西对峙，其后刘卒并于石，一也。石虎死后，燕、秦又东西对峙，其后燕卒并于秦，二也。前秦丧败，后燕、后秦，又成东西对峙之局，其力莫能相尚，宋武夷南燕，破后秦，功高于桓、谢矣，然关中甫合即离，其后陵夷衰微，北方遂尽入于拓跋氏；三也。前章所述，为后赵吞并北方，及其分裂之事，此章所述，则前秦吞并北方，及其分裂之事也。

桓温之入关也，苻健太子苌中流矢而死，健立其第三子生为太子。明年，六月，健寝疾。健兄子菁，勒兵入东宫，将杀生自立。时生侍健疾，菁以健为死，回攻东掖门。健闻变，升端门陈兵。众皆舍杖逃散。执菁杀之。数日，健死。生僭即皇帝位。

生为史所称无道之主，载其淫暴之迹甚多，然实未可与刘聪、石虎，等量齐观，故刘知幾谓"秦人不死，知苻生之厚诬"也。即就史所载者观之，其消息，仍有可以微窥者。

史称健临死，诫生曰："酋帅、大臣，若不从汝命，可渐除之"，即可知其所诛夷，多出于不得已。今观其所杀者：太傅毛贵，车骑尚书梁楞，左仆射梁安，皆受遗辅政者也。左光禄大夫张平，生母之弟也。侍中丞相雷弱儿，司空王堕，侍中太师录尚书事鱼遵，亦皆大臣。弱儿之死也，及其九子二十七孙；遵及其七子十孙；皆可知其族之强大。梁安、雷弱儿，实有通晋之嫌，其余亦可推想。然则生之行诛，亦诚有所不得已，而造谤者则自此起矣。

生杀其妻梁氏，盖亦以其族之逼，然皇后且然，更何有于姜媵？于是谓其所幸妻妾，少有忤旨便杀之，流其尸于渭水矣。舅氏既诛，自可谓其母系忧恨而死。生眇一目，造谤者遂谓其不足、不具、少无、缺伤、残毁、偏只之言，皆不得道，左右忤旨而死者，不可胜纪；且谓其使太医令程延合安胎药，问人参好恶并药分多少，延曰："虽小小不具，自可堪用。"生以为讥其目，凿延出目，然后斩之矣。

当时用刑，率多酷滥，遂谓其常弯弓露刃，以见朝臣，锤钳锯凿，不离左右；又谓宗室勋旧，亲戚忠良，杀害殆尽；王公在位者，悉以疾告归；人情危骇，道路以目矣。他如怠荒、淫秽，自更易诬。《金史·海陵本纪》，述其不德之辞，连章累牍，而篇末著论，即明言其不足信，正同一律。

史家之文，惟恐其自己出，断不能以己之所是，著诸篇章；前人之辞，虽明知其不足信，又不容抹杀之不传于后；若一一辩之，则势将不可胜辩；此则不能不望好学深思者之心知其意者也。（五胡之主，史传其淫暴者，实录居多，惟苻生则系被诬，当与南朝诸主一例。）当时苻秦，君与贵戚猜疑之深，至于如此，自非一人之力，所克翦除，故黄眉虽以谋杀生自立，事发伏诛，而生卒为雄子坚及其庶兄法所弑，时姚襄死之翼月也。

　　苻坚既弑苻生，以伪位让其兄法，法自以庶孽不敢当，坚乃僭称大秦天王。旋杀法。其骨肉相屠，亦可谓烈矣。坚为五胡中雄主，读史者多美其能用王猛，其实猛之功烈，亦止在能摧抑豪强；其于政事，庸有综核之才，然史氏所传，实多溢美；至于灭燕，则燕之自亡，直其时，能成其功者甚多，无足称也。

　　《猛传》云：坚僭位，以猛为中书侍郎。时始平多枋头西归之人，豪右纵横，寇盗充斥，乃转猛为始平令。猛下车，明法峻刑，鞭杀一吏。百姓上书讼之。有司劾奏。槛车征下廷尉诏狱。坚亲问之，曰："夷吾、子产之俦也。"赦之。岁中五迁，权倾内外。宗戚旧臣，皆害其宠。尚书仇腾，丞相长史席宝，数谮毁之。坚大怒，黜腾为甘松护军，宝白衣领长史。尔后上下咸服，莫敢有言。

　　《坚载记》云：猛亲宠愈密，朝政莫不由之。特进樊世，氏豪也，有大勋于苻氏，负气倨傲，众辱猛。猛言之于坚。坚怒曰："必须杀此老氏，然后百寮可整。"俄而世入言事。坚谓猛曰："吾欲以杨璧尚主，璧何如人也？"世勃然曰："杨璧臣之婿也，婚已久定，陛下安得令之尚主乎？"猛让世。世怒，起将击猛。左右止之。世遂丑言大骂。坚由此发怒，命斩之于西厩。诸氏纷纭，竞陈猛短。坚恚甚，嫚骂，或鞭挞于殿庭。自是公卿已下，无不惮猛。

又曰：以猛为京兆尹。其特进强德，健妻之弟也。昏酒豪横，为百姓之患。猛捕而杀之，陈尸于市。其中丞邓羌，性鲠直不挠，与猛协规齐志。数旬之间，贵戚强豪，诛死者二十有余人。于是百僚震肃，豪右屏气。此盖符生未竟之绪也。必贵戚慑服，然后政令行而民获小康，且可用其力以竞于外，此秦之所以骤强；而是时之燕，适与之相反，其不格明矣。

慕容儁之死也，群臣欲立其弟恪。（儁第四子。）恪辞，乃立其太子。时年十一。以恪为太宰，录尚书，行周公事。慕容评为太傅，副赞朝政。慕舆根为太师。慕容垂为河南大都督、兖州牧、荆州刺史，镇梁国。（垂，儁之第五子。）孙希为并州刺史。傅颜为护军将军。

慕舆根与左卫慕舆干潜谋诛恪及评，入白太后可足浑氏，可足浑氏将从之，暐使其侍中皇甫真与傅颜收根等斩之。太和元年，慕容恪有疾，召暐兄乐安王臧，告以司马职统兵权，吾终之后，必以授垂。又以告评。月余而死。

初恪之攻拔洛阳也，略地至于崤、渑。符坚惧其入关，常亲屯陕城以备之。（陕，汉县，今河南陕县。）其后符双据上邽，（双坚弟。）符柳据蒲坂，叛于坚。符廋据陕城，符武据安定，并应之。（柳、廋、武，皆健子。）将共伐长安。庾降于暐。坚恐暐乘胜入关，乃尽锐以备华阴。暐群下议欲遣兵救㻁，因图关右，评固执不许，乃止。（双等之叛，《通鉴》在太和二年十月。）双等皆为坚所讨杀。

枋头之役，暐使乞师于坚，请割虎牢以西。坚遣其将苟池率步骑二万救暐。王师引归，池乃还。可足浑氏与评谋杀垂。垂惧，奔坚。王师既旋，暐悔割虎牢之地。坚以垂为乡道，遣王猛等步骑三万，攻慕容筑于洛阳，暐遣慕容臧精卒十万救之，败于荥阳。筑以救兵不至，降于猛。（《通鉴》从《燕书》系太和五年正月。《十六国秦春秋》在四年十二月，见《考异》。）

太和五年，九月，坚又遣王猛率杨安等步骑六万伐暐。猛克上党，又令杨安陷晋阳。暐遣慕容评等率中外精卒四十余万距之。屯于潞川。（潞水，今浊漳水。）评以猛悬军深入，利在速战，议以持久制之。猛遣其将郭庆，以锐卒五千，夜从间道，出评营后，并山起火，烧其辎重，火见邺中。暐惧，遣使让评，催其速战。评与猛战于潞川，大败，死者五万余人。评等单骑走还。猛遂长驱至邺。坚复率众十万会之。暐散骑常侍徐蔚等率扶余、句丽及上党质子五百余人，夜开城门，以纳坚军。暐与评等数十骑奔昌黎。坚遣郭庆追暐，及于高阳，执之。

先是慕容桓以众万余，为评等后继，闻评败，引屯内黄，后退保和龙。（慕容皝所起宫名，在龙城。）及是，庆追评、桓于和龙。桓杀其镇东慕容亮而并其众，攻其辽东太守韩稠于平州。（此当指晋平州所治之肥如县。）庆遣将军朱嶷击桓执之。（《本纪》

在咸安二年二月。）评奔高句丽，高句丽缚而送之。坚以王猛刺冀州，镇邺。郭庆刺幽州，镇蓟。徙暐及其王公已下并鲜卑四万余户于长安。

前燕之亡，论者多归罪于慕容评。然评在僣世，亦尝数专征伐，非不知兵者。潞川密迩邺都，一败则不可为悔，秦兵方锐，持重以老其师，未为非计。速战之议，出自燕朝，暐年尚幼，未知谁实主之，评因惧罪而曲从，固违将在外君命有所不受之义，然以丧师之咎，专责诸评，则非平情之论。

《垂载记》云：垂本名霸，恩遇逾于世子儁，故儁不能平之。少好畋游，因猎坠马，折齿，儁僣即王位，改名缺，外以慕却缺为名，内实恶而改之。寻以谶记之文，乃去夬，以垂为名焉。

此说或出附会，然垂之见忌，由来已久，则由此可知。暐之世，盖政出多门，莫能相尚，其时忌垂者非评一人。且一木焉能支大厦之倾，垂即不去，燕岂能终存邪？

《暐载记》云：时外则王师及符坚交侵，兵革不息。内则暐母乱政，评等贪冒，政以贿成，官非才举。其尚书左丞申绍上疏，言"守宰或擢自匹夫、兵将之间，或因宠戚，藉缘时会。又无考绩，黜陟幽明。贪惰为恶者，无刑戮之惧，清勤奉法者，无爵赏之劝。百姓穷弊，侵赇无已。兵士逋逃，乃相招为贼盗。后宫四千有余；僮侍厮养，通兼十倍；日费之重，价盈万金；绮縠罗纨，岁增常调。戎器弗营，奢玩是务。令帑藏虚竭，军士无襜褕之资。宰相侯王、迭以侈丽相尚。风靡之化，积以成俗。卧薪之喻，未足甚焉。"

　　此盖自儁入中原已来，惑于纷华靡丽，积渐至此，并非必至暐之世而后然也。五胡窃据，本无深根固柢之道，一遇劲敌，而其亡也忽焉，亦无足异矣。

第二节　秦平凉州仇池

前凉全盛，盖在张茂、张骏之时，而其衰机亦自此始。

史称茂雅有志节，能断大事。凉州大姓贾摹，寔之妻弟也，势倾西土，茂诱而杀之，于是豪右屏迹，威行西域。骏初统任年十八。少卓越不羁，而淫纵无度。然有计略。统任后，厉操改节，勤修庶政；总御文武，咸得其用。自轨据凉州，属天下之乱，所在征伐，军无宁岁，至骏，境内渐平。又使其将杨宣伐龟兹、鄯善，西域并降。分州西界三郡置沙州，（治敦煌。）东界六郡置河州。（治枹罕。）戊己校尉赵贞，不附于骏，骏击擒之，以其地为高昌郡。（今新疆吐鲁番县。）虽尝为刘曜所败，失河南地，旋即复之。盖前凉之极盛也。

然自茂已筑灵钧台，围轮八十余堵，基高九仞。（尝以谏者中止，后卒复营之。）且大城姑臧。骏又于姑臧城南筑城。起谦光殿，画以五色，饰以金玉穷尽珍巧。殿之四面，各起一殿。东曰宜阳青殿，以春三月居之。章服、器物，皆依方色。南曰朱阳赤殿，夏三月居之。西曰政刑白殿，秋三月居之。北曰玄武黑殿，冬三月居之。其旁皆有直省内官寺署，一同方色。（末年任所游处，不复依四时而居。）盖河右通市西域，商货流衍，物力颇丰，而其文明程度亦高，故能侈靡如此也。

骏子重华，任用谢艾，屡破劲敌。王擢为苻健所逼，来奔，重华使攻秦州，克之。（永和九年四月。秦州治上邽。）重华好与群小游戏，政事始衰；及其卒也，复重之以内乱；而思启封疆者，狁焉伺于其侧矣。

重华以永和九年十月卒。（传言其在位十一年，据《本纪》，其立以永和二年五月，则止八年。）子曜灵嗣。年十岁。伯父长宁侯祚，性倾巧，善承内外。初与重华宠臣赵长、尉缉等结为异姓兄弟。长等遂矫重华遗令，以祚辅政。又言时难未夷，宜立长君。祚先烝重华母马氏，马氏遂从缉议，废曜灵而立祚。祚寻使害曜灵。祚淫虐不道。又通重华妻裴氏。自阁内媵妾，及骏、重华未嫁子女无不暴乱。

凉州历世以来皆受晋朝官爵，虽不用中兴年号，迄称建兴若干年，晋迄未与以王封，然张骏时，境内皆称之为王；骏舞六佾，建豹尾，所置官寮府寺，皆拟于王者，而微异其名；然亦未敢更行上僭；骏且尝称藩于蜀，假道以达京师；究不能谓其不守臣节也。及祚，乃用长、缉等议，僭即帝位，（永和十年。）亦可谓妄矣。

桓温入关，王擢时镇陇西，驰使言温善用兵，意在难测。祚既震惧，又虑擢反噬，大聚众，声欲东征，实欲西保敦煌，会温还而止。更遣其秦州刺史牛霸击擢，破之。擢奔苻健。其妄自尊大，而实怯懦，又多疑忌如此。

祚宗人张瓘镇枹罕，祚恶其强，遣其将易揣、张玲袭之。又遣张掖太守索孚代瓘。（张掖，汉郡，今甘肃张掖县。）孚为瓘所杀。玲等又为瓘兵所破。瓘军蹑之，祚众震惧。敦煌人宋混，与弟澄等聚众以应瓘。赵长等惧罪，入阁，呼重华母马氏出殿，拜曜灵庶弟玄靓为主。（时年七岁。）揣等率众入殿，伐长杀之。瓘弟琚及子嵩，募市人数百，扬声言张祚无道，我兄大军，已到城东，敢有举手者诛三族。祚众披散，祚被杀。时永和十一年七月也。

废祚所建和平年号，复称建兴四十三年。诛祚二子。以张瓘为卫将军，领兵万人，行大将军事。陇西李俨，诛大姓彭姚，自立于陇右。玄靓遣牛霸讨之。未达，西平人卫琳又据郡叛。霸众溃，单骑而还。瓘遣琚领大众征琳，败之。西平田旋，要酒泉太守马基应琳。瓘遣司马张姚、王国伐基，败之。斩基、旋首，传姑臧。

瓘兄弟强盛，负其勋力，有篡立之谋。宋混与弟澄共讨瓘，尽夷其属。玄靓以混辅政。混卒，又以澄代之。右司马张邕，恶澄专擅，杀之，遂灭宋氏。玄靓以邕为中护军，叔父天锡为中领军，共辅政。邕自以功大，骄矜淫纵。又通马氏，树党专权。天锡又杀之，悉诛其党。天锡专掌朝政。始改建兴四十九年，奉升

_306

平之号。（升平五年。）

兴宁元年，骏妻马氏卒，玄靓以其庶母郭氏为太妃，郭氏以天锡专政，与大臣张钦等谋讨之。事泄，钦等被杀。七月，天锡率众入禁门，潜害玄靓，宣言暴薨。（此从《晋书·帝纪》。《通鉴》从《晋春秋》在八月。）天锡立。荒于声色，不恤政事。安定梁景，敦煌刘肃，并以门胄，总角与天锡友昵。张邕之诛，肃、景有勋，天锡深德之。赐姓张氏，以为己子，俱参政事。人情怨惧。

初苻生闻张祚见杀，玄靓幼冲，命其征东苻柳，参军阎负、梁殊使凉州，以书喻之。时张瓘新辅政，河西所在兵起，惧秦师之至，乃言于玄靓，遣使称藩。

太和二年，羌敛岐自称益州刺史，（敛岐从《苻坚载记》。《天锡传》作廉岐。）率略阳四千家，背苻坚就李俨。天锡自往讨之。时苻坚亦遣王猛等讨岐。俨遣使谢，并求救于坚。坚遣杨安会猛救俨。及天锡将杨遹战于枹罕东，猛不利。然卒擒敛岐。

天锡归，猛又袭俨，执之而还。坚遂以其将彭越为凉州刺史，镇枹罕。（参据《本纪》及《坚载记》。）时坚强盛，每攻凉州，兵无宁岁。天锡甚惧，献书桓温，刻六年夏大举，（盖谓天锡之六年。）已而不果。

咸安二年，苻坚陷仇池。先是王猛获天锡将阴据及甲士五千，至是，悉送所获还凉州。天锡惧，遣使谢罪称藩。

太元元年，坚遣苟苌、毛盛、梁熙、姚苌等率骑十三万伐天锡。又遣其秦州刺史苟池，河州刺史李辩，凉州刺史王统率三州之众以继之。天锡拒战不利，遂降。坚以梁熙为凉州刺史，领护西羌校尉，镇姑臧。徙豪右七千余户于关中。

刘曜之与石勒连兵也，杨难敌自汉中还袭仇池，克之，执田崧，杀之。咸和九年，难敌卒，子毅立。自号左贤王下辨公。以坚头子槃为右贤王河池公。咸康元年，遣使称藩于晋。三年，毅族兄初袭杀毅，并有其众，自立为仇池公，臣于石虎，后复遣使称藩。永和三年，以为雍州刺史、平羌校尉、仇池公。（十年，改封天水公。）子国为武都太守。

十一年，毅小弟宋奴，使姑子梁式玉，（《本纪》作梁式。）因侍直手刃杀初。国率左右诛式玉及宋奴。桓温表为秦州刺史、平羌校尉，而以其子安为武都太守。十二年，国从父杨俊复杀国自立。安奔苻生。俊遣使归顺。升平三年，以为平羌校尉、仇池公。四年，卒，子世立。复以其爵授之。太和三年，迁秦州刺史。以其弟统为武都太守。五年，世卒。统废其子纂自立。（纂一名德。）

纂聚党杀统。遣使自陈，复以为秦州刺史、平羌校尉、仇池公。初世尝降于苻坚。（坚亦署为秦州刺史仇池公。）既而归顺于晋。至纂，遂与坚绝。咸安元年，坚遣其将苻雅、杨安与益州刺史王统率步骑七万取仇池。雅等次于鹫陕。（《通鉴》作鹫峡。《注》云：在仇池北。）纂率众五万，晋梁州刺史杨亮，遣督护郭宝，率骑千余救之，战于陕中，为雅等所败。纂收众奔还。雅进攻仇池，纂降。秦以王统为南秦州刺史。加杨安都督，镇仇池。

（王统，《苻坚载记》作杨统。《殿本考证》云：杨，《十六国春秋》作王，案作王者是也。《宋书·氐传》明言统为纂所杀，纂遣使诣晋自陈，其言不得无据。《苻坚载记》漏叙统为纂所杀之事，其误遂不易见。坚使取仇池之杨安，是否即杨国之子，本无确说。以予观之，似乎非是。坚之取仇池，乃为攻梁、益开路，其后益州陷没，坚乃以杨安为益州牧，镇成都，王统为南秦州刺史，镇仇池，苟为杨国之子，任之恐未必如是之重也。）空百顷之地，徙其民于关中。纂后为杨安所杀。（语见《宋书·氐传》，此杨安当为杨国之子。此节以《宋书》为主，兼据《晋书·刘曜》及《苻坚载记》。《晋书·本纪》：咸安二年，苻坚陷仇池，执秦州刺史杨世，则必误也。）

第三节　秦平铁弗氏拓跋氏

自前赵、前燕之亡，幽、并之匈奴、鲜卑，能有所表见者颇鲜，其较为强大者，则河西之铁弗氏，代北之拓跋氏也。符秦盛时，二部亦尝为所慑服。此二部为世仇，其事迹相关极密。《魏书·序纪》，叙述较详。今以之为主，而以他篇所载，附益订正之。《序纪》讳饰之辞，自不难洞见也。

《魏书·序纪》：穆帝死后，普根立，月余而薨。普根子始生，桓帝后立之，其冬又薨。思帝子郁律立，是为平文帝。元年，岁在丁丑，晋元帝建武元年也。二年，（元帝大兴元年。）刘虎据朔方，来侵西部。帝逆击，大破之。其从弟路孤，率部落内附，帝以女妻之。《铁弗传》言：虎归附刘聪，聪以虎宗室，拜安北将军、监鲜卑诸军事、丁零中郎将，则聪实使虎统辖鲜卑也。《序纪》又云：帝闻晋愍帝为刘曜所害，顾谓大臣曰："今中原无主，天其资我乎？"刘曜遣使请和，帝不纳。三年，（大兴二年。）石勒自称赵王，遣使乞和，请为兄弟，帝斩其使以绝之。五年，（大兴四年。）治兵讲武，有平南夏之意。桓帝后以帝得众心，恐不利于己子，害帝，遂崩。大臣死者数十人。

（《平文皇后传》曰：王氏，广宁人也。年十三，因事入宫。生昭成帝。平文崩，昭成在襁褓，时国有内难，将害诸王子。后匿帝于袴中，惧人知，祝曰："若天祚未终，使汝无声。"遂良久不啼。得免于难。）

惠帝贺傉立，桓帝中子也。未亲政事，太后临朝，遣使与石勒通和，时人谓之女国使。

（案王浚见杀，穆帝之众，有欲谋乱以应石勒者。然则拓跋部落中，胡、羯党类颇多，平文之死，似亦因其与刘、石构难，而桓帝后因而倾覆之者。使称女国使，可见是时拓跋氏实别无所谓君长也。）

四年，（明帝太宁二年。）帝始临朝。以诸部人情，未悉款顺，乃筑城于东木根山，徙都之。（在今绥远凉城县北。河西有木根山，而此在东，故曰东木根山。）五年，（太宁三年。）帝崩，炀帝纥那立，惠帝之弟也。三年，（成帝咸和二年。）石勒遣石虎率骑五千，来寇边部。帝御之于句注陉北，不利，迁于太宁。（即广宁。）

时烈帝（名翳槐，平文长子。）居于舅贺兰部，帝遣使求之。贺兰部帅蔼头，拥护不遣。帝怒，召宇文部，并势击蔼头。宇文众败，帝还太宁。五年，（咸和四年。）帝出居于宇文部。贺兰及诸部大人共立烈帝。石勒遣使求和，烈帝遣弟昭成帝（名什翼犍，平文次子。）如襄国，从者五千余家。七年，（元康元年。）蔼头不修臣职，召而戮之，国人复二。炀帝自宇文部还入，诸部大人复奉之。烈帝出居于邺。三年，（咸康三年。）石虎遣将李穆，率骑五千，纳烈帝于太宁。国人六千余落叛炀帝，炀帝出居于慕容部。烈帝城新盛乐城，在故城东南十里。崩，顾命曰："必迎立什翼犍，社稷可安。"帝弟孤，（平文第四子。）乃自诣邺奉迎，与帝俱还。

《孤传》曰：群臣咸以新有大故，内外未安，昭成在南，来未可果，比至之日，恐生变诈，宜立长君，以镇众望。次弟屈，刚猛多变，不如孤之宽和柔顺。于是大人梁盖等杀屈，共推孤。孤曰："吾兄居长，自应继位，我安可越次而处大业？"乃自诣邺奉迎，请身留为质。石虎义而从之。昭成即位，乃分国半部以与之。薨，子斤失职怀怨，构寔君为逆，死于长安。

观《魏书》所叙，知拓跋氏是时，内争甚烈，诸部亦多未服，而依倚中原者常克有成，其力固未足与内地敌也。（烈帝死后，必立昭成，或亦以结援后赵之故。）

昭成即位时年十九。二年，（咸康五年。）始置百官，分掌众职。朝诸大人于参合陂。议欲定都灅源川，（灅水，今桑干河支流。）连日不决，从太后计而止。《平文皇后传》曰：昭成初，欲定都于灅源川，筑城郭，起宫室。议不决。后闻之曰："国自上世，迁徙为业，今事难之后，基业未固，若城郭而居，一旦寇来，难卒迁动？"乃止。然三年，（咸康六年。）卒移都于云中之盛乐宫。四年，（咸康七年。）又筑盛乐城于故城南八里。

昭成盖居邺久，故稍染华风邪？是时之拓跋氏，城郭而居，自无所利，然拓跋氏更内乱久，昭成在位，颇称小康，或亦由其曾居内地，少知治法之故邪？昭成与慕容氏，三世为婚，而仍与石虎通使。（九年，石虎遣使朝贡。十年，遣使诣邺观衅。）

（《序纪》：二年，聘慕容元真妹为皇后。四年，皇后慕容氏崩。慕容元真遣使朝贡，并荐其宗女。六年，慕容元真遣使请荐女。七年，遣大人长孙秩迎后慕容元真之女于境。皇后至自和龙。慕容元真遣使奉聘，求交昏，帝许之，以烈帝女妻之。十九年，慕容儁亦请昏，许之。二十年，慕容儁奉纳礼币。二十三年，皇后慕容氏崩。二十五年，慕容暐荐女备后官。元真即皝，魏书避恭宗讳，故称其字。）

十二年，（穆帝永和五年。）石虎死。十三年，（永和六年。）冉闵杀石鉴。十四年，（永和七年。）帝曰："石胡衰灭，冉闵肆祸，中州纷梗，莫有匡救，吾将亲率大军，廓定四海。"乃敕诸部：各率所统，以俟大期。诸大人谏，乃止。案魏自穆帝以来，屡图进取中原，而其下皆不欲。穆帝及平文之死，盖皆以其违众之故。昭成盖性较宽和，故能从众议而止也。然虽未勤民于远，而卒为肘腋之患所中，则以铁弗氏地实相逼也。

昭成四年，（咸康八年。）十月，刘虎寇西境。帝遣军逆讨，大破之。虎仅以身免。虎死，子务桓立，始来归顺，帝以女妻之。《铁弗传》曰：务桓，一名豹子。招集种落，为诸部雄。潜通石虎。虎拜为平北将军、左贤王。盖时铁弗、拓跋二氏之势相埒。十九年，（永和十二年。）正月，务桓死，弟阏头立，（《铁弗传》作阏陋头。）潜谋反叛。二月，帝西巡，因临河，使人招喻。阏头从命。二十一年，（升平二年。）阏头部民多叛，惧而东走。渡河，半济而冰陷，后众尽归阏头兄子悉勿祈。（务桓子。）

初阏头之叛，悉勿祈兄弟十二人，在帝左右，尽遣归，欲其自相猜离。至是，悉勿祈夺其众，阏头穷而归命。帝待之如初。盖务桓死后，铁弗内相猜携，昭成因而构之也。二十二年，（升平三年。）四月，悉勿祈死，弟卫辰立。《昭成皇后传》曰：昭成遣悉勿祈还，后戒之曰："汝还，必深防卫辰。辰奸猾，终当灭汝。悉勿祈死，其子果为卫辰所杀。"盖卫辰枭桀，故能为拓跋氏之患也。然其初立时，承内乱之后，势尚不竞，且其兄弟初尝依倚拓跋氏；故是岁八月，《序纪》言卫辰遣子朝贡。

二十三年，（升平四年。）六月，皇后慕容氏崩。七月，卫辰来会葬，因而求昏，许之。二十四年，（升平五年。）春，卫辰遣使来聘。二十八年，正月，卫辰谋反，东渡河。帝讨之，卫辰惧而遁走。十二月，苻坚遣使朝贡。是年，为晋兴宁三年。《晋书·本纪》云：七月，匈奴左贤王卫辰，右贤王曹毅，率众二万，侵苻坚杏城。

《坚载记》云：匈奴左贤王卫辰，遣使降于坚，遂请田内地，坚许之。云中护军贾雍，遣其司马徐斌，率骑袭之，因纵兵掠夺。坚怒，免雍官，以白衣领护军。遣使修和，示之信义。辰于是入居塞内，贡献相寻。兴宁三年，右贤王曹毂及卫辰叛，率众二万，攻其杏城已南郡县，屯于马兰山。（在今陕西白水县西北。）索虏乌延等，亦叛坚而通于辰、毂。坚率中外精锐以讨之。以其前将军杨安、镇军毛盛等为前锋都督。毂遣弟活距战，安大败之，斩活。毂惧而降。坚徙其酋豪六千余户于长安。进击乌延，斩之。邓羌讨卫辰，擒之于木根山。

坚自骢马城如朔方，（骢马城，在今陕西米脂县北。）巡抚夷狄。以卫辰为阳夏公，以统其众。毂寻死。分其部落：二城已西二万余落，封其长子玺为骆川侯，二城已东二万余落，封其小子寅为力川侯；号东西曹。（二城，胡三省曰：二县城，在杏城西北，平凉东南。平凉，苻秦郡，北周改为县，清为府，民国复为县，属甘肃。胡《注》见义熙五年。）

《序纪》：二十九年，（太和元年。）五月，遣燕凤使苻坚。三十年，（太和二年。）十月，帝征卫辰。卫辰与宗族西走。收其部落而还。

《铁弗传》曰：卫辰既立之后，遣子朝献。昭成以女妻卫辰。卫辰潜通苻坚。坚以为左贤王。遣使请田内地，春来秋去。坚许之。后掠坚边民五十余口为奴婢，以献于坚，坚让归之。乃背坚，专心归国。举兵伐坚。坚遣其建节将军邓羌讨擒之。坚至自朔方，以卫辰为阳夏公，统其部落。卫辰以坚还复其国，复附于坚。帝讨卫辰，大破之，收其部落十六七焉。卫辰奔苻坚。坚送还朔方，遣兵戍之。

《序纪》昭成攻卫辰在正月，卫辰侵秦在七月，安得云以专心归国而伐坚？盖卫辰附坚，而昭成侵之耳。坚当是时，理宜助卫辰，因边衅起，故不果，且伐之。昭成因是与坚通使，冀共犄卫辰。然卫辰附坚久，故一降伏，坚即复成之，而昭成转为所犄也。

《魏书·序纪》：昭成三十六年，（孝武帝宁康元年。）五月，遣燕凤使苻坚。三十七年，（宁康二年。）帝征卫辰，卫辰南走。三十八年，（宁康三年。）卫辰求援于苻坚。三十九年，（太元元年。）苻坚遣其大司马苻洛，率众二十万，及朱彤、张蚝、邓羌等诸道来寇，侵逼南境。十一月，白部、独孤部御之，败绩。南部大人刘库仁走云中。帝复遣库仁率骑十万，逆战于石子岭，（在云中盛乐西南。）不利。帝时不豫，群臣莫可任者，乃率国人，避于阴山之北。高车杂种尽叛，四面寇钞，不得刍牧，复度漠南。坚军稍退，乃还。十二月，至云中。旬有二日，帝崩。

《昭成子孙传》云：初昭成以弟孤让国，乃以半部授孤。孤卒，子斤失职怀怨，欲伺隙为乱。是时献明皇帝及秦明王翰皆先终，太祖年六岁。昭成不豫，慕容后子阏婆等虽长，而国统未定。斤因是说寔君（昭成庶长子。）曰："帝将立慕容所生，而惧汝为变，欲先杀汝。是以项日以来，诸子戎服，夜持兵杖，绕汝庐舍，伺便将发。吾愍而相告。"

时苻洛等军犹在君子津，（在云中西南。）夜常警备，诸皇子挟杖，旁皇庐舍之间。寔君视察，以斤言为信。乃率其属，尽害诸皇子。昭成亦暴崩。其夜，诸皇子妇及宫人奔告苻洛军。坚将李柔、张蚝勒兵内逼。部众离散。苻坚闻之，召燕凤问其故。以状对。坚曰："天下之恶一也。"乃执寔君及斤，轘之于长安西市。

《晋书·苻坚载记》曰：坚既平凉州，又遣其安北将军幽州刺史苻洛为北讨大都督，率幽州兵十万，讨代王涉翼犍。又遣后将军俱难与邓羌等率步骑二十万，东出和龙，西出上郡，与洛会于涉翼犍廷。翼犍战败，遁于弱水。（据《魏书》《序纪》，当在阴山北。）苻洛逐之。势穷迫，退还阴山。其子翼圭，缚父请降。洛等振旅而还。坚以翼犍荒俗，未参仁义，令入太学习礼。以翼圭执父不孝，迁之于蜀。散其部落于汉鄣边故地，立尉监行事官寮领押，课之治业营生。三五取丁。优复三年无税租。其渠帅岁终令朝献。出入行来，为之制限。

坚尝至太学，召涉翼犍问曰："中国以学养性，而人寿考，漠北啖牛羊，而人不寿，何也？"翼犍不能答。又问："卿种人有堪将者？可召为国家用。"对曰："漠北人能捕六畜，善驰走，逐水草而已，何堪为将？"又问："好学否？"对曰："若不好学，陛下用教臣何为？"坚善其答。

《宋书·索虏传》云：犍为苻坚所破，执送长安。后听北归。犍子开，字涉珪代之。《齐书·魏虏传》云：苻坚遣伪并州刺史苻洛伐犍，破龙庭，擒犍还长安。为立宅，教犍书学。分其部党居云中等四郡。诸部主帅，岁终入朝。并得见犍。差税诸部以给之。坚败，子珪，字涉圭，随舅慕容垂据中山，遂领其部案。

《魏书·皇后列传》言：昭成皇后慕容氏，生献明帝及秦明王。《序纪》云：昭成三十四年春，长孙斤谋反，拔刃向御坐，太子献明皇帝讳寔格之，伤胁，夏，五月，薨。秋，七月，皇孙珪生。《皇后传》：献明皇后贺氏，父野干，东部大人。后少以容仪，选入东宫。生太祖。苻洛之内侮也，后与太祖及故臣吏避难北徙。俄而高车奄来钞掠。后乘车，与太祖避贼而南。中路失辖。后惧，仰天而告曰："国家胤胄，岂止尔绝灭也？惟神灵扶助。"遂驰。轮正不倾。行百余里，至七介山南，而得免难。

案《苻坚载记》，明载坚与什翼犍问答，则擒犍之说，必非虚诬。《魏书》记载，自不如中国史籍之可信。疑执昭成者即其太子，魏人讳言其事，乃伪造一献明，以为道武父，既讳昭成之俘囚，又讳其元子之悖逆，并讳道武之翦灭舅氏，其弥缝亦可谓工矣。然献明、秦明，皆羌无事迹可征；阏婆更无可考见；而为献明所格者，其氏实为魏枝子之氏，而其名又与昭成弟孤之子同，其为子虚乌有之流，更可想见；终不能逃明者之目矣。

（《魏书·昭成子孙传》：寔君为昭成庶长子，秦明王翰为第三子，又有寿鸠、纥根、地干、力真、窟咄。惟《窟咄传》云：昭成崩，苻洛以其年长，逼徙长安，苻坚礼之，教以书学，因乱，随慕容永东迁，此外皆无事迹可考。《通鉴》言犍世子寔及弟翰早卒，寔子珪尚幼，慕容妃之子阏婆、寿鸠、纥根、地干、力真、窟咄皆长，盖即据《魏书》为辞，非别有所据。其实诸子是否慕容氏所生，亦难质言也。《魏书》欲伪造寔君悖逆之事，则不得不谓其为慕容氏所生耳。）

《魏书·太祖纪》云：年六岁，昭成崩，苻坚遣将内侮，将迁帝于长安，既而获免，语在《燕凤传》。《凤传》云：太祖将迁长安，凤以太祖幼弱，固请于苻坚曰："代主初崩，臣子亡叛，遣孙冲幼，莫相辅立。其别部大人刘库仁，勇而有智；铁弗卫辰，狡猾多变；皆不可独任。宜分诸部为二，令此两人统之。两人素有深仇，其势莫敢先发，此御边之良策。待其孙长，乃存而立之，是陛下施大惠于亡国也。"坚从之。《库仁传》云：母平文皇帝之女，昭成皇帝复以宗女妻之，为南部大人。苻坚以库仁为陵江将军、关内侯，令与卫辰分国部众而统之。自河以西属卫辰，自河以东属库仁。于是献明皇后携太祖及卫、秦二王，（卫王仪，秦明王翰子。秦愍王觚，后少子。）自贺兰部来居焉。库仁尽忠奉事，不以兴废易节。抚纳离散，恩信甚彰。此中谓太祖少依库仁，亦属虚辞，说见第七节。苻坚当日，盖欲以铁弗部人统河东诸部，然又虑其不为诸部所服，故择一拓跋氏之婿而用之，俾与卫辰可以无猜，而拓跋旧部，亦不至疑怨，所谓御边良策者如此，此或燕凤所教，《凤传》所载之辞，则亦非情实也。

第四节　肥水之战

苻坚之陷仇池也，使杨安镇之。其明年，为宁康元年，梁州刺史杨亮，遣子广袭仇池。与安战，败绩。安进寇汉川。坚又遣王统、朱彤、毛当、徐成等助之。亮距战，不利，奔西城。（汉县，后汉末置郡，晋改为魏兴。）彤遂陷汉中。成攻陷二剑。（谓大小二剑山，在剑阁北。）杨安进据梓潼。益州刺史周仲孙距之绵竹。闻毛当将袭成都，奔于南中。于是梁、益二州皆陷。桓冲使毛穆之督梁州三郡军事，以益州刺史领建平太守，戍巴郡。（穆之宝子。）又以其子球为梓潼太守。穆之与球攻秦，至巴西，以粮乏，退屯巴东。穆之病卒。

二年，五月，蜀人张育、杨光等起兵，与巴僚相应。晋益州刺史竺瑶，威远将军桓石虔（豁子。）率众三万据垫江。育乃自号蜀王，遣使归顺。与巴僚酋帅李重、尹万等围成都。寻育与万争权，举兵相持。七月，邓羌与杨安攻灭之。瑶、石虔退屯巴东。坚之攻凉州也，徐州刺史桓冲，遣宣城内史朱序豫州刺史桓伊向寿阳；淮南太守刘波，泛舟淮、泗。旋又遣序与江州刺史桓石秀（亦豁子。）溯流禀荆州刺史桓豁节度。豁遣督护桓熊与序等游军沔、汉，以图牵制。然相隔大远，声势不接，凉州卒陷没。诏遣中书郎王寻之诣豁，谘谋边事。豁表以梁州刺史毛宪祖监沔北军；朱序为梁州刺史，镇襄阳。时太元二年，三月也。

八月，桓豁卒。十月，以桓冲为荆州刺史。冲以坚强盛，欲移阻江南，乃徙镇上明。（城名，在今湖北松滋县西。）谢玄为兖州刺史，多募劲勇。彭城刘牢之等，以骁猛应选。玄以牢之为参军，使领精锐为前锋，百战百胜，号为北府兵。（时称京口为北府。）下流兵力始强矣。坚使其子丕等围襄阳，久不拔。坚欲亲率众助之。苻融等谏，乃止。

四年，二月，襄阳陷，朱序见执。遂陷顺阳。晋沛郡太守戴，以卒数千戍彭城，坚兖州刺史彭超请攻之，愿更遣重将讨淮南诸城。坚乃使超攻彭城，俱难寇淮阴、盱眙。又使其梁州刺史韦钟寇魏兴。四月，魏兴陷，太守吉挹死之。五月，俱难陷淮阴，彭超陷盱眙。进攻幽州刺史田洛于三阿，（幽州侨置。三阿，地名，在今江苏高邮县北。）去广陵百里。京都大震，临江列戍。毛当、王显，初随苻丕攻襄阳，及是亦来会。谢玄遣兵败之。难、超等连弃盱眙、淮阴，退屯淮北。坚闻之，大怒，槛车征超下狱。超自杀。难免为庶人。是役也，秦盖丧败颇甚，史失其详矣。然晋卒罢彭城、下邳二戍。坚以毛当为雍州刺史，镇彭城；毛盛为兖州刺史，镇胡陆；王显为扬州刺史，戍下邳。（《通鉴考异》曰：

《帝纪》及诸传，皆不言此年彭城陷没，而《十六国秦春秋》云：彭超据彭城；又云：超分兵下邳，留徐褒守彭城；至七月，以毛当为徐州刺史，镇彭城；王显为扬州刺史，戍下邳；是二城俱陷也。案二城或一时陷没，难、超败，秦复弃之，晋亦弃不戍，而秦乃又取之也。）

六年，十二月，坚荆州刺史都贵，遣其司马襄阳太守阎振，中兵参军吴仲寇竟陵。桓冲遣南平太守桓石虔，竟陵太守郭铨距破之，斩振及仲。七年，九月，冲使朱绰讨襄阳。焚沔北田谷。又遣上庸太守郭宝伐魏兴、上党。八年，冲又率众攻襄阳。遣刘波、桓石虔、石民等攻沔北。（石民亦豁子。）杨亮伐蜀，拔伍城，（蜀汉县，今四川中江县东。）进攻涪城。胡彬攻下蔡。郭铨攻武当。（汉县，晋侨置始平郡于此。）是时，秦之用兵，并不得利。盖梁、益为晋兵力最弱之处，故秦取之甚易；荆州兵力本强，下流亦新振作，故秦所向辄沮也。此时秦欲取晋，非用大兵不可，而肥水之战作矣。

符坚在诸胡中，尚为稍知治体者，然究非大器。尝悬珠帘于正殿，以朝群臣。宫宇、车乘、器物、服御，悉以珠玑、琅玕、奇宝、珍怪饰之。虽以尚书裴元略之谏，命去珠帘，且以元略为谏议大夫，然此特好名之为，其诸事不免淫侈，则可想见矣。坚之灭燕也，慕容冲姊为清河公主，年十四，有殊色，坚纳之，宠冠后庭。冲年十二，亦有龙阳之姿，坚又幸之。（冲，儁子。）姊弟专宠，宫人莫进。长安歌之曰："一雌复一雄，双飞入紫宫。"

咸惧为乱。王猛切谏，坚乃出冲。其荒淫如此。

时西域诸国，多入朝于坚，坚又使吕光征之。苻融固谏，坚不听。盖一欲夸耀武功，一亦贪其珍宝也。燕之平也，以王猛为冀州牧，镇邺；郭庆为幽州刺史，镇蓟。后以猛为丞相，苻融代牧冀州。及陷襄阳，以梁成为荆州刺史镇之。而以苻洛为益州牧，镇成都。命从伊阙，自襄阳溯汉而上。（伊阙在洛阳南。）

洛，健之兄子。雄勇多力，而猛气绝人，坚深忌之，故常为边牧。时镇和龙。洛疑坚使梁成害之，遂举兵。苻重镇蓟，亦尽蓟城之众，会洛兵于中山。坚遣窦冲、吕光讨之，以苻融为大都督。冲等执洛。吕光追讨苻重于幽州。坚徙洛于凉州。征融为大将军，领宗正，录尚书事。引其群臣于东堂，议曰："凡我族类，支胤弥繁，今欲分三原、九嵕、武都、汧、雍十五万户于诸方要镇，诸君之意如何？"（九嵕，山名，在今陕西醴泉县北。）皆曰："此有周所以祚隆八百，社稷之利也。"于是分四帅子弟三千户，以配苻丕，（坚庶长子。）镇邺。分幽州置平州，以石越为刺史，领护鲜卑中郎将，镇龙城。大鸿胪韩胤领护赤沙中郎将，移护乌桓府于代郡之平城中书梁说为幽州刺史，镇蓟。毛兴为河州刺史，镇抱罕。王腾为并州刺史，领护匈奴中郎将，镇晋阳。苻晖为豫州牧，镇洛阳。苻叡为雍州刺史，镇蒲阪。（晖、叡，皆坚子。）

坚之分氐户而留鲜卑也，论者皆以为坚致败之原，实亦未可一概而论。《坚载记》言：慕容垂奔坚，王猛劝坚除之，坚不听。后其太史令张孟，又言彗起尾箕，扫东井，为燕灭秦之象，劝坚诛慕容暐及其子弟，坚不纳。更以暐为尚书，垂为京兆尹，冲为平阳太守。苻融闻之，上疏谏，坚又不听。其分氐户于诸镇也，坚送丕于灞上，流涕而别。诸戎子弟，离其父兄者，皆悲号哀恸，酸感行人，识者以为丧乱流离之象。赵整因侍，援琴而歌曰："阿得脂，阿得脂，博劳旧父是仇绥，尾长翼短不能飞。远徙种人留鲜卑，一旦缓急语阿谁？"坚笑而不纳。一似当年留种人而鉏异族，即可措国基于磐石之安者，此事后传会之辞也。

当时五胡，降下异族，徙之腹地者甚多。后赵之于苻洪、姚弋仲，即其一证。盖使之远离巢穴，处我肘腋之下，则便于监制；又可驱之以从征役也。坚之灭燕也，徙关东豪桀及诸杂夷十万户于关中，处乌丸杂类于冯翊、北地，丁零翟斌于新安；及平凉州，又徙豪右七千余户于关中；意亦如此。此亦未为非计。抑坚在当日，或更有所不得已者。坚甫篡立，即杀其兄法。其后苻双、苻柳、苻廋、苻武复叛。苻融在坚诸弟中，最见宠信。其代王猛镇邺也，史言坚母苟氏，以融少子，甚爱之，比发，三至霸上，其夕，又窃如融所，内外莫知。心本无他，而为人所牵率，致终馅于叛逆者，有之矣。然则苻洛甫平，融即见征而代之以丕，盖亦有所不得已也。

太元七年，法子东海公阳，与王猛子散骑侍郎皮谋反。事泄，坚问反状。阳曰："礼云：父母之仇，不同天地。臣父哀公，死不以罪。齐襄复九世之仇，而况臣也？"坚赦不诛，徙阳于高昌，皮于朔方之北。苻融以位忝宗正，不能肃遏奸萌，请待罪私藩，坚不许。坚且能忍于法，而何有于阳？然终不能明正其罪者，势固有所不可也。宗族猜嫌之深，至于如此，安得不使己诸子，各据重镇？欲使诸子各据重镇，安得不配以腹心？然则氐户在当日，不得不分者势也。

新平王雕，尝以图谶，劝坚徙汧、陇诸氐于京师，置三秦大户于边地，其说正与王猛合，猛顾以雕为左道惑众，劝坚除之，然则谓结聚氐户，而遂可恃以为安，即猛亦不作是说也。五胡在中国，皆为小种，欲专恃己力以与人角，正是尾长翼短之象。（尾长则所曳者重而难举，翼短则振起之力微也。）外示宽容，阴图消弥，未尝非计之得，特彼此未能融合时，己族亦不可无以自立耳。此则坚之所以败也。然大一统之局未成，负嵎之势先失，固由氐户之散布，实亦肥水一败，有以启之，否则慕容垂、姚苌等，虽怀报复之心，安敢一时俱起？故伐晋之举，实为坚之一大失策。惟此事之真相，亦非如史之所云。

史言坚欲伐晋，引群臣议之，群臣皆以为不可。权翼，坚之心腹；石越其大将也；及坚弟阳平公融、太子宏、少子中山公诜皆谏。坚皆弗听，而惟慕容垂、姚苌及良家少年之言是从。坚最信释道安，群臣争不能得，则使安止之。安争又弗能得，乃劝其止洛阳，勿远涉江、淮，坚又弗听。自谓"以吾众旅，投鞭于江，足断其流"。夫晋非慕容暐、张天锡之比，坚不容不知。坚即好谀，亦不容引慕容垂、姚苌为心膂，视良家子为菁蔡。然则坚之必欲犯晋，盖尚别有其由。

《唐书》载太宗之伐高句丽也，曰："今天下大定，惟辽东未宾，后嗣因士马强盛，谋臣道以征讨，丧乱方始，朕故自取之，不遗后世忧也。"此辞经史家润饰，非其本，实则句丽自隋以来，屡寇辽西，太宗知其为劲敌，度非后嗣所克戡定，故欲自取之耳。然则坚谓"每思桓温之寇，江东不可不灭"，乃其由衷之言。彼其心未尝不畏晋，又知命将出师，必难克捷，故不恤躬自犯顺，而不知其丧败之更大而速也。

符融谏坚伐晋曰："鲜卑、羌、羯，布诸畿甸；旧人族类，斥徙遐方。今倾国而去，如有风尘之变者，其如宗庙何？监国以弱卒数万，留守京师，鲜卑、羌、羯，攒聚如林，此皆国之贼也，我之仇也。臣恐非但徒返而已，亦未必万全。臣智识愚浅，诚不足采，王景略一时奇士，陛下每拟之孔明，其临终之言，不可忘也。"

《猛传》云：猛疾笃，坚亲临省病。问以后事。猛曰："晋虽僻陋，正朔相承。亲仁善邻，国之宝也。臣没之后，愿不以晋为图。鲜卑、羌虏，我之仇也，终为人患，宜渐除之，以便社稷。"言终而死。此说亦不免事后傅会。然猛围邺时，坚留太子宏守长安，自率精锐会之，猛潜至安阳迎坚，曰："监国冲幼，銮驾远临，脱有不虞，其如宗庙何？"此则初非危辞耸听，宇文泰河桥一败，而长安、咸阳，寇难蜂起，即其明证。

然则符融之论，实非无病而呻，而惜乎坚之不知虑也。要之伐晋而胜，风尘之变，自可无虞，一败，则其后患亦有不可胜言者。坚知晋之终为秦患，命将出师之不足以倾晋，而未知躬自入犯之更招大祸，仍是失之于疏；而其疏，亦仍是失之于骄耳。

太元八年，苻坚大举入寇。坚先使苻朗守青州。又以裴元略为西夷校尉、巴西、梓潼二郡太守，令与王抚备舟师于蜀。已又下书：悉发诸州公私马。人十丁遣一。兵门在灼然者，为崇文义从。良家子年二十已下、武艺骁勇，富室材雄者，皆拜羽林郎。遣苻融、张蚝、苻方、梁成、慕容暐、慕容垂率步骑二十五万为前锋。坚发长安，戎卒六十余万，骑二十七万。前后千里，旌鼓相望。

坚至项城，凉州之兵，始达咸阳；（苻秦郡，今陕西泾阳县。）蜀、汉之军，顺流而下；幽、冀之众，至于彭城；东西万里，水陆齐进。融等攻陷寿春。垂攻陷项城。梁成与其梁州刺史王显，弋阳太守王咏等，率众五万，屯于洛涧，（在安徽怀远县西南。）栅淮以遏东军。

晋以谢石为征讨都督，与谢玄、桓伊、谢琰等，水陆七万，相继距融，去洛涧二十五里。龙骧将军胡彬，先保硖石，（在安徽凤台县西南，淮水经其中。）为融所逼，粮尽，潜遣使告石等曰："今贼盛粮尽，恐不复见大军。"融军人获而送之。融乃驰使白坚，曰："贼少易俘，但惧其越逸。宜速进众军，犄擒贼帅。"坚大悦，舍大军于项城，以轻骑八千，兼道赴之。令军人曰："敢言吾至寿春者拔舌。"故石等弗知。刘牢之率劲卒五千，夜袭梁成垒，克之，斩成及王显、王咏等十将，士卒死者万五千。谢石等以既败梁成，水陆继进。

坚与苻融，登城而望王师。见部陈齐整，将士精锐。又望八公山上草木，皆类人形。（八公山，在凤台县东南。）顾谓融曰："此亦劲敌也，何谓少乎？"怃然有惧色。坚遣朱序说石等以众盛，欲胁而降之。序谓石曰："若秦百万之众皆至，则莫可敌也。及其众军未集，宜在速战。若挫其前锋，可以得志。"石闻坚在寿春，惧，谋不战以疲之。谢琰劝从序言。遣使请战，许之。时张蚝败谢石于肥南，谢玄、谢琰勒卒数万，阵以待之，蚝乃退。坚列阵逼肥水，王师不得渡。玄遣使谓融曰："君悬军深入，置阵逼水，此持久之计，岂欲战者乎？若小退师，令将士周旋，仆与君公，缓辔而观之，不亦美乎？"坚众皆曰："宜阻肥水，莫令得上。我众彼寡，势必万全。"坚曰："但却军令得过，而我以铁骑数十万，向水逼而杀之。"融亦以为然。遂麾使却阵。众因乱，不能止。玄与琰、伊等，以精锐八千，涉渡肥水。石军距张蚝，小退。琰、玄仍进。决战肥水南。坚中流矢。临阵斩融。（此据《谢玄传》。《坚载记》云：融驰骑略陈，马倒被杀。）坚众奔溃。自相蹈藉，投水死者，不可胜计，肥水为之不流。余众弃甲宵遁，闻风声鹤唳，皆以为王师已至，草行露宿，重以饥冻，死者十七八。坚遁归淮北。时十月也。

肥水之战，苻坚实败于徒欲以众慑敌，而别无制胜之方。《坚载记》云：朝廷闻坚入寇，会稽王道子以威仪鼓吹，求助于钟山之神，（在首都朝阳门外。亦名蒋山。相传汉末，蒋子文为秣陵尉，逐贼至此，为贼所伤而死。屡着灵异，人因祀以为神。六朝人最信之。）奉以相国之号。及坚之见草木状人，若有力焉。足见谓坚望八公山上草木皆类人形，怃然有惧色者，乃傅会之谈。顾坚众十倍于晋，理应雍容暇豫；乃一闻晋兵少易取，而符融欣喜，急于驰白；坚又轻骑以赴之；既至，则欲以虚声胁降敌军；及战，又急求一决，而不肯阻遏淮水；何其急邃乃尔？无他，自觉绝无制胜之方，故亟思徼幸也。用少众尚不可以徼幸制胜，况大战邪？

第五节　后燕后秦之兴

苻坚之败于肥水也，诸军悉溃，惟慕容垂一军独全。坚以千余骑赴之。垂子宝，劝垂杀坚。（此据《坚载记》。《垂载记》：垂弟德亦劝之。）垂不从，以兵属坚。坚收集离散，比至洛阳，众十余万。至渑池，垂请巡抚燕、岱，并求拜墓。坚许之。权翼固谏，不从。寻惧垂为变，遣石越率卒三千戍邺，张蚝率羽林五千戍并州，留兵四千配毛当戍洛阳。坚遂归长安。坚子丕先在邺。垂至，丕馆之于邺西。

初，丁零翟斌，世居康居，后徙中国。咸和五年，斌入朝于后赵，后赵以为句町王。永和十九年，又有翟鼠，率所部降燕，燕封为归义王。翟氏本居中山，苻坚灭燕，徙之新安。斌仕秦，为卫军从事中郎。（翟斌、翟鼠，事据《通鉴》。丁零本北方部落，翟斌则西域种人。自魏、晋以后，西域种人，入北荒部落，与之杂居，且为其渠帅者众矣。俟叙述四裔事时，当再论之。咸和五年朝赵之翟斌，《通鉴考异》曰："《晋书》、《春秋》作翟真，按秦亡后慕容垂诛翟斌，斌兄子真北走，故知此乃斌也。"）乃是叛。
聚众谋逼洛阳。（事在太元八年十二月，《本纪》误作翟辽。）丕
弟晖以告。丕配垂兵二千，遣其将苻飞龙率氐骑一千，为垂之副
以讨斌。丕诫飞龙曰："卿王室肺腑，年秩虽卑，其实帅也。垂为
三军之统，卿为谋垂之将。用兵制胜之权，防微杜二之略，委之
于卿。卿其勉之。"苻晖遣毛当击翟斌，为斌所败，当死之。

垂至河内，杀飞龙，悉诛氐兵。召募远近，众至三万。翟斌
闻垂将济河，遣使推垂为盟主。垂距之。垂至洛阳，晖闭门死守。
斌又遣长史郭通说垂。垂乃许之。垂谋于众曰："洛阳四面受敌；
北阻大河，控驭燕、赵，非形胜之便。不如北取邺都，据之以制
天下。"众咸以为然。乃引师而东。

垂之发邺，中子农及兄子楷、绍，弟子宙为苻丕所留。及
诛飞龙，遣田生密告农等，使起兵赵、魏以相应。于是农、宙奔
列人，（汉县，今河北肥乡县东。）楷、绍奔辟阳。（汉县，今河
北冀县东南。）众咸应之。丕遣石越讨农，为农所败，斩越于阵。
垂引兵至荥阳。以太元八年，自称大将军、大都督、燕王，承制
行事。以翟斌为建义大将军，封河南王；翟檀（斌弟。）为柱国大
将军，封弘农王。

九年，二月，垂引丁零、乌丸之众二十余万，长驱攻邺。农、
楷、绍、宙等皆会。慕容暐弟燕故济北王泓，先为北地长史，闻
垂攻邺，亡命奔关东。收诸马牧鲜卑，众至数千。遂屯华阴。暐
乃潜使诸弟及宗人起兵于外。坚遣将军强永击泓，为泓所败。泓

331

众遂盛。

坚以子熙为雍州刺史，镇蒲阪。徵子叡为都督中外诸军事，配兵五万，以窦冲为长史，姚苌为司马，讨泓于华泽。（胡三省曰：华阴之泽。）平阳太守慕容冲，起兵河东，（冲亦暐弟。）有众二万。进攻蒲阪。坚命实冲讨之。泓闻苻叡至，惧，将奔关东。叡驰兵要之。姚苌谏，弗从。战于华泽，叡败绩，被杀。苌遣使诣坚谢罪。坚怒，杀之。苌惧，奔渭北。遂如马牧。西州豪族，推为盟主。

苌以太元九年四月，自称大将军、大单于、万年秦王。时慕容冲与苻坚相攻，众甚盛。苌将西上，恐冲遏之，乃遣使通和，以子崇为质。进屯北地，厉兵积粟，以观时变。坚率步骑二万讨之，败绩。窦冲击慕容冲于河东，大破之。冲奔泓军。泓众至十余万。遣使谓坚曰："秦为无道，灭我社稷。今天诱其衷，使秦师倾败，将欲兴复大燕。吴王已定关东。（时泓自称都督陕西诸军事、雍州牧、济北王，推垂为丞相、都督陕东诸军、冀州牧、吴王。）可速资备大驾，奉送家兄皇帝并宗室功臣之家。泓当率关中燕人，翼卫皇帝，还反邺都。与秦以虎牢为界，分王天下，永为邻好，不复为秦之患也。"

坚大怒，召暐责之。已而复其位，待之如初。命以书招谕垂及泓、冲，使息兵。暐密遣使者谓泓曰："吾既笼中之人，必无还理。吾罪人也，不足复顾。可以吴王为相国；中山王（冲。）为太宰，领大司马；汝可为大将军，领司徒，承制封拜。听吾死问，汝便即尊位。"泓于是进向长安。泓谋臣高盖、宿勤崇等，以泓德望后冲，且持法苛峻，乃杀泓，立冲为皇太弟，承制行事。自相署置。苻坚闻冲去长安二百余里，引归。时苻晖率洛阳、陕城之众七万，归于长安。坚使苻方戍骊山。（在今陕西临潼县东南。）配晖兵五万，使距冲。以苻琳为后继。晖败绩。坚又以尚书姜宇为前将军，与琳率众三万，击冲于灞上。为冲所败。冲遂据阿房城。（亦称阿城，在长安西北。）十二月，僭即皇帝位。进逼长安。

慕容垂攻邺，拔其郛。苻丕固守中城。垂堑而围之。分遣老弱，于魏郡肥乡筑新兴城，以置辎重。（肥乡，魏县，今河北肥乡县西。）壅漳水以灌邺。丕粮竭，马无草，削松木而食之。而翟斌求为尚书令，垂弗许，斌怒，密应丕，使丁零决防溃水。事泄，垂诛之。（《通鉴》：并诛其弟檀、敏。）斌兄子真，率其部众，北走邯郸。引兵向邺，欲与丕为内外之势。垂令其太子宝及子隆击破之。真自邯郸北走。慕容楷追之，战于下邑，（《十六国疆域志》谓即梁国之下邑县，案下邑县故城，在今江苏砀山县，东乡方不合，恐非。）为真所败。真遂屯于承营。（《通鉴》云：真北趋中山，屯于承营，则其地当在中山。）

垂谓诸将曰："苻丕穷寇，必死守不降。丁零叛扰，乃我心腹之患。吾欲迁师，开其逸路。"于是引师去邺，北屯新城。丕始具西问，知苻叡等丧败，长安危逼。乃遣其阳平太守邵兴，率骑一千，将北引重合侯苻谟、高邑侯苻亮、阜城侯苻定于常山；固安侯苻鉴、中山太守王兖于中山；以为己援。垂遣张崇要兴，获之。丕又遣其参军封孚，西引张蚝及并州刺史王腾于晋阳。蚝、腾以众寡不赴。丕进退路穷。谋于群僚。司马杨膺唱归顺之计。丕犹未从。会黎阳为王师所克，乃变计。

肥水之捷，刘牢之进克谯城。明年，正月，桓冲使部将伐新城、魏兴、上庸三郡，克之。二月，冲卒。荆、江二州并缺。物论以谢玄勋望，宜以授之。谢安恐为朝廷所疑；又惧桓氏失职；又虑桓石虔骁猛，居形胜之地，终或难制。乃以桓石民为荆州，移豫州刺史桓伊刺江州，（伊宣子。）而以石虔为豫州。四月，竟陵太守赵统伐襄阳，克之。朝以谢玄为前锋都督，率桓石虔径造涡、颍，经略旧都。玄次下邳，苻坚徐州刺史赵迁弃彭城奔还，玄进据之。遣参军刘袭攻坚兖州刺史张崇于鄄城，克之。（九月。）进伐青州。遣淮陵太守高素向广固，（淮陵，汉县，晋置郡，在今安徽盱眙县西北。）降坚刺史苻朗。（十月。）又进伐冀州。遣刘牢之、济北太守丁匡据碻磝；（碻磝，城名，在今山东茌平县西南。）济阳太守郭满据滑台；（《晋志》，兖州有济阳郡，实济阴郡之调。《宋志》云：晋惠帝分陈留为济阳郡，则《晋志》阙之。郡当治济阳县，在今河南开封县东北。滑台，城名，今河南滑县。）奋武将军颜雄渡河立营。（此据《谢玄传》。《本纪》及《载记》作颜肱。）

苻丕遣将桑据屯黎阳，玄命刘袭袭据，走之。丕惧，乃遣弟就与参军焦逵请救于玄。丕书称"假途求粮，还赴国难。须军援既接，以邺与之。若西路不通，长安陷没，请率所领，保守邺城。"文降而已。邃与参军姜让，密说杨膺："正书为表。若王师至而丕不从，可逼缚与之。"膺素轻丕，自以力能逼之，乃改书而遣邃等。玄许之。馈丕米二千斛。遣晋陵太守滕恬之守黎阳。三魏皆降。时桓石虔以母忧去职，朱序为豫州刺史。（肥水之战，坚众小却，序时在其军后，唱云坚败，众遂大奔，序乃得归。）玄欲令序镇梁国，自住彭城，北固河上，西援洛阳。朝议以征役既久，宜置戍而还，使玄还镇淮阴，序镇寿阳。

慕容垂谓其弟范阳王德曰："苻丕，吾纵之不能去，方引晋师，规固邺都，不可置也。"进师又攻邺，而开其西奔之路。焦邃至，朝廷欲征丕任子，然后出师。邃固陈丕款诚无二，并宣杨膺之意。乃遣刘牢之等率众二万，水陆运漕救邺。牢之至枋头，苻丕征东参军徐义、宦人孟丰告丕：杨膺、姜让等谋反。丕收膺、让戮之。牢之殷桓不进。十年，四月，乃至邺。垂逆战，败绩。撤邺围，退屯新城。又自新城北走。牢之追之。行二百里，至五桥泽，（胡三省曰：在临漳县北。案当在肥乡垂所筑新城之北。）争趣辎重，稍乱，为垂所击，败绩。士卒歼焉。牢之策马跳五丈涧得免。会苻丕救至，因入临漳，集亡散，兵复少振。以军败征还。先是梁州刺史杨广伐蜀，遣巴西太守费统为前锋。苻坚益州刺史王广，遣其巴西太守康同拒之。数败，回退还成都。梓潼太守垒袭以涪城来降。坚梁州刺史潘猛弃汉中奔长安。（以上《通鉴》在太元九年。）王广使江阳太守李丕守成都，率所部奔陇西。其蜀郡太守任权，斩丕来降。（太元十年二月。）于是梁、益二州皆复。然于大局无甚关系也。

慕容暐之遣诸弟起兵于外也，苻坚防守甚严，暐谋应之而无因。时鲜卑在城者，犹有千余人，暐密结之，诈称子婚三日，请坚幸其第，欲伏兵杀之。谋泄，坚诛暐父子及其宗族。城内鲜卑，无少长，及其妇女皆杀之。长安大饥，人相食。坚与慕容冲战，各有胜负。苻晖屡为冲所败，坚让之。晖愤恚，自杀。太元十年，三月，坚使奉表请迎。四月，谢安自率众救之。然特以避会稽王道子而已，非真有意于北略也。

时长安城中，有书曰《古符传信录》，载"帝出五将久长得"。先是又谣曰："坚入五将山长得。"坚大信之，告其太子宏曰："既如此言，天或导予。今留汝兼总戎政，勿与贼争利。吾当出陇，收兵运粮以给汝。"遂将其少子中山公诜、张夫人，率骑数百，出如五将。（《本纪》在五月。五将山，在今陕西岐山县东北。）宣告州郡，期以孟冬救长安。宏寻将母妻、宗室男女数千骑出奔。百寮逃散。慕容冲入长安，（《本纪》在六月。）纵兵大掠，死者不可胜计。宏归其南秦州刺史杨璧于下辩。璧距之。乃奔武都氐豪张兴，假道归顺。（朝廷处宏于江州。桓玄篡位，以宏为凉州刺史。义熙初，以叛诛。）

八月，谢安卒。姚苌屯北地，闻慕容冲攻长安，议进取之计。群下咸曰："宜先据咸阳。"苌曰："燕因怀旧之士而起兵，若功成事捷，咸有东归之思，安能久固秦川？吾欲移兵岭北，（胡三省曰："谓九嵕之北，凡新平、北地、安定之地皆是。"）广收资实，须秦敝燕回，然后垂拱取之。"乃遣诸将攻新平，克之。因略地至安定。岭北诸城尽降。苻坚入五将山，苌遣将军吴忠围坚。坚众奔散。苌如新平，忠执坚送之。苌缢坚于佛寺。中山公诜及张夫人皆自杀。时八月也。

慕容冲畏垂之强，不敢东归。课农筑室，为久安之计。鲜卑咸怨。十一年，二月，冲左将军韩延，因众心不悦，攻杀冲。立冲将段随为燕王。三月，冲仆射慕容恒、尚书慕容永袭杀随。（永，虔弟运之孙。）立宜都王子颙。帅鲜卑男女四十余万口，去长安而东。恒弟护军韬诱颙，杀之于临晋。恒怒，舍韬去。永与武卫刁云攻韬。韬败，奔恒营。恒立冲子瑶。众皆去瑶奔永。永执瑶杀之。立泓子忠。至闻喜，（汉县，今山西闻喜城西南。）闻垂已称尊号，不敢东。筑燕熙城而居之。（在闻喜北。）六月，刁云又杀忠。推永为河东王。称藩于垂。（以上叙西燕事兼据《北史》及《通鉴》。《晋书》于西燕事始末不具。《本纪》于太元十一年正月，书慕容冲将许木末杀冲于长安。《慕容盛载记》曰：冲为段木延所杀。木末、木延，盖皆韩延之党也。）

鲜卑既东，长安空虚。卢水胡郝奴卢帅户四千入之，称帝。姚苌攻奴，降之。苌遂据长安，僭即皇帝位。（姚苌僭位，《晋书·载记》在太元十一年，《通鉴》系于四月。《晋书·本纪》书其事于十年八月，盖因苻坚死连书之。十一年正月，慕容冲尚在长安，苌必不能于十年八月入长安称帝也。冲死而鲜卑众乃东下，《姚苌载记》谓冲率众东下而长安空虚，亦误。）

苻坚之死也，苻丕复入邺城，将收兵赵、魏，西赴长安。会其幽州刺史王永，平州刺史苻冲，频为慕容垂将平规所败，乃遣昌黎太守宋敞，焚烧和龙、蓟城宫室，率众三万，进屯壶关。遣使招丕。丕乃去邺，率男女六万余口，进如潞川。张蚝、王腾迎之，入据晋阳。始知坚死问。太元十年，九月，丕僭即皇帝位于晋阳。苻定、苻绍据信都，苻谟、苻亮据常山，慕容垂之围邺城也，并降于垂，闻丕称尊号，遣使谢罪。

　　中山太守王兖，固守博陵，与垂相持。左将军窦冲，秦州刺史王统，河州刺史毛兴，益州刺史王广，南秦州刺史杨璧，卫将军杨定，并据陇右，遣使招丕，请讨姚苌。丕大悦，各加官爵。已而定、绍、谟、亮，复降于垂。垂子骥陷中山，王兖及固安侯苻鉴，并为所杀。王广攻毛兴于枹罕，为所败，奔其兄统于秦州，为陇西鲜卑匹兰所执，送诣姚苌。（苌疾笃，姚兴杀之。）兴谋伐王统，枹罕诸氐，皆疲不堪命，乃杀兴，推卫平为刺史。已以其年老，复废之，而推苻坚之族孙登。王统亦降于姚苌。（见《苌载记》。）丕率众四万，进据平阳。慕容永恐不自固，使求假道还东。丕弗许。

　　初苻坚尚书令苻纂，自关中奔丕。及是，丕遣王永及纂攻慕容永。大败，王永死之。纂之奔丕也，部下壮士三千余人。丕猜而忌之。及王永败，惧为纂所杀，率骑数千，南奔东垣。（城名，在今河南新安县东。）荆州刺史桓石民，遣将军冯该，自陕要击，临陈斩丕。时太元十一年，十月也。执其太子宁、长乐王寿，送于京师。丕之臣佐，皆投慕容永。永乃进据长子，僭称尊号。符纂及弟师奴，率丕余众数万，奔据杏城。丕尚书寇遗，奉丕子渤海王懿、济北王昶，自杏城奔符登。十一月，登僭即皇帝位。立懿为皇太弟。（后又自立其子崇为皇太子。）遣使拜纂都督中外诸军事，进封鲁王。师奴为并州牧朔方王。

纂怒，谓使者曰：“渤海王世祖之孙，（世祖，坚伪庙号。）先帝之子，南安王何由不立而自尊乎？”纂长史王旅谏曰：“南安已立，理无中改。贼虏未平，不可宗室之中，自为仇敌。愿大王远踪光武推圣公之义，枭二虏之后，徐更图之。”纂乃受命。登冯翊太守兰犊，与纂首尾，将图长安。师奴劝纂称尊号。纂不从。乃杀纂，自立为秦公。兰犊绝之。慕容永攻犊，犊请救于姚苌。苌自往赴之。师奴距苌，大败，苌尽俘其众。又擒兰犊。符登能战而寡谋，且极残暴。（登初与姚苌弟硕德相持，时岁旱众饥，道殣相望，登每战杀贼，名为熟食，谓军人曰：“汝等朝战，夕便饱肉，何忧于饥？”士众从之，啖死人肉。）与苌相持积年，关、陇豪右及氐、羌，各有所附。

太元十八年，十月，苌死。登闻之，喜。留其弟广守雍，太子崇守胡空堡，（在今陕西邠县西南。登据新平与苌相持最久。后其将金槌以新平叛降苌，登乃转据雍。）自雍尽众而东。苌子兴，使尹纬拒之。登败，单马奔雍。广、崇闻登败，出奔，众散，登至，无所归，遂奔平凉，（苻秦郡，今甘肃平凉县西北。）收集遗众，入马毛山。（亦作马髦，《十六国春秋》作马屯山，在今甘肃固原县西南。）遣子汝阴王宗质于乞伏乾归，结昏请救。乾归遣骑二万救登。登引军出迎，与姚兴战于山南，被杀。崇奔湟中，僭称尊号。为乾归所逐而死。前秦遂亡。时太元十九年也。

慕容垂以太元十一年正月僭位，定都中山。遣慕容楷等攻苻坚冀州牧苻定，镇东苻绍，幽州牧苻谟，镇北苻亮。定等悉降。先是翟真自承营徙屯行唐。（今河北行唐县。）真司马鲜于乞杀真。尽诛翟氏。自立为赵王。营人攻杀乞。迎立真从弟成。真子辽奔黎阳。（《通鉴》系太元十年四月。）成长史鲜于得斩成降垂。垂入行唐，悉坑其众。（《通鉴》在七月。）垂僭位之月，段辽据黎阳反，执太守滕恬之。三月，泰山太守张愿叛降辽，河北骚动。谢玄自以处分失所，上疏求解所职。（时玄督徐、兖、青、司、冀、幽、并七州。）诏慰劳，令且还镇淮阴。以朱序为青、兖二州刺史，代玄镇彭城。序求镇淮阴，许之。（太元十二年正月。）先是翟辽寇谯，又使其子钊寇陈颍，序皆击走之。而高平人翟畅，又执太守，以郡降辽。慕容垂攻之。辽请降。已而复叛。十三年，四月，以朱序为雍州刺史，戍洛阳。河南太守杨佺期，南阳太守赵睦，各领兵千人隶序。谯王恬之刺青、兖。（《传》作恬。承之孙。）五月，翟辽徙屯渭台。七月，其将翟发寇洛阳。河南太守郭给距走之。

十四年，四月，辽寇荥阳，执太守郑卓。十五年，正月，谯王恬之薨。时刘牢之复戍彭城。与翟辽及张愿战于泰山，败绩。苻坚将张遇遣兵击破金乡，围泰山太守羊迈。八月，牢之遣兵击走之。遂进平泰山。追翟钊于鄄城。钊走河北，获张遇以归。

十五年，正月，慕容永率众向洛。朱序自河阴北济，与永将王次等战于沁水，次败走。赵睦与江夏相桓不才追永，破之于大行。永归上党。序追至上党之白水。相持二旬，闻翟辽欲向金墉，乃还。攻钊于石门。遣参军赵蕃攻辽于怀县，辽宵遁。序还襄阳。

十六年，正月，慕容永寇河南，杨佺期击破之。十月，翟辽死，钊代立。十七年，六月，慕容垂袭钊于黎阳，败之。钊奔慕容永。（岁余，谋叛永，永杀之。）初姚苌将窦冲归顺，拜为东羌校尉。冲复反，入汉川，袭梁州。安定人皇甫钊，京兆人周勋等谋纳之。梁州刺史周琼告急于朱序。序遣将军皇甫真赴之。钊、勋散走。序以老病去。十月，擢郗恢为雍州刺史。（恢昙子。）时巴、蜀在关中者，多背姚苌，据弘农以结苻登。登署窦冲为左丞相，徙屯华阴。（冲氐人，故欲借之以抚巴、蜀。）杨佺期遣上党太守荀静戍皇天坞以距之。（未详。）冲数来攻。郗恢遣赵睦守金墉，佺期次湖城，讨冲走之。

十八年，十一月，慕容垂伐慕容永。十九年，五月，败其兵。六月，围长子。永穷蹙，遣其子弘求救于恢。恢陈"垂若并永，其势难测。今于国计，谓宜救永。"孝武帝以为然，诏王恭、（兖州。）庾楷（豫州。）救之。未发，八月，长子陷，永为垂所杀。垂使慕容农略地河南。攻廪丘、阳城，（汉县，晋尝置郡，后罢，在今河南登封县东南。）皆陷之。泰山、琅邪诸郡，皆委城奔溃。农进师临海，置守宰而还。垂告捷于龙城之庙。

姚兴以太元十九年,僭即帝位于槐里。是岁,苻登死。而兴安南强熙、镇远杨多叛,推窦冲为盟主,所在扰乱。兴率诸将讨之。军次武功,(汉县,今陕西武功县。)多兄子良国,杀多而降。冲弟彰武,与冲离二,冲奔强熙。熙闻兴将至,率户二千奔秦州。窦冲奔汧川,汧川氐仇高执送之。冲从弟统,率其众降于兴。强熙围上邽,兴秦州牧姚硕德击破之。熙南奔仇池,遂假道归顺。慕容永灭,其河东太守柳恭等各阻兵自守。兴遣姚绪讨之。恭势屈,请降。徙新平、安定新户六千于蒲阪。隆安元年,兴率众寇湖城。弘农太守陶仲山,华山太守董迈降于兴。(华山,胡三省云:"晋分弘农之华阴,京兆之郑,冯翊之夏阳置。"盖东晋所置也。夏阳,秦县,在今陕西韩城县西南。)兴遂如陕城。进寇上洛,陷之。

先是晋平远将军护氐校尉杨佛嵩,率胡、蜀三千余户,降于姚苌。杨佺期、赵睦追之。苌遣姚崇赴救,大败晋师,斩睦。苌以佛嵩为镇东将军。及是,兴遣崇与佛嵩寇洛阳。太守夏侯宗之固守金墉。崇攻之,不克。乃陷柏谷,(坞名,在河南偃师县西南。)徙流人二万余户而还。三年,十月,佛嵩卒陷洛阳,执太守辛恭静。洛阳既陷,淮、汉以北诸城,多请降送任于兴。顺阳太守彭泉,亦以郡降。兴遣杨佛嵩与其荆州刺史赵曜迎之。遂寇陷南乡,(后汉侯国,魏为郡,晋废,旋复置,在今河南淅川县东南。)略地至梁国而归。

肥水战后,诸胡纷纷,其力,无一足以占据北方者,实为晋人恢复之好机会。然晋于是时，初不能出师经略。若不得已而出师，则谢玄、刘牢之、朱序等兵力皆嫌不足；谢安更无论矣。盖晋之君臣，本无远略；肥水之战，在秦虽有取败之道，在晋亦为幸胜；故其情势如此也。然则后燕、后秦之克分据北方，非其力足自立，乃晋实纵之耳。参看第八第九两节自明。

第六节　秦凉分裂

前凉建国，武功文治，均无足观，特以地处偏隅，为中原控制之力所不及，遂获割据自立者七十余年。苻坚丧败，姚苌继据关中，其驾驭之力，自又在前赵及前秦之下。于是西北一隅，割据者复纷纷而起矣。

吕光，略阳氐人。《载记》云："其先吕文和，汉文帝初，自沛避难徙焉，世为酋豪。"此五胡诸种自托于汉族之故智，不足信也。光为苻坚将，数有战功。前凉之亡也，坚以梁熙为凉州刺史，镇姑臧。熙遣使西域，称扬坚之威德，并以采缯赐诸国王。于是朝献者十有余国。后鄯善王休密驮，车师前部王弥窴来朝。大宛献汗血马。天竺献火浣布。康居、于窴及海东诸国，凡六十有二王，皆遣使贡其方物。（西域朝献之事，《晋书·坚载记》前后三叙。其实初十余国来朝是一次，此初通时事；后六十二王来朝，则系总括既通以后之事。《晋书》叙述误重。）

坚初慕汉文之返千里马，命群臣赋《止马诗》，所献马悉返之。寊等请年年贡献。坚以西域路遥，不许。令三年一贡，九年一朝，以为永制。寊等又乞依汉置都护。坚乃以光为持节都督西讨诸军事，与姜飞、彭晃、杜进、康盛等，配兵七万，以讨定西域。苻融固谏，朝臣又屡谏，皆不纳。

光以太元八年发长安。行至高昌，闻坚寇晋，欲更俟后命。杜进劝之，光乃进。至焉耆，其王泥流，率其旁国请降。龟兹王帛纯距光，光破之，入其城。诸国贡款属路。光以驰二万头，致外国珍宝及奇伎异戏、殊禽怪兽千有余品，骏马万余匹而还至宜禾，（晋县，在今甘肃安西县境。）梁熙谋闭境距之。

高昌太守杨翰请"守高梧谷口，而夺其水。彼既穷渴，自然投戈。如以其远，伊吾之关，亦可距也。（此据《苻丕载记》。《光载记》云：请守高桐、伊吾二关。胡三省曰："高梧谷口，当在高昌西界。"伊吾，汉伊吾卢地，晋置伊吾县，在今甘肃安西县西北。）若度此二要，虽有子房之策，难为计矣"。熙弗从。

美水令犍为张统，（美水，未详。）说熙奉行唐公洛为盟主，以摄众望。则光无异心，可资其精锐以东。熙又不从。杀洛于西海。（苻秦郡，今宁夏居延县。）使子胤率众五万，距光于酒泉。光至高昌，杨翰以郡迎降。初光闻翰之说，恶之；又闻苻坚丧败，长安危逼；谋欲停师。杜进谏曰："梁熙文雅有余，机鉴不足，终不能纳善从说也。闻其上下未同，宜在速进。"光从之。敦煌太守姚静，晋昌太守李纯，以郡降光。

光以彭晃、杜进、姜飞等为前锋，击胤于安弥，（汉绥弥县，后汉曰安弥，在今甘肃酒泉县东。）大败之。胤轻将麾下数百骑东奔，杜进追擒之。武威太守彭济执熙迎光，光杀之。西郡太守索泮，酒泉太守宋皓等，并为光所杀。光入姑臧，自领凉州刺史、护羌校尉。（《光载记》。《本纪》：太元九年，十月，吕光称制于河右，自号酒泉公。十年，九月，吕光据姑臧，自称凉州刺史。）光主簿尉祐，奸佞倾薄人也。与彭济同谋执梁熙。光深见宠任。乃谮诛南安姚皓，天水尹景等名士十余人，远近颇以此离二。光寻擢祐为金城太守。祐次允吾，袭据外城以叛。祐从弟随据鹯阴以应之。（汉鹯阴县，后汉曰鹯阴，在今甘肃靖远县西北。）光遣其将魏真讨随。随败，奔祐。姜飞又击败祐。祐奔兴城，（胡三省曰："当在允吾之西。"）扇动百姓，夷夏多从之。

初苻坚之败，张天锡南奔，其世子大豫，为长水校尉王穆所匿。及坚还长安，穆将大豫奔秃发思复鞬。秃发思复鞬送之魏安。（前凉郡，在今甘肃古浪县东。）魏安人焦松、齐肃、张济等起兵数千，迎大豫于揖次。（汉揖次县，《晋书》作揖次，盖讹文也。在古浪县北。）陷昌松郡。（汉苍松县，后汉作仓松，前凉置昌松郡，在古浪县西。）光遣杜进讨之，为大豫所败。大豫遂进逼姑臧。王穆谏曰："吕光粮丰城固，甲兵精锐，逼之非利。不如席卷岭西，（岭谓洪池岭。）厉兵积粟，东向而争，不及期年，可以平也。"大豫不从。乃遣穆求救于岭西诸郡。

建康太守李隰，祁连都尉严纯及阎袭起兵应之。（《唐书·地理志》：张掖西北有祁连山，北有建康军。）大豫进屯城西。王穆率众三万，及思复鞬子奚干等陈于城南。光出击，破之，斩奚干等。（《通鉴》在太元十一年。）大豫自西郡诣临洮，驱略百姓五千余户，保据俱城。（在临洮界。）彭晃、徐炅攻破之。大豫奔广武，穆奔建康。广武人执大豫送之，斩于姑臧市。（《通鉴》在太元十二年。）光于是自称凉州牧酒泉公。（《通鉴》在太元十一年十二月。）

王穆袭据酒泉，自称大将军、凉州牧。时谷价踊贵，斗直五百，人相食，死者大半。光西平太守康宁，自称匈奴王，阻兵以叛。光屡遣讨之，不捷。初光之定河西也，杜进有力焉。以为武威太守。既居都尹，权高一时。出入羽仪，与光相亚。光甥石聪，至自关中。光曰："中州人言吾政化何如？"聪曰："止知有杜进耳，实不闻有舅。"光默然，因此诛进。

徐炅与张掖太守彭晃谋叛。光遣师讨炅。炅奔晃。晃东结康宁，西通王穆。光议将讨之。诸将咸曰："今康宁在南，阻兵伺隙。若大驾西行，宁必乘虚，出于岭左。晃、穆未平，康宁复至，进退狼狈，势必大危。"光曰："事势实如卿言。今而不往，当坐待其来。晃、穆共相唇齿，又同恶相救，东西交至，城外非吾之有。若是，大事去矣。今晃叛逆始尔，宁、穆与之情契未密。及其仓卒，取之为易。且隆替命也，卿勿复言。"光于是自率步骑三万倍道兼行。既至，攻之。二旬，晃将寇颛斩关纳光。光诛晃。

王穆以其党索嘏为敦煌太守，既而忌其威名，率众攻嘏。光闻之，率步骑二万攻酒泉，克之。进次凉兴。（胡三省曰："凉兴郡，河西张氏置，在唐瓜州常乐县界。"按唐常乐县，在今甘肃安西县西。）穆引师东还，路中众散，穆单骑奔骍马。晋县，在今甘肃玉门县境。骍马令郭文斩首送之。（《通鉴》在太元十二年。）太元十四年，光僭即三河王位。南羌彭奚念入攻白土，（后汉县，今西宁东南之白土城。）光遣讨之，大败。乃亲讨之。攻克枹罕。又以子覆为西域大都护，镇高昌。太元二十一年，光僭即天王位。

乞伏国仁，陇西鲜卑人也。在昔有如弗斯、出连、叱卢三部，自漠北南出大阴山。遇一巨虫于路，状若神龟，大如陵阜。乃杀马而祭之，祝曰："若善神也，便开路；恶神也，遂塞不通。"俄而不见，乃有一小儿在焉。时又有乞伏部，（《魏书》本传云："其先如弗，自漠北南出"。则乞伏当属三部中之如弗部。如弗与女勃音近，窃疑当居女勃水畔。）有老父无子者，请养为子。众咸许之。老父欣然，自以有所依冯，字之曰纥干。

纥干者，夏言依倚也。年十岁，骁勇善骑射，弯弓五百斤。四部服其雄勇，推为统主。号曰乞伏可汗托铎莫何。托铎者，言非神非人之称也。其后有祐隣者，即国仁五世祖也。泰始初，率户五千，迁于夏缘。（未详。）部众稍盛。鲜卑鹿结，七万余落，屯于高平川。与祐隣迭相攻击。鹿结败，南奔略阳。祐隣尽并其众。因居高平川。

祐隣死，子结权立。徙于牵屯。（山名，开头之音转。开头山，在今甘肃平凉县西，即崆峒山也。）结权死，子利那立。利那死，弟祁埋立。祁埋死，利那子述延立。讨鲜卑莫侯于苑川，大破之，（胡三省曰："苑川水，出天水勇士县之子城南山。东流，历子城川。又北，迳牧师苑，故汉牧苑之地也，有东西苑城，相去七里。西城即乞伏所都也。"按勇士，汉县，在今甘肃榆中县东北。《胡注》见成帝咸和四年。）降其众二万余落。因居苑川。

述延死，子傉大寒立。会石勒灭刘曜，惧而迁于麦田元孤山。（《水经注》："麦田山，在安定北界。山之东北有麦田城。又北有麦田泉。"按麦田城，在今甘肃靖远县东北。）大寒死，子司繁立。（《通鉴》在咸和四年。）始迁于度坚山。（在今甘肃皋兰县东北，黄河西北。）寻为苻坚将王统所袭，部众叛降于统，司繁乃诣统降于坚。坚署为南单于，留之长安。以司繁叔父吐雷为勇士护军，抚其部众。

俄而鲜卑勃寒，侵斥陇右，坚以司繁为使持节都督讨西胡诸军事、镇西将军以讨之。勃寒惧而请降。司繁遂镇勇士川。（《通鉴》在宁康元年。）甚有威惠。司繁卒，国仁代镇。（《通鉴》在太元元年。）及坚兴寿春之役，征为前将军，领先锋骑。会国仁叔父步颓叛于陇西，坚遣国仁还讨之。步颓闻而大悦，迎国仁于路。国仁乃招集诸部；有不附者，讨而并之；众至十余万。太元十年，自称大都督、大将军、大单于、秦、河二州牧，筑勇士城以居之。苻登署为苑川王。

十三年，国仁死，子公府幼，君臣立其弟乾归。迁于金城。亦受署于苻登。登为姚兴所逼，遣使请兵，乾归遣骑二万救之。

会登为兴所杀、乃还。国仁、乾归，多服氏、羌、鲜卑杂部，尽有陇西、巴西之地。吕光遣吕方及其弟吕宝讨乾归。窦济河，为乾归所败，宝死之。光率众十万，将伐乾归。左辅密贵周，左卫莫者羖羝言于乾归，乾归乃称藩于光，遣子勃勃为质。既而悔之，诛周等。乾归从弟轲殚，与乾归弟益州不平，奔于光。光又伐之。咸劝其东奔成纪。乾归不从。隆安元年，光次于长最，使子纂克金城，弟天水公延克临洮、武始、河关。（晋狄道郡，张骏改为武始。河关，汉县，在今甘肃导河县西。）乾归乃纵反间，称乾归众溃，东奔成纪。延信之，引师轻进。与乾归遇，败死。光还。乾归迁于苑川。姚兴使姚硕德率众五万伐之。兴僭师继发。乾归距之陇西，为兴所败。遁还苑川。遂走金城。率骑数百，驰至允吾。秃发利鹿孤遣弟傉檀迎之。（隆安四年。）

秃发乌孤，河西鲜卑人也。其先与后**魏**同出。乌孤八世祖匹孤，率其部自塞北迁于河西。其地东至麦田、牵屯，西至湿罗，（未详。）南至浇河，（在今青海巴燕县西，后凉尝置郡。）北接大漠。匹孤卒，子寿阗立。《**魏书**》云："初母孕寿阗，因寝产于被中，乃名秃发，其俗为被覆之义。"案秃发、拓跋，明系同音异译。（《廿二史考异》云："古读轻唇如重唇，发从发得声，与跋音正相近。魏伯起书尊魏而抑凉，故别而二之。晋史亦承其说。"案此亦非魏收所为，盖魏人当日，有意将己与南凉之氏，异其译文也。）

后土之说，既不足信，被覆之义，或反是真。特迁徙既始匹孤，则其与元魏之分携，亦当在此际，无缘至寿阗始得此氏。此或被覆之义为实，产于被中之说，出于附会；亦或产于被中之说并真，惟初不属于寿阗。传说之辗转淆讹，率多如此，不足怪也。

寿阗卒，孙树机能立。树机能死，从弟务丸立。死，孙推斥立。死，子思复鞬立。部众稍盛。乌孤即思复鞬之子也。吕光署为河西鲜卑大都统、广武县侯。筑廉川堡都之。（在今青海乐都县东。）乌孤讨破诸部。光进其封为广武郡公。又遣使署为益州牧、左贤王。乌孤不受。隆安元年，自称大都督、大将军、大单于、西平王。曜兵广武，攻克金城。光遣将军窦苟来伐，战于街亭，大败之。（街亭，在今甘肃永登县北。）降光乐都、湟河、浇河三郡。（乐都、湟河，皆后凉郡。乐都即今乐都县。湟河在乐都东南。）岭南数万落皆附之。

后光将杨轨来奔，乌孤更称武威王。二年，（据《本纪》。）徙于乐都。署弟利鹿孤为西平公，镇安夷；（汉县，在今青海西宁县东。）傉檀为广武公，镇西平。阴有图姑臧之志。后又以利鹿孤为凉州牧，镇西平。三年，八月，乌孤卒，利鹿孤即伪位。徙居西平。乞伏乾归之败，利鹿孤遣傉檀迎之，处之于晋兴。南羌梁弋等遣使招之。乾归将叛，谋泄，利鹿孤遣弟吐雷屯于扪天岭。（胡三省曰："在允吾东南。"）乾归惧为利鹿孤所害，送其子炽磐兄弟为质，而奔长安。（隆安四年八月。）姚兴大悦，署为河州刺史、归义侯。遣还镇苑川，尽以其部众配之。

沮渠蒙逊，张掖临松卢水胡人也。（临松，前凉郡，在张掖之南。）其先世为匈奴左沮渠，遂以宫为氏。《晋书·载记》。羌之酋豪曰大，故又以大冠之焉。（《宋书·大且渠蒙逊传》。《传》曰："以位为氏，以大冠之"，则大非氏。）世居卢水为酋豪。祖祁复延，封狄地王。父法弘袭爵。苻氏以为中田护军。（胡三省曰："中田护军，盖吕光所置，镇临松。"案苻氏时已有之，则非吕光所置也。胡《注》见安帝元兴二年。）

蒙逊代父领部曲，有雄略，多计数，为诸胡所推服。吕光自王于凉州，使蒙逊自领营人配箱直。又以蒙逊叔父罗仇为西平太守。隆安元年，春，光遣子纂率罗仇伐乞伏乾归，为乾归所败。光委罪罗仇，杀之。

（此据《宋书·蒙逊传》。《晋书·蒙逊载记》，以罗仇与麴粥，皆为蒙逊伯父。从光征河南，光前军大败，麴粥劝兄罗仇叛光，罗仇不肯，俄而皆为光所杀。据《吕光载记》，罗仇为光尚书，麴粥为三河太守。三河，后凉郡，治白土。）

四月，蒙逊求还葬罗仇，因聚众万余人叛光。杀临松护军，屯金山。（在今甘肃山丹县西南。）五月，为吕纂所破，将六七人逃山中。（亦据《宋书》本传。《晋书·蒙逊载记》：蒙逊并杀光中田护军马邃，临松令井祥。《吕光载记》云纂败蒙逊于忽谷。胡三省曰："忽谷，当在删丹界。"）蒙逊兄男成，先为将军，守晋昌。闻蒙逊起兵，逃奔赀虏，扇动诸夷，众至数千。酒泉太守垒成讨之，败死。男成进攻建康。说太守段业，（业京兆人，为杜进记室。）欲奉为主。业不从。相持二旬，外救不至。业先与光侍中房晷、仆射王详不平，虑不自容，乃许之。男成等推业为凉州牧、建康公。光命吕纂讨业。蒙逊进屯临洮，为业声势。战于合离，（亦作合黎，山名，在今张掖、山丹、高台、酒泉四县之北。）纂师大败。

光散骑常侍太常郭黁与王详谋叛，光诛详，黁据东苑以叛。（姑臧有东西苑城。）光驰使召纂，纂引还。黁推后将军杨轨为盟主。黁败，奔乞伏乾归。杨轨南奔廉川。光病甚，立其太子绍为天王，自号大上皇帝。以其二庶兄纂为大尉，弘为司徒。十二月，光死。

明年，纂叛，绍自杀。纂僭即天王位。弘起兵东苑，众溃，奔广武。吕方执弘系狱。驰使告纂。纂遣力士拉杀之。纂伐秃发利鹿孤，利鹿孤使傉檀距败之。纂西击段业，围张掖，略地建康。傉檀帅骑一万袭姑臧。纂闻之，乃还。

段业以沮渠男成为辅国将军，委以军国之任。王德以晋昌，孟敏以敦煌降业。男成及德围张掖，克之。业因据张掖。沮渠蒙逊率部曲投业，业以为临池太守。（在今巴燕县西。）王德为酒泉太守。寻又以蒙逊领张掖太守。隆安二年，四月，业使蒙逊将万人攻吕光弟子纯于西郡，执之以归。

四年，业以孟敏为沙州刺史，署李暠为效谷令。（效谷，汉县。在今敦煌县西。）敏卒，其下推暠为敦煌太守，称藩于业。业以暠为敦煌太守。已又以索嗣代之。暠遣其二子歆、让逆战，破之。嗣奔还张掖。暠罪状嗣于段业。沮渠男成恶嗣，因劝除之。

业乃杀嗣，遣使谢暠。分敦煌之凉兴、乌泽，（未详。）晋昌之宜禾三县为凉兴郡，进暠持节都督凉兴已西诸军事。晋昌太守唐瑶，移檄六郡，（胡三省曰："盖敦煌、酒泉、晋昌、凉兴、建康、祁连也。"）推暠为凉公，领秦、凉二州牧。遣宋繇东伐凉兴，并击玉门已西诸城，皆下之。（玉门关，在今甘肃敦煌县西。）时王德叛业，自称河州刺史，业使蒙逊西讨，德焚城，将部曲投唐瑶。蒙逊追德至沙头，（汉池头县，后汉曰沙头，在今甘肃玉门关西南。）大破之，虏其妻子部落而还。

初业以门下侍郎马权代蒙逊为张掖太守。蒙逊谮之于业，业杀之。蒙逊谓男成曰："所惮惟索嗣、马权，今皆死矣。蒙逊欲除业以奉兄，何如？"男成曰："业羁旅孤飘，我所建立。有吾兄弟，犹鱼之有水。人既亲我，背之不详。"乃止。及是，蒙逊请为西安太守。（西安，后凉郡，在张掖东南。）业许焉。蒙逊期与男成同祭兰门山。（在今甘肃山丹县西南。）密遣司马许咸告业曰："男成欲谋叛，以假日作逆。若求祭兰门山，臣言验矣。"至期日，果然。

业收男成令自杀。蒙逊举兵攻业。业先疑其右将军田昂，幽之于内。至是，谢而赦之，使讨蒙逊。昂归于蒙逊。蒙逊至张掖，昂兄子承爱，斩关纳之。遂斩业。时隆安五年三月也。蒙逊自称凉州牧、张掖公。

吕纂游畋无度，荒耽酒色。隆安五年，二月，为光弟宝之子隆、超所弑，并杀其弟纬。隆僭即天王位。隆多杀豪望，以立威名。内外嚣然，人不自固。魏安人焦朗，使说姚兴将姚硕德，且遣妻子为质。硕德遂率众至姑臧。超出战，大败。隆收集离散，婴城固守。东人多谋外叛。将军魏益多，又唱动群心。乃谋杀隆、超。事发，诛之，死者三百余家。于是群臣表求与姚兴通好。隆弗许。超谏：以"连兵积岁，资储内尽，强寇外逼；百姓嗷然，无糊口之寄；张、陈、韩、白，亦无如之何。"隆乃请降。硕德表为凉州刺史、建康公。于是遣母弟、爱子、文武旧臣五十余家质于长安。硕德乃还。姑臧谷价踊贵，斗直钱五千，人相食。城门昼闭，樵采路绝。百姓请出城，乞为夷虏奴婢者，日有数百。隆惧沮动人情，尽坑之。积尸盈于衢路。傉檀、蒙逊，频来伐之。隆以二寇之逼，遣超率骑二百，多赍珍宝，请迎于姚兴。兴遣其将齐难等步骑四万迎之。隆率户一万，随难东迁。（后坐与子弼谋反，为兴所诛。）后凉遂亡。时元兴二年八月也。（据《通鉴》。）

姚硕德之围姑臧也，沮渠蒙逊以吕隆既降于兴，酒泉、凉宁二郡又叛降李暠，（凉宁，晋郡，在今甘肃玉门县境。）乃遣弟建忠挐及牧府长史张潜见硕德于姑臧，请军迎接，率郡人东迁。硕德大悦，拜潜张掖太守，挐建康太守。潜劝蒙逊东迁。挐私于蒙逊曰："吕氏犹存，姑臧未拔，硕德粮竭将还，不能久也，何故违离桑梓，受制于人？"辅国臧莫孩曰："建忠之言是也。"蒙逊乃斩张潜。齐难迎吕隆，隆劝难伐蒙逊，难从之。莫孩败其前军。难乃结盟而还。兴使拜蒙逊镇西大将军、沙州刺史、西海侯。

秃发利鹿孤，以隆安五年僭称河西王，仍臣于姚兴。元兴元年，死，弟傉檀嗣。僭号凉王。迁于乐都。姚兴遣使拜为车骑将军、广武公。傉檀大城乐都。姚兴建节王松忿率骑助吕隆守姑臧。至魏安，为傉檀弟文真所围。众溃。执松忿，送于傉檀。傉檀大怒，送松忿还，归罪文真，深自陈谢。齐难之迎吕隆，傉檀摄昌松、魏安二戍以避之。元兴三年，（据《通鉴》。）傉檀去其年号，罢尚书丞郎官，上表姚兴求凉州。兴不许。义熙二年，（亦据《通鉴》。）傉檀献马三千匹，羊三万头于兴。兴以为忠于己，乃署傉檀为凉州刺史，而征其镇姑臧之王尚还。四年，（亦据《通鉴》。）傉檀招秦河州刺史彭奚念，奚念阻河以叛。姚兴使其子弼伐之。弼济自金城，进拔昌松，长驱至姑臧。傉檀婴城固守，出兵击弼，败之。然仍遣使人诣兴谢罪焉。

乞伏炽磐以元兴元年，自西平奔长安。姚兴以为兴晋太守。治浩亹。寻遣使加乾归左贤王，遣随齐难迎吕隆于河西。兴虑乾归终为西州之患，因其朝也，留为主客尚书，（《通鉴》在义熙三年。）以炽磐行西夷校尉，监抚其众。炽磐以长安兵乱将始，乃招结诸部一万七千，筑城于嵚岷山，（在甘肃洮沙县东南。）据之。炽磐攻克枹罕。使告乾归，乾归奔还苑川。收众三万，迁于度坚。义熙五年，七月，（据《本纪》。）僭称秦王。（此从《载记》。《本纪》作西秦王，恐非。）复都苑川。攻克姚兴金城、略阳、南安、陇西诸郡。

兴力未能西讨，恐更为边害，使署为都督陇西、岭北匈奴、杂胡诸军事、河州牧、大单于、河南王。乾归方图河右，权宜受之，遂称藩于兴。而务征讨诸杂部及吐谷浑，以益其众。八年，五月，乾归为兄子公府所弑，并其诸子十余人。炽磐与乾归弟智达、木奕干讨擒，并其四子辗之。炽磐袭伪位。

姚硕德之破吕隆也，李暠亦遣使降于姚兴，兴拜为安西将军、高昌侯。义熙元年，暠遣舍人黄始、梁兴间行奉表诣阙。迁居酒泉。秃发傉檀来通好，暠遣使报聘。沮渠蒙逊侵寇，暠与通和立盟。蒙逊背盟来侵，暠遣世子歆要击败之。以前表未报，复遣沙门法泉间行奉表。初苻坚建元之末，（坚建元元年，为晋兴宁三年，终于二十年，为晋太元九年。）徙江、汉之人万余户于敦煌。中州之人有田畴不辟者，亦徙七千余户。郭黁之寇武威，武威、张掖已东之人，西奔敦煌、晋昌者数千户。及暠东迁，皆徙之于酒泉。分南人五千户置会稽郡，中州人五千户置广夏郡，余万三千户，分置武威、武兴、张掖三郡。筑城于敦煌南子亭，以威南虏焉。

后凉之兴，事势与前凉大异。前凉张氏，夙尝树德于河西；张轨之西也，凭借晋室之威灵，其人亦颇知治体；然凉州之大姓及诸郡守，尚多不服，久而后定，况于吕光，仅一武人，既无筹略，且迫昏耄者乎？光所以能戡定梁熙，暂据河右者，盖以其所率之兵颇精，且为思归之士故。然实未能据有凉州，且未能一日安也。姚兴虽灭后凉，然特因其自亡，又迫勃勃之难，故更无余力西略。西秦、南凉、北凉、西凉，皆以文属而已。氐、胡、鲜卑，皆不知治体，惟段业、李暠为汉人，为治较有规模，然业以

357 —

大阿倒持，终至颠覆；曷亦弱不自振。要之：西北一隅，脱离王化既久，一时不易收拾也。

第七节　拓跋氏再兴

《魏书》以昭成帝为子所弑，道武为昭成之孙，不如《晋书》及《宋》、《齐》二书，以昭成为苻坚所擒，道武为昭成之子之可信。而《宋书》云：秦后听什翼犍北归，犍死，涉归代立，又不如《齐书》云：坚败，珪随慕容垂，其后还领其部之可信。何者？犍苟还北，不应略无事迹可见；而珪初年御外侮，戡内乱，深得后燕之援，亦必非无因也。

《魏书·道武帝纪》曰：苻坚使刘库仁、刘卫辰分摄国事，南部大人长孙嵩及元他等，尽将故民，南依库仁，帝于是转幸独孤部。（《贺讷传》曰：昭成崩，诸部乖乱，献明后与太祖及卫、秦二王依讷。会苻坚使刘库仁分摄国事，于是太祖还居独孤部。）七年，（晋太元八年。）十月，苻坚败于淮南。是月，慕容文等杀库仁，库仁弟眷摄国部。九年，（太元十年。）库仁子显，杀眷而代之。乃将谋逆。商人王霸知之，蹑帝足于众中。帝乃驰还。是时故大人梁盖盆子六眷，为显谋主，尽知其计，密使部人穆崇驰告。(《献明皇后传》云：帝姑为显弟亢埿妻，知之，密以告后。梁眷亦来告难。后乃令太祖去之。《奚牧传》云：眷使牧与穆崇至七介山以告。七介山，《献明后传》作七个山，在善无县。)帝乃阴结旧臣长孙犍、元他等。秋，八月，乃幸贺兰部。(据《贺讷传》，贺兰部时在太宁。)

《穆崇传》云：崇机捷便辟，少以盗窃为事。太祖之居独孤部，崇常往来奉给，时人无及者。刘显之谋逆也，平文皇帝外孙梁眷知之，密遣崇告太祖，太祖驰如贺兰部。道武之曾居独孤部，当非虚诬，然谓其早依库仁，则又难信。

《库仁传》云：慕容垂围苻丕于邺，又遣将平规攻坚幽州刺史王永于蓟。库仁自以受坚爵命，遣妻兄公孙希率骑三千助永击规，大破之。库仁复将大举以救丕，发雁门、上谷、代郡兵，次于繁畤。先是慕容文等当徙长安，遁依库仁部。常思东归其计无由。至是，知人不乐，乃夜率三郡人攻库仁。库仁匿于马厩，文执杀之。乘其骏马奔垂。窃疑道武之还独孤部，实在库仁助秦抗燕之时。盖库仁所统，本拓跋氏之旧部，故慕容垂于此时，释珪北归，以犄库仁；逮不为刘显所容，乃又遁居贺兰部也。贺兰、拓跋，旧为昏姻，其部落中自必有愿助珪者，珪乃得所冯依矣。

《神元平文诸帝子孙传》云：上谷公纥罗，(神元曾孙。)初从太祖自独孤部如贺兰部，招集旧户，得三百家，与弟建议劝贺讷推太祖为主。《贺讷传》云：刘显谋逆，太祖轻骑北归，讷见太祖，惊喜，拜曰："官家复国之后，当念老臣。"(味讷此语，一若不知珪之尚存；即知之，亦久不得其消息者；亦可见谓什翼犍死后珪即依贺兰部之诬。）太祖笑曰："诚如舅言，要不忘也。"讷中弟染干粗暴，忌太祖，常图逆，每为皇姑辽西公主拥护，染干不得肆其祸心。

（讷祖纥，尚平文女。纥生野干，尚昭成女辽西公主。野干即讷与染干及献明皇后父也。《献明后传》曰：染干忌太祖之得人心，举兵围逼行宫。后出，谓染干曰："汝等今安所置我，而欲杀吾子也？"染干惭而去。《尉古真传》曰：太祖之在贺兰部，贺染干遣侯引、乙突等诣行宫，将肆逆，古真知之，侯引等不敢发。）

于是诸部大人，请讷兄弟：求举太祖为主。染干曰："在我国中，何得尔也？"讷曰："帝大国之世孙，兴复世业于我国中，当相持奖，立继统勋。汝尚异议，岂是臣节？"遂与诸人劝进。太祖登代王位于牛川，（牛川，出绥远凉城西，经左云至大同入河。）是为拓跋珪复有部众之始，《魏书》以是为登国元年，实晋太元十一年也。

《魏书》谓是岁四月，珪又改称魏王。案《本纪》：天兴元年，（晋隆安二年。）六月，丙子，诏有司议定国号。群臣曰："昔周、秦以前，世居所生之土，有国有家，及王天下，即承为号。自汉以来，罢侯置守，时无世继，其应运而起者，皆不由尺土之资。今国家万世相承，启基云、代，臣等以为若取长远，应以代为号。"诏曰："昔朕远祖，总御幽都，控制遐国。虽践王位，未定九州。逮于朕躬，处百代之季，天下分裂，诸华乏主。民俗虽殊，抚之在德。故躬率六军，扫平中土。凶逆荡除，遐迩率服。宜仍先号，以为魏焉。"

《崔玄伯传》云：司马德宗遣使来朝，太祖将报之，诏有司博议国号。玄伯议曰："三皇五帝之立号也，或因所生之土，或即封国之名。故虞、夏、商、周，始皆诸侯，及圣德既隆，万国宗戴，称号随本，不复更立。惟商人屡徙，改号曰殷，然犹兼行，不废始基之称。故《诗》云：殷商之旅；又云：天命玄鸟，降而生商，宅殷土茫茫；此其义也。昔汉高祖以汉王定三秦，灭强楚，故遂以汉为号。国家虽统北方广漠之土，逮于陛下，应运龙飞。虽曰旧邦，受命惟新。是以登极之初，改代曰魏。又慕容永亦奉进魏土。夫魏者大名，神州之上国，期乃革命之征验，利见之玄符也。臣愚以为宜号为魏。"太祖从之，于是四方宾王之贡，咸称大魏矣。

然则魏之定称为魏，实在破慕容氏取邺之后，前此尚魏、代杂称也。克邺称魏，事极寻常，尚居牛川之时，何缘以魏为号？观玄伯慕容永奉进魏土之语，则知永实以是封珪，盖欲与之攻慕容垂，而以是为饵耳。狼子野心，且不欲受封于晋，而况于永？然在当日，仍不过抉择于此二者之间，不过聊去代称，以示不臣于晋耳。（云议国号，亦属诬辞，在当日，不过议一对晋之称号耳。）其后自大愈甚，乃并永封以魏土之事而刊削之。然如是，则魏之号无自来，乃又伪造一自行改称之事实。矫诬至此，叹观止矣。然终不能尽掩天下后世之目也。

《道武本纪》：道武既即代王位，以长孙嵩为南部大人，叔孙普洛为北部大人。二月幸定襄之盛乐，息众课农。三月，刘显自善无南走马邑，其族奴真率所部来降。《刘库仁传》云：奴真兄犍，先居贺兰部，至是，奴真请召犍而让部焉，太祖义而许之。犍既领部，自以久托贺讷，德之，乃使弟去斤遗之金马。讷弟染干因谓之曰：我待汝兄弟厚，汝今领部，宜来从我。

去斤请之奴真，奴真杀犍及去斤。染干闻其杀兄，率骑讨之。奴真惧，徙部来奔。太祖自迎之。遣使责止染干。《本纪》又云：五月，车驾幸陵石。（胡三省云：在盛乐东。）护佛侯部帅侯辰，乙弗部帅代题叛走。七月，车驾还盛乐。代题复以部落来降。旬有数日，亡奔刘显。帝使其孙倍斤代领部落。是月，刘显弟亢泥率骑掠奴真部落。既而率以来降。

初帝叔父窟咄，为苻坚徙于长安，因随慕容永。永以为新兴太守。八月，刘显遣弟亢泥迎窟咄，以兵随之，来逼南境。于是诸部骚动，人心顾望。帝左右于植等与诸部人谋应之。事泄，诛造谋者五人，余悉不问。

（于植，《北史》作于桓。《魏书·窟咄传》作于桓，《穆崇传》作于植。《窟咄传》云：同谋人单乌于以告。太祖虑骇人心，沉吟未发。后三日，桓以谋白其舅穆崇，崇又告之。太祖乃诛桓等五人，余莫题等七姓，悉原不问。案题后仍见杀，见本传。）

帝虑内难，乃北逾阴山，幸贺兰部，阻山为固。遣行人安同、长孙贺使于慕容垂以征师。（贺亡奔窟咄，见《窟咄传》。）垂遣使朝贡。并令其子贺驎（即慕容麟。）帅步骑以随同等。（《窟咄

《传》云：步骑六千。）十月，贺骥军未至，而寇已前逼。于是北部大人叔孙普洛等十三人及诸乌丸亡奔卫辰。帝自弩山迁幸牛川，（弩山，未详。）屯于延水。（东洋河上源，出绥远兴和县东北。）南出代谷，（在句注北。）会贺骥于高柳。（汉县，后汉末省，晋复置，在今山西阳高县西北。）大破窟咄。窟咄奔卫辰。卫辰杀之。帝悉收其众。

十二月，慕容垂遣使朝贡。奉帝西单于印绶，封上谷王，帝不纳。二年，（晋太元十二年。）五月，遣行人安同征兵于慕容垂。垂使子贺骥帅众来会。六月，帝亲征刘显于马邑，南追至弥泽，（在今山西朔县西南。）大破之。显南奔慕容永。尽收其部落。

（《张衮传》云：时刘显地广兵强，跨有朔裔。会其兄弟乖离，共相疑阻。衮言于太祖曰："显志大意高，希冀非望。今因其内衅，宜速乘之。若轻师独进，或恐越逸，可遣使告慕容垂，共相声援。东西俱举，势必擒之。"太祖从之，遂破走显。《显传》云：太祖讨显于马邑，追至弥泽，大破之。卫辰与慕容垂通好，送马三千匹于垂，垂遣慕容良迎之，显击良军，掠马而去。垂怒，遣子骥、兄子楷讨之。显奔马邑西山。骥轻骑追之，遂奔慕容永于长子。部众悉降于骥。骥徙之中山。）

刘显败而拓跋氏之旧业复矣，而贺兰部之衅忽起。《本纪》：登国四年，（晋太元十四年。）二月，道武讨叱突隣部，大破之。贺染干兄弟率诸部来救，与大军相遇，逆击，走之。《贺讷传》言：太祖讨叱突隣部，讷兄弟遂怀异图。讷于太祖，素称忠勤，刘显之难，窟咄之患，实再借其力以济，及是，忽因一叱突隣部而启衅，其故安在，不可知矣。

五年，（太元十五年。）三月，慕容垂遣子贺驎率众来会。四月，行幸意辛山，（胡三省曰：在牛川北，贺兰部所居。）与贺驎讨贺兰、纥突隣、纥奚诸部落，大破之。（纥突隣、纥奚二部，常为寇于意辛山见《高车传》。）六月，还幸牛川。卫辰遣子直力鞬寇贺兰部，围之。贺讷等请降告困。七月，帝引兵救之。至羊山，（未详。）直力鞬退走。《贺讷传》言：太祖遂徙讷部落及诸弟，处之东界。盖至是而贺兰部处于拓跋氏钳制之下，欲叛不能矣。然因此，复与慕容垂启衅。

是岁，八月，遣秦王觚使于慕容垂。六年，（太元十六年。）六月，《本纪》言慕容贺驎破贺讷于赤城，（今察哈尔赤城县。）帝引兵救之，驎退走。《讷传》云：讷又通于慕容垂，垂以讷为归善王，染干谋杀讷而代立，讷遂与染干相攻，垂遣子驎讨之，败染干于牛都。（胡三省云：其地当在牛川东，夷人放牧，于此聚会，故名。）破讷于赤城。太祖遣师救讷，驎乃引还。

讷与染干相争，慕容氏当有所右，而兼讨之者，盖欲慑服其部，特以讨乱为名而已。太祖为之出师，而慕容垂所图不遂，乃止元觚而求名马，太祖遂绝之，而遣使于慕容永。永使其大鸿胪慕容钧奉表劝进尊号。于是垂卵翼道武，永拥右刘显、染干，积年相敌者，局势一变。

其月，卫辰遣子直力鞬出榾阳塞，（榾阳，汉县，今绥远固阳县。）侵及黑城。九月，帝袭五原，屠之，收其积谷。十一月，卫辰遣子直力鞮寇南部。车驾出讨，大破直力鞮军于铁岐山南。（未详。）自五原金津南渡河，次其所居之悦跋城。（即代来城，在今鄂尔多斯右翼境内。）卫辰父子奔遁。诏诸将追之，擒直力鞮。十二月，获卫辰尸，斩以徇。遂灭之。（《铁弗传》云：卫辰单骑遁走，为其部下所杀。《昭成子孙传》：秦明王翰之子太原王仪获其尸。）自河以南诸部悉平。

卫辰子屈丐（即赫连勃勃。《铁弗传》云：太宗改其名曰屈子，屈子者，卑下也。）奔薛干部，征之，不送。八年，（太元十八年。）八月，帝南征薛干部帅大悉佛于三城。（胡三省曰：魏收《地形志》：偏城郡广武县有三城，唐延州丰林县，古广武县地。案唐丰林县，在今陕西肤施县东。）会其先出击曹覆，帝乘其虚，屠其城，徙其民。（薛干部，《晋书·勃勃载记》作叱干，大悉佛作佗斗伏。）曹覆盖东西曹之部落也。铁弗氏与拓跋氏相抗近百年，至是倾覆，拓跋氏遂独雄于代北矣，此则猗卢、什翼犍之世所未有之形势也。

第八节　后燕分裂灭亡

从来北狄之强盛，大率由于互相并兼。自刘显破而拓跋氏之旧业复，卫辰亡而其累代之大敌去，其势既日张矣；而道武又频年征讨北方诸部落，（自登国三年至天兴元年，皆见《本纪》。）得其畜足以为富，得其人足以为强，其势遂不可制。然中原之虚实，究非拓跋氏所深悉；慕容氏虽亟战兵疲，使其按兵不动，拓跋氏亦未敢遽犯之也；乃轻率出兵，而又任一不知兵之慕容宝，弟子舆尸，而灭亡之祸，遂迫眉睫矣。

慕容垂灭慕容永之明年，为晋太元二十年，命其子宝伐魏，大败于参合陂。是役也，据《晋书·载记》：宝及垂子农、麟，众凡八万，而德及垂兄子绍，以步骑万八千为后继。魏闻宝将至，徙往河西。宝进师临河，惧不敢济。还次参合。忽有大风，黑气状若隄防，或高或下，临覆军上。沙门支昙猛言于宝曰：“风气暴迅，魏师将至之候，宜遣兵御之。”宝笑而不纳。昙猛固以为言，乃遣麟率骑三万为后殿。麟以昙猛言为虚，纵骑游猎。俄而黄雾四塞，日月晦明。是夜，魏师大至。三军奔溃。宝与德等数千骑奔免。士众还者十一二。绍死之。

据《魏书·本纪》：则宝以是年七月，来寇五原。帝遣许谦征兵于姚兴。先是慕容永来告急，遣陈留公元虔救之，因屯秀容。（后魏县，郡亦治焉。北秀容，在今山西朔县西北。南秀容，在岚县南，即尔朱氏所居也。）其明年，（太元十九年。）又使东平公元仪屯田于河北五原，至于棝阳塞外。及是，元仪徙据朔方。八月，帝亲治兵于河南。九月，进师。是时元虔五万骑在东，以绝其左；元仪五万骑在河北，以承其后；略阳公元遵七万骑，塞其中山之路。十月，辛未，宝烧船夜遁。十一月，己卯，帝进军济河。乙酉，夕至参合陂。丙戌，大破之。《宝传》云：宝烧船夜遁。是时河冰未合，宝谓太祖不能渡，故不设斥候。十一月，天暴风，寒，冰合。太祖进军济河。留辎重，简精锐二万余骑急追之。晨夜兼行。暮至参合陂西。宝在陂东，营于蟠羊山南水上。靳安言于宝曰："今日西北风劲，是追军将至之应，宜设警备，兼行速去，不然必危。"宝乃使人防后。先不抚循，军无节度，将士莫为尽心。行十余里，便皆解鞍寝卧，不觉大军在近。前驱斥候，见宝军营，还告。其夜，太祖部分众军。诸将罗落东西，为掎角之势。约勒士卒，束马，口衔枚无声。昧爽，众军齐进。日出登山，下临其营。宝众晨将东引，顾见军至，遂惊扰奔走。太祖纵骑腾蹋，大破之。有马者皆蹶倒冰上，自相镇压，死伤者万数。四五万人，一时放仗，敛手就羁；遗迸去者，不过千余。生擒其王公、文武将吏数千；获器甲、辎重、军资、杂财十余万计。

案燕是役，兵数不盈十万，元虔等果有十七万骑，罗其三面，尚何必征师于姚兴？太祖之蹑慕容宝，不过二万余骑，虽云简锐轻行，然代北饶于马骑，岂有舍大兵不用之理？《魏书·张衮传》言：宝来寇，衮言于太祖曰："宝乘滑台之功，因长子之捷，倾资竭力，难与争锋。愚以为宜羸师卷甲，以侈其心。"太祖从之，果破之参合。是知魏人此时，众寡强弱，皆与燕不侔，《魏书·本纪》之言，必非实录也。

魏人获捷，实在避其朝锐，击其暮归，遂获乘天时之利；而宝自七月进兵，至于十月，既不能见可而进，又不能知难而退，遂至锐气隳尽，为敌所乘，其不知兵可知；一时警备之不周，盖尚其次焉者矣。是役在魏人亦为意外之捷，然魏人累世觊觎中原，至此，则益启其窥伺之心，遂为大举入塞之本。其于魏事，实为一大转捩。道武时开化尚浅，《魏书》所记年号，疑多出后来追拟，于是年纪元为皇始，实有由也。

《晋书·慕容垂载记》曰：宝恨参合之败，屡言魏有可乘之机。慕容德亦曰："魏人狃于参合之捷，有陵太子之心，宜及圣略，摧其锐志。"垂从之。留德守中山，自率大众出参合。凿山开道，次于猎岭。（胡三省曰："在夏屋山东北，魏都平城，常猎于此。"案夏屋山，在今山西代县东北。）遣宝与农出天门。慕容隆、慕容盛逾青山，（胡三省曰："青岭即广昌岭，所谓五回道也。其南层厓刺天，壁立直上，盖即天门也。"案五回岭，在今河北易县西南。）袭魏陈留公泥于平城，（泥，《魏书·本纪》作虔。）陷之，收其众三万余人而还。

垂次参合，见往年战处，积骸如山，设吊祭之礼。死者父兄，一时号哭。军中皆恸。垂惭愤欧血，因而成疾。乘马舆而进。过平城北三十里，疾笃，筑燕昌城而还。（《水经注》：在平城北四十里。）宝等至云中，闻垂疾，皆引归。有叛者，奔告魏曰："垂病已亡，舆尸在军"；魏又闻参合大哭；以为信然，乃进兵追之，知平城已陷而退。垂至上谷之沮阳，死。（沮阳，汉县，在今察哈尔怀来县南。）

据《魏书·本纪》：垂之来攻，在太元二十一年三月。元虔既死，垂遂至平城，西北逾山结营。闻帝将至，乃筑城自守。则垂于是役，颇有犁庭扫穴之志，因疾笃而远；然其还师仍有警备；故魏之追师不敢逼也。此亦可见慕容宝以不知兵而败，而非其兵力之不足用矣。然燕于是役，实无所获，其气弥挫，而魏之势乃愈张；更有内乱授之以隙，而败亡之祸，不可逭矣。

慕容垂死于太元二十一年四月。宝匿丧，还至中山，乃僭立。垂临死，顾命以宝庶子清河公会为宝嗣，而宝宠爱少子濮阳公策，意不在会。宝庶长子长乐公盛，自以同生年长，耻会先之，乃盛称策宜为储二，而非毁会。宝大悦。访其赵王麟、安阳王隆。麟等咸希旨赞成之。宝遂与麟等定计，立策母段氏为皇后，策为太子。（时年十一。）盛、会进爵为王。是岁六月，魏遣将攻宝广宁太守刘亢埿，斩之。徙其部落。宝上谷太守慕容普邻捐郡奔走。

八月，珪大举攻宝。南出马邑，逾于句注。别将封真袭幽州，围蓟。九月，珪至阳曲，宝并州牧辽西王农弃城遁。宝引群臣议之。中山公苻谟曰："魏军强盛，若逸骑平原，殆难为敌，宜杜险拒之。"中书令眭邃曰："魏军多骑，马上赍粮，不过旬日。宜令郡县，聚千家为一堡，深沟高垒，清野待之。不过六旬，自然穷退。"尚书封懿曰："今魏师十万，天下之劲敌也。百姓虽营聚，不足自固，是则聚粮集兵，以资强寇；且动众心，示之以弱。阻关距战，计之上也。"慕容麟曰："魏今乘胜气锐，其锋不可当，宜自完守设备，待其弊而乘之。"于是修城积粟，为持久之备。

十月，珪出井陉。（在今河北井陉县东北，与获鹿县界。）

十一月朔，至真定。（汉国，今河北正定县。）

自常山以南，守宰或走或降，惟中山、邺、信都三城不下。珪遣元仪五万骑攻邺，王建、李栗攻信都，而自进军围中山。不克，走之鲁口。隆安元年，正月，围信都。宝冀州刺史宜都王慕容凤逾城走，信都降。宝步卒十二万，骑三万七千出攻魏，次于曲阳柏肆，败还。

（《晋书·载记》云：宝闻魏有内难，乃尽众出距。步卒十二万，骑三万七千，次于曲阳柏肆。魏军进至新梁。宝惮魏师之锐，乃遣征北隆夜袭魏师，败绩而还。魏军方轨而至，对营相持。上下凶惧，三军夺气。农、麟劝宝还中山，乃引归。魏军追击之。宝、农等弃大军，率骑三万奔还。时大风雪，冻死者相枕于道。宝恐为魏军所及，命去袍杖戎器，寸刃无返。《魏书·本

371

纪》云：宝闻帝幸信都，乃趋博陵之深泽，屯滹沱水。二月，帝进幸杨城。丁丑，军钜鹿之柏肆坞，临滹沱水。其夜，宝悉众犯营。燎及行宫，兵人骇散。帝惊起，不及衣冠，跣出击鼓。俄而左右及中军将士，稍稍来集。帝设奇阵，列烽营外，纵骑冲之。宝众大败。戊寅，宝走中山。柏肆之役，远近流言，贺兰部帅附力眷，纥突隣部帅匿物尼，纥奚部帅叱奴根聚党反于阴馆。南安公元顺率军讨之，不克，死者数千。诏安远将军庾岳还讨叱奴根等，灭之。顺者，昭成孙，地干之子也。其《传》云：留守京师。柏肆之败，军人有亡归者，言大军奔散，不知太祖所在。顺闻之，欲自立，纳莫题谏乃止。是役，燕盖诇知珪营所在，悉力攻之，使能擒斩珪，事势必大变，惜乎其功亏一篑也。曲阳，汉上曲阳县，今河北曲阳县，时为钜鹿郡治。柏肆坞，在今河北藁城县北。新梁，未详。深泽，汉县，在今河北深泽县东南。杨城，《郡国志》在中山蒲阴县，蒲阴，在今河北完县东。）

三月，珪至卢奴。（汉县，为中山郡治，《元和志》云：后燕都中山，改为弗违。）宝遣使求和，请送元觚，割常山已西，许之。已而宝背约。辛亥，魏围中山。其夜，燕尚书慕容皓谋杀宝立麟，事觉，与同谋数十人斩关奔魏。麟惧不自安，以兵劫左卫将军北地王精，谋率禁旅弑宝。精以义距之。麟怒，杀精，出奔丁零。（盖翟氏之部落。）

初宝闻魏之来伐也，使慕容会率幽、平之众赴中山。麟既败，宝恐其逆夺会军，将遣兵迎之。麟侍郎段平子自丁零奔还，说麟招集丁零，军众甚盛，谋袭会军，东据龙城。宝与其太子策及农、隆等万余骑迎会于蓟，以开封公慕容详守中山。会步骑二万，迎宝蓟南。宝分其兵给农、隆。遣西河库辱官骥率众三千，助守中山。幽、平之士，不乐去会，请曰："清河王天资神武，权略过人，臣等与之，誓同生死。愿陛下与皇太子、诸王，止驾蓟宫，使王统臣等，进解京师之围；然后奉迎车驾。"宝左右谮而不许。众咸有怨言。左右劝宝杀会。

侍御史仇尼归闻而告会曰："兵已去手，恐无自全之理。盍诛二王，废太子，大王自处东宫，兼领将相，以匡社稷。"会不从。宝谓农、隆曰："观会为变，事当必然。宜早杀之。不尔，恐成大祸。"农等固谏，乃止。会闻之，弥惧，奔于广都黄榆谷。（胡三省曰：广都县，魏收《地形志》属建德郡，在汉白狼县界，隋省入柳城县。）遣仇尼归等率壮士二十余人分袭农、隆。隆见杀，农中重创。

既而会归于宝。宝意在诛会，诱而安之。潜使左卫慕容腾斩会，不能伤。会复奔其众。于是勒兵攻宝。宝率数百骑驰如龙城。会率众追之。遣使请诛左右佞臣，并求太子。宝弗许。会围龙城。侍御郎高云夜率敢死士百余人袭会，败之。众悉逃散。会单马奔中山，逾围而入。为慕容详所杀。详僭称尊号。荒酒奢淫，杀戮无度。诛其王公已下五百余人。内外震局，莫敢忤视。

四月，魏以军粮不继，罢邺围。五月，复罢中山之围。城中大饥，公卿饿死者数十人。

七月，详遣乌丸张骧率五千余人出城求食。麟自丁零中入于骧军，因其众复入中山，杀详而自立。（此据《魏书·本纪》。《晋书》在九月，当由闻其事较迟也。）拓跋珪至鲁口，遣长孙肥率千骑袭中山，（据《魏书·本纪》。《肥传》作七千骑。）入其郭而还。

八月，丙寅朔，珪自鲁口进军常山之九门。（汉县，在今藁城县西北。）时大疫，人、马、牛多死。珪问疫于诸将。对曰："在者才十四五。"时群下咸思还北。珪知其意，谓之曰："斯固天命，将若之何？四海之人，皆可以为国，在吾所以抚之耳，何恤乎无民？"群臣乃不敢复言。珪之虐用其下如此，使燕抗距之力少强，未有不为猗卢、郁律之续者，而惜乎燕之不足以语此也。珪又使元遵袭中山，芟其禾菜，入郭而还。

九月，麟饥穷，率三万余人，出攻新市。（汉县，在今河北新乐县西南。）十月，珪进兵破之。麟单马走西山，（中山之西山。）遂奔邺。中山降魏。魏遣三万骑赴卫王仪，将以攻邺。

慕容垂临终，敕宝以邺城委慕容德。宝既嗣位，以德为冀州牧，镇邺，专总南夏。魏将拓跋章攻邺，（此据《晋书·载记》，当即魏卫王仪。）德遣南安王慕容青等夜击败之。魏师退次新城。（即慕容垂所筑。）青等请击之。别驾韩諟言："魏利在野战，深入近畿，顿兵死地，前锋既败，后阵方固。彼众我寡，动而不胜，众心难固；且城隍未修，敌来无备。不如深沟高垒，以逸待劳。"德乃召青还师。魏又遣辽西公贺赖卢率骑与章围邺。章、卢内相乖争，各引军潜遁。德遣军追破章军，人心始固。

（贺赖卢，《魏书·外戚传》作贺卢。贺赖即贺兰异译。卢讷之弟。其传云：太祖遣卢会卫王仪伐邺，而卢自以太祖之季舅，不肯受仪节度。太祖遣使责之。卢遂忿恨。与仪司马丁建构成其嫌，弥加猜忌。会太祖敕仪去邺，卢亦引归。太祖以卢为广川太守。卢性雄豪，耻居冀州刺史王辅下，袭杀辅，奔慕容德。案此亦魏可乘之隙，而惜乎燕无以乘之也。贺兰此时之服于魏，盖犹力屈，非心服，卢之外叛，必非以争宠与骄纵也。广川，汉县，后燕置郡，故城在今河北枣强县东。）

群臣议以慕容详僭号中山，魏师盛于冀州，未审宝之存亡，固劝德即尊号。德不从。会慕容达自龙城奔邺，称宝犹存，群议乃止。寻而宝以德为丞相，领冀州牧，承制南夏。麟奔邺，说德曰：“中山既没，魏必乘胜攻邺。虽粮储素积而城大难固；且人心沮动，不可以战。及魏军未至，拥众南渡，就鲁阳王和，据滑台，聚兵积谷，伺隙而动，计之上也。魏虽拔中山，势不久留，不过驱掠而返，人不乐徙，理自生变，然后振威以援之，魏则内外受敌，可一举而取也。”

先是慕容和亦劝德南徙，于是许之。率户四万，车二万七千乘，自邺徙于滑台。依燕元年故事称元年。（隆安二年正月。）慕容麟潜谋为乱，事觉，赐死。（据《晋书·载记》。《本纪》云：麟为魏师所杀，误。）魏克邺。拓跋珪至邺，有定都之意。已复自邺还中山。发卒万人治直道，自望都铁关凿恒岭至代，五百余里。

（望都，汉县，今河北望都县西北。）徙山东六州民吏及徒河、高丽、杂夷三十六万，百工十余万而还。此时中原之民，未必心服，故珪不能遂留。被徙者自未必乐从，然燕无兵力援接，则人民虽欲自拔而末由矣。燕当是时，其破败之势，诚可伤悼也。

慕容德遣侍郎李延劝慕容宝南伐，宝大悦。慕容盛谏，宝将从之，而慕舆腾劝之。宝乃曰："吾计决矣，敢谏者斩。"以腾为前军，慕容农为中军，宝为后军。步骑三万，发自龙城，次于乙连。（未详。）长上段速骨、宋赤眉，因众军之惮役也，杀司空乐浪王宙，逼立高阳王崇。（隆子。《通鉴》云：速骨等皆隆旧队。）宝单骑奔农。仍引军讨速骨。众咸惮征乐乱，投杖奔之。腾众亦溃。宝、农驰还龙城。

兰汗者，慕容垂之季舅，而慕容盛又汗之婿也。潜与速骨通谋。速骨进师攻城，农为汗所谲，潜出赴贼，为速骨所杀。众皆奔散。宝与盛、腾等南奔。兰汗奉慕容策承制。遣使迎宝，及于蓟城。宝欲还北。盛等以汗之忠款，虚实未明，今单马而还，汗有二志者，悔之无及。宝从之，乃自蓟而南。

至黎阳，遣其中黄门令赵思召慕容钟来迎。（钟德之从弟。）钟首议劝德称尊号，闻而恶之，执思付狱，驰使白德。慕舆护请驰问宝虚实。乃率壮士数百，随思而北。因谋杀宝。宝遣思之后，知德摄位，惧而北奔。护至，无所见，执思而还。（德以思闲习典故，将任之。思不肯。德固留之。思责德不当自立。德怒，斩之。）宝遣腾招散兵于钜鹿，盛结豪桀于冀州，段仪、段温收部曲于内黄，众皆响会，刻期将集，而兰汗遣迎宝。宝还至龙城。汗引宝入外邸，弑之。时隆安二年五月也。（据《晋书·本纪》。）汗又杀策及王公卿士百余人。

宝之如龙城，盛留在后，宝为兰汗所杀，盛驰进赴哀。将军张真固谏。盛曰："我今投命，告以哀穷，汗性愚近，必顾念婚姻，不忍害我。旬月之间，足展吾志。"遂入赴丧。汗妻乙氏，泣涕请盛。汗亦哀之。遣其子穆迎盛，舍之宫内，亲敬如旧。汗兄提、弟难，劝汗杀盛，汗不从。

慕容奇，汗之外孙也，汗亦宥之。奇入见盛，遂相与谋。盛遣奇起兵于外，众至数千。汗遣兰提讨奇。提骄狠淫荒，事汗无礼，盛因间之。汗发怒，收提诛之。遣其抚军仇尼慕率众讨奇。汗兄弟见奇之诛，莫不危惧，皆阻兵背汗。袭败盛军。汗大惧，遣穆率众讨之。穆又劝汗诛盛。汗欲引见察之。盛妻以告。于是伪称疾笃，不复出入。汗乃止。

李旱、（宦者，《魏书》作李早。）卫双、刘志、张豪、张真，皆盛之旧昵，穆引为腹心。旱等屡入见盛，相与结谋。穆讨兰难等，斩之。大飨将士。汗、穆皆醉。盛夜因如厕，袒而逾墙，入于东宫，与李旱等诛穆。众皆踊呼。进攻汗，斩之。汗二子鲁公和、陈公杨分屯令支、白狼，遣李旱、张真袭诛之。

时隆安二年七月也。（《晋书·本纪》。）盛以长乐王称制。慕容奇与丁零严生、乌丸王龙阻兵叛盛，盛击败之，执奇，斩龙生等百余人。盛于是僭即帝位。（八月。）后复去皇帝之号，称庶民大王。（从《魏书》本传。《晋书·载记》作庶人，系唐人避讳改字。）

晋南阳太守闾丘羡、宁朔将军邓启方率众二万伐燕，次于管城。（在今河南郑县，后隋于此置管城县。）慕容德遣其中军慕容法、抚军慕容和等拒之，王师败绩。（隆安二年八月。）

初苻登为姚兴所灭，登弟广，率部落降于德，拜冠军将军，处之乞活堡。（在今河北河间县北。）广自称秦王，败德将慕容钟。时德始都滑台，介于晋、魏之间，地无十城，众不过数万，及钟丧师，反侧之徒，多归于广。德乃留慕容和守滑台，亲率众讨广，斩之。

慕容宝之至黎阳也，和长史李辩劝和纳之，和不从，辩惧谋泄，乃引晋军至管城，冀德亲率师，于后作乱。会德不出，愈不自安。及德此行也，辩又劝和。和不从。辩怒，杀和，以滑台降魏。

时将士家悉在城内，德将攻之，韩范言"人情既危，不可以战，宜先据一方，为关中之基，然后蓄力而图之"，德乃止。德右卫将军慕容云斩李辩，率将士家累二万余人而出。三军庆悦。德谋于众。张华劝德据彭城。潘聪曰："滑台四通八达，非帝王之居；且北通魏，西接秦，此二国者，未可以高枕待之也。彭城土旷人稀，地平无险。晋之旧镇，必距王师。又密迩江、淮，水路通浚，秋夏霖僚，千里为湖，水战国之所短，吴之所长，今虽克之，非久安之计也。"劝德据广固。

德乃引师而南。兖州北鄙诸县悉降。使喻齐郡太守辟闾浑，浑不从。遣慕容钟率步骑二万击之。浑将妻子奔魏。德遣兵追斩之于莒城。（莒，汉县，今山东莒县。）德遂入广固。时隆安三年六月也。

燕辽西太守李朗，在郡十年，威制境内，慕容盛疑之，累征之，朗不赴。朗以母在龙城，未敢显叛，乃阴引魏军，将为自安之计。因表请发兵以距寇。盛知其诈，讨斩之。魏袭幽州，执刺史卢溥而去。（溥本魏河间太守，就食渔阳，据有数郡，慕容盛以为幽州刺史。）遣孟广平援之，无及。盛率众三万伐高句丽，袭其新城、南苏，皆克之。（《辽志》：苏州安复军，高句丽南苏州。辽苏州，今辽宁金县也。新城亦当在辽西。）散其积聚，徙五千余户于辽西。（此谓燕之辽西郡，非泛指辽河以西。）又讨库莫奚，大虏获而还。

盛是时之力，未足以与魏争，而立国根本，复在龙城，句丽与奚，形势实逼，故先图攘斥之，抑亦利徙户、虏获，以强其众也。盛幼而羁贱流漂，长则遭家多难，夷险安危，备尝之矣。惩宝暗而不断，遂峻极威刑。纤芥之嫌，莫不裁之于未萌，防之于未兆。旧臣靡不夷灭。于是上下振局，人不自安。亲戚忠诚，亦皆离二。

隆安五年，七月，（《本纪》。）盛左将军慕容国，与殿中将军秦舆、段赞等，谋率禁兵袭盛。事觉，诛之，死者五百余人。前将军思悔侯段玑，舆子兴，赞子泰等，因众心动摇，夜于禁中鼓噪大呼。盛闻变，率左右出战。众皆披溃。俄有一贼，从暗中击伤盛，遂死。

初盛立其子辽西公定为太子。时以国多难，宜立长君。群望皆在平原公元，（宝第四子。）而河间公熙，（垂少子。）烝于太后丁氏，丁氏意在于熙。遂废定，迎熙入宫。熙僭即尊位。诛段玑、秦兴等，并夷三族。元以嫌疑赐死。并杀定。（见《魏书》。）熙宠幸苻贵人，丁氏怨恚咒诅，与兄子七兵尚书信谋废熙。熙闻之，大怒，逼丁氏令自杀，而葬以后礼。诛信。又尽杀宝诸子。

熙大筑龙腾苑，广袤十余里，役徒二万人。起景云山于苑内，基广五百步，峰高十七丈。又起逍遥宫、甘露殿，连房数百，观阁相交。凿天河渠，引水入宫。又为其昭仪苻氏凿曲光海、清凉池。季夏盛暑，士卒不得休息，暍死者大半。立其贵嫔苻氏为皇后。昭义苻氏死，伪谥愍皇后。

二苻并美而艳，好微行游燕，熙弗之禁也。请谒必从。刑赏大政，无不由之。初昭仪有疾，龙城人王温称能疗之。未几而卒。熙忿其妄也，立于公车门，支解温而焚之。其后好游畋，熙从之，北登白鹿山，（《水经注》：白狼水出白狼县东南，北屈迳白鹿山西，即白狼山也。）东逾青岭，（胡三省曰:在龙城东南四百余里。）南临沧海。百姓苦之。士卒为虎狼所杀及冻死者，五千余矣。

会高句骊寇燕郡，杀掠百余人，熙伐高句骊，以苻氏从。为冲车地道，以攻辽东。熙曰：“待刬平寇城，朕当与后乘辇而入。”不听将士先登。于是城内严备，攻之不能下。会大雨雪，士卒多死，乃引归。拟邺之凤阳门作弘光门，累级三层。熙与苻氏袭契丹，惮其众盛，将还，苻氏弗听，遂弃其辎重，轻袭高句骊。周行三千余里。士马疲冻，死者属路。攻木底城，不克而还。（《慕容皝载记》：慕容翰与高句骊王钊战于木底，大败之，乘胜遂入丸都。丸都，在今辽宁辑安县境，木底城，当在新宾县之东。）

为苻氏起承华殿，高承光一倍。负土于北门，土与谷同价。典军杜静，载棺诣阙，上书极谏。熙大怒，斩之。苻氏尝季夏思冻鱼脍，仲冬须生地黄，皆下有司切责，不得加以大辟。苻氏死，制公卿已下，至于百姓，率户营墓。费殚府藏。下锢三泉，周输数里。熙被发徒跣，步从苻氏丧，而变起于内矣。

冯跋，长乐信都人也。父安，慕容永时为将军。永灭，跋东徙和龙，（《魏书》云：东徙昌黎。）家于长谷。跋母弟素弗，次丕，次弘，皆任侠不修行业，惟跋恭慎，勤于家产。慕容宝僭号，署跋中卫将军，熙以为殿中左监，稍迁卫中郎将。犯熙禁，与诸弟逃于山泽。左卫将军张兴，亦坐事亡奔。与跋从兄万泥等二十二人结盟，推慕容云为主。

云本高氏，句丽支庶，袭败慕容会，宝命为子者也。发尚方徒五千余人，闭门拒守。熙攻之，败走，为人所执。云杀之，及其诸子。时为义熙三年。（此从《本纪》。《通鉴》同。《载记》作二年。）云僭即天王位，复姓高氏。署跋侍中，都督中外诸军事。

云宠养壮士，以为腹心。离班、桃仁等，并专典禁卫，赏赐月至数千万，衣食卧起，皆与之同。五年，九月，离班、桃仁弑云。跋帐下督张泰、李桑讨杀之。众推跋为主。

跋僭称天王于昌黎，不徙旧号，即国曰燕。（据《本纪》。《载记》云太元二十年，误。）万泥及跋从兄子乳阵据白狼以叛，跋弟弘讨斩之。尚书令孙护及弟叱支、乙拔，辽东太守务银提以有功怨望，并为跋所诛。

第九节　秦夏相攻

后燕、后秦，虽乘苻坚之丧败，幸复旧业，然其兵力皆无足观。后燕一遇后魏，遂至溃败决裂，不可收拾。后秦之内衅，不如后燕之深，故其溃败亦不如后燕之速，然亦一与魏遇，即为所败；其后与夏相持，又数为所苦。盖时中原凋敝已甚，一时不易振作，而塞北方兴之势，遂不可御矣。此东晋与南北朝事势之转捩也。（元魏、周、齐，所以能据有北方几二百年者，一由南朝依然不振，一亦由北方凋敝已甚，莫能起而与之抗也。）

勃勃之奔叱干部也，叱干酋长佗斗伏欲送之于魏。兄子阿利谏，弗从。阿利乃潜遣劲勇，篡之于路，送诸没奕干。没奕干者，鲜卑部落，降于姚兴，兴以为高平公者也。没奕干以女妻勃勃。姚兴以勃勃为五原公，使镇朔方，盖仍复其旧业。

太元十八年，魏登国八年。魏道武袭败叱干。元兴元年，魏天兴五年。又使其常山公遵袭没奕干。没奕干弃其部众，率数千骑，与勃勃奔秦州。魏军进次陇西之瓦亭。（在今甘肃固原县南。）

长安大震，诸城闭门固守。魏平阳太守二尘入侵河东。兴遣姚平、狄伯支等率步骑四万伐魏。攻乾城，陷之。（乾城，《魏书》作乾壁，在河东。）遂据柴壁。（在今山西临汾县境。）

八月，魏道武自将围之。兴遣其光远党娥、立节雷星、建忠王多等，率杏城及岭北突骑赴援。（此岭谓九嵕山。）越骑唐方、积弩姚良国，率关中劲卒，为平后继。姚绪统河东见兵，为前军节度。姚绍率洛东之兵，姚详率朔方之众，以会于兴。

兴率戎卒四万七千，自长安赴之。魏闻兴至筑长围，以防平之出，拒兴之入。兴临汾西，卒不能救。十月，平粮竭矢尽，将麾下三十骑赴汾水死。狄伯支等将卒四万，皆为魏所擒。魏军乘胜进攻蒲阪。姚绪固守不战，乃还。是役也，兴几于竭全力以赴之，而卒为魏所挫，秦遂为魏所轻矣。

《晋书·载记》云：拓跋珪送马千匹，求婚于兴。兴许之，以魏别立后，遂绝婚，故有柴壁之战。

至义熙二年，（魏天赐三年。）乃复与魏通和。魏放狄伯支等还。五年，（魏明元帝永兴元年。）珪死，子明元帝嗣立，遣使聘于兴，且请婚。兴许之。（《晋书·兴载记》。《魏书·本纪》云：兴遣使朝贡，并请进女，事系永兴五年，晋义熙九年也。）

至十一年，（魏神瑞二年。）兴乃以西平长公主妻嗣，是为魏明元昭哀皇后。《魏书·帝纪》及《后妃传》皆云：以后礼纳之。《后妃传》云：后以铸金人未成，未升尊位，然帝宠幸之出入居处，礼秩如后。是后犹欲正位，而后谦让不当。泰常五年（宋武帝永初元年。）薨，帝追恨之，赠皇后玺绶，后加谥焉。此乃妄说。《魏书》讳饰之辞最多，《后妃传》尤甚，读至后文自见。道武而后，虽沐猴而冠，妄有制作，未必能行。彼其宫中，安有所谓礼秩，云以后礼纳之即后耳。魏虽战胜，其视中原，犹如天上，故道武、明元，再世求婚于秦。大国之女下降，当时盖引为宠荣，安得不以后礼逆之？此犹之成吉思汗虽战胜，而仍尊礼卫绍王女也。后秦当时，盖无意北略；魏亦未遑南牧；匪寇婚媾，汔可小休，而匈奴之患起矣。

勃勃之为人也，可谓安忍无亲。初依没奕干，稍强，遂袭杀之而并其众。众至数万。义熙三年，六月，僭称天王大单于。自以匈奴为夏后氏之苗裔也，称大夏。其年，讨鲜卑薛干等三部，破之，降其众万数千。

（《晋书·勃勃载记》。薛干即叱干，《晋书》杂采诸书，未加勘正，故其称名不画一也。《魏书·道武帝纪》：登国十年，大悉佛自长安还岭北，上郡以西皆应之，盖叱干部落，虽一破坏，旋仍复国，至是乃为勃勃所破。）

遂进攻姚兴三城已北诸戍，诸将言高平险固，山川沃饶，可都。勃勃曰："我若专固一城，彼必并力于我，众非其敌，亡可立待。吾以云骑风驰，出其不意；救前则击其后，救后则击其前；使彼疲于奔命，我则游食自若，不及十年，岭北、河东，尽我有也。"于是侵掠岭北。岭北诸戍，门不昼启。兴使左仆射齐难等率骑二万讨勃勃，为勃勃所擒。又遣其弟平北姚冲、征虏狄伯支、辅国敛曼嵬、镇东杨佛嵩率骑四万讨勃勃。冲次于岭北，欲回袭长安，伯支不从，乃止。冲惧其谋泄，遂鸩杀伯支。兴自平凉如朝那，（朝那，汉县，在今甘肃平凉县西北。）赐冲死。兴如二城。（此据《兴载记》。《勃勃载记》云：姚兴来伐，至三城。）

诸军未集，勃勃骑大至，左将军姚文宗率禁兵，中垒齐莫统氐兵死战，勃勃乃退。兴留禁兵五千配姚详守二城，自还长安。（《通鉴》在义熙五年。）

勃勃遣将胡金纂（此据《兴载记》。《勃勃载记》作尚书金纂。）万余骑攻平凉。兴如二城，因救平凉，纂众大溃，生擒纂。勃勃又遣兄子提（亦据《兴载记》。《勃勃载记》作罗提。）攻陷定阳。（汉县，在今陕西宜川县西北。）又寇陇右。攻白崖堡，（《十六国疆域志》曰：一作柏阳，又作伯阳，在清水。案清水，汉县，在今甘肃清水县西。）破之。遂趋清水。略阳太守姚寿都委守奔秦州。勃勃又收其众而归。

兴自安定追之，至寿渠川，（《十六国疆域志》云：在临泾。案临泾，汉县，在今甘肃镇原县南。）不及而还。（《通鉴》义熙六年。）姚详镇杏城，为勃勃所逼，粮尽，委守，南奔大苏。（《勃勃载记》云：详弃三城。大苏，《十六国疆域志》云在冯翊。）勃勃要之。（《勃勃载记》云：遣平东鹿奕干婴之。）兵散，为勃勃所执。兴遣卫大将军姚显迎详，详败，遂屯杏城。兴因令显都督安定、岭北二镇事。（岭北镇，未详治所。）以杨佛嵩为雍州刺史，率岭北见兵，以讨勃勃。为勃勃所执，绝亢而死。（《通鉴》义熙七年。）

义熙九年，勃勃以叱干阿利领将作大匠，发岭北夷夏十万人，于朔方水北、黑水之南，营起都城。勃勃自言："朕方统一天下，君临万邦，可以统万为名。"（统万城，在今陕西横山县西。）

阿利性工巧，然残忍刻薄。乃蒸土筑城，锥入一寸，即杀筑者而并筑之。勃勃以为忠，故委以营缮之任。又造五兵之器，精锐尤甚。既成呈之，工匠必有死者。射甲不入，即斩工人，如其入也，便斩铠匠。又造百炼刚刀，为龙雀大环，号曰大夏龙雀。复铸铜为大鼓、飞廉、翁仲、铜驼、龙虎之属，皆以黄金饰之，列于宫殿之前。凡杀工匠数千。以是器物莫不精丽。

案勃勃之世仇为魏；是时形势与之相逼者，亦莫如魏。勃勃欲雪仇耻而求自安，惟有东向以与拓跋氏争一日之命。姚兴有德，可以为援，勃勃顾乘其衰敝而剽掠之，而于拓跋氏则视若无睹。此无他，觊关中之富厚，志在剽掠，而于仇耻则非所知耳。

《魏书·铁弗传》曰：屈孑性奢，好治宫室。城高十仞，基厚三十步，上广十步；宫墙五仞；其坚可以砺刀斧。台榭高大，飞阁相连，皆雕镂图画，被以绮绣，饰以丹青，穷极文采。世祖顾谓左右曰："蕞尔国，而用民如此，虽欲不亡，其可得乎？"魏之用民力，不为不甚，而其惊心怵目于夏如此，夏之虐用其民可知，尚安有久长之理哉？

勃勃又下书曰："朕之皇祖，自北迁幽朔，姓改姒氏，音殊中国，故从母氏为刘。子而从母之姓，非礼也。古人氏族无常，朕将以义易之。帝王者，系天为子，是为徽赫，实与天连，今改姓曰赫连氏。系天之尊，不可令支庶同之，其非正统，皆以铁伐为氏，庶朕宗族子孙，刚锐如铁，皆堪伐人也。"案铁伐即铁弗异译，勃勃盖自造一氏，而枝庶则仍其旧耳。

勃勃攻姚逵于杏城，克之，执逵。姚弼救之，不及。勃勃又遣其将赫连建寇二县。数千骑入平凉，遂入新平。姚弼讨之。战于龙尾堡，（在今陕西岐山县东。）大破之，擒建。初勃勃攻彭双方于石堡，（未详。）方力战，距守积年，不能克，闻建败，引还。时义熙十一年也。（据《通鉴》。）是岁姚兴病笃，明年死，内乱起，晋兵复至，而其国不可支矣。

兴初立其子泓为皇太子。天水姜纪，吕氏之叛臣，阿谄奸诈，好间人之亲戚。兴子广平公弼，有宠于兴，纪遂倾心附之。弼为雍州刺史，镇安定，与密谋还朝。令倾心事常山公显，树党左右。兴遂以弼为尚书令、侍中、大将军。既居将相，虚襟引纳，收结朝士，势倾东宫，遂有夺嫡之谋。姚文宗有宠于泓，弼深疾之，诬文宗有怨言，以侍御史廉桃生为证。兴怒，赐文宗死。是后群臣累足，莫敢言弼之短。兴遣姚绍（兴从弟。）与弼率禁卫诸军镇抚岭北。弼宠爱方隆，所欲施行，无不信纳。乃以嬖人尹冲为给事黄门侍郎，唐盛为治书侍御史。左右机要，皆其党人。

义熙十年，（据《通鉴》。）兴寝疾，弼潜谋为乱。招集数千人，被甲伏于其第。兴子懿，自蒲坂将赴长安；镇东豫州牧洸，起兵洛阳；平西谌，起兵于雍。兴疾瘳，免弼尚书令，以将军公就第。懿等闻兴疾瘳，各罢兵还镇。抗表罪弼，请致之刑法；懿、洸、宣（亦兴子。）谋来朝，又请委之有司；兴皆弗许。

十一年，三月，（亦据《通鉴》。）弼谮宣于兴。宣司马权丕至长安，兴责以无匡辅之益，将戮之。丕性倾巧，因诬宣罪状。兴大怒，遂收宣于杏城，下狱，而使弼将三万人镇秦州。九月，兴药动，弼称疾不朝，而集兵于第。兴乃收弼。兴疾转笃，兴子南阳公愔，与其属率甲士攻端门。兴力疾临前殿，赐弼死。愔等奔溃，逃于骊山。十二年，二月，兴死。

（《通鉴考异》云：《晋·本纪》、《三十国晋春秋》皆云：义熙十一年二月，姚兴卒。《魏·本纪》、《北史·本纪》、《姚兴》、《姚泓载记》，皆云十二年。按《后魏书·崔鸿传》：太祖天兴二年，姚泓改号，鸿以为元年，故《晋·本纪》、《三十国晋春秋》，凡弘始后事，皆在前一年，由鸿之误也。案弘始，姚兴年号，天兴二年，晋隆安三年也。）

泓僭位。诛愔。命其齐公姚恢（泓从弟。）杀安定太守吕超，（弼之党。）恢久乃诛之，泓疑其有阴谋，恢自是怀二，阴聚兵甲焉。北地太守毛雍据赵氏坞以叛，（《通鉴》太元九年《注》云：赵氏坞，据《晋书·载记》在北地，所据者盖即《姚泓载记》之文。）姚绍讨擒之。

姚宣时镇李闰，（在冯翊东。）未知雍败，遣部将姚佛生等来卫长安。宣参军韦宗说宣弃李闰，南保邢望。（《括地志》：在李闰南四十里。）宣既南移，诸羌据李闰以叛，绍进讨，破之。宣诣绍归罪，绍怒，杀之。初宣在邢望，泓遣姚佛生论宣，佛生遂赞成宣计，绍数其罪，又戮之。

勃勃克上邦。进陷阴密。姚恢弃安定，奔于长安。安定人胡俨、华韬等据城降于勃勃。勃勃留羊苟儿镇之，进攻姚谌于雍。谌奔长安。勃勃次郿。（汉县，今陕西郿县东北。）泓遣姚绍御之。勃勃退如安定。胡俨等袭杀羊苟儿，以城降泓。勃勃引归杏城。未几，晋师出。姚恢叛泓，率镇户内伐，勃勃遂据安定。岭北镇戍、郡县悉降。

第七章

东晋末叶形势

第一节 道子乱政

晋孝武帝性甚愚柔，虽以苻坚之送死，幸致肥水之捷，此乃适值天幸，而非其有戡乱之才也。帝任会稽王道子，（初封琅邪，太元十七年，徙封会稽。）政治大乱；逮至大权旁落，又用王恭、殷仲堪以防之，所任亦非其人；致肇桓玄之篡窃，刘裕因之得政，而晋祚终矣。

道子者，帝母弟。太元五年为司徒。八年录尚书。十年，谢安卒，遂领扬州刺史，都督中外诸军事。数年，又领徐州刺史，为太子太傅。《谢安传》言：安以道子专权，奸谄颇相扇构，出镇广陵之步丘以避之。（今江苏江都县之邵伯镇。）案是时扇构于安与道子之间者，为王国宝、王珣、王珉等。

国宝坦之子。史言其少无士操，不修廉隅。妇父谢安，每抑而不用。而国宝从妹为道子妃，与道子游处，遂间毁安。珣与珉皆导孙。皆谢氏婿。以猜嫌致隙。安既与珣绝婚，又离珉妻，二族遂成仇衅。安卒后，珣迁侍中，孝武深杖之；而道子辅政，以国宝为中书令、中领军。史言国宝谗谀之计行，而好利险诐之徒，以安功名盛极而构会之，嫌隙遂成。盖皆恩怨权利之私，非因国事而有异同也。然朝政则自此大紊矣。

帝溺于酒色，为长夜之饮；又好佛法，立精舍于殿内，引诸沙门居之；（《本纪》太元六年。）而道子亦崇信浮屠，用度奢侈，下不堪命，为长夜之饮，蓬首昏目，政事多阙；盖二人之失德正同。帝不亲万几，但与道子酣歌为务。于是姏姆尼僧，并窃弄其权。凡所幸接，皆出自小坚。如赵牙出自优倡，而道子以为魏郡太守；茹千秋本钱塘捕贼吏，而以为骠骑咨议参军。牙为道子开东第，筑山穿池，列树竹木，功用巨万。千秋则卖官贩爵，聚赀货累亿。官以贿迁，政刑缪乱。然郡守长吏，多为道子所树立；既为扬州、总录，势倾天下，朝野辐凑；其必又有构之于帝者势也。

时帝所任用者，为王恭、（后兄，时为中书令。）殷仲堪、（尚书仆射，领吏部。）王珣、徐邈、（为中书舍人，迁散骑常侍。）郗恢、王雅等。

（雅为丹阳尹。《王珣传》云："时帝性好典籍，珣与殷仲堪、徐邈、王恭、郗恢等，并以才学文章，见昵于帝。"盖帝所好者多文学之才，非经纶之器，故任之以事，多见覆餗也。《王国宝传》云："王雅有宠，荐王珣于帝。"）

中书郎范宁，国宝舅也，深陈得失。帝渐不平于道子，然外每优崇之。宁劝帝黜国宝。国宝乃使陈郡袁悦之，（为道子所亲爱者。）因尼支妙音，致书太子母陈淑媛，说国宝忠谨，宜见亲信。帝知之，讬以他罪杀悦之。国宝大惧，遂因道子谮毁甯。帝不获已，流涕出甯为豫章太守。《王恭传》言悦之之诛由于恭。（《恭传》作悦，盖其人名悦，字悦之。六朝人多以字行，史所书者，亦名字不一也。）盖至是而主相之衅成矣。

《道子传》言：道子为皇太妃所爱，（孝武及道子母李氏，本出微贱。孝武即位，尊为淑妃。太元三年，进为贵人。九年，又进为夫人。十二年，加为皇太妃。十九年，乃尊为皇太后。）亲遇同家人之礼，遂恃宠乘酒，时失礼敬，帝益不能平。博平令闻人奭上疏，（博平，汉县，今山东博平县西北。）言茹千秋罪状。又言尼妪属类，倾动乱时。谷贱人饥，流殣不绝。权宠之臣，各开小府，施置吏佐，无益于官，有损于国。疏奏，帝益不平，而逼于太妃，无所废黜。其实当时太阿已有倒持之势，亦非尽由太妃之逼也。

帝乃"出王恭为兖州，（太元十五年二月。镇京口。）殷仲堪为荆州；（太元十七年十一月。镇江陵。本为荆州者王忱，国宝弟也，以是年十月卒。）以王珣为仆射，王雅为太子少傅；以张王室而潜制道子"。（《道子传》。）《王雅传》云：帝以道子无社稷器干，虑晏驾之后，王室倾危，乃选时望，以为藩屏。将擢王恭、殷仲堪等，先以访雅。雅言"恭秉性峻隘；仲堪亦无弘量，且干略不长；委以连率之重，据形胜之地，四海无事，足以守职，若道不常隆，必为乱阶"。帝以恭等为当时秀望，谓雅疾其胜己，故不从。此或事后傅会之谈，然当时局势，外若无事，内实艰危，非恭与仲堪所能负荷，则殆不容疑也。

太元二十一年，九月，帝崩。《本纪》云：时张贵人有宠，年几三十，帝戏之曰："汝以年当废矣。"贵人潜怒。向夕，帝醉，遂暴崩。时道子昏惑，元显专权，竟不推其罪人。《天文志》云：兆庶宣言，夫人张氏，潜行大逆。《五行志》云：帝崩，兆庶归咎张氏。（《草妖》。）又云：张夫人专幸，及帝暴崩，兆庶尤之。（《雨雹》。）夫宫禁之事，氓庶何知焉？不推贼而广布流言，贼之所在可知矣。

（《魏书·僭晋传》云：昌明以嬖姬张氏为贵人，宠冠后宫，威行闺内。于时年几三十。昌明妙列伎乐，陪侍嫔少，乃笑而戏之云："汝年当废，吾已属诸姝少矣。"张氏潜怒。昌明不觉，而戏逾甚。向夕，昌明稍醉，张氏乃多潜饮宦者、内侍而分遣焉。至暮，昌明沉醉卧，张氏遂令其婢蒙之以被。既绝而惧，赂左右，云以魇死。其说较《晋书》为详，即当时所散布之流言也。此事大不近情理，然孝武绝于宦官宫妾之手，则似无足疑。观国宝句结能及于陈淑媛，则知当时宫禁之内，衽席之间，未始非危机之所伏也。）

太子德宗立，是为安帝。以道子为太傅，摄政。明年，为隆安元年，帝加元服，道子归政。以王珣为尚书令，王国宝为左仆射。

《国宝传》云：弟忱为荆州卒，国宝自表求解职迎母，并奔忧丧。诏特赐假。而盘桓不时进发。为御史中丞褚粲所奏。国宝惧罪，衣女子衣，托为王家婢，诣道子告其事。道子言之于帝，（孝武。）故得原。后骠骑参军王徽请国宝同燕。国宝素骄贵，使酒，怒尚书左丞祖台之，攘袂大呼，以盘盏、乐器掷台之。台之不复言。复为粲所弹。诏以国宝纵肆情性，甚不可长；台之懦弱，非监司体；并坐免官。顷之，复职。愈骄蹇，不遵法度。起斋侔清暑殿。帝恶其僭侈。国宝惧，遂谀媚于帝，而颇疏道子。道子大怒。尝于内省面责国宝，以剑掷之，旧好尽矣。

是时王雅亦有宠，荐王珣于帝。帝夜与国宝及雅宴。帝微有酒，令召珣。将至，国宝自知才出珣下，恐至倾其宠，因曰："王珣当今名流，不可以酒色见，"帝遂止。而以国宝为忠，将纳国宝女为琅邪王妃，（即恭帝，安帝母弟。道子改封会稽，立为琅邪王。）未婚而帝崩。

安帝即位，国宝复事道子。进从祖弟绪，为琅邪内史，亦以佞邪见知。道子复惑之，倚为心腹。国宝遂参管朝权，威震内外。迁尚书左仆射，领选，加后将军、丹阳尹。道子悉以东宫兵配之。

案国宝果与道子中离，其复合，安得如是之易？孝武与国宝，猜隙已深，岂容忽以为忠？王珣与孝武久昵，亦岂国宝所能间？此皆不待深求，而知其非实录者也。

是时地近而势逼者，自莫如王恭。《恭传》言：恭赴山陵，绪说国宝，因恭入觐相王，伏兵杀之。国宝不许。而道子亦欲辑和内外，深布腹心于恭，冀除旧恶。恭多不顺。每言及时政，辄厉声色。道子知恭不可和协,王绪之说遂行。或劝恭因入朝,以兵诛国宝,而庾楷党于国宝,士马甚盛,恭惮之,不敢发。庾楷者,亮之孙,时为豫州刺史,镇历阳者也。王恭在是时,与道子决无可以调和之理。既终不能调和,则势必至于互相诛翦。以恭辞色之不顺,为不能和协之原因,则所见太浅矣。恭于是时,若能整兵入朝,推问孝武帝崩状,最为名正言顺,(恭后罪状国宝曰:"专宠肆威,将危社稷。先帝登遐,夜乃犯阁叩扉,欲矫遗诏。赖皇太后聪明,相王神武,故逆谋不果。"弑逆之罪,既纵而不问于先,遂不能更举之于其后矣。)既有所忌而不敢发;道子等亦因有所顾虑,不敢诛恭,于是京邑蹀血之祸抒,方镇连衡之局起,而桓玄遂乘机肆逆矣。

桓玄者,温之孽子。温甚爱异之。临终,命以为嗣,袭爵南郡公。(时玄年五岁。)常负其才地,以雄豪自处。众咸惮之。朝廷亦疑而未用。(玄年二十三,始拜太子洗马。时议谓温有不臣之迹,故折玄兄弟而为素官。太元末,出补义兴太守,郁郁不得志,弃官归国。)殷仲堪惮其才地,深相要结;玄亦欲假其兵势,诱而悦之。

王国宝谋削弱方镇,内外骚动。玄乃说仲堪曰:"国宝与君诸人,素已为对。孝伯居元舅之地,必未便动之,惟当以君为事首。若发诏征君为中书令,用殷觊为荆州,君何以处之?"仲堪曰:"忧之久矣,君谓计将安出?"玄曰:"君若密遣一人,信说王恭,宜兴晋阳之师,以内匡朝廷,己当悉荆楚之众,顺流而下。

推王为盟主，仆等亦皆投袂，当此无不响应，此桓、文之举也。"仲堪迟疑未决。

俄而王恭信至，招仲堪及玄，匡正朝廷。仲堪以恭在京口，去都不盈二百，荆州道远，连兵势不相及，乃伪许恭，而实不欲下。恭得书，大喜。乃抗表京师，罪状国宝及绪。国宝皇遽，不知所为。绪说国宝：令矫道子命，召王珣、车胤杀之，以除群望，因挟主相，以讨诸侯。

车胤者，以寒素博学，知名于世。宁康初，为中书侍郎，累迁侍中。后为护军将军。王国宝讽八坐，启以道子为丞相，加殊礼，胤称疾不署。隆安初，为丹阳尹，迁吏部尚书。亦不附道子、国宝者也。

国宝许之。珣、胤既至，而不敢害，反问计于珣。珣劝国宝放兵权以迎恭。国宝信之。又问计于胤。胤曰："朝廷遣军，恭必城守。若京城未拔，而上流奄至，君将何以待之？"国宝大惧。遂上疏解职，诣阙待罪。既而悔之。诈称诏复本官，欲收兵距王恭。

道子既不能距诸侯，欲委罪国宝，乃遣谯王尚之（恬子。时为骠骑咨议参军。）收国宝，付廷尉，赐死；并斩王绪于市以谢恭。恭乃还京口。仲堪闻恭已诛国宝等，始抗表兴师。遣杨佺期次巴陵。道子遗书止之。仲堪乃还。仲堪既纳桓玄之说，乃外结雍州牧郗恢，内要从兄南蛮校尉觊，南郡相江绩等。恢、觊、绩并不同之。乃以杨佺期代绩。觊自逊位。觊以忧卒。江绩入为御史中丞。道子世子元显，夜开六门，绩与车胤，密启道子，欲以奏闻。道子不许。元显逼令自裁。

盖其时王国宝、王绪既诛，道子素懦弱；王恭、殷仲堪，本文学侍从之选，非有乐乱之心；而元显年十六，聪明多涉，志气果锐，傅会者谓有明帝之风，恶王恭，尝请道子讨之；兵端之戢不戢，实不在道子、恭、仲堪而在元显，故绩与胤欲去其权，不可谓非关怀大局者也。道子既不听，转拜元显为征虏将军，举其先卫府及徐州文武，悉以配之；桓玄求为广州，道子不欲使在荆楚，顺其意许之，玄亦受命不行；内外之衅仍结矣。

道子复引谯王尚之为腹心。尚之说道子曰："藩伯强盛，宰相权轻，宜密树置，以自藩卫。"道子深以为然。乃以其司马王愉为江州刺史，割豫州四郡，使愉督之。

庾楷怒，遣子鸿说王恭曰："尚之兄弟，专弄相权，欲假朝威，贬削方镇。及其议未成，宜早图之。"恭以为然。复以告仲堪、玄。玄等从之。推恭为盟主，刻期同赴京师。

时内外疑阻，津逻严急，仲堪之信，因庾楷达之，以斜绢为书，内箭干中，合镝漆之。楷送于恭。恭发书，绢文角戾，不复可识，谓楷为诈；又料仲堪去年已不赴盟，今无连理；乃先期举兵。（隆安二年七月。）上表，以讨王愉、司马尚之兄弟为辞。司马刘牢之谏，恭不从。

道子使人说庾楷。楷怒曰："王恭昔赴山陵，相王忧惧无计，我知事急，即勒兵而至；去年之事，亦俟令而奋。既不能距恭，反杀国宝。自尔已来，谁敢复攘袂于君之事乎？"

道子日饮醇酒，而委事于元显。以为征讨都督。王恭本以才地陵物，虽杖刘牢之为爪牙，但以行阵武将相遇，礼之甚薄。牢之深怀耻恨。元显遣庐江太守高素说牢之，使叛恭。"事成，当即其位号。"牢之许焉。

恭参军何澹之以其谋告恭。牢之与澹之有隙，故恭疑而不纳。乃置酒请牢之，于众中拜牢之为兄。精兵利器，悉以配之，使为前锋。行至竹里，（在今江苏句容县北。六朝时京口至建康，恒取道于此。）牢之背恭，遣其婿高雅之、子敬宣因恭曜军，轻骑击恭。恭败，奔曲阿。将奔桓玄，至长塘湖，湖浦尉收送京师，斩之。

恭信佛道，临刑犹诵佛经，自理须鬓，谓监刑者曰："我暗于信人，所以致此。原其本心，岂不忠于社稷？但令百代之下，知有王恭耳。"家无财货，惟书籍而已。其居心实可谅也。

牢之遂代恭。谯王尚之讨庾楷。楷遣汝南太守段方逆战于慈湖，（在今安徽当涂县北。）大败，被杀。楷奔桓玄。殷仲堪使杨佺期舟师五千为前锋。桓玄次之，自率兵二万，相继而下。佺期、玄至湓口，王愉奔于临川，（吴郡，治临汝，今江西临川县。）玄遣偏军追获之。佺期进至横江，谯王尚之退走。尚之弟恢之所领水军皆没。

玄等至石头，仲堪至芜湖，忽闻王恭已死，刘牢之领北府兵在新亭，（在今首都之南。）玄等三军失色，无复固志，乃回师屯于蔡洲。仲堪素无戎略，军旅之事，一委佺期兄弟。玄从兄修（冲子。）告道子曰："西军可说而解也，修知其情矣。若许佺期以重利，无不倒戈于仲堪者。"

（此据《仲堪传》。《修传》云：修进说曰："殷、桓之下，专恃王恭，恭既破灭，莫不失色。今若优诏用玄，玄必内喜，则能制仲堪、佺期，使并顺命。"案是谋既败，江绩奏修承受杨佺期之言，交通信命，则此说似不如《仲堪传》之确。此时桓玄一人之力，亦未必能兼制仲堪与佺期也。）

道子纳之。乃以玄为江州，佺期为雍州，黜仲堪为广州，以桓修为荆州。仲堪令玄等急进军。玄等喜于宠授，并欲顺朝命，犹豫未决。仲堪弟遹，（《桓玄传》云：遹仲堪从弟。）为佺期司马，夜奔仲堪，说佺期受朝命，纳桓修。仲堪遑遽，即于芜湖南归。徇于玄等军曰："若不各散而归，大军至江陵，当悉戮余口。"仲堪将刘系，领二千人隶于佺期，辄率众归。玄等大惧，狼狈追仲堪。至寻阳，及之。仲堪与佺期以子弟交质。遂于寻阳结盟。玄为盟主。（十月。）并不受诏，申理王恭，求诛刘牢之、谯王尚之等。朝廷深惮之。诏仲堪还复本位。仲堪等乃奉诏，各还所镇。

桓玄之未奉诏也，欲自为雍州，以都恢为广州。恢惧玄之来，问于众。咸曰："佺期来者，谁不戮力？若桓玄来，恐难与为敌。"既知佺期代己，乃谋于南阳太守闾丘羡，称兵距守。佺期虑事不济，乃声言玄来入沔，而佺期为前驱。恢众信之，无复固志。恢军散，请降。佺期入府，斩闾丘羡，放恢还都。抚将士，恤百姓；

缮修城池，简练甲卒，甚得人情。

初桓玄在荆州，豪纵，士庶惮之，甚于州牧。仲堪亲党劝杀
之，仲堪不听。及还寻阳，资其声地，推为盟主。玄逾自矜重。
佺期为人骄悍，常自谓承藉华胄，江表莫比，而玄每以寒士裁之，
佺期甚憾。

（《佺期传》云：弘农华阴人，汉大尉震之后也。曾祖准。自
震至准，七世有名德。祖林，少有才望，直乱没胡。父亮，少仕
伪朝，后归国，终于梁州刺史，以贞干知名。佺期沉勇果劲，而
兄广及弟思、平等，皆强犷粗暴。自云门户承藉，江表莫比，有
以其门第比王珣者，犹恚恨，而时人以其晚过江，婚宦失类，每
排抑之。恒慷慨切齿，欲因事际以逞其志。）

即于坛所欲袭玄。仲堪恶佺期兄弟虓勇，恐克玄之后，复为
己害，苦禁之。玄亦知佺期有异谋，潜有吞并之计，于是屯于夏
口。玄既与仲堪、佺期有隙，恒虑掩袭，求广其所统。朝廷亦欲
成其衅隙，乃诏加玄都督荆州四郡，（胡三省曰：谓长沙、衡阳、
湘东、零陵。）以其兄伟为南蛮校尉。佺期甚忿惧。仲堪亦虑玄
跋扈，遂与佺期结婚为援。会姚兴侵洛阳，佺期乃建牙，声云援
洛，密欲与仲堪共袭玄。仲堪虽外结佺期，而疑其心，距而不许。
犹虑弗能禁，复遣通屯于北境以遏之。佺期既不能独举且不测仲
堪本意，遂息甲。

南蛮校尉杨广，佺期之兄也，欲距桓伟。仲堪不听。乃出广
为宜都、建平二郡太守。佺期从弟孜敬，先为江夏相，玄以兵袭

而召之。既至，以为咨议参军。玄于是兴军西征，亦声云救洛。与仲堪书，说佺期受国恩而弃山陵，宜共罪之。今亲率戎旅，径造金塘。使仲堪收杨广。仲堪知不能禁，乃曰："君自沔而行，不得一人入江也。"玄乃止。

隆安三年，荆州大水，仲堪振恤饥者，仓廪空竭。玄乘其虚而伐之。时梁州刺史郭铨之镇，路经夏口，玄授以江夏之众，使督诸军并进。密报兄伟，令为内应。伟惶遽，不知所为，乃自赍疏示仲堪。仲堪执伟为质，而急召佺期。佺期曰："江陵无食，可来见就，共守襄阳。"仲堪绐之曰："比来收集，已有储矣。"佺期信之，率众赴焉。步骑八千，精甲耀日。

既至，仲堪惟以饭饷其军。佺期大怒，曰："今兹败矣。"乃不见仲堪，与兄广击玄。殆获郭铨。会玄诸军至，佺期众尽没，单马奔襄阳。仲堪出奔酂城。玄遣将军冯该蹑佺期，获之。广为人所缚送。玄并杀之。仲堪闻佺期死，将以数百人奔姚兴。至冠军，（汉县，在今河南邓县北。）为该所得。玄令害之。玄遂平荆、雍。表求领荆、江二州。诏以玄为荆州刺史，桓修为江州刺史。玄上疏固争，复领江州。玄又辄以伟为雍州刺史。时寇贼未平，朝廷难违其意，许之。玄于是树用腹心，兵马日盛。

第二节　孙恩之乱

　　殷仲堪等之举兵也，会道子有疾，加以昏醉，元显知朝望去之，谋夺其权，讽天子解道子扬州、司徒，而道子不之觉。元显自以少年，顿居权重，虑有讥议，于是以琅邪王领司徒，自为扬州刺史。道子酒醒，方知去职，而无如之何。庐江太守张法顺，为元显谋主。元显性苛刻，生杀自己，法顺屡谏不纳。又发东土诸郡免奴为客者，号曰乐属，移京师以充兵役，东土嚣然。孙恩遂乘衅作乱。

　　孙恩，琅邪人，孙秀之族也。世奉五斗米道。恩叔父泰，师事钱唐杜子恭。子恭有秘术。（尝就人借瓜刀。其主求之。子恭曰："当即相还耳。"既而刀主行至嘉兴，有鱼跃入船中，破鱼得瓜刀。其为神效，往往如此。）子恭死，泰传其术；浮狡有小才；诓诱百姓，愚者敬之如神，皆竭财产，进子女，以求福庆。

　　王珣言于会稽王道子，流之于广州。广州刺史王怀之，以泰行郁林太守。南越以外皆归之。太子少傅王雅，先与泰善，言于孝武帝，以泰知养性之方，因召还。道子以为徐州主簿。犹以道术，眩惑士庶。稍迁新安太守。王恭之役，泰私合义兵，得数千人，为国讨恭。黄门郎孔道，鄱阳太守桓放之，骠骑谘议周勰等，皆敬事之。会稽世子元显，亦数诣泰，求其秘术。

泰见天下兵起，以为晋祚将终，乃扇动百姓，私集徒众。三吴士庶多从之。于时朝士，皆惧泰为乱，以其与元显交厚，咸莫敢言。

会稽内史谢輶发其谋。道子诛之。恩逃于海。众闻泰死，皆谓蝉蜕登仙。就海中资给恩。恩聚合亡命，得百余人，志在复仇。及元显纵暴，吴会百姓不安，（吴会二字，初指吴与会稽言之，其后则为泛称。）恩因其骚动，自海攻上虞，（秦县，今浙江上虞县西。）杀县令。因袭会稽，害内史王凝之。时隆安三年十一月也。

恩有众数万。于是会稽谢针，吴郡陆瓌，吴兴丘尩，义兴许允之，临海周胄，永嘉张永，（永嘉，晋郡，今浙江永嘉县。）及东阳、新安凡八郡，一时俱起，杀长吏以应之。旬日之中，众数十万。恩据会稽，自号征东将军，号其党曰长生人。宣语令诛杀异己。有不同者，戮及婴孩。由是死者十七八。畿内诸县，处处蜂起。朝廷震惧，内外戒严。遣卫将军谢琰、镇北将军刘牢之讨之。

吴会承平日久，人不习战；又无器械；故所在破亡。诸贼皆烧仓廪，焚邑屋，刊木，堙井，虏掠财货，相率聚于会稽。其妇女有婴累不能去者，囊簏盛婴儿没于水，而告之曰："贺汝先登仙堂，我寻后就汝。"

牢之遣将桓宝救三吴，子敬宣为宝后继。比至曲阿，吴郡内史桓谦（此依《牢之传》。《本纪》同。《恩传》作桓谨。）已弃郡走。牢之乃率众东讨，拜表辄行。琰至义兴，斩贼许允。进讨丘尫，破之。牢之至吴兴，击贼屡胜。径临浙江。琰屯乌程，遣司马高素助牢之。牢之率众军济浙江。

恩虏男女二十余万口，一时逃入海。惧官军之蹑，乃缘道多弃宝物、子女，时东土殷实，莫不粲丽盈目，牢之等遽于收敛，故恩复得逃海。朝廷以谢琰为会稽，率徐州文武戍海浦。（琰本为徐州刺史。）琰无抚绥之能，而不为武备。

四年，恩复入余姚，（秦县，今浙江余姚县。）破上虞，进至刑浦。（此据《恩传》。《琰传》作邢浦，云在山阴北三十五里。）琰遣参军刘宣之距破之。既而上党太守张虔硕战败，群贼锐进。琰败绩。帐下督张猛，于后斫琰马，琰堕地，与二子俱被害。朝廷大震。遣冠军将军桓不才，辅国将军孙无终，宁朔将军高雅之击之。恩复还于海。于是复遣牢之东屯会稽。吴国内史袁山松筑扈渎垒，（在今上海市北。）缘海备恩。

明年，二月，恩复入浃口。（《东晋疆域志》云：在余姚、鄞县之间。鄞汉县，在今浙江鄞县东。）雅之败绩。牢之进击，恩复还于海。

五月，转寇扈渎，害袁山松。仍浮海向京口。牢之率众西击，未达，而恩已至。朝廷骇惧，陈兵以待之。牢之在山阴，使刘裕自海盐赴难。（海盐，汉县，在今浙江平湖县东南。晋徙治今海盐县。）牢之率大众而还。裕兵不满千人，与贼战，破之。恩闻牢之已还京口，乃走郁州。（今江苏灌云县东北之云台山，古在海中，称郁州，亦曰郁洲。）高雅之击之，为贼所执。贼寇广陵，陷之。浮海而北。刘裕与刘敬宣并军蹑之于郁州。累战，恩复大败。渐衰弱。复缘海还南。

裕亦寻海要截。复大破恩于扈渎。恩遂远进海中。及桓玄用事，恩复寇临海，太守辛景讨破之。恩穷蹙，乃赴海自沉。妖党及伎妾，谓之水仙，投水从死者百数。时元兴元年三月也。

案恩之所为，与张角极相似。（诳惑多而不能战。）其诳惑士大夫之力，或犹过之，（沈约《宋书·自序》言：杜子恭通灵有道术，东土豪宗，及京邑贵望，并事之为弟子，执在三之敬。沈警累世事道，亦敬事子恭。子恭死，门徒孙泰，泰弟子恩传其业，警复事之。恩作乱，警子穆夫，为其前部参军，与弟仲夫、任夫、豫夫、佩夫并遇害。警等为人如何不必论，要亦士大夫之家也。）此或由其本为衣冠中人而然。然其所用，仍多亡命之徒，故其残杀破坏极甚。五斗米道诳惑之力固大，然亦可见是时东土之不安也。

（《恩传》言：恩虏男女二十余万口，一时逃入海，虽曰缘道多弃子女，能从者当尚不下十余万人。又云：自恩初入海，所虏之口，其后战死及自溺，并流离被传卖者，至恩死时，裁数千人存；而恩攻没谢琰、袁山松，陷广陵，前后数十战，亦杀百姓数万人。则死亡者当在二十万以上矣。当时海岛，能容几何人？十余万人，安能一时入海？此自不免言之过甚，然其死亡之众，则必不诬也。）

第三节　桓玄篡逆

孙恩之作乱也，加道子黄钺，以元显为中军以讨之。又加元显录尚书事。道子更为长夜之饮，政无大小，一委元显。时谓道子为东录，元显为西录，西府车骑填凑，东第门可设雀罗矣。于是军旅洊兴，国用虚竭，自司徒已下，日廪七升，而元显聚敛不已，富过帝室。

及谢琰为孙恩所害，元显求领徐州，加侍中、后将军、开府仪同三司，都督十六州诸军事。（扬、豫、徐、兖、青、幽、冀、并、荆、江、司、雍、梁、益、交、广。）寻以星变解录，复加尚书令。桓玄屡上疏求讨孙恩，诏辄不许。其后恩逼京都，玄建牙聚众，外讬勤王，实欲观衅而进。复上疏请讨恩。会恩已走，玄又奉诏解严。玄以兄伟为江州，镇夏口。司马刁畅镇襄阳。遣桓振、（石虔子。）皇甫敷、冯该戍溢口。自谓三分有二，势运所归，屡使人上祯祥，以为己瑞。致笺道子，语多侮慢。

元显大惧。张法顺言："桓氏世在西藩，人或为用。孙恩为乱，东土涂地，玄必乘此，纵其奸凶。及其始据荆州，人情未辑，宜发兵诛之。"元显以为然。遣法顺至京口，谋于刘牢之。牢之以玄少有雄名，杖全楚之众，惧不能制；又虑平玄之后，不为元显所容；深怀疑二。法顺还，说元显曰："观牢之颜色，必二于我，未若召入杀之。不尔，败人大事。"元显不从。

元兴元年，正月，加元显侍中、骠骑大将军、开府、征讨大都督、督十八州诸军事，仪同三司，加黄钺、班剑二十人，以伐桓玄。以牢之为前锋，谯王尚之为后部。法顺又言于元显曰："自举大事，未有威断，桓谦兄弟，每为上流耳目，宜斩之以孤荆州之望。（谦冲子，时为元显咨议参军。）且事之济不，系在前军，而牢之反复；万一有变，则祸败立至；可令牢之杀谦兄弟，以示不二；若不受命，当为其所。"元显曰："非牢之无以当桓玄。且始事而诛大将，人情必动。"法顺言之再三，元显不可，而以谦为荆州刺史，以安荆楚。

于时扬土饥虚，运漕不继，玄断江路，商旅遂绝，公私匮乏，士卒惟给籺橡。玄本谓扬土饥馑，孙恩未灭，朝廷必未皇讨己，可得蓄力养众，观衅而动。闻元显将伐之，甚惧，欲保江陵。长史卞范之说曰："元显口尚乳臭，刘牢之大失物情，兵临近畿，土崩之势，翘足可待。何有延敌入境，自取蹙弱者乎？"玄大悦。乃留其兄伟守江陵，抗表率众，东下寻阳。移檄京邑，罪状元显。檄至，元显大惧，下船而不敢发。玄既失人情，而兴师犯顺，虑众不为用，恒有回旆之计。既过寻阳，不见王师，意甚悦。其将吏亦振。

庾楷以玄与朝廷构怨，恐事不克，祸及于己，密结元显，许为内应。谋泄，收絷之。

至姑孰，使冯该等攻谯王尚之。尚之败，逃于涂中。（涂同滁。）十余日，为玄所得。尚之弟休之镇历阳。以五百人出城力战，不捷，奔南燕。玄遣何穆说刘牢之。时尚之已败，人情转沮，牢之乃颇纳穆说，遣使与玄交通。其甥何无忌与刘裕固谏，不从。俄令子敬宣降玄。

（《宋书·敬宣传》云：牢之以道子昏暗，元显淫凶，虑平玄之后，乱政方始，欲假手于玄，诛除执政，然后乘玄之隙，可以得志于天下，将许玄降。敬宣谏曰："方今国家乱扰，四海鼎沸，天下之重，在大人与玄。玄借先父之基，据荆南之势，虽无姬文之德，实为三分之形。一朝纵之，使陵朝廷，威望既成，则难图也。董卓之变，将生于今。"牢之怒曰："吾岂不知今日取玄，如反覆手。但平玄之后，令我那骠骑何？"遣敬宣为任。案玄一平元显，即夺牢之兵权；旋窃大位；或非牢之当时计虑所及，然谓取玄如反覆手，则亦诬也。《晋书》谓牢之因尚之之败，人情转沮，乃颇纳何穆之说，自近于实。）

玄至新亭，元显弃船，退屯国子学堂。明日，列阵宣阳门外。佐吏多散走。刘牢之遂降于玄。元显回入西阳门，牢之参军张畅之率众逐之。众溃。元显奔入相府。惟张法顺随之。玄遣收元显，送付廷尉，并其六子皆害之。（张法顺亦见杀。）又奏道子酖纵不孝，当弃市。诏徙安成郡。使御史杜竹林防卫，竟承玄旨鸩杀之。玄以刘牢之为会稽太守。牢之叹曰：“始尔便夺我兵，祸将至矣。”时玄屯相府，敬宣劝牢之袭之。牢之犹豫不决。移屯班渎。将北奔广陵相高雅之，据江北以距玄。

（《宋书·敬宣传》曰：牢之与敬宣谋共袭玄，期以明旦，直尔日大雾，府门晚开，日旰，敬宣不至，牢之谓所谋已泄，率部众向白洲，欲奔广陵。白洲当即班渎。胡三省曰：班渎在新洲西南。案新洲，在今首都北江中。）

集众大议。参军刘袭曰：“事不可者莫大于反，而将军往年反王兖州，近日反司马郎君，今复欲反桓公，一人三反，岂得立也？”语毕趋出。佐吏多散走。敬宣先还京口援其家，失期不至，牢之谓为刘袭所杀，乃自缢而死。俄而敬宣至，不皇哭，奔高雅之，与雅之俱奔南燕。

桓玄入京师，矫诏加己总百揆，侍中，都督中外诸军事，丞相，录尚书事，扬州牧，领徐州刺史。害庾楷父子，谯王尚之，尚之弟丹阳尹恢之，广晋伯允之等。以兄伟为荆州刺史，领南蛮校尉。从兄谦为左仆射，领选。修为徐、兖二州刺史。石生为江州刺史。卞范之为丹阳尹。玄让丞相，自署大尉，领豫州刺史。出居姑孰。固辞录尚书事，诏许之，而大政皆谘焉。小事则决于桓谦、卞范之。

自祸难屡构，干戈不戢，百姓厌之，思归一统。

及玄初至也，黜凡佞，擢俊贤，君子之道粗备，京师欣然。

后乃陵侮朝廷，幽摈宰辅；豪奢纵欲，众务繁兴；于是朝野失望，人不安业。玄又害吴兴太守高素，辅国将军竺谦之，谦之从兄高平相朗之，（此时为侨置。）辅国将军刘袭，袭弟彭城内史季武，冠军将军孙无终等，皆刘牢之党，北府旧将也。

袭兄冀州刺史轨奔南燕。二年，桓伟卒，以桓修代之。从事中郎曹靖之说玄：以修兄弟，职居内外，恐权倾天下。玄纳之，乃以南郡相桓石康为西中郎将、荆州刺史。（石康，豁子。）玄所亲杖惟伟。伟死，玄乃孤危，而不臣之迹已著；自知怨满天下，欲速定篡逆。

殷仲文妻，玄之妹也，（仲文，觊弟。）玄使总录诏命，以为侍中，与卞范之又共促之。于是先改授群司。又矫诏加其相国，总百揆，封十郡，为楚王，加九锡。南阳太守庾仄，殷仲堪党也，九月，乘桓石康未至，起兵。袭冯该于襄阳，走之。江陵震动。

桓济子亮，以讨仄为名，起兵罗县。（汉县，在今湖南湘阴县东北。）南蛮校尉羊僧寿，与石康攻襄阳，庾仄众散，奔姚兴。长沙相陶延寿以亮乘乱起兵，遣收之。玄徙亮于衡阳，诛其同谋桓奥等。

十二月，玄篡位。以帝为平固公，迁居寻阳。玄入建康。

刘牢之虽死，高素等虽见诛锄，然北府之人物未尽也，而是时为其首领者，实为刘裕。初孙恩之死也，余众推恩妹夫卢循为主。桓玄欲且辑宁东土，以循为永嘉太守。循虽受命，而寇暴不已。玄复遣裕东征。何无忌随至山阴，劝裕于会稽起义。裕以为玄未据极位；且会稽遥远，事济为难；不如俟其篡逆事著，于京口图之。（据《宋书·武帝纪》。《孔靖传》以是为靖之谋。）

玄既篡位，裕乃与其弟道规及刘毅、（桓弘中兵参军。弘冲子，时为青州刺史，镇广陵。）何无忌、魏咏之、（殷仲堪客。）檀凭之、（桓修长流参军。）孟昶、（青州主簿。）诸葛长民、（豫州刺史刁逵左军府参军。）王元德、（名叡。弟懿，字仲德。兄弟名犯晋宣、元二帝讳，并以字称。）辛扈兴、童厚之等谋讨之。

元兴三年，二月，裕托以游猎，与无忌等收集义徒，袭京口，斩桓修。刘毅潜就孟昶，起兵袭杀桓弘，因收众济江。

（诸葛长民谋据历阳，失期不得发，刁逵执之，送于桓玄。未至而玄败，送人共破槛出之，还趋历阳。逵弃城走，为其下所执，斩于石头。元德、扈兴、厚之谋于京邑攻玄，事泄，并为玄所杀。）

玄召桓谦、卞范之等谋之。谦等曰："亟遣兵击之。"玄曰："不然。彼兵速锐，计出万死，遣少军不足相抗，如有蹉跌，则彼气成而吾事败矣。不如屯大众于覆舟山以待之。（覆舟山，在首都大平门内，钟山之西足也。）彼安行二百里，无所措手，锐气已挫；忽见大军，必惊惧。我按兵坚陈，勿与交锋。彼求战不得，自然走散，此计之上也。"谦等固请，乃遣顿丘太守吴甫之、右卫将军皇甫敷北拒之。

义众推刘裕为盟主，移檄京邑。三月，遇吴甫之于江乘，斩之。进至罗落桥。（在江乘南。）皇甫敷率数千人逆战。刘裕、檀凭之各御一队。凭之败死。裕进战弥厉，斩敷首。桓玄使桓谦屯东陵口，（在覆舟山东。）卞范之屯覆舟山西，众合二万。刘裕躬先士卒奔之，将士皆殊死战，谦等诸军，一时土崩。玄将子侄浮江南走。裕镇石头，立留台总百官。以王谧（导孙。）录尚书事，领扬州刺史。裕督扬、徐、兖、豫、青、冀、幽、并八州，为徐州刺史。奉武陵王遵为大将军，承制。（遵武陵威王晞子，晞元帝子。）以刘毅为青州刺史，与何无忌、刘道规蹑玄。

桓玄经寻阳，江州刺史郭昶之备乘舆法物资之。玄收略，得二千余人，挟天子走江陵。何无忌、刘道规破玄将郭铨、何澹之及郭昶之等于桑落洲。（在九江东北。）众军进据寻阳。桓玄大聚兵众。召水军，造楼船、器械。率众二万，挟天子发江陵，浮江东下。与刘毅等遇于峥嵘洲。（在湖北鄂城县东。）众惮之，欲退还寻阳。刘道规曰："彼众我寡，强弱异势，畏懦不进，必为所乘，虽至寻阳，岂能自固？玄虽窃名雄豪，内实恇怯；加已经崩败，众无固心；决机两阵，将雄者克。"因麾众而进。毅等从之。大破玄军。

玄弃其众，复挟天子还江陵。冯该劝更下战，玄不从。欲出汉川，投梁州刺史桓希，而人情乖沮，制令不行。玄乘马出城，至门，左右于暗中斫之，不中。前后相杀交横。玄仅得至船。于是荆州别驾王康产奉帝入南郡府舍，太守王腾之率文武营卫。

初玄之篡位也，遣使加益州刺史毛璩散骑常侍、左将军。璩执留其使，不受命。玄以桓希为梁州刺史，使王异据涪，郭法戍宕渠，师寂戍巴郡，周道子戍白帝以防之。（白帝，城名，在今四川奉节县东。）璩传檄远近，列玄罪状。遣巴东太守柳约之，建平太守罗述，征虏司马甄季之击破希等。仍率众次于白帝。初璩弟宁州刺史璠丧官，璩兄孙佑之及参军费恬，以数百人送丧葬江陵。会玄败，谋奔梁州。璩弟子修之，时为玄屯骑校尉，诱使入蜀。玄从之。达枚回洲，（在江陵南。）恬与佑之迎击，益州督护冯迁斩玄并石康及玄兄子濬。玄子昇，时年数岁，送江陵市，斩之。毛璩又遣将攻汉中，杀桓希。

玄之败于峥嵘洲，义军以为大事已定，追蹑不速，（据《宋书·武帝纪》。《刘道规传》云：遇风不进。）玄死几一旬，众军犹不至。桓振逃于华容之涌中。（涌水在华容。华容，汉县，今湖北监利县西北。）玄先令将军王稚徽戍巴陵，稚徽遣人招振，云桓歆已克京邑，（歆玄兄，时聚众向历阳，为诸葛长民、魏咏之所破。）冯稚等复平寻阳，（稚玄将，尝袭陷寻阳，刘毅使刘怀肃讨平之。怀肃，裕从母兄。）刘毅诸军并败于中路。振大喜，乃聚党数十人袭江陵。比至城，有众二百。桓谦先匿于沮川，亦聚众而出。遂陷江陵。（闰五月。）迎帝于行宫。（王康产、王腾之皆被害。）

桓振闻桓昇死，大怒，将肆逆于帝。谦苦禁之，乃止。遂命群臣辞以楚祚不终，百姓之心，复归于晋，更奉进玺绶。以琅邪王镇徐州。振为都督八州、荆州刺史。振少薄行，玄不以子侄齿之。及是，叹曰："公昔不早用我，遂致此败。若使公在，我为前锋，天下不足定也。今独作此，安归乎？"遂肆意酒色；暴虐无道，多所残害。

何无忌击桓谦于马头，（在今湖北公安县东北。）桓蔚于龙洲，皆破之。（蔚秘子。）义军乘胜竞进。桓振、冯该等距战于灵溪，（《水经注》：江水自江陵东经燕尾洲北，会灵溪水。龙洲，在灵溪东。案龙洲，据《桓玄传》。《何无忌传》作龙泉。）道规等败绩，死没者千余人。（刘毅坐免官，寻原之。）义军退次寻阳，更缮舟甲。进次夏口。冯该等守夏口，孟山图据鲁城，（亦作鲁山城，在今湖北汉阳县东北。）桓山客守偃月垒。（据《桓玄传》。《宋书·刘道规传》作桓仙客。偃月垒，亦曰却月城，在汉水左岸。）刘毅攻鲁城，道规攻偃月垒，二城俱溃。冯该走，擒山图、仙客。毅等平巴陵。（十二月。）

义熙元年，正月，南阳太守鲁宗之起义兵，袭襄阳，破伪雍州刺史桓蔚。何无忌诸军次马头。桓振拥帝，出营江津。（戍名，在江陵南。）请割荆、江二州，奉送天子。无忌不许。鲁宗之破伪虎贲中郎将温楷，进至纪南。（城名，在江陵北。）振自击之，宗之失利。刘毅率何无忌、刘道规等破冯该于豫章口，（在江陵东。）推锋而前，遂入江陵。振见火起，知城已陷，遂与桓谦北走。

是日，安帝反正。大赦天下，惟逆党就戮。诏特免桓胤一人。（冲长子嗣之子。）

三月，桓谦出自涢城，（在云杜东南。云杜，汉县，在今湖北沔阳县北。）袭破江陵。刘怀肃自云杜伐振，破之。广武将军唐兴临阵斩振。怀肃又讨斩冯该于石城。桓亮先侵豫章，时刘敬宣自南燕还，刘裕以为江州刺史，讨走之。桓玄以苻宏为梁州刺史，与亮先后入湘中；其余拥众假号者以十数：皆讨平之。桓谦、桓怡、（弘弟。）桓蔚、桓谧、何澹之、温楷，皆奔于秦。诏徙桓胤及诸党与于新安诸郡。

三年，东阳太守殷仲文，（桓玄峥嵘洲之败，留皇后王氏及穆帝后何氏于巴陵。仲文时在玄槛，求出别船，收集散卒，因奉二后奔夏口降。）与永嘉太守骆球谋反，欲建桓胤为嗣，刘裕并其党收斩之。

桓玄乃一妄人，《晋书》言其缪妄之迹甚多，庸或不免傅会，然其纵侈，好虚名，喜佞媚，不知政理，虽少负雄名，而实则怯懦，（峥嵘洲之战，义兵数千，玄众甚盛，而玄惧有败衄，常漾轻舸于舫侧，故其众莫有斗心。）要非诬辞也。

（傅会者：如谓玄篡位入宫，其床忽陷，群下失色，殷仲文曰："将由圣德深厚，地不能载，"玄大悦，此等几类平话。又谓其弃建康西走时，腹心劝其战，玄不暇答，直以策指天而已，亦与其据覆舟山待义兵之策，判若两人也。

其纵侈：玄之出镇姑孰，即大筑城府，台馆山池，莫不壮丽。性好畋游，以体大不堪乘马，乃作徘徊舆，施转关，令回动无滞。自篡盗之后，骄奢荒侈。游猎无度，以夜继昼；或一日之中，屡出驰骋。性又急暴，呼召严速，直官咸系马省前。贪鄙，好奇异，尤爱宝物，珠玉不离于手。人士有法书、好画及园宅者，悉欲归己。犹难逼夺之，皆蒲博而取。遣臣佐四出，掘果移竹，不远数千里。尝诈欲讨姚兴，初欲饰装，无他处分，先使作轻舸，载服玩及书画等物。或谏之。玄曰："书画服玩，既宜恒在左右；且兵凶战危，脱有不意，当使轻而易运。"众皆笑之。此等事或疑其非实，然纨袴子弟，习于纵侈，不知虑患，确有此等情形也。

其好虚名：元兴二年，玄诈表请平姚兴，又讽朝廷作诏不许。谓代谢之际，宜有祯祥，乃密令所在上临平湖开，又诈称江州甘露降。以历代咸有肥遁之士，己世独无，乃征皇甫谧六世孙希之为著作，并给其资用，皆令让而不受，号曰高士。败走后，于道作起居注，叙其距义军之事，自谓经略指授，算无遗策，诸将违节度，以致亏丧，非战之罪。于时不皇与群下谋议，惟耽思诵述，宣示远近。荆州郡守，以玄播越，或遣使通表，有匪宁之辞，玄悉不受，仍令所在表贺迁都焉。临平湖，在浙江杭县东北。故老相传：此湖塞，天下乱，此湖开，天下平。

其喜佞媚《玄传》言玄信悦谄誉，逆忤谠言。吴甫之、皇甫敷败，玄闻之，大惧，问于众曰："朕其败乎？"曹靖之曰："神怒人怨，臣实惧焉。"玄曰："卿何不谏？"对曰："辇上诸君子，皆以为尧、舜之世，臣何敢言？"

其不知理政：玄尝议复肉刑，断钱货，回复改异，造革纷纭。临听讼观录囚徒，罪无轻重，多被原放。有干舆乞者，时或恤之。尚书答春蒐字误为春菟，凡所关署，皆被降黜。奔败之后，惧法令不肃，遂轻怒妄杀。）

玄之叛逆，不过当时裂冠毁冕之既久，势所必至，无足深异。晋室自东渡以后，上下流即成相持之局，而上流之势恒强，朝廷政令之不行，恢复大计之受阻，所关匪细，至桓玄败而事势一变矣。然中原丧乱既久，国内反侧又多，卒非一时所克收拾，此则宋武之雄才，所以亦仅成偏安之业也，亦可叹矣。而蜀中乘此扰攘，又成割据之局者数年，尚其至微末者也。

桓玄之死也，柳约之进军至枝江，（汉县，在今湖北枝江县东。）而桓振复攻没江陵，刘毅等还寻阳，约之亦退。俄而甄季之、罗述皆病。约之诣振伪降，欲袭振，事泄，被害。约之司马时延祖，涪陵太守文处茂等抚其余众，保涪陵。振遣桓放之为益州，屯西陵。（峡名，在今湖北宜昌县西北。）处茂距击破之。毛璩闻江陵陷，率众赴难。使弟瑾、瑗顺外江而下。（外水谓岷江，涪江曰内水，沱江曰中水。）参军谯纵及侯晖等领巴西、梓潼军下涪水，与璩会巴郡。（此据《毛璩传》。《谯纵传》云领诸县氏。）

晖有二志，因梁州人不乐东也，与巴西阳昧结谋，于五城水口，（五城水，涪水支流，在广都入江。）逼纵为主。攻瑾于涪城。城陷，瑾死之。纵乃自号梁、秦二州刺史。（时朝廷新以此授瑾。《通鉴》，事在义熙元年二月。）璩时在略城，（胡三省曰：据《晋书·毛璩传》，去成都四百里。）遣参军王琼率三千人讨反者。又遣瑗领四千人继进。纵遣弟明子及晖距琼于广汉。琼击破晖等。追至绵竹，明子设二伏以待之，大败琼众，死者十八九。益州营

421—

户李腾开城以纳纵。璩下人受纵诱说，遂共害璩及瑗，并子侄之在蜀者，一时殄没。纵以从弟洪为益州刺史。明子为巴州刺史，率其众五千人屯白帝。自称成都王。

瑾子修之，下至京师，刘裕表为龙骧将军，配给兵力，遣令奔赴。又遣益州刺史司马荣期及文处茂、时延祖等西讨。修之至宕渠，荣期为参军杨承祖所杀。修之退还白帝。（《通鉴》义熙二年九月。）承祖自下攻之，不拔。修之使参军严纲收兵，汉嘉太守冯迁率兵来会，讨承祖斩之。时文处茂犹在益郡，修之遣兵五百，与刘道规所遣千人俱进，而益州刺史鲍陋不肯进讨。（《通鉴》在义熙三年。）纵遣使称藩于姚兴。（九月。）且请桓谦为助。兴遣之。刘裕表遣刘敬宣率众五千伐蜀。分遣巴东太守温祚以二千人扬声外水，自率鲍陋、文处茂、时延祖由垫江而进。达遂宁郡之黄虎，（城名，在今四川射洪县东。）谯道福等悉众距险。敬宣粮尽，军中多疾疫，姚兴又遣兵二万救纵，王师遂引还。纵遣使拜师，仍贡方物，兴拜为蜀王。

第四节　宋武平南燕

东晋国力，本不弱于僭伪诸国；而北方可乘之隙亦多；所以经略中原，迄无所就者，实以王敦、桓温等，别有用心，公忠之臣，如庾亮、殷浩等，又所值或非其时，所处或非其地，未获有所展布之故。当五胡初起之时，中原丧乱未久，物力尚较丰盈；石虎、苻坚，又全据中原之地；图之庸或较难，至肥水战后，后燕、后秦诸国，则更非其伦矣。此时倘能北伐，奏绩自属不难；而其地近而易图者，尤莫如南燕，此所以桓玄平后仅五年，而刘裕遂奏削平之绩也。

刘敬宣等之奔南燕也，南燕侍中韩范上疏劝慕容德入寇。德命王公详议。咸以桓玄新得志，未可图，乃止。俄闻玄败，德乃以慕容镇为前锋，慕容钟为大都督，配以步卒二万，骑五千。刻期将发，而德寝疾，于是罢兵。义熙元年，德死。（此据《载记》，《通鉴》同，《本纪》在元兴三年十月。案《载记》记南燕之事，较《本纪》皆后一年。）初，德兄北海王纳，苻坚破邺，以为广武太守。数岁去官，家于张掖。及慕容垂起兵，坚收纳及德诸子皆诛之。纳母公孙氏，以耄获免。纳妻段氏方娠，未决，因于郡狱。狱掾呼延平，德故吏也，尝有死罪，德免之。至是，将公孙及段氏逃于羌中，而生子焉。东归后，德名之曰超。超年十岁，公孙氏卒，平又将超母子，奔于吕光。吕隆降于姚兴，超随凉州人徙于长安。以诸父在东，深自晦匿。由是得去来无禁。德遣使迎之，超不告母妻而归。德无子，立超为太子。德死，超嗣伪位。

初，德从弟钟，累进策于德，德用之颇中，由是政无大小，皆以委之。超立，以为都督中外诸军、录尚书事。俄以为青州牧。外戚段宏为徐州。（南燕五州：并州治阴平，汉侯国，后汉为县，晋废，在今江苏沭阳县西北。幽州治发干，徐州治莒。兖州治梁父，汉县，在今山东泰安县南。青州治东莱。）而以公孙五楼为武卫将军，领屯骑校尉，内参政事。钟、宏及兖州慕容法谋反。超遣慕容镇攻青州，慕容昱攻徐州，慕容凝、韩范攻兖州。钟奔后秦。宏奔魏。凝谋杀韩范，范知而攻之，凝奔法。范并其众，攻克兖州。凝奔后秦，法奔魏。公孙五楼为侍中、尚书，领左卫将军，专总朝政。兄归为冠军、常山公。叔父颓为武卫、兴乐公。五楼宗亲，皆夹辅左右。王公内外，无不惮之。

超母、妻先在长安，为姚兴所拘，兴责超称藩，求大乐诸妓。超送大乐百二十人。兴乃还其母、妻。《超载记》云，义熙五年，正旦，超朝群臣，闻乐作，叹音佾不备，悔送伎于兴，遣斛谷提、公孙归等入寇，陷宿豫，（汉㟄犹县，晋改曰宿豫，在今江苏宿迁县东南。）大掠而去。简男女二千五百，付大乐教之。

案兴责超称藩求伎时，又云："若不可，便送吴口千人，"超遣群臣详议，段宏主掠吴口与之，尚书张华主降号，超从华议，可见其非欲构衅于晋。宿豫之衅，未知其由，谓由掠生口以备伎乐，恐未必然。超所掠乃生口，非乐工，岂有南人可教，北人不可教之理邪？

超又遣公孙归等入济南，（汉郡，今山东历城县。）执太守赵元，略男女千余人而去。于是刘裕出师讨之。四月，舟师发京都，沂淮入泗。五月，至下邳。留船舰辎重，步军进琅邪。所过皆筑城为守。超引见群臣，议距王师。公孙五楼曰："吴兵轻果，所利在战，初锋勇锐，不可争也。宜据大岘，（在今山东临朐县东南。）使不得入。旷日延时，沮其锐气。徐简精骑二千，循海而南，绝其粮道；别敕段晖，率兖州之军，绿山东下，腹背击之，上策也。各命守宰，依险自固。校其资储，余悉焚荡。芟除粟苗，使敌无所资。坚壁清野，以待其衅，中策也。纵贼入岘，出城逆战，下策也。"超曰："京都殷盛，户口众多，非可一时入守。青苗布野，非可卒芟。纵令过岘，至于平地，徐以精骑践之，此成擒也。"慕容镇曰："若如圣旨，必须平原，用马为便。宜出岘逆战。战而不胜，犹可退守。不宜纵敌入岘，自诒窘逼。"超不从。镇谓韩谟云："主上既不能芟苗守险，又不肯徙民逃寇，酷似刘璋矣。"超闻而大怒，收镇下狱。乃摄莒、梁父二戍。修城隍，简士马，蓄锐以待之。

《宋书·武帝纪》云：初公将行，议者以为"贼闻大军远出，必不敢战。若不断大岘，当坚守广固，刘粟清野，以绝三军之资。非惟难以有功，将不能自反。"公曰："我揣之熟矣。鲜卑贪，不及远。进利克获，退惜粟苗。谓我孤军远入，不能持久。不过进据临朐，（汉县，今山东临朐县。）退守广固。我一入岘，则人无退心。驱必死之众，向怀二之虏，何忧不克？彼不能清野固守，为诸军保之。"公既入岘，举手指天曰："吾事济矣。"此等皆傅会之谈。此行也，晋兵力颇厚，宋武用兵，又极严整；（观其所过筑城为守可知。）简骑二千，安能绝其粮道？民难一时入守，苗非仓卒可芟，亦自系实情。战既不如，守又难固，即据大岘，安能必晋兵之不入？弃大岘而悉力逆战，盖所谓以逸待劳；不胜即退守广固，则所守者小，为力较专；此亦未为非计。慕容镇之下狱，必别有其由，非徒以退有后言也。

王师次东莞，超遣段晖、贺赖卢等六将，步骑五万，进据临朐。王师度岘，超率卒四万就晖等。临朐有巨蔑水，去城四十里，超告公孙五楼，急往据之。孟龙符奔往争之，五楼乃退。众军步进，有车四千乘，分为两翼，方轨徐行，又以轻骑为游军。未及临朐数里，贼铁骑万余，前后交至。刘裕命刘藩等齐力击之。日向昃，又遣檀韶直趋临朐。即日陷城。超闻临朐拔，引众走。裕亲鼓之，贼乃大破。斩段晖。超奔还广固。徙郭内人，入保小城。使其尚书郎张纲乞师于姚兴。赦慕容镇，进录尚书，都督中外诸军事，引见群臣谢之。镇进曰："内外之情，不可复恃。如闻西秦，自有内难，恐不暇分兵救人。正当更决一战，以争天命。今散卒还者，犹有数万，可悉出金帛、宫女，饵令一战。不可闭门，坐受围击。"慕容惠曰："今晋军乘胜，有陵人之气，败军之将，何以御之？秦虽与勃勃相持，不足为患；二国连衡；势成唇齿；今有寇难，秦必救我。但自古乞援，不遣大臣，则不致重兵。尚书令韩范，德望具瞻，燕、秦所重，宜遣乞援，以济时艰。"于是遣范与王簿往。张纲自长安归，奔于刘裕。（此据《晋书·载记》。《宋书·武帝纪》云：纲从长安还，泰山太守申宣执送之。）

右仆射张华，中丞封恺，并为裕军所获。裕令华、恺与超书，劝令早降。超乃诒裕书，请为藩臣，以大岘为界。并献马千匹，以通和好。裕弗许。江南继兵，相寻而至。尚书张俊，自长安还，又降于裕。说裕密信诱韩范，啖以重利。"范来，则燕人绝望，自然降矣。"裕从之。表范为散骑常侍，遗书招之。时姚兴遣姚强率步骑一万，随范就姚绍于洛阳，并兵来援。会赫连勃勃大破秦军，兴追强还长安。范叹曰："天其灭燕乎？"会得裕书，遂降于裕。

《宋书·武帝纪》云：录事参军刘穆之，有经略才具，公以为谋主，动止必谘焉。时姚兴遣使告公曰："慕容见与邻好；又以穷告急；今当遣铁骑十万，径据洛阳，晋军若不退者，便遣长驱而进。"公呼兴使答曰："语汝姚兴：我定燕之后，息甲三年，当平关、洛。今能自送，便可速来。"穆之闻有羌使，驰入，而公发遣已去。穆之尤公曰："常日事无大小，必赐与谋。此宜善详，云何卒尔？所答兴言，未能威敌，正足怒彼耳。若燕未可拔，羌救大至，不审何以待之？"公笑曰："此是兵机，非卿所解，故不语耳。夫兵贵神速，彼若审能遣救，必畏我知，宁容先遣信命？此是见我伐燕，内已怀惧，自张之辞耳。"此亦傅会之谈。夏寇虽急，秦未必待姚强所率万人以自救。晋当时兵力颇厚，而洛阳距广固遥远，即合姚绍，复何能为？然则姚兴之遣姚强，特聊以自解于韩范，本未必有救燕之意。遣使为请，必当逊顺其辞，不得如史之所云也。

明年，二月，城陷。超出亡，被获。送建康市斩之。（时年二十六。）案慕容超之亡，实处于势不可救。

刘敬宣之奔慕容德也，尝结青州大姓诸省封，并要鲜卑大帅免逵谋灭德，推司马休之为主。刻日垂发。高雅之欲要刘轨。时轨为德司空，大被委任。敬宣曰："此公年老，有安齐志，不可告也。"雅之以为不然，告轨。轨果不从，谋颇泄，乃相与杀轨而去。至淮、泗间，会宋武平京口，即驰还。当德之时，燕之易倾如此，超更何以自固乎？《载记》谓超不恤政事，畋游是好，百姓苦之，此或在所不免，然五胡之酋，荒淫暴虐，十倍于超者，则有之矣。史又咎超信任公孙五楼，五楼之于南燕，盖亦在外戚之列，特较段宏辈年少耳，非佞幸也。观慕容钟、慕容法、段宏、慕容凝之一时俱叛，则超之任新进而弃旧臣，亦必有不得已者。即其严刑峻法亦然。

（慕容钟等之叛也，超收其党侍中慕容统、右卫慕容根、散骑常侍段封诛之，车裂仆射封嵩于东门之外。超尝议复肉刑，下诏曰："不忠不孝若封嵩之辈，枭斩不足以痛之，宜致烹、轘之法，亦可附之律条。"张纲为刘裕造攻具，超县其母支解之。此固不免暴虐，亦有激而然也。）

当危急时，其臣劝以出降，皆不肯听；及见执，刘裕数以不降之状，超神色自若，一无所言，惟以母托刘敬宣而已；在亡国之君中，固为有气节者。公孙五楼，始终尽忠于超；将亡之时，犹与贺赖卢为地道出战，使王师为之不利；亦为陈力授命之臣，未可以成败论也。

第五节　宋武平卢循谯纵

　　卢循，谌之曾孙，婪孙恩妹。恩作乱，与循通谋。恩亡，余众推为主。元兴二年，正月，寇东阳。八月，攻永嘉。刘裕讨循，至晋安，（晋郡，今福建闽侯县东北。）循窘急，泛海到番禺，（秦县，今广东番禺县。）寇广州，逐刺史吴隐之，自摄州事。（三年十月。）遣使贡献。时朝廷新诛桓氏，中外多虞，乃权假循广州刺史。（义熙元年。）刘裕伐慕容超，循所署始兴太守徐道覆，循之姊夫也，使人劝循乘虚而出。循不从。道覆乃自至番禺说循。循甚不乐此举，无以夺其计，乃从之。

　　初道覆密欲装舟舰，乃使人伐船材于南康山，（南康，晋郡，治雩都，今江西雩都县北。后徙治赣，在今赣县西南。）伪云将下都货之。后称力少，不能得致，即于郡贱卖之，价减数倍。居人贪贱，卖衣物而市之。赣石水急，出船甚难，皆储之。如是者数四。船版大积，而百姓弗之疑。及道覆举兵，按卖券而取之，无得隐匿者。乃并力装之，旬日而办。遂举众寇南康、庐陵、豫章诸郡。守相皆委任奔走。

道覆顺流而下，舟舰皆重楼。江州刺史何无忌距之，船小，为贼所败，无忌死之。时刘毅为豫州刺史，镇姑孰，具舟船讨之，将发而疾笃，内外失色。朝廷欲奉乘舆北走就刘裕。寻知贼定未至，人情小安。裕班师，至下邳，以船运辎重，自率精锐步归。至山阳，闻何无忌被害，虑京邑失守，乃卷甲间行，与数千人至淮上，单船过江，进至京口，众乃大安。

四月，裕至京师，刘毅以舟师二万，发自姑孰。循之下也，使道覆向寻阳，自寇湘中诸郡。荆州刺史刘道规遣军至长沙，为循所败。循至巴陵，将向江陵。道覆闻毅上，驰使报循曰："毅兵众甚盛，成败系之于此，宜并力摧之。根本既定，不忧上面不平也。"循即日发江陵，与道覆连旗而下。别有八艚舰九枚，起四层，高十二丈。五月，毅败绩于桑落洲。

初循至寻阳，闻刘裕已还，不信也既破毅，乃审凯入之问。循欲退还寻阳，进平江陵，据二州以抗朝廷。道覆谓宜乘胜径进。固争之，多日乃见从。毅败问至，内外汹扰。于时北师始还，多创夷疾病；京师战士，不盈数千。贼既破江、豫二镇，战士十余万，舟车百里不绝。奔败还者，并声其雄盛。孟昶、诸葛长民欲拥天子过江，刘裕不听。昶仰药死。议者谓宜分兵守诸津要。刘裕以为贼众我寡，分屯则测人虚实；且一处失利，则沮三军之心。乃移屯石头，栅淮，断查浦。（此据《宋书·武帝纪》。《晋书·卢循传》作柤浦。）

道覆欲自新亭、白石，焚舟而上。循以万全为虑，固不听。裕登石头以望循军，初见引向新亭，顾左右失色。既而回泊蔡洲。道覆犹欲上，循禁之。自是众军转集。循攻栅，不利。焚查浦步上，屯丹阳郡，又为裕所败。乃进攻京口，寇掠诸县，无所得。循谓道覆曰："师老矣，可据寻阳，并力取荆州，徐更与都下争衡。"

七月，贼自蔡洲还屯寻阳。遣王仲德等追之。刘裕还东府，大治水军。皆大舰重楼，高者十余丈。先是以庾悦为江州刺史，自寻阳出豫章。循之走也，复遣索邈领马军步道援荆州。（邈在道为贼所断，徐道覆败后方达。）孙季高率众三千，自海道袭番禺。时谯纵遣使朝于姚兴，请大举入寇。遣桓谦、谯道福率众二万，东寇江陵，兴遣前将军苟林率骑会之。刘道规遣司马王镇之及檀道济、到彦之等赴援朝廷，至寻阳，为林所破。卢循即以林为南蛮校尉，分兵配之，使伐江陵。扬声云：徐道覆已克京邑。

林屯江津，谦屯枝江。荆楚既桓氏义旧，并怀异心。道规乃会将士告之曰："桓谦今在近畿，闻诸长者，颇有去就之计。吾东来文武，足以济事。若欲去者，本不相禁。"因夜开城门，达晓不闭。众咸惮服，莫有去者。雍州刺史鲁宗之率众数千来赴。或谓宗之未可测。道规乃单马迎之，宗之感悦。道规使宗之居守，驰往攻谦。水陆齐进。谦大败，单舸走，欲下就林。追斩之。遂至涌口，（在江陵东。）林又奔散。刘遵追林至巴陵，斩之。（此据《宋书·道规传》。《武帝本纪》云追至竹町，竹町当在巴陵。

《晋书·姚兴载记》则云：苟林惧，引而归。）

　　先是桓歆子道儿逃于江南，出击义阳，与卢循相连结，循使蔡猛助之。道规遣参军刘基破道儿于大薄，（未详。）临阵斩猛。桓石绥自洛甲口（《通鉴》作洛口。《注》云：汉水过魏兴安阳县，东至洸城南，与洛谷水合，所谓洛口也。安阳，汉县，在今陕西城固县东。）自号荆州刺史，征阳令王天恩自号梁州刺史。（胡三省曰：征阳当作微阳。微阳，在今湖北竹山县西。）梁州刺史傅韶使子弘之讨石绥等，并斩之。（《宋书·傅弘之传》。）

　　十月，刘裕治兵大办，率舟师南伐。是月，徐道覆率众三万寇江陵，刘道规又大破之。道覆走还湓口。卢循初自蔡洲南走，留其亲党范崇民五千人，高舰百余戍南陵。（城名，在今安徽繁昌县西。）王仲德等闻大军且至，乃进攻之。

　　十一月，大破崇民军，焚其舟舰。循广州守兵，不以海道为意。孙季高乘海奄至，焚贼舟舰，悉力而上，四面攻之，即日屠其城。循父以轻舟奔始兴。刘裕屯军雷池，虑贼战败，或于京江入海，遣王仲德以水舰二百，于吉阳断之。（吉阳，矶名，在安徽东流县东北。）

　　十二月，卢循、徐道覆率众二万，方舰而下。刘裕命众军齐力击之。军中多万钧神弩，所至莫不摧陷。贼舰悉泊西岸。岸上军先备火具，乃投火焚之，烟焰张天，贼军大败。循等还寻阳，悉力栅断左里。（在江西都昌县西北。）大军至，攻栅而进。循兵殊死战，弗能禁。诸军乘胜奔之。循单舸走。裕遣刘藩、孟怀玉

433 _

轻兵追之。循收散卒，尚有数千人，（据《宋书·武帝纪》。《晋书》云千余人。）径还广州。道覆还保始兴。

七年，二月，循至番禺。孙季高距战。二十余日，循乃破走。追奔至郁林，会病，不能穷讨，循遂走向交州。至龙编，（汉县，在今安南北境。）刺史杜慧度诱而败之。循自投于水。徐道覆屯结始兴，孟怀玉攻围之，身当矢石，旬月乃陷，斩道覆。

卢循之乱，宋武帝之智勇，诚不可及，然史之所传，亦有颇过其实者。何无忌之败以船小；刘毅之败，以卢循、徐道覆并力而下；其兵力皆本不相敌。而宋武则大治水军而后战。船既高大，又有万钧神弩以助之，其兵力，盖在卢循、徐道覆之上。然则毅、无忌之败，宋武之胜，实由兵力之不同，非尽智勇之不若也。卢循之众虽盛，恐未必能战，何者？孙恩唱乱，实恃扇惑之广，即循亦然。史言徐道覆大积船版而百姓弗之疑，然诸葛长民表言："贼集船伐木，而南康相郭澄之，隐蔽经年，又深相保明，屡欺无忌，罪合斩刑，"则其能阴造逆谋，实恃同党之隐蔽。

桑落洲一败，而豫州主簿袁兴国，即据历阳以应贼，（琅邪内史魏咏之遣将讨斩之。）则刘毅肘腋之下，亦有循之党在焉。《宋书·武帝纪》言贼不能力攻京都，犹冀京邑及三吴有应之者，盖此一带，本自杜子恭以来，扇惑最广之地也。孙恩覆灭，前辙昭然，乌合之众，其何能战？卢循始终欲据荆、江，不欲与晋大兵决战，后又不肯力攻京都者盖以此。如史之所传，则循之败，全由其过于持重，使早从道覆之计，宋武将亦不能支，恐其实未必如此。以兵谋论，循之持重，或实胜于道覆之轻进也。

《晋书·卢循传》言循败于杜慧度，知不免，先鸠妻子十余人，又召伎妾问曰："我今将自杀，谁能同者？"多云："雀鼠贪生，就死实人情所难。"或云："官尚当死，某岂愿生？"于是悉鸠诸辞死者，因自投于水。此乃教外谤毁之辞。

《传》又言孙恩性酷忍，循每谏止之，人士多赖以济免，岂有仁于疏逖，而转忍于其所戚近者哉？自来所谓邪教者，其真相多不为世所知。然观其信从者之众，之死不相背负者之多，而知其实非偶然。试观张鲁，治国实颇有规模，可知其所以得众者，亦有由也。

谯纵据蜀，史言其本由迫胁，然其后则遂甘心作逆，屈膝羌虏，而与卢循等相景响焉。盖既无途自反，遂欲乘机作刘备者也。义熙九年，宋武帝既诛刘毅，定荆州，乃以朱龄石为益州刺史，率臧熹、蒯恩、刘钟、朱林等凡二万人伐蜀。（《通鉴》系八年十二月。）龄石资名素浅，裕违众拔之，授以麾下之半。臧熹，裕妻弟也，位出其右，亦隶焉。裕与龄石密谋曰："刘敬宣往年出黄虎无功，贼谓我今应从外水往，而料我当出其不意，犹从内水来也，必以重兵守涪城。若向黄虎，正堕其计。今以大众自外水取成都，疑兵出内水，此制敌之奇也。"于是众军悉从外水。臧熹、朱林于中水取广汉。使羸弱乘高舰十余，由内水向黄虎。谯纵果备内水，使谯道福以重兵戍涪城。侯晖、谯诜等率众万余屯彭模，（今四川彭山县。）夹水为城。

六月，龄石至彭模，欲蓄锐养兵，伺隙而进。刘钟曰："前扬声大将由内水，故道福不敢舍涪。今重兵逼之，出其不意，侯晖之徒，已破胆矣。正可因其机而攻之。克彭模之后，自可鼓行而前，成都必不能守。若缓兵相持，虚实相见，涪军复来，难为敌也。"从之。七月，龄石率刘钟、蒯恩等攻城，皆克，斩侯晖、谯诜。众军乃舍船步进。臧熹至广汉，病卒。（此据《晋书·谯纵传》。《宋书·熹传》云：成都既平，熹乃遇疾。）

朱林至广汉，复破道福别军。纵投道福于涪。道福怒，投以剑，中其马鞍。纵去之，乃自缢。道福散金帛以赐其众，众受之而走。道福独奔广汉。广汉人杜瑾缚送之，斩于军门。桓谦弟恬，随谦入蜀，为宁蜀太守，（宁蜀，东晋郡。在今四川华阳县东南。）至是亦斩焉。龄石遣司马沈叔任戍涪。蜀人侯产德作乱，叔任击斩之。（此据《宋书·龄石传》。《沈演之传》：父叔任，为巴西梓潼太守，戍涪城。东军既反，二郡强宗侯劢、罗奥聚寨作乱，破平之。）

第六节 宋武翦除异己

宋武帝起自细微,内戡桓玄,平卢循,定谯纵;外则收复青、齐,清除关、洛,其才不可谓不雄。然猜忌亦特甚。同时并起诸贤,几无不遭翦灭者。虽国内以此粗定,然中原沦陷既久,非有才高望重者,不克当戡定之任。并时流辈,既已诛夷,而所卵翼成就者,不过战将,资名相埒,莫能相统,关中且以此不守,更无论进图恢复矣。诒元嘉以北顾之忧,不得谓非谋之不臧也。

宋武在北府诸将中,资名盖本当首屈,故义旗初建,即见推为盟主。既平桓玄,王谧与众议推裕领扬州,裕固辞,乃以谧录尚书,领扬州刺史。义熙三年,谧薨。刘毅等不欲裕入,议以中领军谢混为扬州。或欲令裕于丹徒领州,而以内事付尚书仆射孟昶。遣尚书右丞皮沈以二议谘裕。裕参军刘穆之言:"扬州根本所系,不可假人。惟应云:此事既大,非可县论,便暂入朝,共尽同异。公至京,彼必不敢越公更授余人明矣。"裕从之。四年,遂入为扬州刺史,录尚书事。中枢政柄,至此始全入裕手。

五年，三月，裕北讨，以丹阳尹孟昶监留府事。卢循叛，青州刺史诸葛长民入卫。（时镇丹徒。）刘毅败问至，昶、长民欲拥天子过江，裕不听。昶固请不止。裕曰："我既决矣，卿勿复言。"昶乃为表曰："臣裕北讨，众并不同，惟臣赞裕行计。使强贼乘间，社稷危逼，臣之罪也。今谨引分，以谢天下。"乃仰药死。夫昶岂草间求活之人？北迁之议，王仲德、虞丘进并以为不可，（皆见宋书本传。）岂昶之智而出其下？其欲出此，盖非以避卢循，而实以图裕也。昶之所以死可知矣。此为裕诛戮功臣之始。

资名才力，与裕相亚，而尤意气用事，不肯相下者，莫如刘毅。

（《宋书·武帝纪》云：初高祖家贫。尝负刁逵社钱三万，经时无以还。逵执录甚严。王谧造逵见之，密以钱代还，由是得释。高祖名微位薄，盛流皆不与相知，惟谧交焉。桓玄将篡，谧手解安帝玺绶，为玄佐命功臣。及义旗建，众并以谧宜诛，惟高祖保持之。刘毅尝因朝会，问谧玺绶所在，谧益惧。

《刘敬宣传》云：毅之少也，为敬宣宁朔参军，时人或以雄杰许之。敬宣曰："毅性外宽而内忌，自伐而尚人，若一旦遭逢，亦当以陵上取祸耳。"毅闻之，深以为恨。及在江陵，知敬宣还，乃使人言于高祖曰："刘敬宣父子，忠国既昧，今又不豫义始，猛将劳臣，方须叙报，如敬宣之比，宜令在后。若使君不忘平生，欲相申起者，论资语事，正可为员外常侍耳。闻已授郡，实为过优；寻知复为江州，尤所骇愕。"案敬宣论毅之语，显系毅被祸后傅会之谈，毅之怨敬宣，未必以此，特以其为高祖所左右耳。

《传》又云：敬宣回师于蜀，毅欲以重法绳之。高祖既相任待。又何无忌明言于毅，谓"不宜以私怨伤至公。若必文致为戮，己当入朝，以廷议决之。"毅虽止，犹谓高祖曰："夫生平之旧，岂可孤信？光武悔之于庞萌，曹公失之于孟卓，公宜深虑之。"毅出为荆州，谓敬宣曰："吾忝西任，欲屈卿为长史、南蛮，岂有相辅意乎？"其敖慢陵上，且专与高祖为难可见。）

裕素不学，而毅颇涉文雅，朝士有清望者多归之。与尚书仆射谢混、丹阳尹郗僧施尤深相结。裕之伐南燕也，朝议皆谓不可，毅尤固止之。（见《宋书·谢景仁传》。）卢循之逼，毅欲往讨，裕与毅书曰："吾往与妖贼战，晓其变态。今修船垂毕，将居前扑之。克平之日，上流之任，皆以相委。"又遣毅从弟藩往止之。毅大怒，谓藩曰："我以一时之功相推耳，汝便谓我不及刘裕也？"投书于地，遂以舟师发姑孰。

卢循自蔡洲南走，毅固求追讨。长史王诞密白裕曰："毅与公同起布衣，一时相推耳。既已丧败，不宜复使立功。"其欲争立功名，以收物望，彼此亦相若也。卢循平后，毅求督江州，裕即如所欲与之。时江州刺史为庾悦，毅数相挫辱，悦不得志，遂以疽发背卒。史言毅微时为悦所侮，以此致憾，其实亦未必然，悦为裕所亲任，毅或有意相摧折耳。

义熙八年，四月，刘道规以疾求归，以毅刺荆，道规刺豫。毅至江陵，乃以其辄取江州兵及留西府文武万余不遣，又告疾，请兖州刺史刘藩为副为罪状，自往讨之。时藩入朝，收之，及谢混并于狱赐死。遣参军王镇恶前发，诈称刘兖州上袭毅。毅自缢死。裕至江陵，又杀郗僧施焉。（时为南蛮校尉。）

裕之讨刘毅，以诸葛长民监留府事，而加刘穆之建武将军，置佐吏，配给资力以防之。长民诒刘敬宣书曰："异端将尽，世路方夷，富贵之事，相与共之。"敬宣使以呈裕。九年，二月，裕自江陵还。前刻至日，辄差其期。既而轻舟径进，潜入东府。明旦，长民至门，裕伏壮士丁旿于幔中，引长民进语，旿自后拉而杀之。并诛其弟黎民。小弟幼民，逃于山中，追擒戮之。

司马休之之自南燕还也，裕以为荆州刺史。桓振复袭江陵，休之战败，免官。刘毅诛，复以休之为荆州刺史。休之宗室之重，又得江、汉人心。其子文思，嗣休之兄尚之，袭封谯王。在京师，招集轻侠。十年，裕诛其党，送文思付休之。休之表废文思，与裕书陈谢。雍州刺史鲁宗之，常虑不为裕所容，与休之相结。

十一年，正月，裕收休之次子文宝、兄子文祖，并于狱赐死。率众军西讨。宗之自襄阳就休之，共屯江陵。使文思及宗之子竟陵太守轨距裕。江夏太守刘虔之邀之，军败见杀。裕命彭城内史徐逵之、（逵之湛之父。《宋书·湛之传》作达之，《胡藩传》及《南史》诸传并作逵之。）参军王允之出江夏口，（在今湖北公安县东。）复为轨所败，并没。

时裕军泊马头，即日率众军济江。江津岸峭，壁立数丈，休之临岸置阵，无由可登。裕呼参军胡藩令上。藩有疑色。裕怒，命左右录来，欲斩之。藩不受命，顾曰："藩宁前死耳。"以刀头穿岸，少容脚指，于是径上。随之者稍多。既得登岸，殊死战。贼不能当，引退。因而乘之，一时奔散。

休之等先求援于秦、魏。秦遣姚成王、司马国璠率骑八千赴之。国璠者，安平献王孚后，先与弟叔璠俱奔秦者也。至南阳，魏辰孙嵩至河东，闻休之败，皆引归。休之、文思、宗之、轨等并奔于秦。姚兴将以休之为荆州刺史，任以东南之事。休之固辞，请与鲁宗之等扰动襄、阳、淮、汉。乃以休之为镇南将军扬州刺史。宗之等并有拜授。及裕平姚泓，休之等复奔魏长孙嵩军。（时魏遣援泓者。）

月余，休之死嵩军中。（据《魏书》。《晋书》本传云：休之将奔于魏，未至道卒，谓其未至魏都，非谓未至魏军也。又云：文思为裕所败而死，则误。）时与休之同投魏者，尚有新蔡王道赐。（族属未详。晃废后以道赐袭。）自行归魏者，又有汝南王亮之后准，准弟景之、国璠、叔璠，及自云元显子之天助。国璠，魏爵为淮南公，道赐爵池阳子。

文思与国璠等不平，而伪亲之，引与饮燕。国璠性疏直，因醉，语文思：将与温楷（亦与休之同奔魏。）及三城胡酋王珍、曹栗等外叛。因说魏都豪强可与谋者数十人。文思告之，皆坐诛。然则文思似确有凶德，非尽刘裕诬之也。

又有司马楚之者，宣帝弟太常馗之八世孙。刘裕诛夷司马氏戚属，楚之叔父宣期、兄贞并见杀。楚之亡匿诸沙门中。济江，西入竟陵蛮中。休之败，亡于汝、颍之间。楚之少有英气，能折节待士，与司马顺明、道恭等所在聚党。及裕代晋，楚之收众据长社。（秦县，在今河南长葛县西。）归之者常万余人。裕遣刺客沐谦刺之。楚之待谦甚厚，谦遂委身事之。宋永初三年，魏奚斤略地河南，楚之遂请降，助之猾夏。案宋武帝之兴，实能攘斥夷狄；即以君臣之义论，"布衣匹夫，匡复社稷"，（司马休之表语。）其功亦为前古所未有。孔子之称齐桓也，曰："微管仲，吾其被发左衽矣，"宋武当之，盖无愧焉。不念其匡维华夏之功，徒以一姓之私，事仇而图反噬，休之等之罪，固不容于死矣。当时晋宗室为宋武所诛者，尚有梁王珍之、（璲孙。璲武陵威王晞子。）珣之。（西阳王羕玄孙，为会稽思世子道生后。道生简文帝之子也。）义熙中，有称元显子秀熙，避难蛮中而至者。道子妃请以为嗣。宋武意其诈，案验之，果散骑郎滕羡奴也。坐弃市。道子妃哭之甚恸。此事之真伪，亦无以言之，然观于休之等之纷纷反噬，则除恶固不可不务尽也。

第七节　宋武暂平关中

　　《晋书·姚兴载记》云：刘裕诛桓玄，遣参军衡凯之诣姚显请通和，显遣吉默报之，自是聘使不绝。晋求南乡诸郡，兴许之，遂割南乡、顺阳、新野、舞阴等十二郡归于晋。（舞阴，汉县，在今河南泌阳县北。此等皆兴置以为郡。）盖时桓氏遗孽，归秦者多，刘裕恐其为患，故欲暂与通和；而兴亦外患方殷，未能恶于晋；所置诸郡，亦本非其所能守也。然桓氏遗孽，兴卒加以卵翼；谯纵、司马休之等叛徒，兴亦无不与相影响者；其终不可以久安审矣。故荆、雍既定，兴又适死，而经略关、洛之师遂出。

　　义熙十二年，刘裕伐秦。八月，发京师。九月，次彭城。使王仲德督前锋诸军事，以水师入河。檀道济、王镇恶向洛阳。刘遵考、沈林子出石门。朱超石、胡藩向半城。（亦作畔城。据魏收《地形志》，在平原郡聊城县。案聊城，汉县，在今山东聊城县西北。）咸受统于仲德。道济、镇恶自淮、肥步向许、洛。羌缘道城守，皆望风降服。沈林子自汴入河。攻仓垣，伪兖州刺史韦华率众归顺。仲德从陆道至梁城。魏兖州刺史尉建弃州北渡。仲德遂入滑台。十月，众军至洛阳。

王师之出，秦姚绍、姚恢等方讨勃勃，取安定。绍还长安，言于泓曰："安定孤远，卒难救卫，宜迁诸镇户，内实京畿，可得精兵十万。"左仆射梁喜曰："关中兵马，足距晋师。若无安定，虏马必及于郿、雍。"泓从之。吏部郎懿横言："恢于广平之难有忠勋，未有殊赏。今外则置之死地，内则不豫朝权；安定人自以孤危逼寇，思南迁者，十室而九；若恢拥精兵四万，鼓行而向京师，得不为社稷之累乎？宜征还朝廷。"泓曰："恢若怀不逞之心，征之适所以速祸耳。"又不从。

王师至成皋，姚洸时镇洛阳，驰使请救。泓遣其越骑校尉阎生率骑三千赴之。武卫姚益男将步卒一万，助守洛阳。又遣其征东并州牧姚懿，南屯陕津，（懿时镇蒲阪。）为之声援。洸部将赵玄说洸："摄诸戍兵士，固守金墉。金墉既固，师无损败，吴寇终不敢越我而西。"时洸司马姚禹，潜通于檀道济；主簿阎恢、杨度等，皆禹之党，固劝洸出战。洸从之。乃遣玄率精兵千余，南守柏谷坞；广武石无讳东戍巩城。会阳城及成皋、荥阳、虎牢诸城悉降，道济等长驱而至。

无讳至石关，（胡三省曰：偃师县西南有汉广野君郦食其庙，庙东有二石阙。）奔还。玄与毛德祖战，败死。（德祖，王镇恶之司马。）姚禹逾城奔于王师。道济进至洛阳。洸惧，遂降。时阎生至新安，益男至湖城，遂留不进。姚懿司马孙畅，劝懿袭长安，诛姚绍，废泓自立。懿纳之。乃引兵至陕津，散谷帛以赐河北夷夏。泓遣姚赞及冠军司马国璠、建义蛇玄屯陕津，武卫姚驴屯潼关。懿遂举兵僭号。姚绍入蒲阪，执懿，囚之诛孙畅等。明年，姚恢率安定镇户三万八千趋长安。移檄州郡，欲除君侧之恶。姚绍、姚赞赴难，击破之，杀恢及其三弟。

是岁，正月，刘裕以舟师发彭城。王镇恶至宜阳。檀道济、沈林子攻拔襄邑堡。（胡三省曰：在秦所分立之河北郡河北县，晋属河东。）泓建威薛帛奔河东。道济自陕北渡，攻蒲阪。泓遣姚驴救蒲阪，胡翼度据潼关。又进姚绍督中外诸军，使率武卫姚鸾等步骑五万，距王师于潼关。姚驴与泓并州刺史尹昭夹攻檀道济，道济深壁不战。沈林子说道济曰："蒲阪城坚，非可卒克。攻之伤众，守之引日。不如弃之，先事潼关。潼关天限，形胜之地，镇恶孤军，势危力寡，若使姚绍据之，则难图矣。如克潼关，尹昭可不战而服。"道济从之，弃蒲阪，南向潼关。姚赞率禁兵七千，自渭北而东，进据蒲津。

王仲德之入滑台也，宣言"本欲以布帛七万匹，假道于魏，不谓魏之守将，便尔弃城。"魏明元帝闻之，诏其相州刺史叔孙建自河内向枋头，以观其势。仲德入滑台月余，又诏建渡河曜威，斩尉建，投其尸于河。然建亦不能制仲德。明元帝令建与刘裕相闻，以观其意。裕亦答言："军之初举，将以重币假途会彼边镇弃守。"明元帝诏群臣议之。外朝公卿咸曰："函谷天险，裕舟船步兵，何能西入？脱我乘其后，还路甚难；北上河岸，其行为易；

扬言伐姚，意或难测。宜先发军，断河上流，勿令西过。"又议之内朝，咸同外计。明元帝将从之。崔浩曰："如此，裕必上岸北侵，则姚无事而我受敌。今蠕蠕内寇，民食又乏，不可发军。未若假之水道，纵其西入，然后兴兵，塞其东归之路。使裕胜也，必德我假道之惠，令姚氏胜也，亦不失救邻之名。夫为国之计，择利而为之，岂顾婚姻酬一女子之惠哉？"议者犹曰："裕西入函谷，则进退路穷，腹背受敌；北上岸，姚军必不出关助我；扬声西行，意在北进，其势然也。"明元帝遂从群议，遣长孙嵩发兵拒之。时**魏**泰常二年，即晋义熙十三年二月也。

三月，朱超石前锋入河。魏遣黄门郎鹅青，（此据《宋书·朱龄石传》。《**魏书**》作娥清。）安平公乙旃眷，襄州刺史托跋道生，青州刺史阿薄干步骑十万屯河北。常有数千骑，缘河随大军进止。时军人缘河南岸牵百丈，河流迅急，有漂渡北岸者，辄为虏所杀略。遣军裁过岸，虏便退走，军还即复东来。刘裕乃遣白直队主丁旿，率七百人，及车百乘，于河北岸上。去水百余步，为却月阵，两头抱河。车置七仗士。事毕，使坚一白眊。虏见数百人步牵车上，不解其意，并未动。

裕先命朱超石驰往赴之。并赍大弩百张。一车益二十人，设彭排于辕上。虏见营阵既立，乃进围之。超石先以软弓小箭射虏。虏以众少兵弱，四面俱至。明元帝又遣其南平公托跋嵩三万骑至。（托跋嵩即长孙嵩。魏人后来改氏，史家于其未改时，亦多依所改者书之。）遂肉薄攻营。于是百弩俱发。又选善射者丛箭射之。

虏众既多，不能制。超石初行，别赍大锤并千余张槊，乃断槊长三四尺，以锤锤之。一槊辄洞贯三四虏。虏众不能当，一时奔溃。临阵斩阿薄干首。虏退还半城。超石率胡藩、刘荣祖等追之，复为所围。奋击尽日，杀虏千计。虏乃退走。

此战也，以少击众，实可谓为一奇捷，晋可谓师武、臣力矣。魏师既败，遂假晋以道。盖索虏是时，亦破胆矣。（《魏书·长孙嵩传》：太宗假嵩节，督山东诸军事。传诣平原，缘河岸列军。次于畔城，军颇失利。诏假裕道。《于栗磾传》：镇平阳。刘裕之伐姚泓也，栗磾虑其北扰，遂筑垒于河上，亲自守焉。裕遗栗磾书，假道西上。栗磾表闻，太宗许之。）

魏人既许假道，刘裕遂至洛阳。使沈田子入上洛。进及青泥。姚泓使姚和都屯尧柳以备之。姚绍以大众逼檀道济。道济固垒不战。绍欲分军据闅阳，（乡，属湖县，今河南闅乡县。）断其粮道。胡翼度言军势宜集，若偏师不利，则人心骇惧，绍乃止。绍旋欧血死，以后事托姚赞。众力犹盛。刘裕至湖城，赞乃引退。七月，裕次陕城。遣沈林子从武关入，会田子于青泥。姚泓欲自击大军，虑田子袭其后，欲先平田子，然后倾国东出。

八月，使姚裕率步骑八千距田子，躬将大众随其后。裕为田子所败，泓退还灞上。关中郡县，多潜通于王师。刘裕至潼关。薛帛据河曲叛泓，裕遣朱超石、徐猗之会帛攻蒲阪，克之。贼以我众少，复还攻城。猗之遇害，超石奔潼关。王镇恶率水军入渭。姚强屯兵河上，姚难屯香城，（在渭水北蒲津口。）为镇恶所逼，引而西。姚泓自灞上还，次石桥以援之。（石桥，在长安东北。）姚强、姚难阵于泾上。镇恶遣毛德祖击强，强战死。难遁还长安。镇恶直至渭桥，（在长安北。）弃船登岸。时姚丕守渭桥，为镇恶所败，泓自逍遥园赴之。（逍遥园，在长安东北。）逼水地狭，因丕之败，遂相践而退。泓奔石桥。赞众亦散。泓将妻子诣垒门降。赞率子弟、宗室百余人亦降。刘裕尽诛之。余宗迁于江南。送泓于建康，斩于市。

秦之未亡也，晋齐郡太守王懿降于魏，上书陈计，谓刘裕在洛，以军袭其后路，可不战而克。魏明元帝善之。（《魏书·崔浩传》。）姚赞亦遣司马休之及司马国璠自轵关向河内，引魏军以蹑裕后。于是明元帝敕长孙嵩："简精兵为战备。若裕西过，便率精锐，南出彭、沛。如不时过，但引军随之。彼至崤、陕间，必与姚泓相持，一死一伤，众力疲敝，比及秋月，徐乃乘之。"于是嵩与叔孙建自成皋南济。裕克长安，乃班师。盖魏人不意秦之亡如是其速也。然明元帝亦不武，不如勃勃之慓锐，故刘裕不能久驻长安，而关中遂入于夏。

《宋书·武帝纪》云：公之初克齐也，欲停镇下邳，清荡河、洛，以卢循之乱不果。及平姚秦，又欲息驾长安，经略赵、魏，以刘穆之卒，乃归。穆之者，东莞莒人，世居京口。高祖起兵，为府主簿。从平京邑。高祖始至，诸大处分，仓卒立定，并所建也。遂委以心腹之任，动止谘焉。穆之才甚敏，而亦竭节尽诚，无所遗隐。

（本传云：穆之与朱龄石，并便尺牍。常于高祖坐与龄石答书，自旦至中，穆之得百函，龄石得八十函，而穆之应对无废。又言高祖伐秦时，穆之内总朝政，外供军旅，决断如流，事无拥滞。宾客辐凑，求诉百端，内外谘禀，盈阶满室，目览辞讼，手答笺书，耳行听受，口并酬应，不相参涉，皆悉赡举。）

从征广固，还拒卢循，常居幕中画策，决断众事。高祖西讨刘毅，以诸葛长民监留府，总摄后事，留穆之以辅之，加建威将军，置佐吏，配给资力。西伐司马休之，以中弟道怜知留任，事无大小，一决穆之。十二年北伐，留世子为中军将军，监大尉留府，转穆之左仆射，领监军、中军二府军司将尹。盖恃为留守之长城矣。穆之以十三年十一月卒，以司马徐羡之代管留任。于时朝廷大事，当决穆之者，并悉北谘；穆之前军府文武二万人，以三千配羡之建威府，余悉配世子中军府；其倚任，远非穆之之比矣。

（穆之之殁，高祖表天子曰："岂惟谠言嘉谋，溢于民听。若乃忠规远画，潜虑密谋，造膝诡辞，莫见其际。功隐于视听，事隔于皇朝，不可胜记。"此与魏武帝之惜荀文若正同。一代革易之际，必以武人位于大君，此不过借其犷悍之气，以肃清寇盗，驾驭武夫，至于改弦更张，所以扫除秽浊，而开百年郅治之基者，必借有文学之士以为之辅。此其功，与武人正未易轩轾，特不如武人之赫赫在人耳目耳。然当革易之际，能为大君而开一代之治者，亦必非犷悍寡虑之流，不过武功文治，各有专长，不得不借文人以为之辅。既相须之孔殷，自相得而益彰，其能相与有成，亦断非徒为一身之计也。

《宋书·王弘传》言：弘从北征，前锋已平洛阳，而未遣九锡，弘衔使还京师，讽旨朝廷。时刘穆之掌留任，而旨从北来，穆之愧惧，发病，遂卒。此真以小人之腹，度君子之心，与谓荀文若不得其死者无异。《张邵传》言：武帝北伐，邵请见曰："人生危脆，必当远虑。穆之若邂逅不幸，谁可代之？"可见穆之罹疾已久矣。《南史》言武帝受禅，每叹忆穆之，曰："穆之不死，当助我理天下。可谓人之云亡，邦国殄瘁。"又岂专为一身起见哉！）

十二月，裕发长安。以弟二子义真为雍州刺史，留镇，而留腹心将佐以辅之。以王修为长史。义真时年十二耳。十四年，正月，裕至彭城，复以刘遵考为并州刺史，镇蒲阪。遵考，裕族弟也，裕时诸子并弱，宗族惟有遵考，故用焉。赫连勃勃闻裕东归，大悦。问取长安之策于王买德。买德教以置游兵，断青泥、上洛之路，杜潼关、崤、陕，而以大兵进取长安。勃勃善之。以子璝都督前锋诸军事，率骑二万，南伐长安，子昌屯兵潼关；买德南断青泥；而勃勃率大军继发。义真中兵参军沈田子与司马王镇恶拒之北地。

田子素与镇恶不协，矫刘裕令，请镇恶计事，于坐杀之。王修收杀田子。治中从事史傅弘之击赫连璝，大破之，夏兵退。义真年少，赐与不节，王修每裁减之，左右并怨，白义真曰："镇恶欲反，故田子杀之，修今杀田子，是又欲反也。"义真乃使左右刘包等杀修。修既死，人情离骇，无相统一。于是悉召外军，入于城中，闭门距守。关中郡县，悉降于夏。勃勃进据咸阳，长安樵采路绝，不可守矣。

十月，刘裕遣朱龄石代义真。敕龄石："若关右必不可守，可与义真俱归。"诸将竞敛财货，多载子女，方轨徐行。傅弘之谓宜弃车轻行，不从。《晋书·勃勃载记》云："义真大掠而东，百姓遂逐朱龄石，而迎勃勃入于长安，"岂不痛哉？赫连璝率众三万，追击义真。至青泥，为所及。蒯恩断后，被执，死于虏中。（恩时遣入关迎义真者。）毛修之、傅弘之并没于虏。（修之夏亡没于魏。弘之，勃勃逼令降，不屈，时天寒，裸之，叫骂，见杀。）王敬先戍潼关之曹公垒，朱龄石率余众就之。虏断其水道，众渴不能战，城陷。被执至长安，皆见杀。刘裕遣朱超石慰劳河、洛，始至蒲阪，直龄石弃长安去，济河就之，亦与龄石并陷虏见杀。刘遵考南还，代以毛德祖，（义真中兵参军。）勃勃遣其将叱奴侯提率步骑三万攻之，德祖奔洛阳。关中遂没。

《宋书·武三王传》曰：高祖闻青泥败，未得义真审问。有前至者，访之，并云："暗夜奔败，无以知其存亡。"高祖怒甚，刻日北伐。谢晦谏，不从。及得段宏启事，知义真已免，乃止。（宏义真中兵参军，以义真免者。）此浅之乎测丈夫者也。高祖即善怒，岂以一子，轻动干戈？

《郑鲜之传》云：佛佛虏陷关中，高祖复欲北讨，鲜之上表谏曰："虏闻殿下亲御大军，必重兵守潼关。若陵威长驱，臣实见其未易；若舆驾顿洛，则不足上劳圣躬。贼不敢乘胜过陕，远慑大威故也。若舆驾造洛而反，凶丑更生揣量之心，必启边戎之患。江南颙颙，忽闻远伐，不测师之深浅，人情恐惧，事又可推。往年西征，刘钟危殆；（伐司马休之时，以刘钟领石头戍事，屯冶亭，有盗数百夜袭之，京师震骇，钟讨平之。冶亭，在建康东。）前年劫盗破广州，人士都尽；三吴心腹之内，诸县屡败，皆由劳役所致。又闻处处大水，加远师民敝，败散自然之理。殿下在彭城，劫盗破诸县，事非偶尔，皆是无赖凶愚。凡顺而抚之，则百姓思安；违其所愿，必为乱矣。"此当时不克再举之实情。

《王仲德传》云：高祖欲迁都洛阳，众议咸以为宜，仲德曰："非常之事，常人所骇。今暴师日久，士有归心，固当以建业为王基，俟文轨大同，然后议之可也。"帝深纳之。《武三王传》亦言：高祖之发长安，诸将行役既久，咸有归愿，止留偏将，不足镇固人心，故以义真留镇。洛阳不能久驻，而况长安？将士不免思归，而况氓庶？势之所限，虽英杰无如之何。《南史·谢晦传》言：武帝闻咸阳沦没，欲复北伐，晦谏以士马疲怠，乃止，与《武三王传》之言适相反，固知史之所传，不必其皆可信也。

世皆訾宋武之南归，由其急于图篡，以致"百年之寇，千里之土，得之艰难，失之造次，使丰、鄗之都，复沦寇手"，（司马光语，见《通鉴》。）此乃王买德对赫连勃勃之辞，非敌国诽谤之言，则史家傅会之语，初非其实。宋武代晋，在当日，业已势如振槁，即无关、洛之绩，岂虑无成？苟其急于图篡，平司马休之后，径篡可矣，何必多此伐秦一举？武帝之于异己，虽云肆意翦除，亦特其庸中佼佼者耳，反侧之子必尚多。刘穆之死，后路无所付托，设有窃发，得不更诒大局之忧？欲攘外者必先安内，则武帝之南归，亦不得訾其专为私计也。

义真虽云年少，留西之精兵良将，不为不多。王镇恶之死，事在正月十四日，而勃勃之图长安，仍历三时而后克，可见兵力实非不足。长安之陷，其关键，全在王修之死。义真之信逸，庸非始料所及，此尤不容苛责者也。惟其经略赵、魏，有志未遂，实为可惜。

当时异族在中原之地者，皆已力尽而毙，惟铁弗、拓跋二虏，起于塞北，力较厚而气较雄；而拓跋氏破后燕后，尤为土广而人众。所以清定之者，实不当徒恃河南为根基，而断当经营关中与河北，以非如是则势不相及也，此观于后来元嘉之丧败而可知。

武帝平秦之日，拓跋氏实无能为；铁弗氏之兵力，亦极为有限。拓跋氏虽因力屈假道，初实为秦形援，后又侵扰河南，伐之实为有辞。铁弗氏必不敢动。秦凉诸国，一闻王师入关，早已胆落。乞伏炽磐曾使求自效。沮渠蒙逊，猾夏最深，然朱龄石遣使招之，亦尝上表求为前驱。当时此诸国者，未尝不可用之以威勃勃，而铁弗氏与拓跋氏，本属世仇；勃勃惟利是视；苟有事于拓跋氏，亦未必不可驱之，使与我相掎角。然则宋武设能留驻北方二三年，拓跋嗣或竟为什翼犍之续，亦未可知也。惟即如是，五胡乱华之祸，是否即此而讫，亦未可定。

崔浩之为拓跋嗣策中国也，曰："秦地戎夷混并，虎狼之国，刘裕亦不能守之。孔子曰：善人为邦百年，可以胜残去杀，今以秦之难制，一二年间，岂裕所能哉？且可治戎束甲，息民备境，以待其归，秦地亦当终为国有。"浩实乃心华夏者，其为此言，盖所以息索虏之觊觎，而非为之计深远，说别详后。然于关中之情形，亦颇有合。

宋武之平姚秦，已迫迟暮，其能竟此大业与否，亦可疑也。宋武之所阙，仍在于其度量之不弘。大抵人勋业所就，恒视乎其所豫期。长安之所以不守，实由将士之思归，及其贪暴，(《王镇恶传》：是时关中丰盈，仓库殷积，镇恶极意收敛，子女玉帛，不可胜计。观于义真败后，诸将尚竞敛财货，多载子女，方轨徐行，则平时极意收敛者，正不止镇恶一人也。)而其所以如此，则平时之所以自期待者使之。

神州陆沉，既百年矣，生斯土者，孰非其奇耻大辱？使为之率将者，果有恢复境壤，拯民涂炭之心，自不以消除关洛为已足；上之所好，下必甚焉，为其所卵翼裁成者，自亦不敢启思归之念，怀欲货之思矣。

王镇恶之至潼关也，姚绍率大众距险，深沟高垒以自固。镇恶悬军远入，转输不充，将士乏食。驰告高祖，求发粮援。时高祖缘河，索虏屯据河岸，军不得前。高祖初与镇恶等期：克洛阳后，须大军至，及是，呼所遣人，开舫北户，指河上虏示之曰："我语令勿进，而轻佻深入，岸上如此，何由得遣运？"

此时王师实为一大危机，而镇恶亲到弘农，督上民租，百姓竞送义粟，军遂复振，高祖将还，三秦父老，诣门流涕诉曰："残民不沾王化，于今百年。始睹衣冠，方仰圣泽。长安十陵，是公家坟墓，咸阳宫殿数千间，是公家屋宅；舍此欲何之？"义真进督东秦，时陇上流人，多在关中，望因大威，复归本土，及置东秦，父老知无复经略陇右、固关中之意，咸共叹息。

　　王镇恶之死也，沈田子又杀其兄弟及从弟七人，惟镇恶弟康，逃藏得免。与长安徙民张旴丑、刘云等唱集义徒，得百许人。驱率邑郭侨户七百余家，共保金墉，为守战之备。时有邵平，率部曲及并州乞活千余户屯城南，迎亡命司马文荣为主。又有亡命司马道恭，自东垣率三千人屯城西。亡命司马顺明，五千人屯陵云台。顺明遣刺杀文荣，平复推顺明为主。又有司马楚之屯柏谷坞。索虏野坂城主黑弰公（即于栗磾。）游骑在芒上。（北邙山，在洛阳东北。）攻逼交至。康坚守六旬，救军至，诸亡命乃各奔散。

　　盖遗黎之可用如此：关中诚如崔浩言，戎夷混并，然汉人之能为国宣力者实更多。即戎夷亦非无可用，此又证以后来柳元景之出师，盖吴之反魏而可知者也。义真之归也，将镇洛阳，而河南萧条，未及修理，乃改除扬州刺史。毛德祖全军而归，以为荥阳、京兆太守，寻迁司州刺史，戍虎牢。此等兵力，其不足以固河南审矣。郑鲜之言："西虏或为河、洛之患，今宜通好北虏，则河南安，河南安则济、泗静。"盖至此而徒保河南，弃置河北之势成矣。哀哉。

第八节　魏并北方

宋武帝既弃关中，其明年，遂受晋禅，受禅后三年而崩。子少帝立，为徐羡之等所废。文帝继位，初则谋诛永平逆党，继又因彭城王专权，尽力谋诛刘湛等，经略之事，匪皇顾虑；而其时北魏太武帝继立，剽悍之气，非复如明元之仅图自守，北方诸国，遂悉为所并，欲图恢复益难矣。自晋义熙十四年弃关中，至宋元嘉十六年魏灭北凉，尽并北方，其间凡二十二年，中国实坐失一不易再得之机会也。今略述北方诸国及其为魏所并之事，以终晋世北方分裂之局。

秃发傉檀既得姑臧，征集戎夏之兵五万余人，大阅于方亭。（地属显美。显美，汉县，在今甘肃永昌县东。）遂伐沮渠蒙逊，入西陕。蒙逊率众来距。战于均石，为蒙逊所败。蒙逊攻西郡，陷之。（胡三省曰：均石，在张掖之东，西陕之西，盖西郡界。）

赫连勃勃初僭号，求婚于傉檀，傉檀勿许。勃勃怒，率骑二万伐之。自阳非至于支阳，三百余里，杀伤万余人，驱掠二万七千口，牛、马、羊数十万而还。（阳非亭，在今甘肃永登县西。支阳，汉县。胡三省引刘昫曰：唐兰州广武县，杜佑曰：唐会州会宁县。会宁，在今甘肃靖远县东北。）傉檀率众追之。战于阳武，（峡名，在靖远县境。）为勃勃所败。将佐死者十余人。傉檀与数骑奔南山，胡三省曰：（支阳之南山，《本纪》事在义熙三年十一月。）几为追骑所得。

傉檀惧东西寇至，徙三百里内百姓，入于姑臧。国中骇怨。屠谷成七儿，因百姓之扰，率其属三百人叛。军谘祭酒梁哀，辅国司马边宪等七人谋反，傉檀悉诛之。姚兴乘机，遣其子弼及敛成等率步骑三万来伐，又使姚显为弼等后继。遗傉檀书，云遣齐难讨勃勃，惧其西逸，故令弼等于河西邀之。傉檀以为然，遂不设备。

弼陷昌松，至姑臧，屯于西苑。（姑臧有东西苑城。）州人王钟、宋钟、王娥等密为内应。候人执其使送之。傉檀欲诛其元首。前军伊力延侯曰："今强敌在外，内有奸坚，兵交势蹙，祸难不轻，宜悉坑之，以安内外。"傉檀从之，杀五千余人，以妇女为军赏。命诸郡县，悉驱牛羊于野。

敛成纵兵虏掠。傉檀遣十将率骑分击，大败之。姚弼固垒不出。姚显闻弼败，兼道赴之。委罪敛成，遣使谢傉檀，引师而归。傉檀于是僭即凉王位。（《纪》在义熙四年十一月。）遣其左将军枯木、驸马都尉胡康伐沮渠蒙逊，掠临松人千余户而还。

蒙逊大怒，率骑五千，至于显美方亭，徙数千户而还。傉檀大尉俱延伐蒙逊，又大败归。傉檀将亲伐之。尚书左仆射赵晁及太史令景保谏。傉檀曰："吾以轻骑五万伐之。蒙逊若以骑兵距我，则众寡不敌；兼步而来，则舒疾不同。救右则击其左，赴前则攻其后，终不与之交兵接战，卿何惧乎？"既而战于穷泉，（《十六国疆域志》云：在昌松。）傉檀大败，单马奔还。（《纪》义熙六年三月。）蒙逊进围姑臧。百姓惩东苑之戮，（即王钟等之诛。）悉皆惊散。

傉檀遣使请和，以司隶校尉敬归及子他为质。（归至胡坑逃还，他为追兵所执。胡坑，胡三省曰：在姑臧西。）蒙逊徙八千余户而归。右卫折掘奇镇据石驴山以叛。（胡三省曰：石驴山，在姑臧西南，属晋昌郡界。案晋昌，晋郡，在今甘肃安西县东。）傉檀惧为蒙逊所灭，又虑奇镇克岭南，乃迁于乐都。（今青海乐都县。）留大司农成公绪守姑臧。焦谌等闭门作难，推焦朗为大都督，谌为凉州刺史。

蒙逊攻克之。（《通鉴》在义熙七年二月。《晋书》云宥朗。《宋书·蒙逊传》云：义熙八年，蒙逊攻焦朗，杀之，据姑臧。盖因蒙逊迁居姑臧而追叙其攻克之事。）遂伐傉檀。围乐都，三旬不克。傉檀以子安周为质，蒙逊引归。

傉檀又将伐蒙逊。邯川护军孟恺谏，不从。（邯川城，在今青海巴燕县黄河北岸。）五道俱进。至番和、苕藋，掠五千余户。（番和，汉县，后凉置郡，在今甘肃永昌县西。苕藋，在张掖东。）其将屈右，劝其倍道还师，早度峻险。卫尉伊力延曰："彼徒我

_458

骑，势不相及。若倍道还师，必捐弃资财，示人以弱，非计也。"
俄而昏雾风雨，蒙逊军大至，傉檀败绩而还。蒙逊进围乐都。傉
檀婴城固守，以子染干为质，蒙逊乃归。久之，蒙逊又攻乐都，
二旬不克。蒙逊迁于姑臧。义熙八年，僭即河西王位。

傉檀弟湟河太守文支降蒙逊，蒙逊又来伐。傉檀以大尉俱
延为质，蒙逊引还。（《通鉴》在义熙九年四月。）傉檀议欲西征
乙弗。孟恺谏曰："连年不收，上下饥弊，远征虽克，后患必深。
不如结盟炽磐，通籴济难；慰喻杂部，以广军资。畜力缮兵，相
时而动。"傉檀谓其太子虎台曰：（虎台从《魏书》。《晋书》作武
台，乃唐人避讳改。）"今不种多年，内外俱窘，事宜西行。以拯
此弊。蒙逊近去，不能卒来。且夕所虑，惟在炽磐，彼名微众寡，
易以讨御。吾不过一月，自足周旋。汝谨守乐都，无使失坠。"
乃率骑七千袭乙弗，大破之，获牛、马四十余万。炽磐果率步骑
二万，乘虚来袭。

抚军从事中郎尉肃言于虎台曰："外城广大，难以固守，宜
聚国人于内城，肃等率诸晋人，距战于外。如或不捷，犹有万
全。"虎台惧晋人有二心也，乃召豪望有谋勇者，闭之于内。孟
恺泣曰："恺等进则荷恩重迁，退顾妻子之累，岂有二乎？今事已
急矣，人思自效，有何猜邪？"一旬而城溃。

乌孤子樊尼，自西平奔告傉檀。傉檀谓众曰："今乐都为炽
磐所陷，男夫尽杀，女妇赏军，虽欲归还，无所赴也。卿等能与
吾借乙弗之资，取契汗以赎妻子，是所望也。不尔即归炽磐，便

为奴仆矣，岂忍见妻子在他人抱中？"遂引师而西。众多逃返。遣镇北段苟追之，苟亦不还。于是将士皆散。惟中军纥勃、后军洛肱、安西樊尼、散骑侍郎阴利鹿在焉。傉檀曰："蒙逊与吾，名齐年比，炽磐姻好少年，俱其所忌，势皆不济。与其聚而同死，不如分而或全。樊尼长兄之子，宗部所寄，吾众在北者，户垂二万，蒙逊方招怀遐迩，存亡继绝，汝其西也。纥勃、洛肱，亦与尼俱。吾年老矣，所适不容，宁见妻子而死。"遂归炽磐。惟阴利鹿随之。岁余，为炽磐所鸩。

案好战者必亡，其傉檀之谓乎？《晋书·载记》云："乌孤以安帝隆安元年僭立，至傉檀之世，凡十九年，以安帝义熙十年灭。"《本纪》亦系傉檀之亡于义熙十年六月。案自隆安元年至义熙十年，止十八年。《乞伏炽磐载记》云："炽磐以义熙六年袭伪位。"（《本纪》在八年。）又云："僭立十年而入乐都。"则当为元熙元年，年岁相距太远矣。疑僭立二字衍，而《秃发氏载记》之"凡十九年"，当作十八也。

《通鉴》云：傉檀之死也，沮渠蒙逊遣人诱虎台，许以番禾、西安二郡处之；（西安，后凉郡，在张掖东南。）且借之兵，使伐秦，报其父仇，复取故地。虎台阴许之。事泄而止。炽磐后，虎台妹也，炽磐待之如初。后密与虎台谋曰："秦本我之仇雠，虽以婚姻待之，盖时宜耳。先王之薨，又非天命，遗令不治者，欲全济子孙故也。（胡三省曰：不治，谓被鸩而不解也。）为人子者，岂可臣妾于仇雠，而不思报复乎？"乃与武卫将军越质洛成谋弑

炽磐。后妹为炽磐左夫人，知其谋而告之。炽磐杀后及虎台等十
余人。事在宋景平元年。

乞伏炽磐既兼秃发傉檀，兵强地广。沮渠蒙逊遣其将运粮于
湟河，自率众攻克炽磐之广武郡。以运粮不继，自广武如湟河，
度浩亹。炽磐遣将距之，皆为蒙逊所败。蒙逊以弟汉平为湟河太
守，乃引还。炽磐率众三万袭湟河，汉平降。（义熙十一年。）炽
磐攻漒川，（西秦郡，在今青海东南境。）师次沓中。（在今甘肃
临潭县西。）蒙逊攻石泉以救之，（石泉，县名，《十六国疆域志》
云：属漒川。）炽磐引还。蒙逊亦归。遣使聘于炽磐，遂结和亲。

西凉立国酒泉，与蒙逊形势甚逼。《晋书》本传云："蒙逊每
年侵寇不止，玄盛志在以德抚其境内，但与通和立盟，弗之校也。
寻而蒙逊背盟来侵，玄盛遣世子士业要击，败之，（嵩世子谭早
卒，立次子歆为世子，歆字士业。）获其将沮渠百年。（《本纪》
在义熙七年十月。）玄盛谓张氏之业，指期而成，河西十郡，岁
月而一，既而秃发傉檀入据姑臧，且渠蒙逊基宇稍广，于是慨然，
著《述志赋》焉。"盖其势实最弱也。

义熙十三年，二月，嵩卒，子歆嗣。（此据《晋书·本纪》。
《宋书·且渠蒙逊传》云五月。）蒙逊遣其张掖太守且渠广宗诈降
诱歆。歆遣武卫温宜等赴之，亲勒大军，为之后继。蒙逊帅众
三万，伏于蓼泉。（胡三省曰：《新唐书·地理志》：张掖郡西北
百九十里有祁连山，山北有建康军，军西百二十里有蓼泉守捉
城。）歆闻之，引兵还，为蒙逊所逼，歆亲贯甲先登，大败之。

（《宋书·蒙逊传》云：歆伐蒙逊，至建康。蒙逊拒之。歆退走。追到西支涧，蒙逊大败，死者四千余人。乃收余众，增筑建康城，置兵戍而还。《晋书·蒙逊载记》云：蒙逊为李士业败于解支涧，复收散卒欲战，前将军成都谏，蒙逊从之，城建康而归。解支涧，胡三省曰："《晋书》作鲜支涧，当从之，"然今《晋书》作解支涧，《十六国疆域志》亦同。）

明年，蒙逊大伐歆。歆将出距之。左长史张体顺固谏，乃止。蒙逊大芟禾稼而还。（《通鉴》在义熙十四年。）歆用刑颇峻，又缮筑不止。从事中郎张显，主簿汜称疏谏，并不纳。永初元年，七月，（据《宋书·且渠蒙逊传》。）蒙逊东略浩亹，歆承虚攻张掖。其母尹氏及宋繇固谏，并不从。（繇旧臣，受顾命者。）遂率步骑三万东伐，次于都渎涧。（《十六国疆域志》引《通志》云：在蓼泉西。）蒙逊自浩亹来距。战于坏城，（《十六国疆域志》云：在福禄县。）为蒙逊所败。勒众复战，又败于蓼泉，被害。蒙逊遂入酒泉。

歆弟敦煌太守恂，据郡自称大将军。十月，蒙逊遣世子正德攻之，不下。明年，正月，蒙逊自往，筑长堤，引水灌城，数十日，又不下。三月，恂武卫将军宋丞，广武将军弘举城降。恂自杀。李氏亡。（歆之亡在永初元年。本传云：士业立年而宋受禅，误。故又云，其灭在永平元年，皆误多三年。）

赫连勃勃既陷长安，遂僭称皇帝。（《魏书》在泰常三年，即晋义熙十四年。《北史》在泰常四年，即晋元熙元年。）群臣劝都长安。勃勃曰："荆吴僻远，势不能为人之患。东魏与我同境，去北京裁数百余里。若都长安，北京恐有不守之忧。诸卿适未见此耳。"乃于长安置南台，以其太子璝领雍州牧，录南台尚书事，而还统万。（《魏书》云：以长安为南都。）

案云荆吴不足为患，姚泓之灭，岂特殷鉴不远？知东魏为心腹之忧，则终勃勃之世，何不闻以一矢东向相加遗邪？知此等皆史家傅会之辞，非其实也。

勃勃性凶暴好杀。其在长安也，尝征隐士韦祖思，既至，恭惧过礼，勃勃怒曰："吾以国士征汝，奈何以非类处吾？汝昔不拜姚兴，何独拜我？我今未死，汝犹不以我为帝王，我死之后，汝辈弄笔，当置吾何地？"遂杀之。其猜忌汉人如此。常居城上，置弓箭于侧，有所嫌忿，便手自杀之。群臣忤视者毁其目，笑者决其唇，谏者谓之诽谤，先截其舌而后斩之。

夷夏嚣然，人无生赖。议废其长子璝，璝自长安起兵攻勃勃。勃勃中子昌破璝，杀之。勃勃以昌为太子。（《通鉴》元嘉元年。）元嘉二年，勃勃死，昌僭立。

三年，九月，魏遣奚斤袭蒲阪，周几袭陕城。十月，魏太武帝西伐，临君子津。十一月，以轻骑一万八千济河袭昌，略居民，徙万余家而还。奚斤东至蒲阪，昌守将赫连乙升弃城西走。昌弟助兴守长安，乙升复与助兴西走安定。奚斤遂入蒲阪，西据长安。四年，正月，昌遣其弟平原公定率众二万向长安。

五月，魏太武帝乘虚西伐。济君子津，轻骑三万，倍道兼行。

群臣咸谏曰："统万城坚，非十日可拔。今轻军讨之，进不可克，退无所资。不若步兵攻具，一时俱往。"太武曰："夫用兵之术，攻城最下，不得已而用之。如其攻具一时俱往，贼必惧而坚守。若攻不时拔，则食尽兵疲，外无所掠，非上策也。朕以轻骑至其城下，彼先闻有步兵，而徒见骑至，必当心闲。朕且羸师以诱之，若得一战，擒之必矣。所以然者，军士去家二千里，复有黄河之难，所谓置之死地而后生也。"遂行。次于黑水。（去统万三十余里。）分军伏于深谷，而以少众至其城下。

昌将狄子玉来降，说"昌使人追定，定曰：城既坚峻，未可攻拔，待擒斤等，然后徐往，内外击之，何有不济？昌以为然"。太武恶之。退军城北，示昌以弱。会军士负罪，亡入昌城，言"魏军粮尽，士卒食菜，辎重在后，步兵未至，击之为便"。昌信其言，引众出城。太武收军伪北，分骑为左右以犄之，昌军大溃。不及入城，奔于上邽。遂克其城。（《魏书·本纪》在六月。）

是役也，昌虽寡谋，魏亦幸胜。其时魏兵不足二万，而昌众步骑三万；太武引而疲之，行五六里，冲其阵，尚不动；及战，太武坠马，流矢中掌，其不败者亦幸耳。

娥清以五千骑攻赫连定，定亦走上邽。奚斤追之，至雍，不及而还。太武诏斤班师。斤请益铠马平昌，不许。抗表固请，乃许之。给斤万人，遣将军刘拔送马三千匹与斤。五年，（魏神䴥元年。）二月，昌退屯平凉。斤进军安定。马多疫死，士众乏粮，乃深垒自固。遣大仆丘堆等督租于民间，为昌所败。昌日来侵掠，

—464

刍牧者不得出，士卒患之。监军侍御史安颉请募壮勇出击。斤言"以步击骑，终无捷理"，欲须救骑至。颉曰："今兵虽无马，将帅所乘，足得二百骑，就不能破，可折其锐。且昌狷而无谋，每好挑战，众皆识之，若伏兵掩击，昌可擒也。"斤犹难之。颉乃阴与尉眷等谋，选骑待焉。昌来攻垒，颉出应之。昌于阵前自接战，军士识昌，争往赴之。会天大风，扬尘，昼昏，众乱。昌退。颉等追击，昌马蹶而坠，遂擒昌。

（《通鉴考异》曰："《十六国春秋钞》云：承光三年，五月，战于黑渠，为魏所败。昌与数千骑奔还，魏追骑亦至。昌河内公费连乌提守高平，徙诸城民七万户于安定以都之。四年，二月，魏军至安定。三城溃。昌奔秦州。魏东平公娥青追擒之，送于魏。与《后魏纪传》不同，今从《后魏书》。"案承光赫连昌年号，承光三年，宋元嘉四年也。）

观此，弥知魏太武之克统万为幸胜，当时设与之坚持，未有不以乏粮为患者也。

昌余众立定，走还平凉。奚斤耻功不在己，轻赍三日粮，追定于平凉。娥清欲寻水而往，斤不从。定知其军无粮乏水，邀其前后。斤众大溃。与娥清、刘跋，俱为定所擒，士卒死者六七千人。丘堆先守辎重在安定，闻斤败，弃甲东走蒲阪。定复入长安，魏太武诏安颉镇蒲阪以拒之。（又诏颉斩丘堆。）六年，五月，定侵统万，至侯尼城而还。（胡三省曰：侯尼城，在平凉东。）

七年，九月，定遣弟谓以代攻鄜城，魏始平公隗归击破之。

定又将数万人东击归。十一月，魏太武帝亲率轻骑袭平凉。定救平凉。登鹑觚原，（鹑觚，汉县，在今甘肃灵台县东北。）方阵自固。太武四面围之，断其水草。定引众下原。击之，众溃。定被创单骑走，收余众西保上邽。诸将乘胜进军，遂取安定。十二月，定弟社干、度洛孤出降。长安、临晋、武功守将皆奔走。关中遂入于魏。

当刘裕伐秦之际，乞伏炽磐尝遣使诣裕求效力，拜为西平将军河南公。（《宋书·武帝本纪》。）及魏伐夏之岁，炽磐又遣使于魏，请伐赫连昌。（《魏书·本纪》始光三年正月。）盖皆欲乘时以徼利也。及魏克统万，炽磐乃遣其叔泥头、弟度质于平城。元嘉五年，炽磐死，子暮末嗣伪位。

（暮末依《晋书》。《宋》、《魏书》及《十六国春秋》皆作茂蔓。炽磐之死，《晋书》在元嘉四年。下文云：暮末在位三年，为赫连定所杀，在元嘉七年。又云：始国仁以孝武太元十年僭位，至暮末四世，凡四十有六载，数亦相合。然据《魏书·本纪》：暮末之灭，在神䴥四年正月，则当为元嘉八年，《宋书·大沮渠蒙逊传》亦同。考《魏书·本纪》，赫连定之奔上邽，在神䴥三年十一月，似其年内未必能亡暮末，疑《晋书》纪事，误移前一年也。）

明年，沮渠蒙逊攻枹罕。暮末大破之，擒其世子兴国。

暮末政刑酷滥，内外崩离。为赫连定所逼，遣使请迎于魏。魏太武许以安定以西、平凉以东封之。暮末乃焚城邑，毁宝器，率户万五千至高田谷。（胡三省曰：当在南安郡界。）为赫连定所拒，遂保南安。魏太武遣使迎之。暮末卫将军吉毗固谏，以为不宜内徙，暮末从之。

赫连定遣其北平公韦代（当即谓以代。）率众一万攻南安。城内大饥，人相食。暮末及宗族五百余人出降，送于上邽。时元嘉八年正月也。（从《魏书》，《通鉴》同。）是岁，六月，赫连定北袭沮渠蒙逊，为吐谷浑慕璝所执。明年，二月，送于魏，魏杀之。

（《宋书·沮渠蒙逊传》：元嘉七年，四月，定奔上邽。十一月，茂蔓闻定败，将家户及兴国东征，欲移居上邽。八年，正月，至南安。定率众御茂蔓，大破之。杀茂蔓，执兴国而还。四月，定避拓跋焘，欲渡河西击蒙逊。五月，率部曲至治城峡口。渡河，济未半，为吐谷浑慕璝所邀，见获。兴国被创，数日死。其事述与《魏书》多牴牾，似不甚审。治城，胡三省曰："魏收《地形志》：凉州东泾郡有治城县，其地当在黄河南。又凉州有建昌郡，亦有治城县。"案东泾郡之治城，当在旧凉州府境，建昌郡之治城，当在旧兰州府境。胡《注》见元嘉六年。）

赫连昌尚魏始平公主，封为秦王。元嘉十一年，叛魏，西走河西，为候将所格杀。魏人并杀其群弟。

冯跋在僭伪诸国中，颇称有道。尝下书除前朝苛政。命守宰当垂仁惠，无得侵害百姓。兰台都官，明加澄察。分遣使者，巡行郡国。孤老久病，不能自存者，振谷帛有差。孝弟力田，闺门和顺者，皆褒显之。又下书省徭薄赋。堕农者戮之，力田者褒赏。命尚书纪达，为之条制。每遣守宰，必亲见东堂，问为政事之要。

令极言无隐，以观其志。又下书，令百姓人植桑一百根，柘二十根。禁厚于送终，贵而改葬。

蠕蠕勇斛律遣使求跋女伪乐浪公主，群下议前代旧事，皆以宗女妻六夷，乐浪公主不宜下降非类，跋不听。库莫奚虞出库真献马请交市，许之。契丹库莫奚降，署其大人为归善王。凡兹厚抚四夷，亦皆欲以息民也。

史称冯氏出自中州，有殊异类。虽旧史称其信惑妖祀，斥黜谏臣，然能育黎萌，保守疆宇二十余年，实人事而非天意。信不诬也。

跋于夷夏之际，亦深有抉择。晋青州刺史申永遣使浮海来聘，跋使其中书郎李扶报之。魏明元帝遣谒者于什门往使，为跋所留。明元帝使长孙道生率众二万攻之，以其有备，不克而还。（魏泰常三年，即晋义熙十四年。）可谓明于去就矣。惜亦以内乱不终，是则当上下交征、不夺不餍之世，积习不易挽也。

跋长弟素弗，任侠放荡，惟交结时豪为务。当世侠士，莫不归之。史称跋之伪业，实素弗所建。故高云死时，众推跋为主，跋曾以让素弗。而素弗不可。跋僭位，以为宰辅。素弗谦虚恭慎，虽厮养之贱，皆与之抗礼。车服务于俭约。修己率下，百僚悝之。惜跋之七年即死。（义熙十一年。）

元嘉七年，跋有疾。跋长子永先死，立次子翼为世子，摄国事。翼勒兵以备非常。跋妾宋氏，规立其子，谓之曰："主上疾将瘳，奈何代父临国乎？"翼遂还。宋氏矫绝内外，遣阉人传问。

惟中给事胡福，独得出入，专掌禁卫。跋疾甚，福虑宋氏将成其计，乃言于跋季弟弘。弘勒兵而入。跋惊怖死。弘袭位。翼勒兵出战，不利，遂死。跋有男百余人悉为弘所杀，亦可谓甚矣。然弘仍不肯屈志于魏。

九年，（魏延和元年。）六月，魏太武伐之。七月，围之。弘婴城固守。其营丘、辽东、成周、乐浪、带方、玄菟六郡皆降。（胡三省曰：燕自慕容已来，分置郡县于辽西，其后或省或并，为郡为县，皆不可考。）太武徙其三万余户于幽州。弘先废其元妻王氏，黜世子崇，令镇肥如，（汉县，在今河北卢龙县北。）以后妻慕容氏子王仁为世子。崇母弟广平公朗、乐陵公邈出奔辽西，劝崇降魏。崇纳之。遣邈入魏。魏太武拜崇为幽、平二州牧，封辽西王。

弘遣其将封羽围崇。十年，（魏延和二年。）正月，魏遣其永昌王健救崇。封羽以凡城降魏。（凡城，在今热河平泉县境。）徙三千余家而还。六月，健又往攻和龙。十一年，（魏延和三年。）闰三月，弘上表称藩于魏，乞进女。魏太武帝许之，而征王仁入朝。弘不遣。魏又屡遣兵往攻。弘密求迎于高句骊。

十三年，（魏大延二年，）句骊遣将葛卢等率众迎之。五月，弘拥其城内士女，入于句骊。句骊处之于平郭。寻徙北丰。（在今辽宁沈阳县西北。）魏使散骑常侍封拨如句骊征送弘。句骊不听。太武议欲击之，纳乐平王丕计而止。

弘素侮句骊，政刑赏罚，犹如其国。句骊乃夺其侍人，质任王仁。初弘于宋岁献方物。及是，表求迎接。文帝遣王白驹、赵次兴迎之，并令句骊料理资遣。句骊王琏不欲使弘南，而魏又征弘于句骊，句骊乃遣将孙漱、高仇等袭杀之。时元嘉十五年三月也。（魏大延四年。）白驹等率所领七千余人掩讨，擒漱，杀高仇等二人。琏以白驹等专杀，遣使执送之。上以远国，不欲违其意，白驹等下狱见原。其明年，文帝北讨，诏琏送马，琏献马八百匹，盖帝方有事于索虏，不欲以一人伤一国之好也，然于北燕，则有违字小之仁矣。

《沮渠蒙逊载记》云：晋益州刺史朱龄石遣使来聘，蒙逊遣舍人黄迅报聘，因表曰："承车骑将军刘裕，秣马挥戈，以中原为事，可谓天赞大晋，笃生英辅。若六军北轸，克复有期，臣请率河西戎为晋右翼前驱。"盖龄石遣使，喻以夹攻后秦也。及刘裕灭姚泓，蒙逊闻之，怒甚。其门下校郎刘祚言事，蒙逊曰："汝闻刘裕入关，敢研研然也？"遂杀之。可谓非我族类，其心必异矣。然蒙逊既据河西之地，故其文明程度究较高。

义熙十四年，遣使奉表称藩。晋以为凉州刺史。宋世亦累受爵命。蒙逊之灭西凉，以唐瑶之子契为晋昌太守。契，李暠孙宝之舅也。叛蒙逊。蒙逊遣其世子正德攻契。景平元年，三月，克之。契奔伊吾。八月，芮芮来抄。蒙逊遣正德拒之。军败，见杀。乃以次子兴国为世子。又为乞伏暮末所擒。蒙逊送谷三十万斛以赎之，暮末不遣。蒙逊乃立兴国弟菩提为世子。元嘉十年，四月，蒙逊死。众议以菩提年幼，推立其弟三子茂虔。（《宋书》

及《十六国春秋》同。《魏书》作牧犍。）十一年，上表告私谥蒙逊为武宣王。诏仍加封授。十四年，表献方物，并献书百五十四卷，求书数十件。文帝赐之。《魏书·本纪》：蒙逊以始光三年内附。（元嘉三年。）其后神䴥元年、三年，（元嘉五年、七年。）皆书蒙逊遣使朝贡。

而《蒙逊传》载神䴥中蒙逊表辞曰："前后奉表，贡使相望，去者杳然，寂无还反，未审津途寇险，竟不仰达？为天朝高远，未蒙齿录？往年侍郎郭祇等还，奉被诏书，三接之恩始隆，万里之心有赖。"又云"商胡后至，奉公卿书，援引历数安危之机，厉以窦融知命之美"云云。则当赫连氏败亡之时，蒙逊求通于魏颇切，而魏初不甚省录。后蒙逊又遣子安周入侍于魏，魏太武乃于神䴥四年（元嘉八年。）九月，遣使册为凉州牧凉王。及茂虔立，自称河西王，太武即如所称册之。

先是太武遣李顺迎蒙逊女为夫人，会蒙逊死。茂虔受蒙逊遗意，送妹于平城，拜右昭仪。而茂虔娶太武妹武威公主。《魏书》本传言：牧犍淫嫂李氏，兄弟三人传嬖之。李与牧犍姊共毒公主。上遣解毒医乘传救公主，得愈。上征李氏，牧犍不遣，厚送，居于酒泉。然《外戚传》言：世祖平凉州，颇以公主通密计。《西域传》言：初世祖每遣使西域尝诏牧犍令护送。至姑臧，牧犍恒发使导路，出于流沙。后使者自西域还，至武威，牧犍左右谓使者曰：我君承蠕蠕吴提妄说，云去岁魏天子自来伐我，士马疫死，大败而还，我擒其长弟乐平王丕。我君大喜，宣言国中。又闻吴提遣使告西域诸国，称魏已削弱，今天下惟我为强，若更有魏使，勿复恭奉。诸国亦有二者。牧犍事主，稍以慢惰。使还，具以状闻。世祖遂议讨牧犍。此亦可见武威远嫁，实为内间。不然，世岂有河西中毒，闻于代北，遣医往救，犹获全济者邪？蒙逊猾虏，更事颇多，其于索虏，未尝不心焉鄙之，然强弱不敌，蒙逊知之甚明，故其事魏颇谨，魏人欲伐之而无由，乃为是阴谋诡计，终则其所据为口实者，仍支离不可究诘也。

元嘉十六年，（魏大延五年。）六月，太武自将攻茂虔。茂虔婴城自守。九月，城陷，乃降。时茂虔弟仪德守张掖，（仪德从《宋书》，《魏书》作宜得。）无讳守酒泉，从子丰周守乐都，（从《宋书》，《魏书》作弟安周。）从弟唐儿守敦煌。仪德烧仓库，西奔酒泉，丰周南奔吐谷浑。魏奚眷讨张掖，遂至酒泉。无讳、仪德复奔晋昌，西就唐儿。

初秃发傉檀亡，其子保周奔蒙逊，后奔魏，魏以为张掖公。（延和元年，宋元嘉九年。）及是，进其爵为王，遣谕诸部鲜卑。保周因率诸部叛于张掖。十七年，（魏大平真君元年。）正月，无讳、仪德围酒泉。三月，克之。四月，攻张掖，不克。保周屯于删丹，（汉县，今甘肃山丹县。）魏永昌王健攻之。七月，保周遁走，自杀。八月，无讳降。

十八年，（魏大平真君二年。）正月，拜为凉州牧、酒泉王。三月，复封沮渠万年为张掖王。（万年，牧犍兄子。）五月，唐儿反无讳。无讳留从弟天周守酒泉，与仪德讨唐儿，杀之，复据敦煌。七月，魏奚眷围酒泉。十月，城中饥，万余口皆饿死。天周杀妻以食战士。食尽，城乃陷。执天周至平城，杀之。（《魏书·本纪》：四月，诏奚眷征酒泉，获沮渠天周，乃终言之。）于是虏兵甚盛，无讳众饥馑不自立。十一月，遣弟安周五千人伐鄯善。鄯善王恐惧，欲降，魏使者劝令拒守。安周连战不能克，退保东城。（盖鄯善之东城，为安周所据者。）十九年，（魏大平真君三年。）鄯善王比龙西奔且末，其世子乃从安周。四月，无讳渡流沙，据鄯善。（士卒渡流沙，渴死者大半。）

初李宝随唐契奔伊吾，臣于芮芮。其遗民归附者，稍至二千。至是，自伊吾归敦煌，遣弟怀远奉表于魏。魏拜怀远敦煌太守，授宝沙州牧、敦煌公。（真君五年，即元嘉二十一年，因其入朝留之。）唐契攻高昌。高昌城主阚爽告急。八月，无讳留丰周守鄯善，自将家户赴之。未至，芮芮遣部帅阿若救高昌，杀唐契。其部曲奔无讳。九月，无讳遣将卫寮夜袭高昌，阚爽奔芮芮。无讳复据高昌。遣常侍泛儁奉表京师，献方物。宋文帝以为凉州刺史、河西王。（《本纪》在六月，则其遣使在据高昌之前。）

《魏书·西域传》云：无讳兄弟渡流沙，鸠集遗人，破车师国。真君十一年，（元嘉二十七。）车师王车夷落遣使琢进、薛直上书，言臣国自为无讳所攻击，经今八岁。人民饥荒，无以存活。贼今攻臣甚急，臣不能自全，遂舍国东奔。三分免一。即日已到焉耆东界。思归天阙，幸垂振救。于是下诏抚慰，开焉耆仓给之。自真君十一年上溯八年，则元嘉十九、二十年间也。

二十一年，（魏真君五年。）无讳病死，安周代立。宋仍以无讳官爵授之。

《魏书·车伊洛传》曰：焉耆胡也。世为东境部落帅，恒修职贡。世祖录其诚款，延和中，授伊洛平西将军，封前部王。（《通鉴》作车师前部王。）伊洛大悦。规欲归阙。沮渠无讳断路，伊洛与无讳连战，破之。时无讳卒，其弟天周，夺无讳子乾寿兵，规领部曲。伊洛前后遣使招谕乾寿等，率户五百余家来奔，伊洛送之京师。又招谕李宝弟钦等五十余人，送诣敦煌。伊洛又率部众二千余人伐高昌，讨破焉耆东关七城。伊洛征焉耆，留其子歇守城。安周乘虚，引蠕蠕三道围歇。歇固守，连战，久之，外无救援，为安周所陷，走奔伊洛。伊洛收集遗散一千余家，归焉耆镇。《唐和传》言：（和契之弟。）契与阿若战殁，和收余众奔前部王。时沮渠安周屯横截城，和攻拔之，斩安周兄子树。又克高宁、白力二城，斩其戍主。后与前部王车伊洛击破安周，斩首三百。此为无讳末年，安周初年之事。大平真君六年，宋元嘉二十二年也，魏太武诏万度归发凉州以西兵袭鄯善。《鄯善传》言：其王真达面缚出降，度归释其缚，留军屯守，与真达诣京都。是岁，拜韩牧为鄯善王以镇之，赋役其人，比之郡县。丰周亡于此时，抑已先亡，则不可考矣。《魏书·高昌传》云：和平元年，（宋大明四年。）安周为蠕蠕所并，蠕蠕以阚伯周为高昌王。《宋书·氐胡传》言：世祖大明三年，安周奉献方物，实其灭亡前之一岁也，亦可哀矣。茂虔亦为魏所害，事别见后。